EIICHIRO ODA

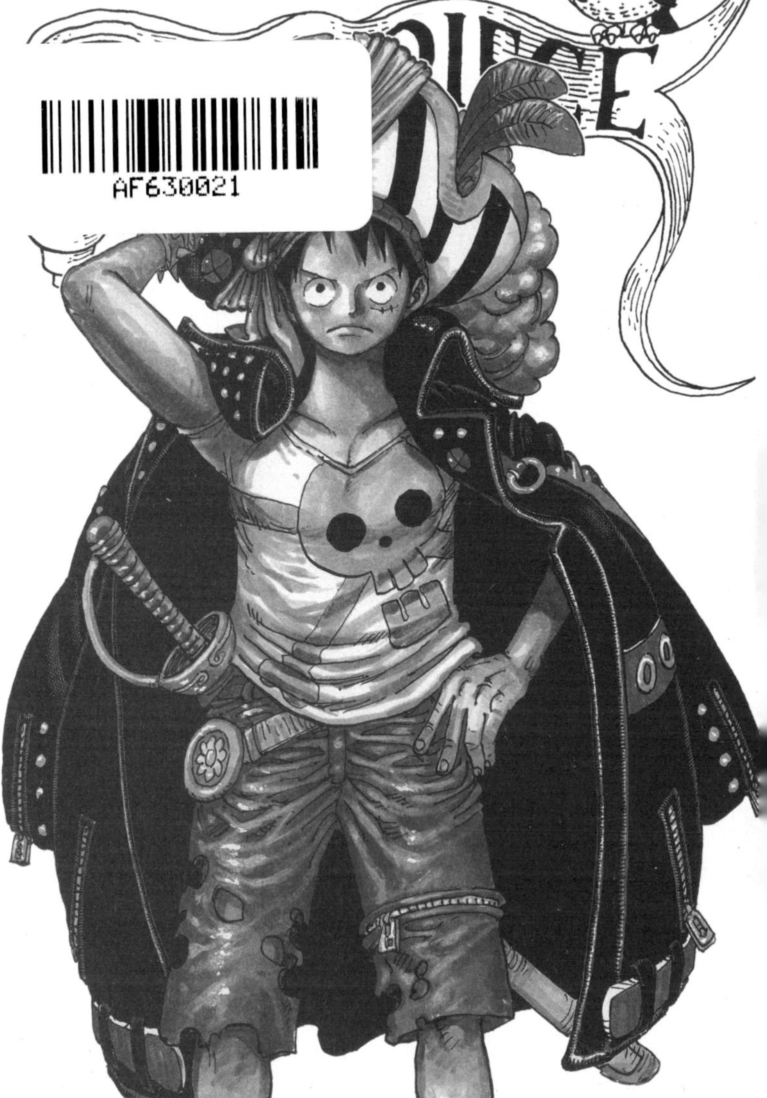

„Ruffys Traum"

Die Strohhut-Bande

Tony Chopper
Kopfgeld:
100 Berry

Hat im Königreich Torino intensive Studien zu »starken Medikamenten« betrieben und ist danach wieder mit den anderen Strohhüten zusammengetroffen.

Schiffsarzt

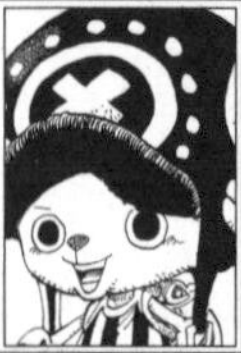

Zorrojuro
Kopfgeld:
320 Millionen Berry

Warf seinen Stolz beiseite und bat Mihawk auf Kuraigana um Unterweisung im Schwertkampf. Stieß danach ebenfalls wieder zu seinen Gefährten.

Mitstreiter

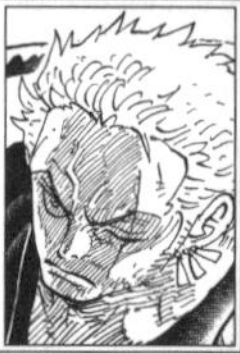

Nico Robin
Kopfgeld:
130 Millionen Berry

Kam nach einem Aufenthalt in Bartigo, der Basis von Dragon, dem Anführer der Revolutionäre und Ruffys Vater, zurück zur Strohhut-Crew.

Archäologin

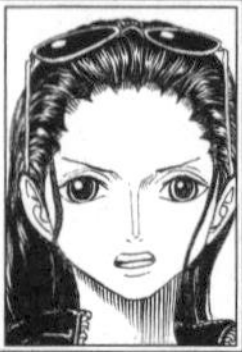

Nami
Kopfgeld:
66 Millionen Berry

Studierte auf der kleinen Himmelsinsel »Weatheria«, wo Wetterforschungen betrieben werden, die klimatischen Bedingungen der Neuen Welt. Auch wieder mit den Gefährten vereint.

Navigatorin

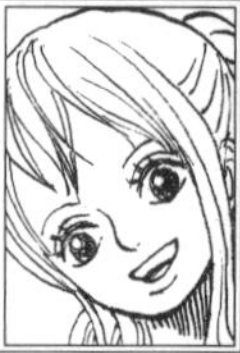

Frankie
Kopfgeld:
94 Millionen Berry

Führte im Land der Zukunft Balsimoa selbst Umbauten an seinem Körper aus, durch die er zum »Armored Frankie« wurde, und stieß dann zu den anderen.

Schiffszimmermann

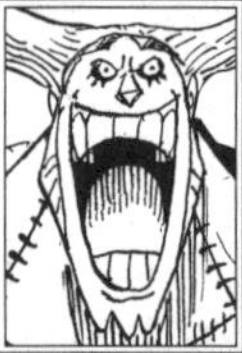

Lysop
Kopfgeld:
200 Millionen Berry

Hat sich auf den Bowin-Inseln von Heraklesn unterweisen lassen, um »König der Scharfschützen« zu werden, und kam anschließend ebenfalls zurück zu den anderen Strohhüten.

Scharfschütze

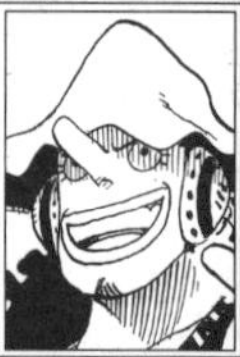

Brook
Kopfgeld:
83 Millionen Berry

Wurde zunächst von Langarm-Menschen gefangen und als Sensation zur Schau gestellt, kehrte dann aber als Superstar »Soul King« zu seinen Gefährten zurück.

Musiker

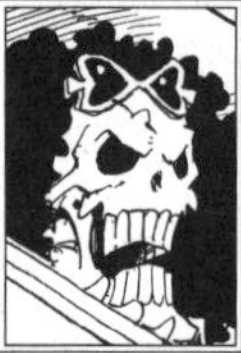

Sanji
Kopfgeld:
330 Millionen Berry

Hat sich im Königreich der Transen durch die Kämpfe gegen Meister der Transen-Kampfkunst noch weiter verbessert und ist danach auch wieder bei den anderen eingetroffen.

Koch

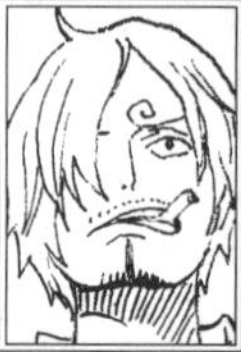

Jinbei, der Ritter der Meere
(ehemaliger Samurai der Meere)
Kopfgeld:
438 Millionen Berry

Durch und durch ehrenwerter Mann. Um Ruffy bei dem heftigen Kampf gegen Mom zur Flucht zu verhelfen, nahm er seine Aufgabe als Feudalherr wahr und stieß vor dem Überfall wieder zu den Strohhüten.

Steuermann

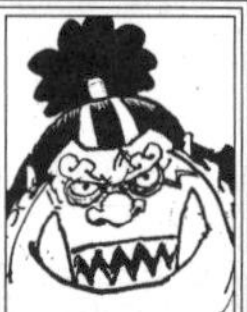

Die Yonko

Monkey D. Ruffy

Kopfgeld: 3 Milliarden Berry

Junger Mann, der davon träumt, Piratenkönig zu werden. Nach zweijährigem Training trifft er wieder mit seinen Gefährten zusammen. Ihr Ziel: die Neue Welt!

Käpt'n

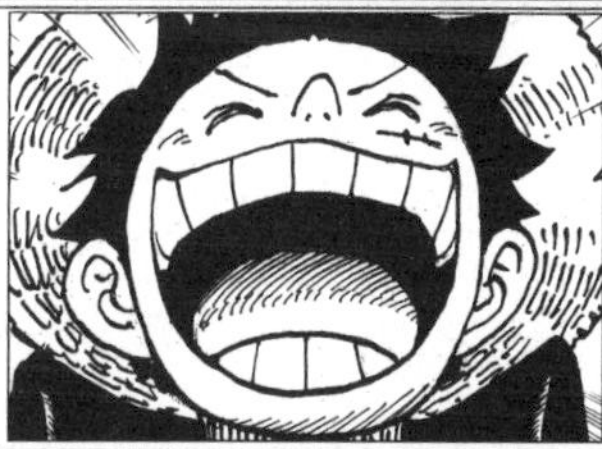

Shanks

Einer der Vier Kaiser. Wartet in der zweiten Hälfte der Grand Line, der Neuen Welt, auf Ruffy.

Käpt'n der Rothaar-Piratenbande

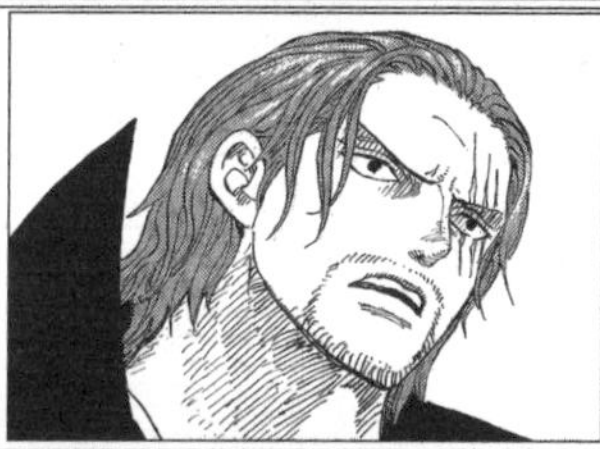

Marshall D. Teach

Ehemaliges Mitglied der Whitebeard-Piratenbande. Tötete einen Kameraden und floh. Stieg vom Samurai der Meere zum Yonko auf.

Admiral der Blackbeard-Piratenbande

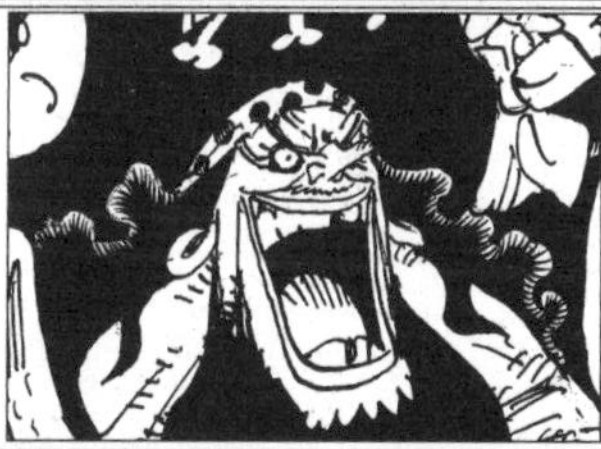

Buggy der 1000-Münzen-Clown

Lernte zusammen mit Shanks auf dem Schiff von Rogers Piratenbande. Hat es zum Yonko gebracht!!

Präsident von Buggy's Delivery

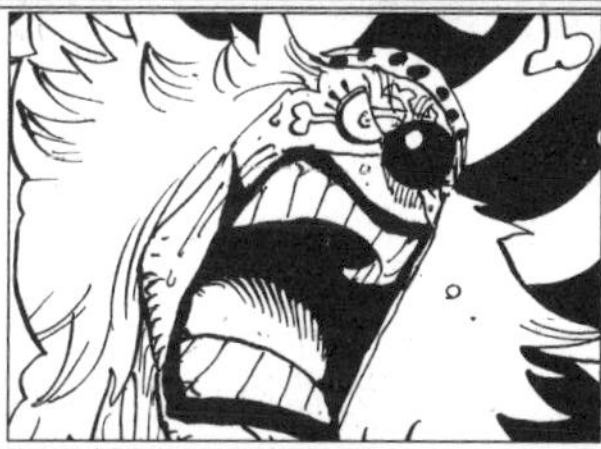

Wa no Kuni (Der Kozuki-Klan)

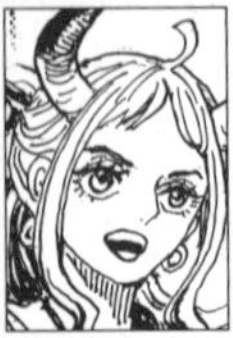
Yamato (selbst ernannter Kozuki Oden)
Kaidos Tochter

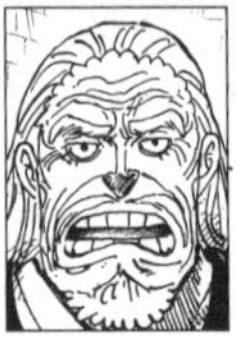
Kozuki Sukiyaki
ehemaliger Shogun von Wa no Kuni (Tenguyama Hitetsu)

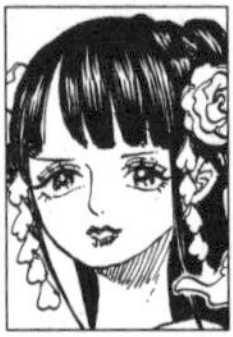
Kozuki Hiyori (Komurasaki)
Momonosukes kleine Schwester

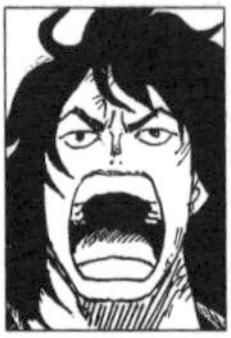
Kozuki Momonosuke
Wa no Kuni, Daimyo von Kuri (Nachfolger)

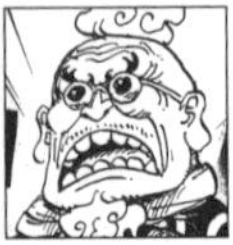
Blumen-Hyogoro

Die neun Männer mit den roten Schwertscheiden

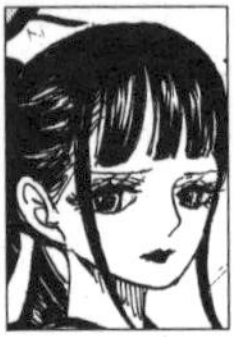
Kikunojo Restschnee
Samurai aus Wa no Kuni

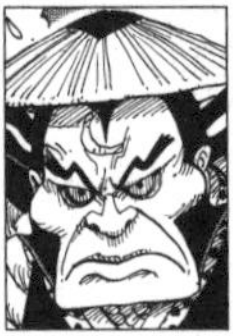
Nebel-Raizo
Ninja aus Wa no Kuni

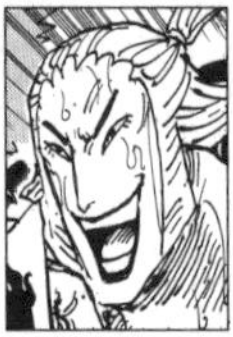
Denjiro
ehemaliger Geldwechsler Kyoshiro

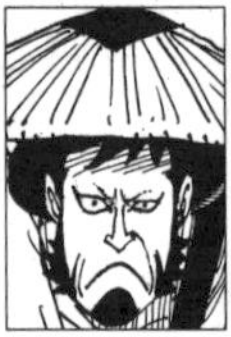
Kinemon Irrlicht
Samurai aus Wa no Kuni

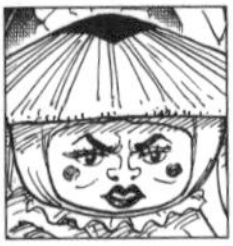
Shinobu

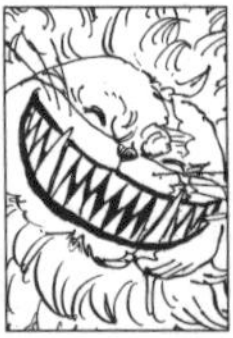
Patron Nekomamushi
König der Nacht in Mokomo

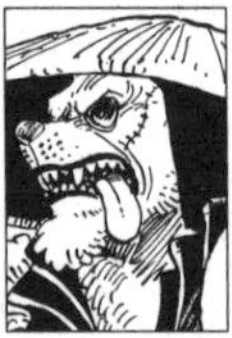
Herzog Inuarashi
König des Tages in Mokomo

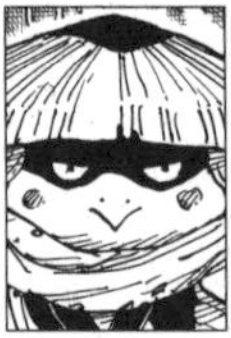
Kawamatsu
Samurai aus Wa no Kuni

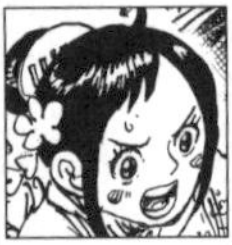
O-Tama

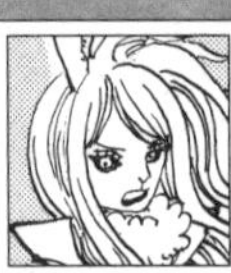
Carrot

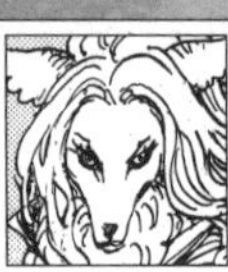
Wanda

auszuschalten. Im Kampf auf Leben und Tod zwischen Kaido und Ruffy erwacht die Kraft der Gummi-Frucht und er kann den Yonko mit Gear 5 endlich zur Strecke bringen!! Momonosuke verkündet, dass er die Herrschaft in Wa no Kuni übernehmen wird. Nun kann dort endlich Frieden einkehren. Indessen gerät die Weltlage durch die Niederlagen zweier Yonko beträchtlich ins Wanken. Nicht nur wird Ruffys Kopfgeld angehoben, sondern er wird zum neuen Yonko erklärt. Damit wird eine neue Ära eingeläutet…

Marine

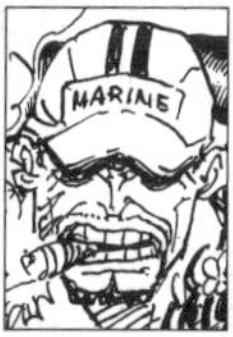

Akainu (Sakazuki)

Großadmiral im Marinehauptquartier

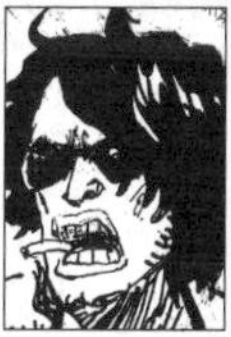

Ryokugyu (Aramaki)

Admiral im Marinehauptquartier

Revolutionsarmee

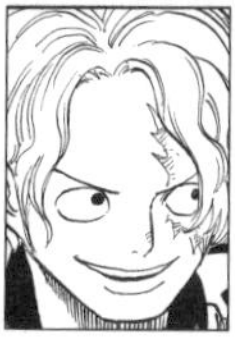

Sabo

Generalstabschef der Revolutionsarmee

Heart-Piratenbande

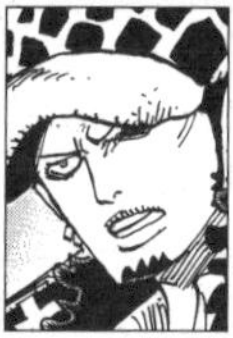

Trafalgar Law

Käpt'n der Heart-Piratenbande

Kid-Piratenbande

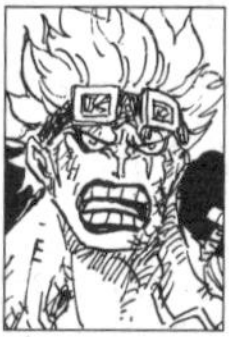

Eustass Kid

Käpt'n der Kid-Piratenbande

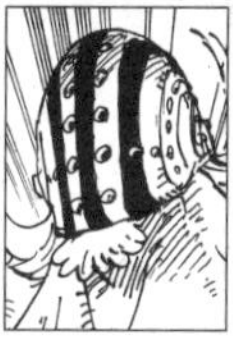

Killer

Kid-Piratenbande, kämpfendes Mitglied

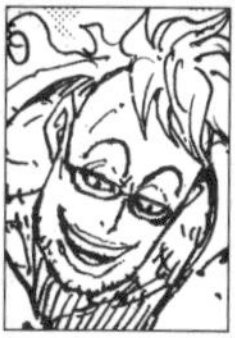

Marco der Phönix

ehemaliger Kommandant der 1. Division der Whitebeard-Piratenbande

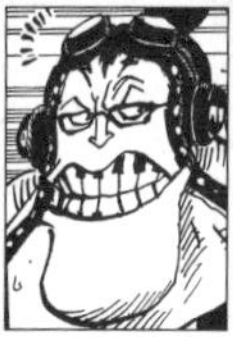

Scratchmen Apoo

Käpt'n der On-Air-Piratenbande

Was bisher geschah

Nach zwei Jahren intensiven Trainings treffen die Strohhüte auf dem Sabaody-Archipel wieder zusammen. Nach einem Zwischenstopp auf der Fischmenscheninsel gelangen sie endlich zum letzten Meer, der Neuen Welt! Die Strohhüte schließen sich mit Momonosuke und seinen Gefährten zu einer Allianz zusammen und landen in Wa no Kuni, um den Yonko Kaido zu vernichten. Dort sammeln sie Mitstreiter und überfallen Onigashima!! Obwohl die Lage aufgrund des Bündnisses zwischen Kaido und Mom katastrophal ist, gelingt es ihnen unter Aufbietung aller Kräfte, die Kommandanten vernichtend zu schlagen und auch Mom

ONE PIECE

vol.105

„Ruffys Traum“

Inhaltsverzeichnis

1056. Kapitel:
CROSS GUILD

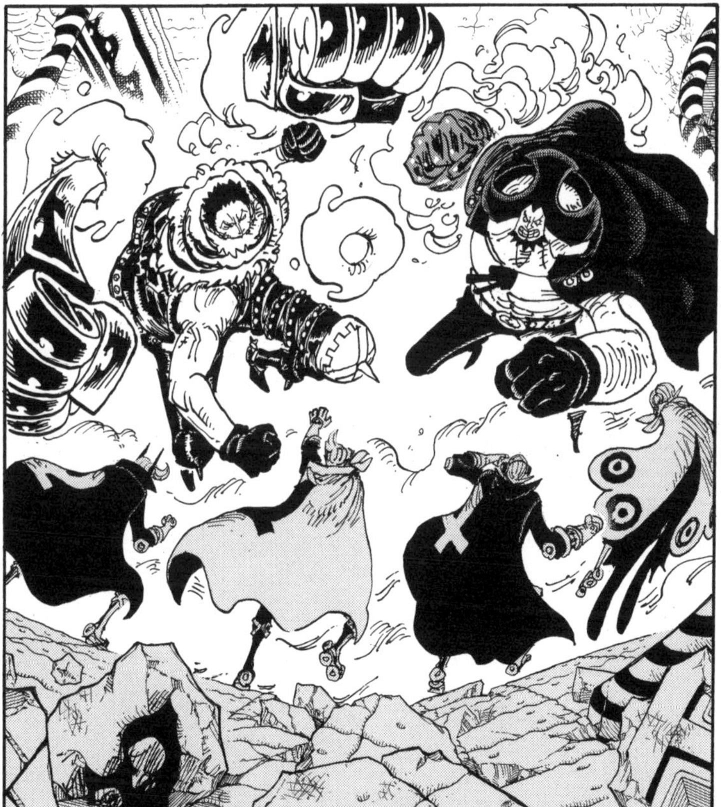

Dieser ausdruckslose Reisebericht der Germa 66, Teil 15
„Katakuri & Oven tauchen auf!!“

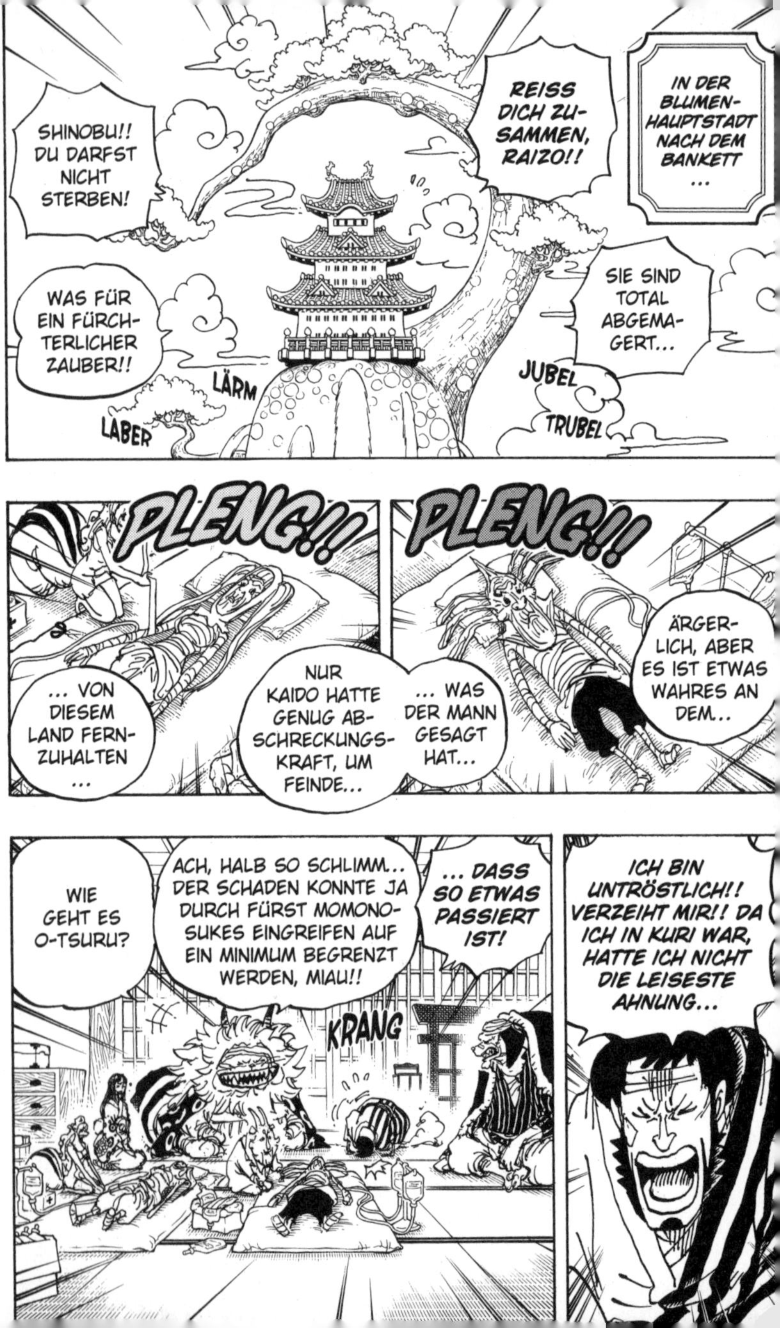
IN DER BLUMEN-HAUPTSTADT NACH DEM BANKETT ...
REISS DICH ZUSAMMEN, RAIZO!!
SHINOBU!! DU DARFST NICHT STERBEN!
SIE SIND TOTAL ABGEMAGERT...
WAS FÜR EIN FÜRCHTERLICHER ZAUBER!!
JUBEL
TRUBEL
LÄRM
LABER
PLENG!!
ÄRGERLICH, ABER ES IST ETWAS WAHRES AN DEM...
... WAS DER MANN GESAGT HAT...
PLENG!!
NUR KAIDO HATTE GENUG ABSCHRECKUNGSKRAFT, UM FEINDE...
... VON DIESEM LAND FERNZUHALTEN ...
ICH BIN UNTRÖSTLICH!! VERZEIHT MIR!! DA ICH IN KURI WAR, HATTE ICH NICHT DIE LEISESTE AHNUNG...
... DASS SO ETWAS PASSIERT IST!
WIE GEHT ES O-TSURU?
ACH, HALB SO SCHLIMM... DER SCHADEN KONNTE JA DURCH FÜRST MOMONOSUKES EINGREIFEN AUF EIN MINIMUM BEGRENZT WERDEN, MIAU!!
KRANG

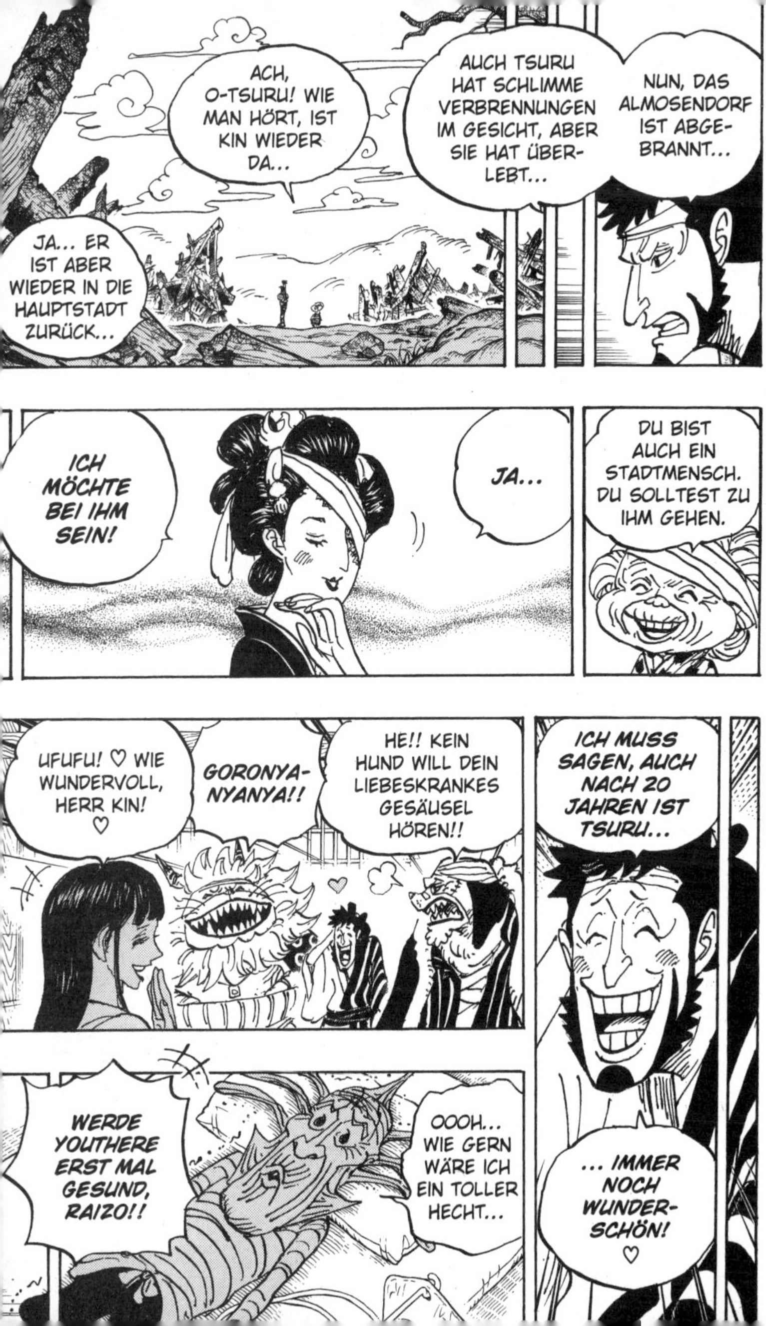
NUN, DAS ALMOSENDORF IST ABGEBRANNT...
AUCH TSURU HAT SCHLIMME VERBRENNUNGEN IM GESICHT, ABER SIE HAT ÜBERLEBT...
ACH, O-TSURU! WIE MAN HÖRT, IST KIN WIEDER DA...
JA... ER IST ABER WIEDER IN DIE HAUPTSTADT ZURÜCK...
DU BIST AUCH EIN STADTMENSCH. DU SOLLTEST ZU IHM GEHEN.
JA...
ICH MÖCHTE BEI IHM SEIN!
ICH MUSS SAGEN, AUCH NACH 20 JAHREN IST TSURU...
... IMMER NOCH WUNDERSCHÖN! ♡
HE!! KEIN HUND WILL DEIN LIEBESKRANKES GESÄUSEL HÖREN!!
GORONYA-NYANYA!!
UFUFU! ♡ WIE WUNDERVOLL, HERR KIN! ♡
OOOH... WIE GERN WÄRE ICH EIN TOLLER HECHT...
WERDE YOUTHERE ERST MAL GESUND, RAIZO!!

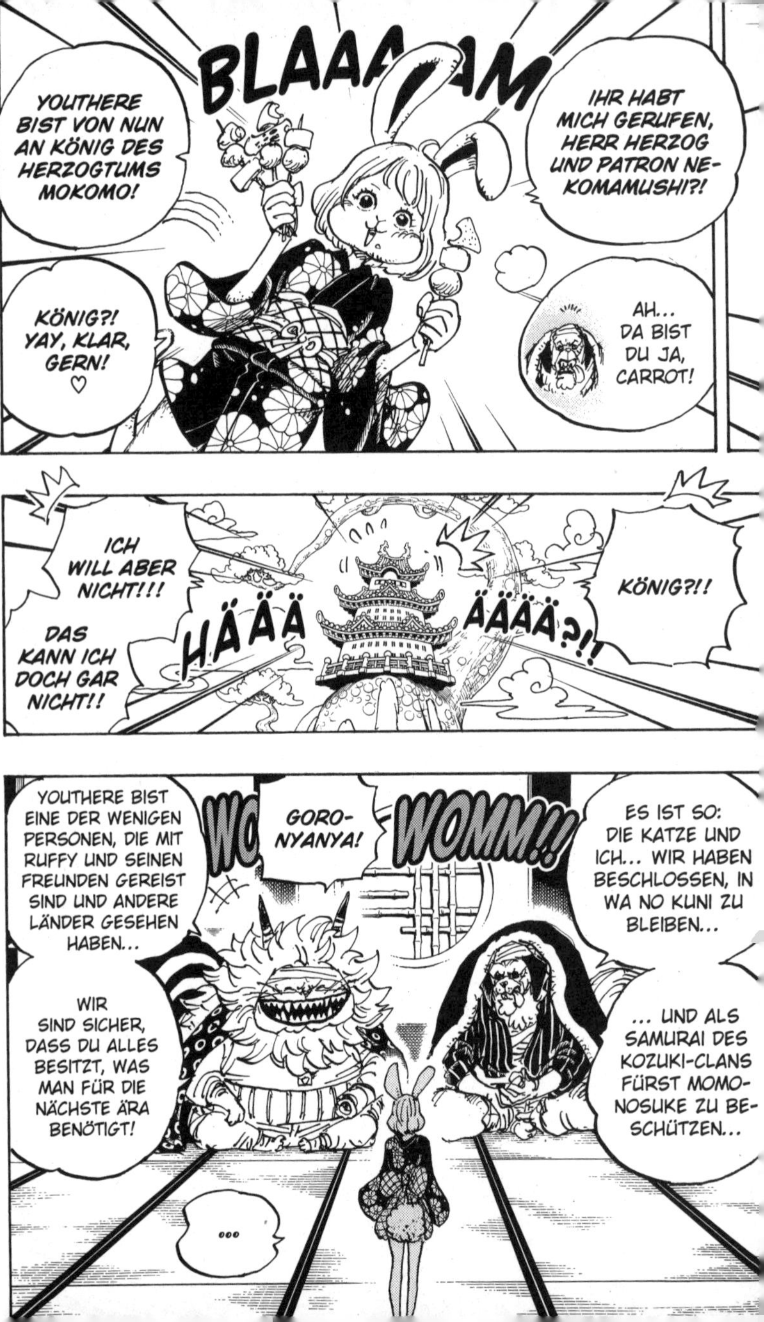
IHR HABT MICH GERUFEN, HERR HERZOG UND PATRON NEKOMAMUSHI?!
BLAAAAAM
YOUTHERE BIST VON NUN AN KÖNIG DES HERZOGTUMS MOKOMO!
AH... DA BIST DU JA, CARROT!
KÖNIG?! YAY, KLAR, GERN! ♡
KÖNIG?!!
HÄÄÄÄÄÄÄ?!!
ICH WILL ABER NICHT!!!
DAS KANN ICH DOCH GAR NICHT!!
GORO-NYANYA!
WOWOMM!!
ES IST SO: DIE KATZE UND ICH... WIR HABEN BESCHLOSSEN, IN WA NO KUNI ZU BLEIBEN...
YOUTHERE BIST EINE DER WENIGEN PERSONEN, DIE MIT RUFFY UND SEINEN FREUNDEN GEREIST SIND UND ANDERE LÄNDER GESEHEN HABEN...
... UND ALS SAMURAI DES KOZUKI-CLANS FÜRST MOMONOSUKE ZU BESCHÜTZEN...
WIR SIND SICHER, DASS DU ALLES BESITZT, WAS MAN FÜR DIE NÄCHSTE ÄRA BENÖTIGT!
...

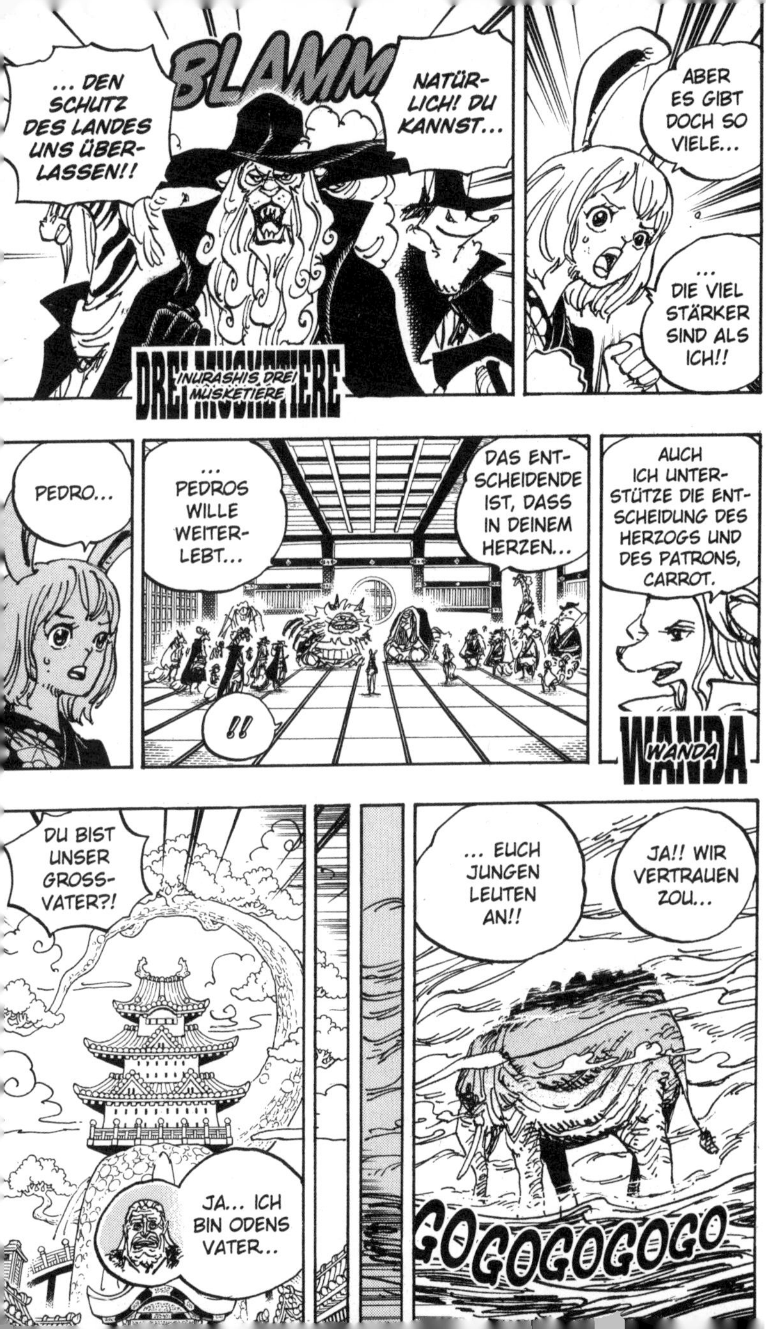
ABER ES GIBT DOCH SO VIELE...
... DIE VIEL STÄRKER SIND ALS ICH!!
NATÜRLICH! DU KANNST...
BLAMM
... DEN SCHUTZ DES LANDES UNS ÜBERLASSEN!!
DREI MUSKETIERE
INURASHIS DREI MUSKETIERE
AUCH ICH UNTERSTÜTZE DIE ENTSCHEIDUNG DES HERZOGS UND DES PATRONS, CARROT.
WANDA
WANDA
DAS ENTSCHEIDENDE IST, DASS IN DEINEM HERZEN...
... PEDROS WILLE WEITERLEBT...
!!
PEDRO...
JA!! WIR VERTRAUEN ZOU...
... EUCH JUNGEN LEUTEN AN!!
GOGOGOGOGO
DU BIST UNSER GROSSVATER?!
JA... ICH BIN ODENS VATER..

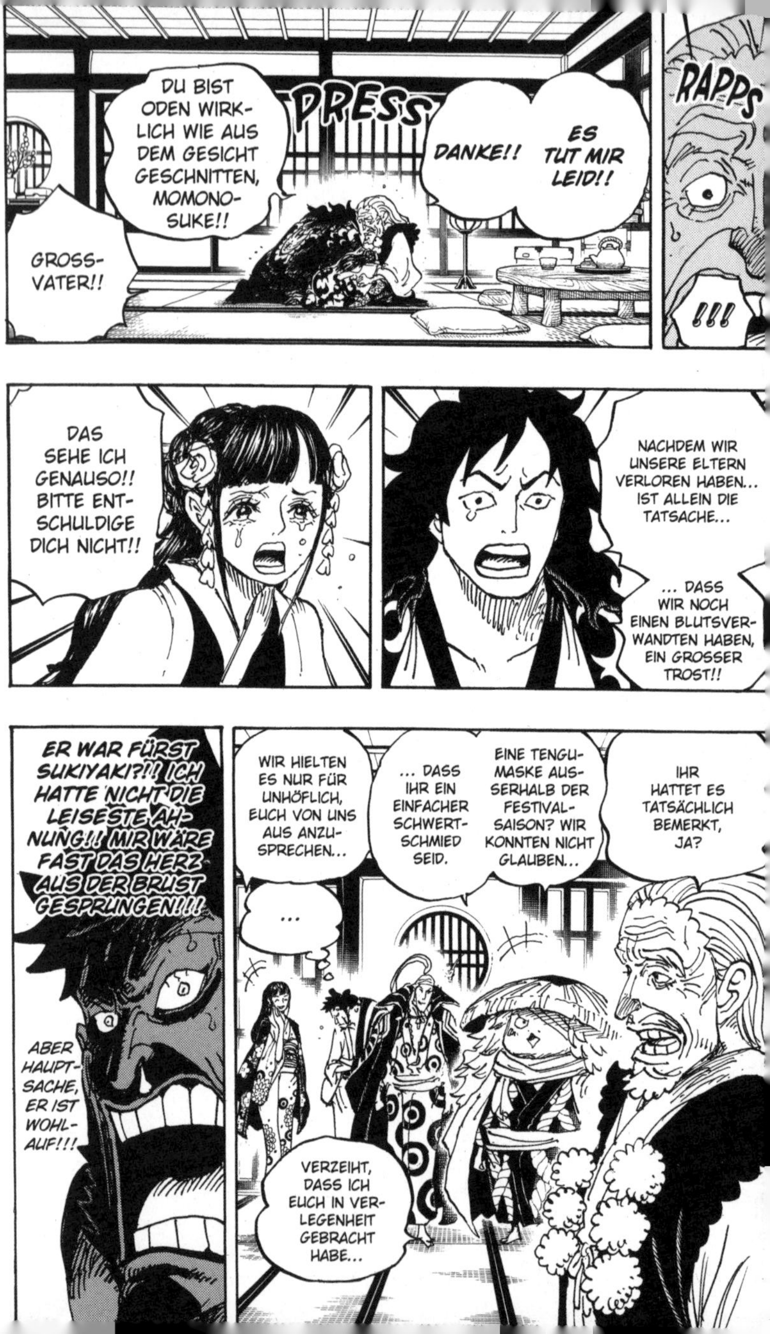
RAPPS
!!!
ES TUT MIR LEID!!
DANKE!!
PRESS
DU BIST ODEN WIRKLICH WIE AUS DEM GESICHT GESCHNITTEN, MOMONOSUKE!!
GROSSVATER!!
NACHDEM WIR UNSERE ELTERN VERLOREN HABEN… IST ALLEIN DIE TATSACHE…
… DASS WIR NOCH EINEN BLUTSVERWANDTEN HABEN, EIN GROSSER TROST!!
DAS SEHE ICH GENAUSO!! BITTE ENTSCHULDIGE DICH NICHT!!
IHR HATTET ES TATSÄCHLICH BEMERKT, JA?
EINE TENGUMASKE AUSSERHALB DER FESTIVALSAISON? WIR KONNTEN NICHT GLAUBEN…
… DASS IHR EIN EINFACHER SCHWERTSCHMIED SEID.
WIR HIELTEN ES NUR FÜR UNHÖFLICH, EUCH VON UNS AUS ANZUSPRECHEN…
…
VERZEIHT, DASS ICH EUCH IN VERLEGENHEIT GEBRACHT HABE…
ER WAR FÜRST SUKIYAKI?!! ICH HATTE NICHT DIE LEISESTE AHNUNG!! MIR WÄRE FAST DAS HERZ AUS DER BRUST GESPRUNGEN!!!
ABER HAUPTSACHE, ER IST WOHLAUF!!!

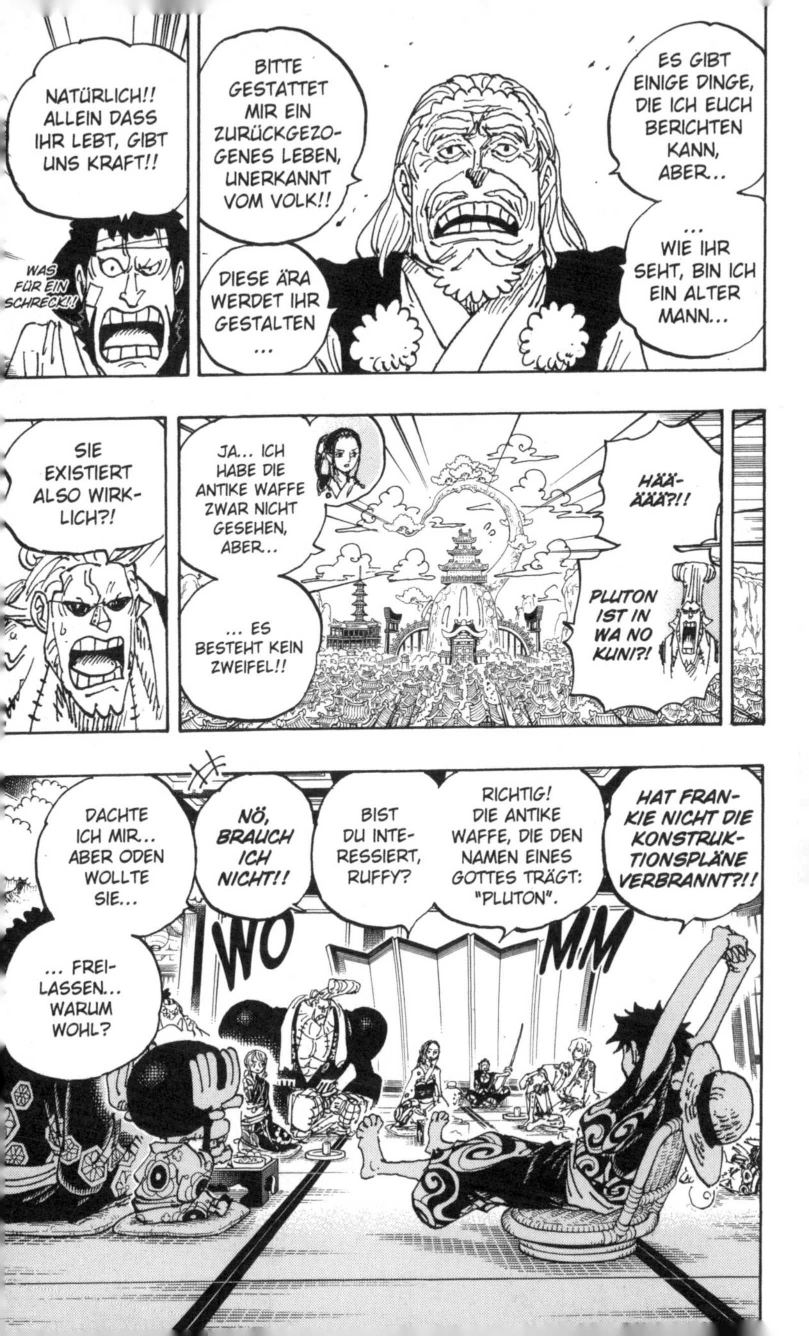
ES GIBT EINIGE DINGE, DIE ICH EUCH BERICHTEN KANN, ABER...
... WIE IHR SEHT, BIN ICH EIN ALTER MANN...
BITTE GESTATTET MIR EIN ZURÜCKGEZOGENES LEBEN, UNERKANNT VOM VOLK!!
DIESE ÄRA WERDET IHR GESTALTEN ...
NATÜRLICH!! ALLEIN DASS IHR LEBT, GIBT UNS KRAFT!!
WAS FÜR EIN SCHRECK!!
HÄÄÄÄÄ?!!
PLUTON IST IN WA NO KUNI?!
JA... ICH HABE DIE ANTIKE WAFFE ZWAR NICHT GESEHEN, ABER...
... ES BESTEHT KEIN ZWEIFEL!!
SIE EXISTIERT ALSO WIRKLICH?!
HAT FRANKIE NICHT DIE KONSTRUKTIONSPLÄNE VERBRANNT?!!
RICHTIG! DIE ANTIKE WAFFE, DIE DEN NAMEN EINES GOTTES TRÄGT: "PLUTON".
BIST DU INTERESSIERT, RUFFY?
NÖ, BRAUCH ICH NICHT!!
DACHTE ICH MIR... ABER ODEN WOLLTE SIE...
... FREILASSEN... WARUM WOHL?
MM
WO

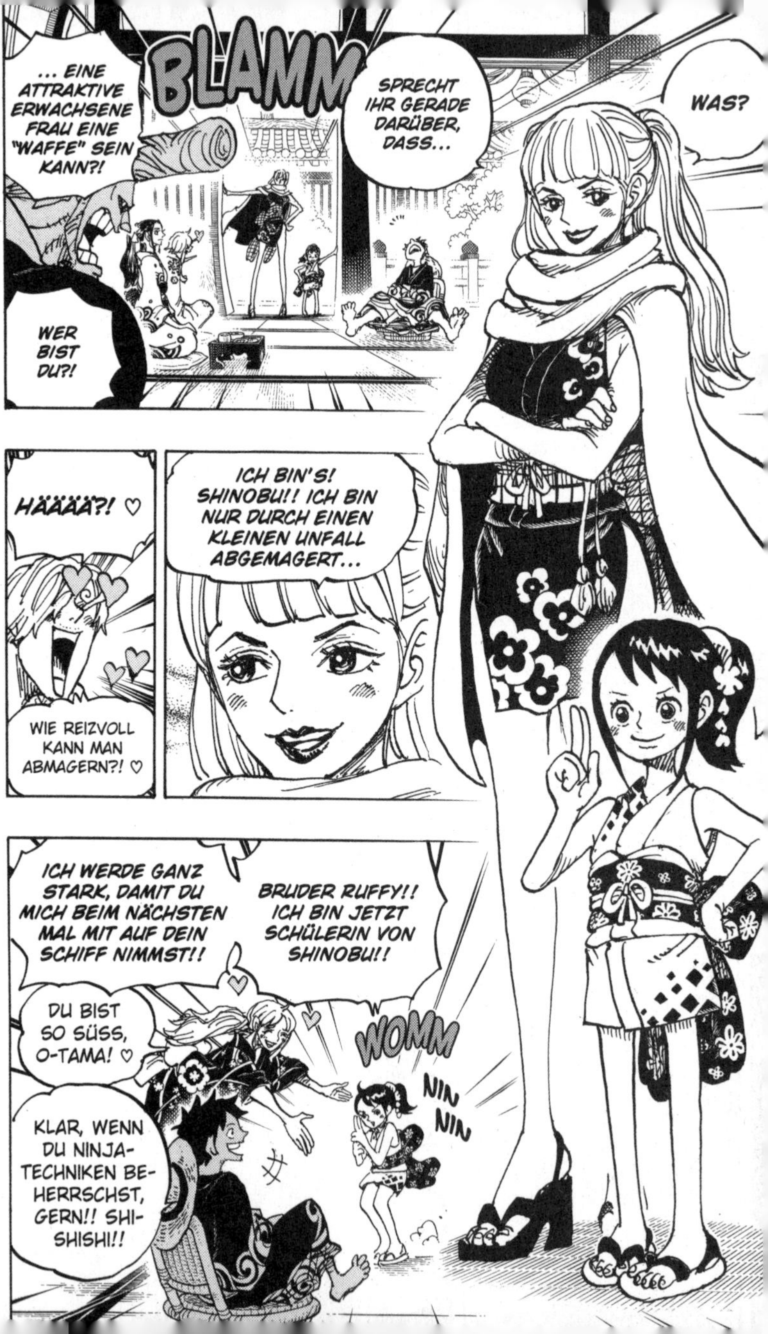

WAS?
SPRECHT IHR GERADE DARÜBER, DASS…
BLAMM
… EINE ATTRAKTIVE ERWACHSENE FRAU EINE "WAFFE" SEIN KANN?!
WER BIST DU?!
ICH BIN'S! SHINOBU!! ICH BIN NUR DURCH EINEN KLEINEN UNFALL ABGEMAGERT…
HÄÄÄÄ?! ♡
WIE REIZVOLL KANN MAN ABMAGERN?! ♡
BRUDER RUFFY!! ICH BIN JETZT SCHÜLERIN VON SHINOBU!!
ICH WERDE GANZ STARK, DAMIT DU MICH BEIM NÄCHSTEN MAL MIT AUF DEIN SCHIFF NIMMST!!
WOMM
NIN NIN
DU BIST SO SÜSS, O-TAMA! ♡
KLAR, WENN DU NINJA-TECHNIKEN BEHERRSCHST, GERN!! SHISHISHI!!

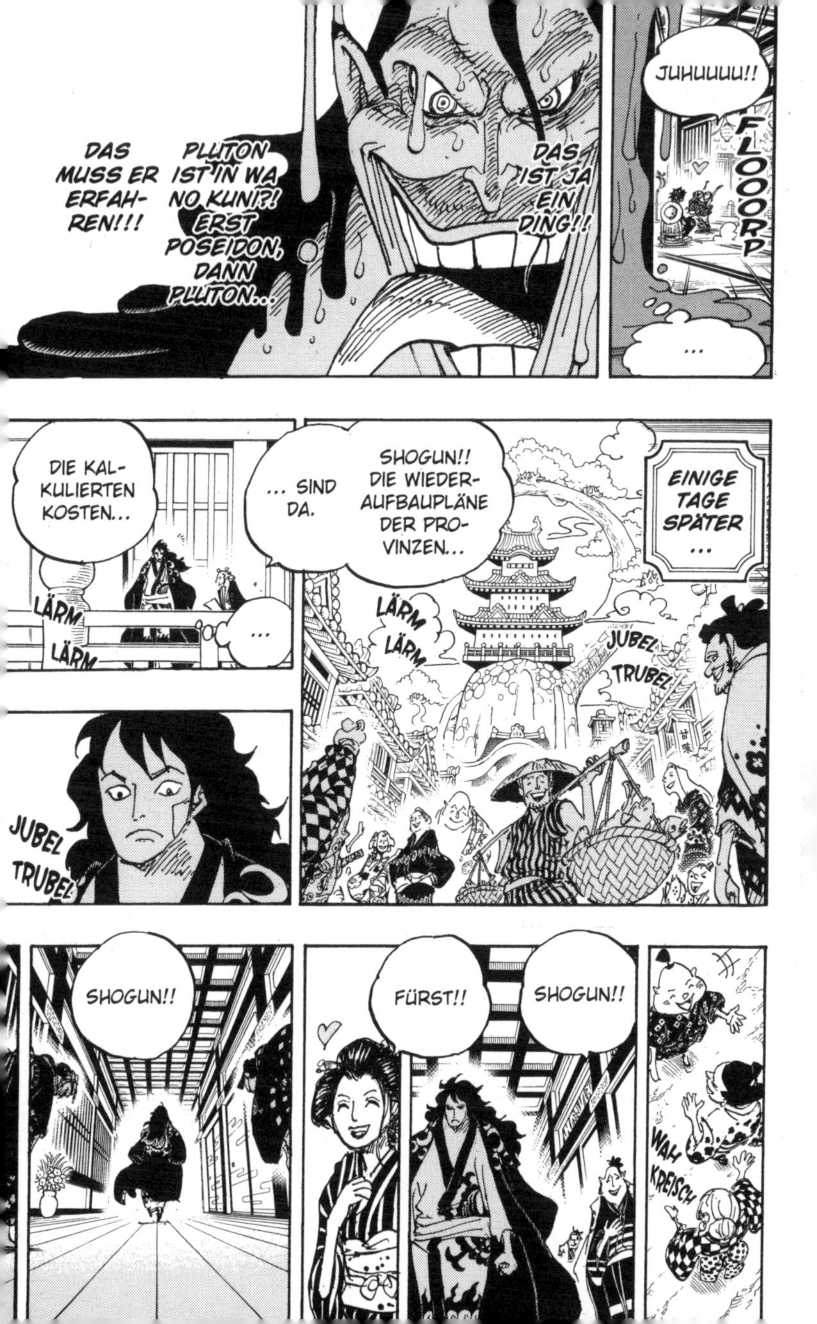
JUHUUUU!!
FLOOORP
...
DAS IST JA EIN DING!!
PLUTON IST IN WA NO KUNI?! ERST POSEIDON, DANN PLUTON...
DAS MUSS ER ERFAHREN!!!
EINIGE TAGE SPÄTER ...
LÄRM LÄRM
JUBEL TRUBEL
SHOGUN!! DIE WIEDERAUFBAUPLÄNE DER PROVINZEN...
... SIND DA.
DIE KALKULIERTEN KOSTEN...
...
LÄRM LÄRM
JUBEL TRUBEL
WAH KREISCH
SHOGUN!!
FÜRST!!
SHOGUN!!

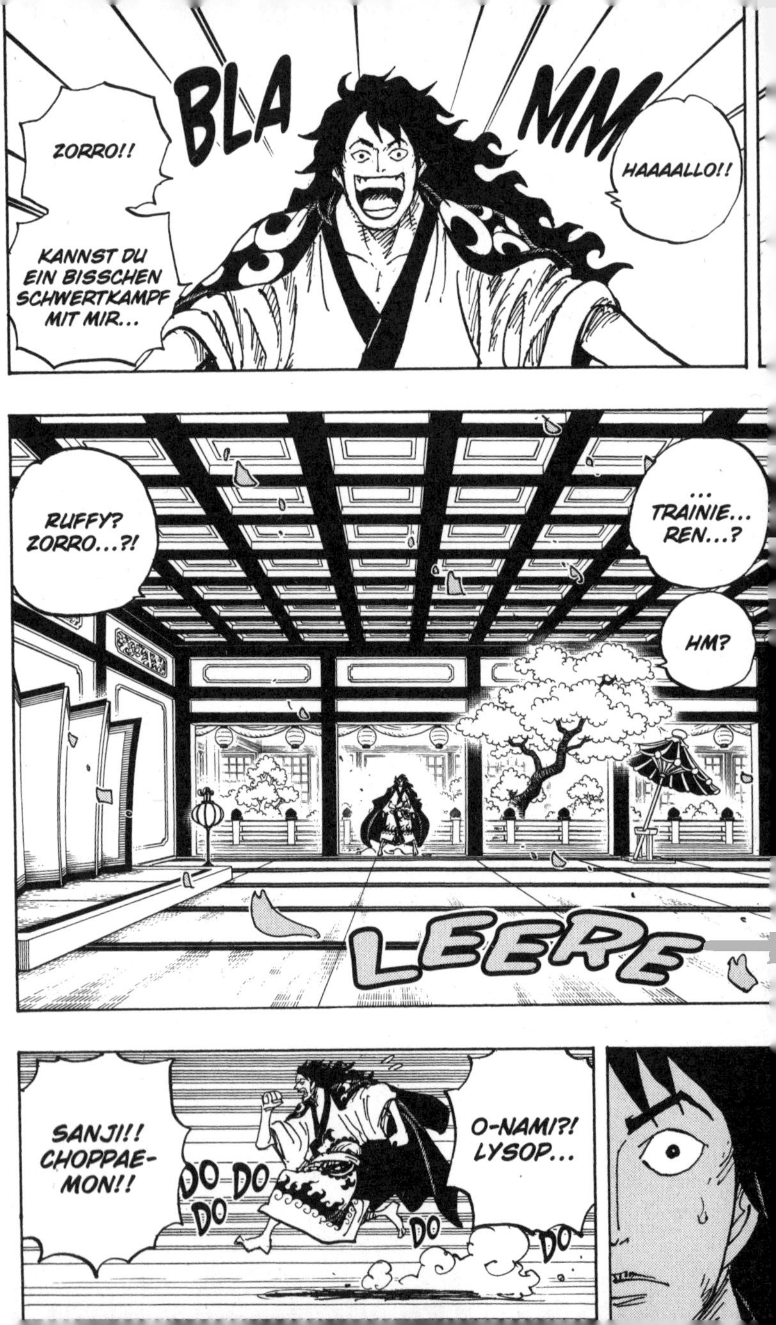
BLA
MM
HAAAALLO!!
ZORRO!!
KANNST DU EIN BISSCHEN SCHWERTKAMPF MIT MIR...
... TRAINIE... REN...?
HM?
RUFFY? ZORRO...?!
LEERE
O-NAMI?! LYSOP...
SANJI!! CHOPPAE-MON!!
DO DO DO DO DO

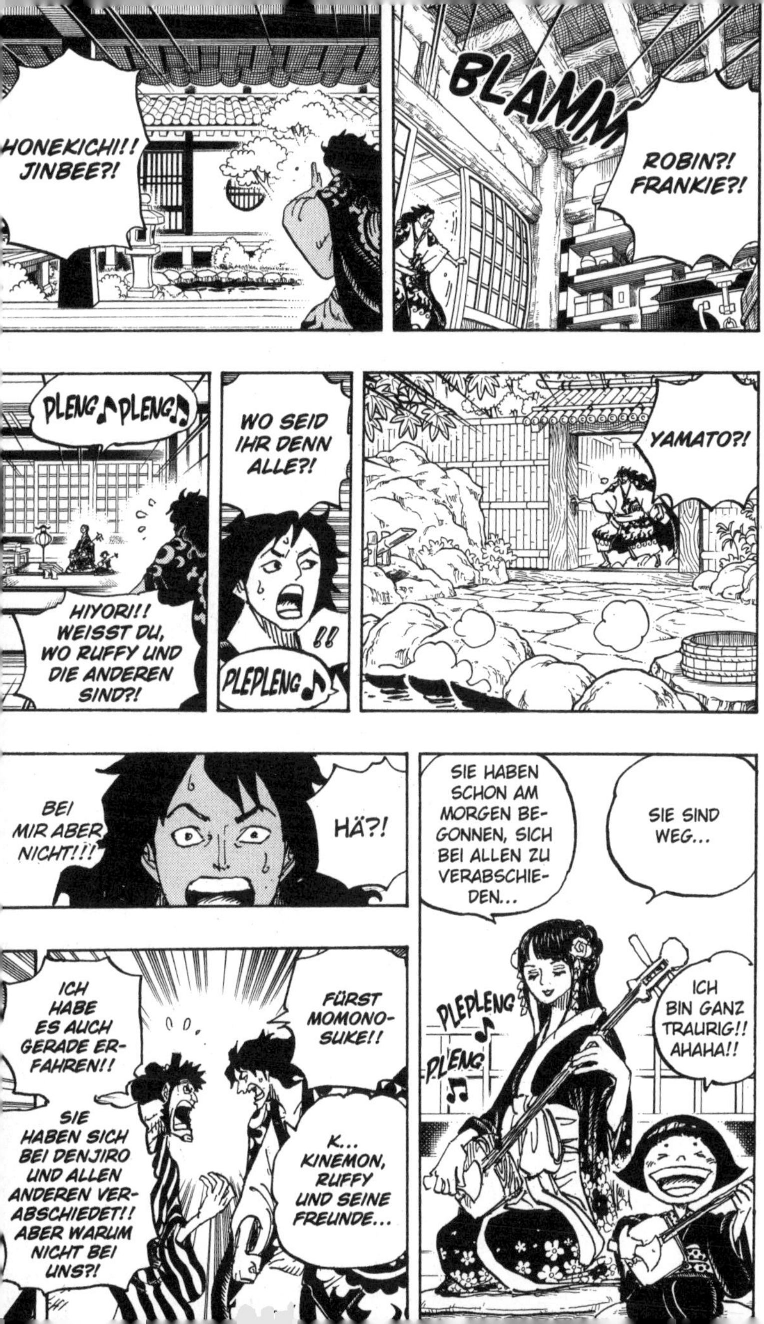
BLAMM
ROBIN?! FRANKIE?!
HONEKICHI!! JINBEE?!
YAMATO?!
WO SEID IHR DENN ALLE?!
PLEPLENG
PLENG PLENG
HIYORI!! WEISST DU, WO RUFFY UND DIE ANDEREN SIND?!
SIE SIND WEG...
SIE HABEN SCHON AM MORGEN BEGONNEN, SICH BEI ALLEN ZU VERABSCHIEDEN...
HÄ?!
BEI MIR ABER NICHT!!!
ICH BIN GANZ TRAURIG!! AHAHA!!
PLEPLENG
PLENG
FÜRST MOMONOSUKE!!
K... KINEMON, RUFFY UND SEINE FREUNDE...
ICH HABE ES AUCH GERADE ERFAHREN!!
SIE HABEN SICH BEI DENJIRO UND ALLEN ANDEREN VERABSCHIEDET!! ABER WARUM NICHT BEI UNS?!

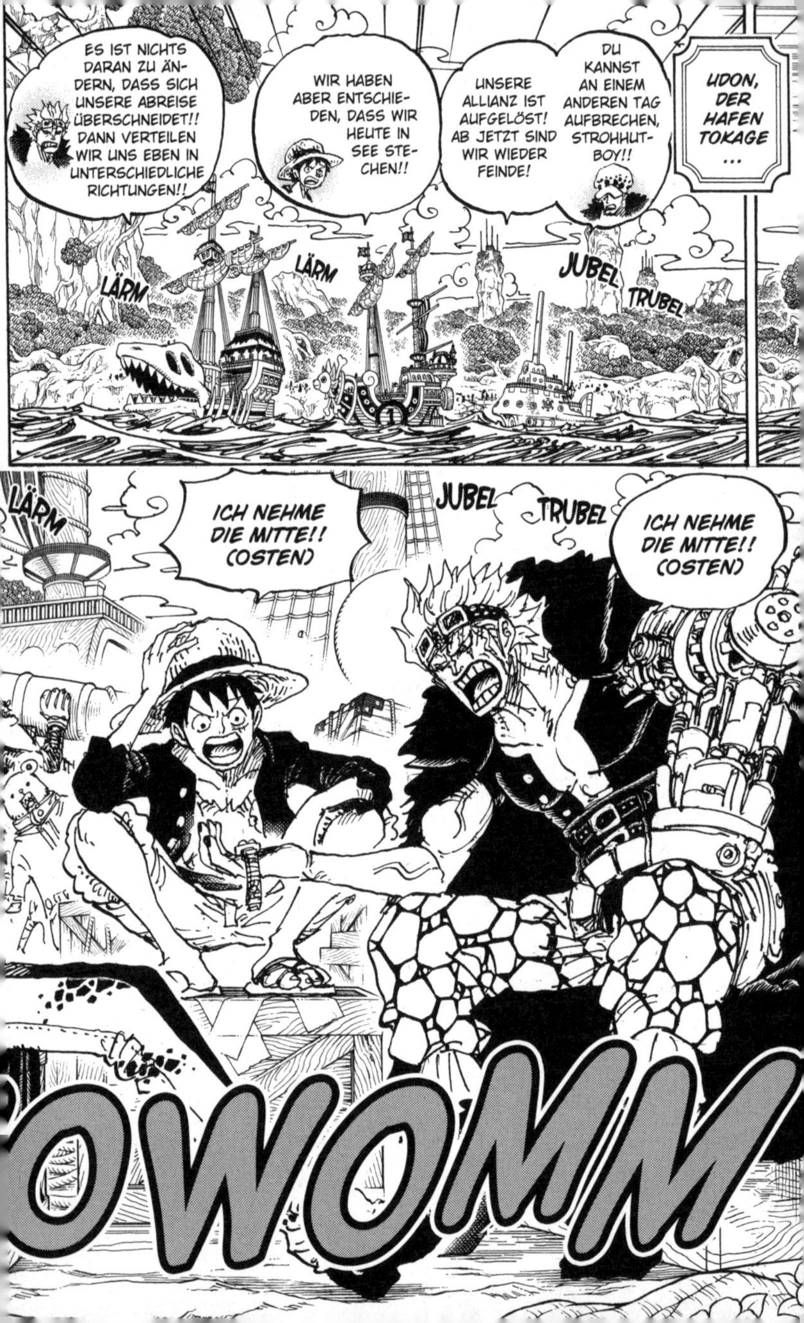
UDON, DER HAFEN TOKAGE ...
DU KANNST AN EINEM ANDEREN TAG AUFBRECHEN, STROHHUT-BOY!!
UNSERE ALLIANZ IST AUFGELÖST! AB JETZT SIND WIR WIEDER FEINDE!
WIR HABEN ABER ENTSCHIEDEN, DASS WIR HEUTE IN SEE STECHEN!!
ES IST NICHTS DARAN ZU ÄNDERN, DASS SICH UNSERE ABREISE ÜBERSCHNEIDET!! DANN VERTEILEN WIR UNS EBEN IN UNTERSCHIEDLICHE RICHTUNGEN!!
TRUBEL
JUBEL
LÄRM
LÄRM
ICH NEHME DIE MITTE!! (OSTEN)
TRUBEL
JUBEL
ICH NEHME DIE MITTE!! (OSTEN)
LÄRM
OWOMM

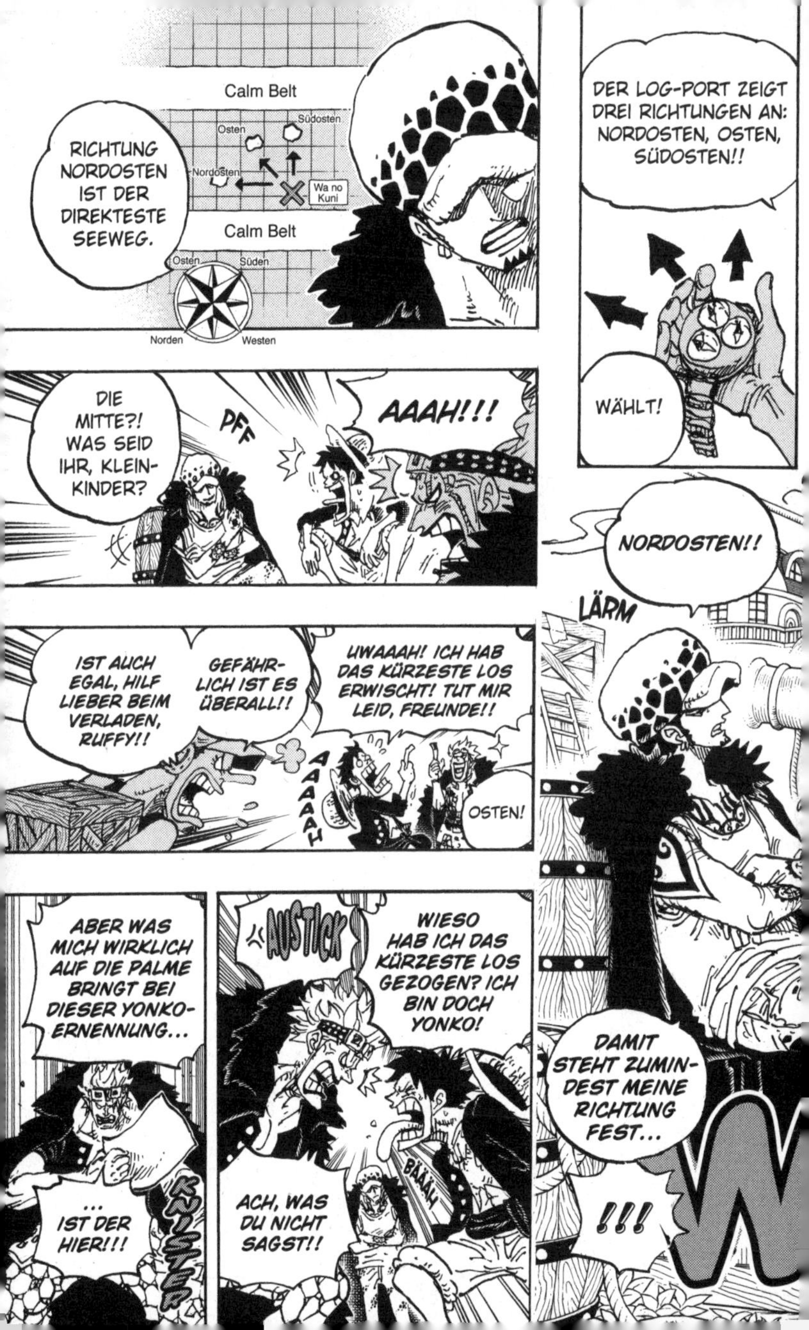
DER LOG-PORT ZEIGT DREI RICHTUNGEN AN: NORDOSTEN, OSTEN, SÜDOSTEN!!
WÄHLT!
Calm Belt
Südosten
Osten
Nordosten
Wa no Kuni
Calm Belt
Osten
Süden
Norden
Westen
RICHTUNG NORDOSTEN IST DER DIREKTESTE SEEWEG.
NORDOSTEN!!
LÄRM
DAMIT STEHT ZUMINDEST MEINE RICHTUNG FEST...
!!!
AAAH!!!
PFF
DIE MITTE?! WAS SEID IHR, KLEINKINDER?
OSTEN!
UWAAAH! ICH HAB DAS KÜRZESTE LOS ERWISCHT! TUT MIR LEID, FREUNDE!!
AAAAAAH
GEFÄHRLICH IST ES ÜBERALL!!
IST AUCH EGAL, HILF LIEBER BEIM VERLADEN, RUFFY!!
AUSTICK
WIESO HAB ICH DAS KÜRZESTE LOS GEZOGEN? ICH BIN DOCH YONKO!
BÄÄÄH
ACH, WAS DU NICHT SAGST!!
ABER WAS MICH WIRKLICH AUF DIE PALME BRINGT BEI DIESER YONKO-ERNENNUNG...
KNISTER
... IST DER HIER!!!

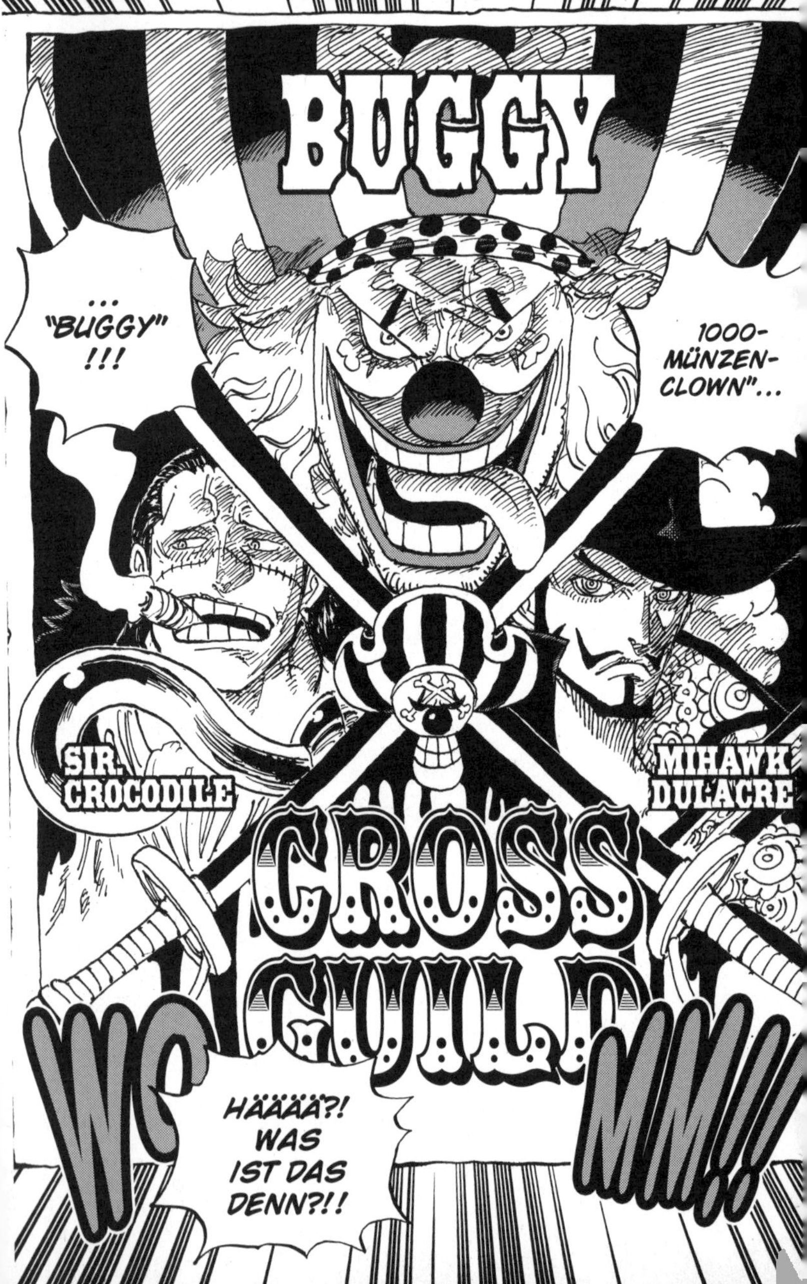
BUGGY
1000-MÜNZEN-CLOWN"...
... "BÜGGY" !!!
SIR. CROCODILE
MIHAWK DULACRE
CROSS GUILD
HÄÄÄÄ?! WAS IST DAS DENN?!!

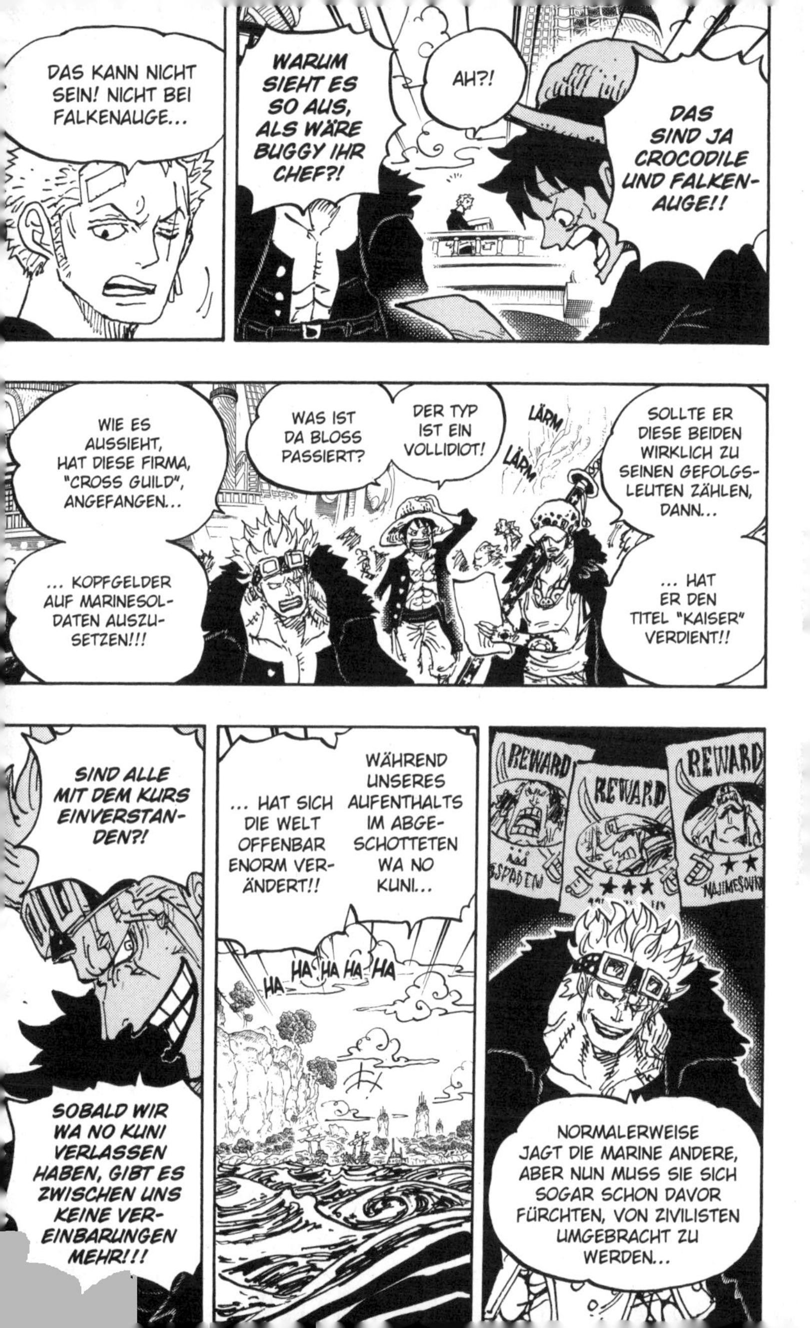
DAS SIND JA CROCODILE UND FALKENAUGE!!
AH?!
WARUM SIEHT ES SO AUS, ALS WÄRE BUGGY IHR CHEF?!
DAS KANN NICHT SEIN! NICHT BEI FALKENAUGE…
SOLLTE ER DIESE BEIDEN WIRKLICH ZU SEINEN GEFOLGSLEUTEN ZÄHLEN, DANN…
… HAT ER DEN TITEL "KAISER" VERDIENT!!
LÄRM
LÄRM
DER TYP IST EIN VOLLIDIOT!
WAS IST DA BLOSS PASSIERT?
WIE ES AUSSIEHT, HAT DIESE FIRMA, "CROSS GUILD", ANGEFANGEN…
… KOPFGELDER AUF MARINESOLDATEN AUSZUSETZEN!!!
REWARD
REWARD
REWARD
NORMALERWEISE JAGT DIE MARINE ANDERE, ABER NUN MUSS SIE SICH SOGAR SCHON DAVOR FÜRCHTEN, VON ZIVILISTEN UMGEBRACHT ZU WERDEN…
WÄHREND UNSERES AUFENTHALTS IM ABGESCHOTTETEN WA NO KUNI…
… HAT SICH DIE WELT OFFENBAR ENORM VERÄNDERT!!
HA HA HA HA HA
SIND ALLE MIT DEM KURS EINVERSTANDEN?!
SOBALD WIR WA NO KUNI VERLASSEN HABEN, GIBT ES ZWISCHEN UNS KEINE VEREINBARUNGEN MEHR!!!

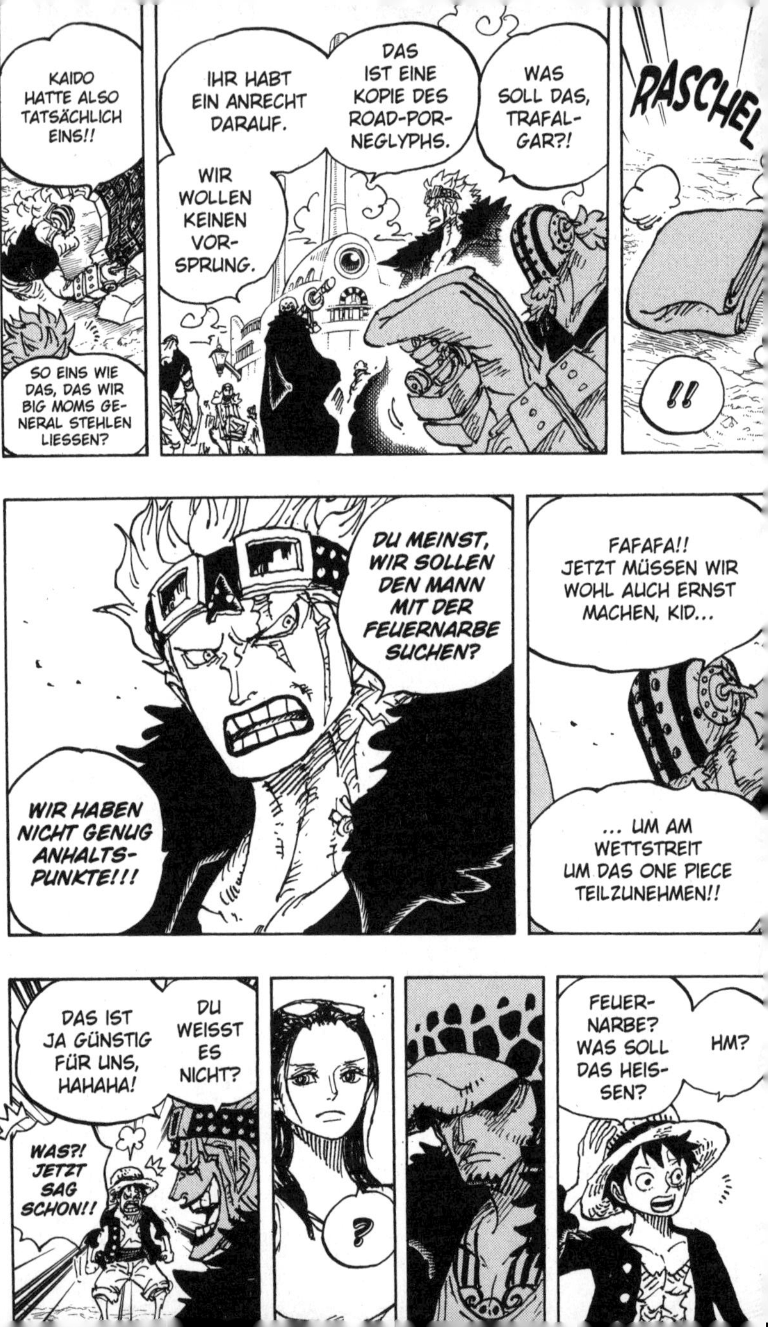
RASCHEL
!!
WAS SOLL DAS, TRAFAL-GAR?!
DAS IST EINE KOPIE DES ROAD-POR-NEGLYPHS.
IHR HABT EIN ANRECHT DARAUF.
WIR WOLLEN KEINEN VOR-SPRUNG.
KAIDO HATTE ALSO TATSÄCHLICH EINS!!
SO EINS WIE DAS, DAS WIR BIG MOMS GE-NERAL STEHLEN LIESSEN?
FAFAFA!! JETZT MÜSSEN WIR WOHL AUCH ERNST MACHEN, KID...
... UM AM WETTSTREIT UM DAS ONE PIECE TEILZUNEHMEN!!
DU MEINST, WIR SOLLEN DEN MANN MIT DER FEUERNARBE SUCHEN?
WIR HABEN NICHT GENUG ANHALTS-PUNKTE!!!
HM?
FEUER-NARBE? WAS SOLL DAS HEIS-SEN?
?
DU WEISST ES NICHT?
DAS IST JA GÜNSTIG FÜR UNS, HAHAHA!
WAS?! JETZT SAG SCHON!!

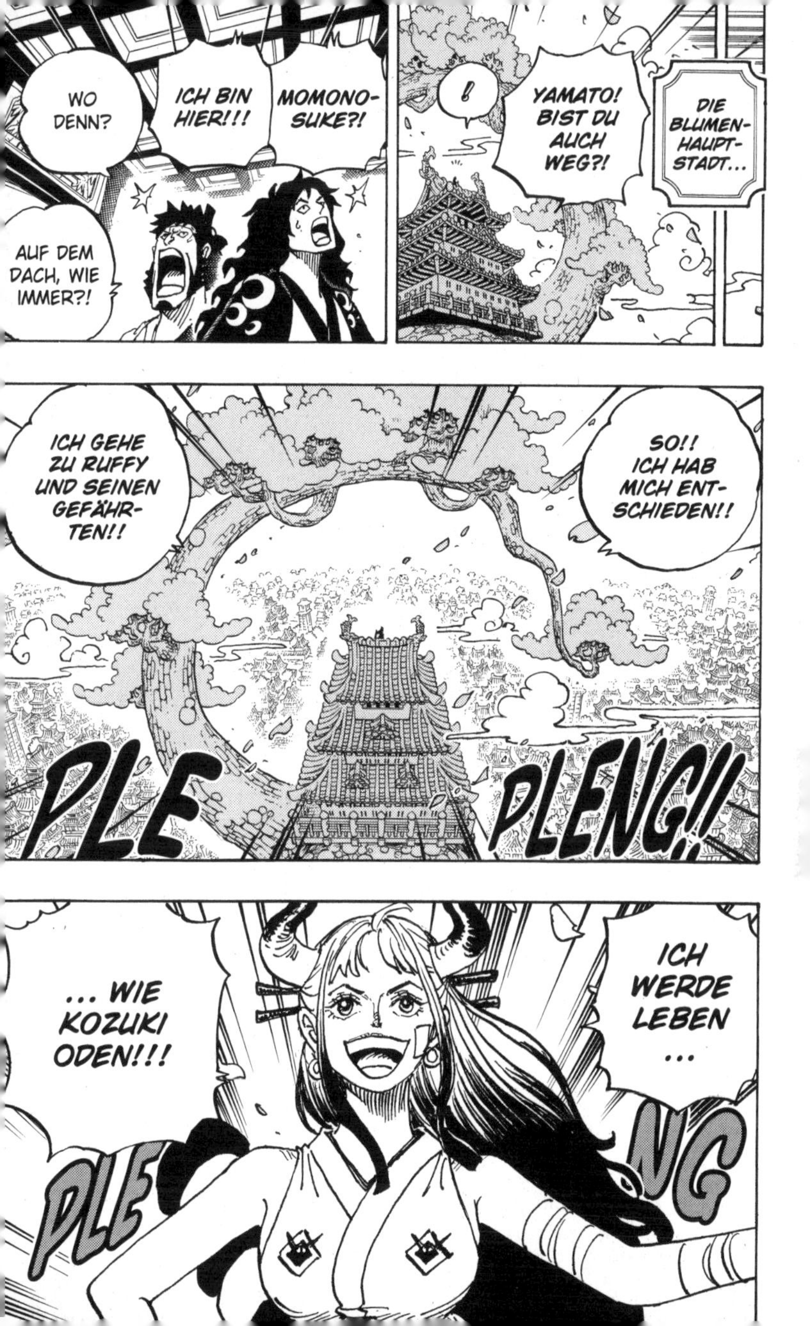

DIE BLUMEN-
HAUPT-
STADT...
YAMATO! BIST DU AUCH WEG?!
!
MOMONO-SUKE?!
ICH BIN HIER!!!
WO DENN?
AUF DEM DACH, WIE IMMER?!
SO!! ICH HAB MICH ENT-SCHIEDEN!!
ICH GEHE ZU RUFFY UND SEINEN GEFÄHR-TEN!!
PLE
PLENG!!
ICH WERDE LEBEN ...
... WIE KOZUKI ODEN!!!
PLE
NG

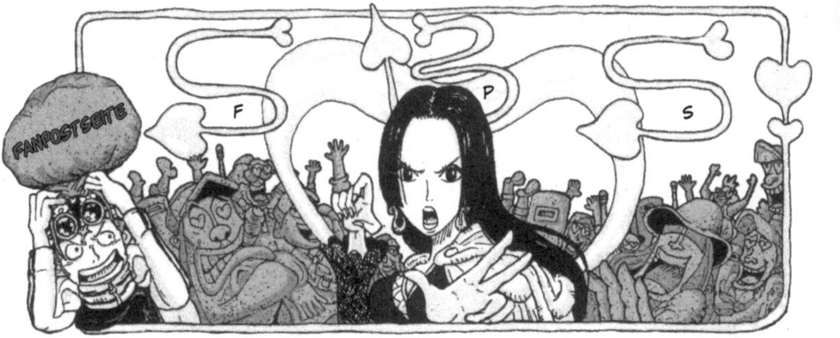

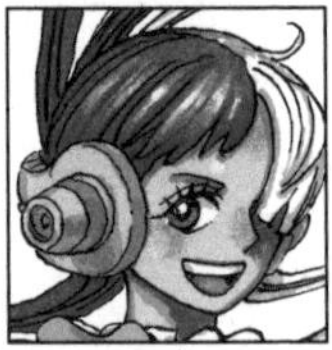

L (LESER): HEUTE GIBT DIE SÄNGERIN UTA EIN KONZERT, DARUM MÖCHTE ICH, DASS WIR LESERINNEN UND LESER SIE ALLE GEMEINSAM ANFEUERN!

U-T-A! U-T-A!
DIE F-P-S GEHT LO-OS!!!

PSEUDONYM: TOKOMON

O (ODA): GEHT! LO-OS! GEHT! LO-OS! SIE IST JA SCHON LOSGEGANGEN!!

L: ODA-CHIIIII... DU KANNST ECHT GUT ZEICHNEN!! ODA-CHIIIII... DU KANNST ECHT GUT ZEICHNEN!! (6X) ICH LANGWEILE MICH GERADE, DESHALB HAB ICH DIR MAL GESCHRIEBEN.
PSEUDONYM: CHOPPAMI

O: DAAAANKE! ICH FREUE MIIICH! OKAY, MACH'S GUUUT! BYE-BYYYYE!

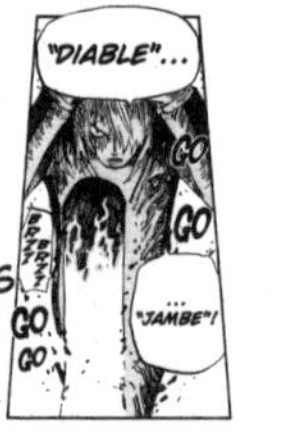

L: ODA-SENSEI, WARUM KOMMEN FLAMMEN AUS SANJIS BEINEN?
FROM T. URA

O: WEIL DAS COOLER IST, ALS WENN FÜRZE AUS SEINEN BEINEN KÄMEN. MACH'S GUT, SCHREIB MAL WIEDER, BYE-BYE!

L: ICH HAB EINE FRAGE: IN KAPITEL 1031 IN BAND 102 WAR SANJIS AUGENBRAUE VERKEHRT HERUM, ABER IN KAPITEL 1044 IN BAND 103 WAR SIE WIEDER RICHTIG. WARUM HAST DU SIE WIEDER RICHTIG GEDREHT?
PSEUDONYM: OKUJO

O: ICH BIN BEEINDRUCKT, DASS DU DAS BEMERKT HAST. TATSÄCHLICH VERÄNDERT SICH SEINE AUGENBRAUE. GEHEN WIR EINMAL ZURÜCK NACH WHOLE CAKE ISLAND.

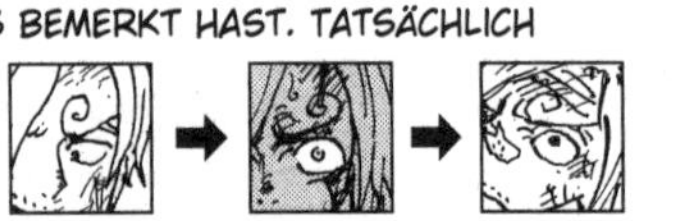

KAP. 1029 KAP. 1031 KAP. 1044

SANJIS GESCHWISTER BESITZEN DURCH ABSTAMMUNGSGENMANIPULATION VON GEBURT AN ANLAGEN ZU SUPERMENSCHEN UND EINE EXTREM ZÄHE HAUT, DIE "EXOSKELETT" GENANNT WIRD. NUR SANJI IST AUFGRUND DES WIDERSTANDS SEINER MUTTER ALS NORMALER MENSCH GEBOREN. SEHEN WIR UNS EINMAL DIE AUGENBRAUEN SEINER GESCHWISTER AN. SIE BILDEN BEI ALLEN EINE "66", WIE HIER BEI YONJI. BEI SANJI IST DIE BRAUE GENAU UMGEKEHRT.

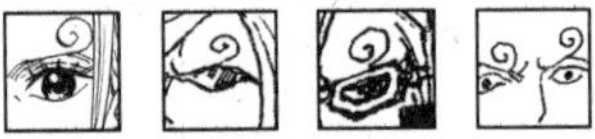

REIJU ICHIJI NIJI YONJI

← VERÄNDERT HAT SIE SICH BEI DEM KAMPF, IN DEM SICH DIE "KRAFT DER WISSENSCHAFT" DURCH DEN RAID SUIT IN IHM MANIFESTIERTE. SANJI BESITZT SCHON VON NATUR AUS EINE STARKE WIDERSTANDSKRAFT GEGEN FEUER. DAS GANZE WAR SCHON ERSTAUNLICH, NICHT WAHR? LASST UNS SEINEN WERDEGANG WEITER VERFOLGEN!

1057. Kapitel:
Finale

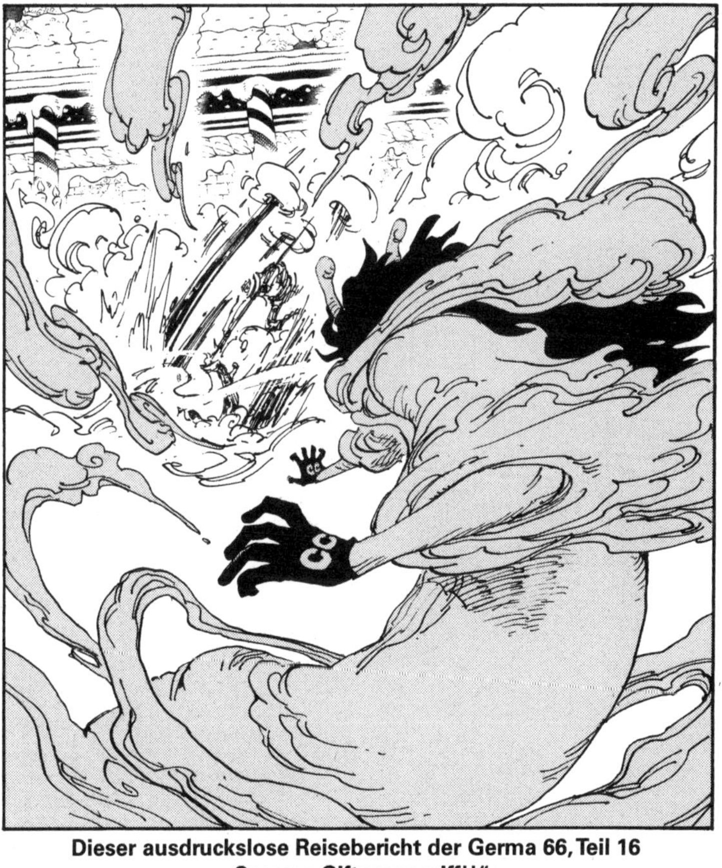

Dieser ausdruckslose Reisebericht der Germa 66, Teil 16
„Caesars Giftgasangriff!!“

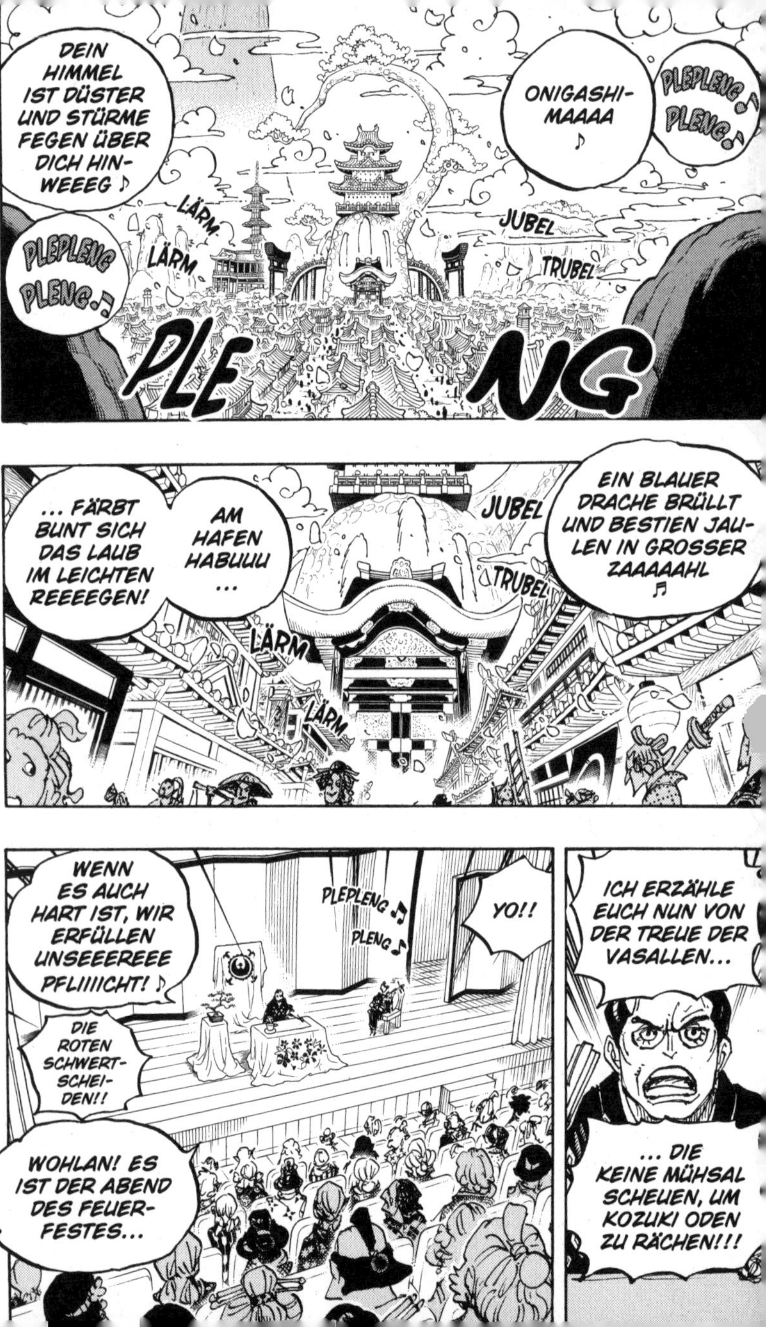
ONIGASHI-MAAAA ♪
PLEPLENG ♪ PLENG ♪
DEIN HIMMEL IST DÜSTER UND STÜRME FEGEN ÜBER DICH HIN-WEEEG ♪
JUBEL
TRUBEL
LÄRM
LÄRM
PLEPLENG PLENG ♪
PLE NG
EIN BLAUER DRACHE BRÜLLT UND BESTIEN JAU-LEN IN GROSSER ZAAAAAHL ♪
JUBEL
TRUBEL
AM HAFEN HABUUU …
… FÄRBT BUNT SICH DAS LAUB IM LEICHTEN REEEEGEN!
LÄRM
LÄRM
ICH ERZÄHLE EUCH NUN VON DER TREUE DER VASALLEN…
… DIE KEINE MÜHSAL SCHEUEN, UM KOZUKI ODEN ZU RÄCHEN!!!
YO!!
PLEPLENG ♪
PLENG ♪
WENN ES AUCH HART IST, WIR ERFÜLLEN UNSEEEREEE PFLIIIICHT! ♪
DIE ROTEN SCHWERT-SCHEI-DEN!!
WOHLAN! ES IST DER ABEND DES FEUER-FESTES…

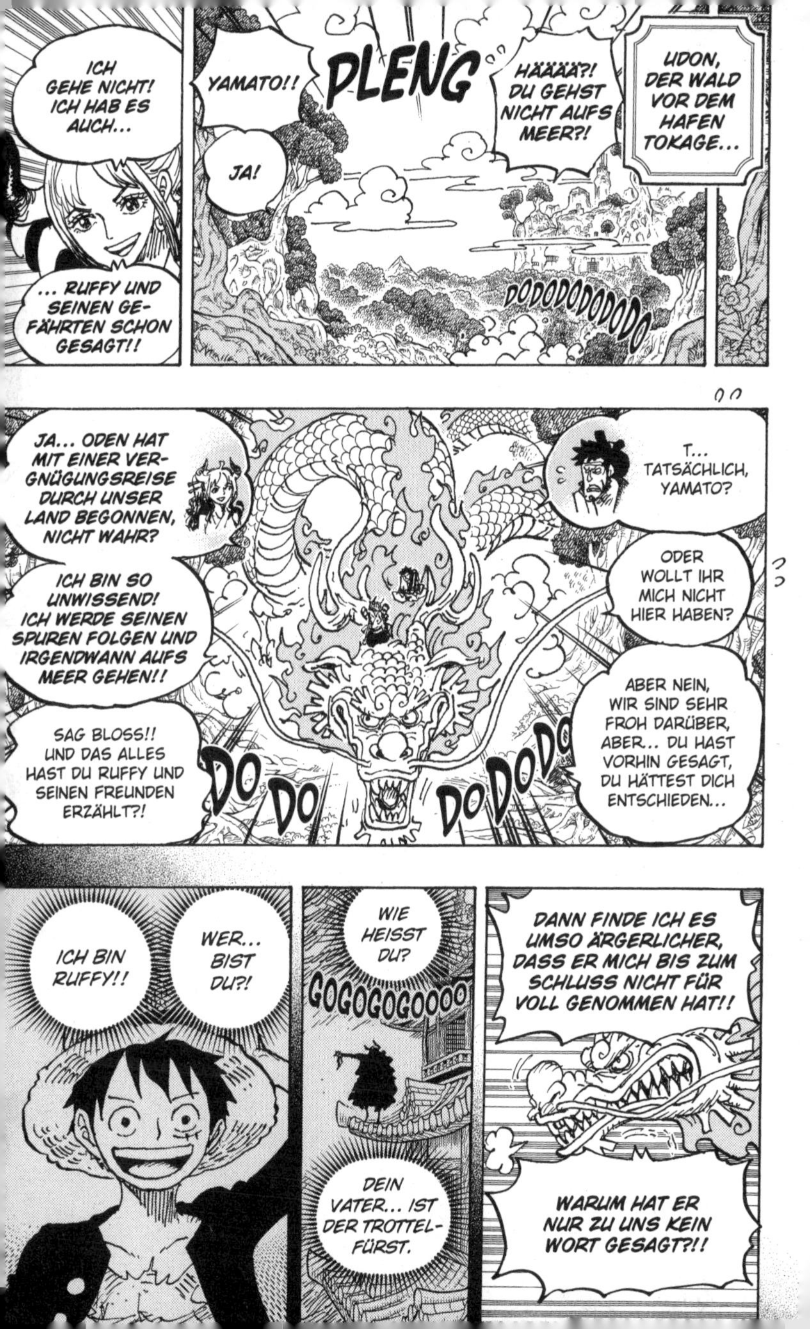

UDON, DER WALD VOR DEM HAFEN TOKAGE...
HÄÄÄÄ?! DU GEHST NICHT AUFS MEER?!
PLENG
YAMATO!!
JA!
DODODODODODODO
ICH GEHE NICHT! ICH HAB ES AUCH...
... RUFFY UND SEINEN GEFÄHRTEN SCHON GESAGT!!
T... TATSÄCHLICH, YAMATO?
ODER WOLLT IHR MICH NICHT HIER HABEN?
ABER NEIN, WIR SIND SEHR FROH DARÜBER, ABER... DU HAST VORHIN GESAGT, DU HÄTTEST DICH ENTSCHIEDEN...
JA... ODEN HAT MIT EINER VERGNÜGUNGSREISE DURCH UNSER LAND BEGONNEN, NICHT WAHR?
ICH BIN SO UNWISSEND! ICH WERDE SEINEN SPUREN FOLGEN UND IRGENDWANN AUFS MEER GEHEN!!
SAG BLOSS!! UND DAS ALLES HAST DU RUFFY UND SEINEN FREUNDEN ERZÄHLT?!
DO DO DO DO DO
DANN FINDE ICH ES UMSO ÄRGERLICHER, DASS ER MICH BIS ZUM SCHLUSS NICHT FÜR VOLL GENOMMEN HAT!!
WARUM HAT ER NUR ZU UNS KEIN WORT GESAGT?!!
WIE HEISST DU?
GOGOGOGOOOO
DEIN VATER... IST DER TROTTELFÜRST.
WER... BIST DU?!
ICH BIN RUFFY!!

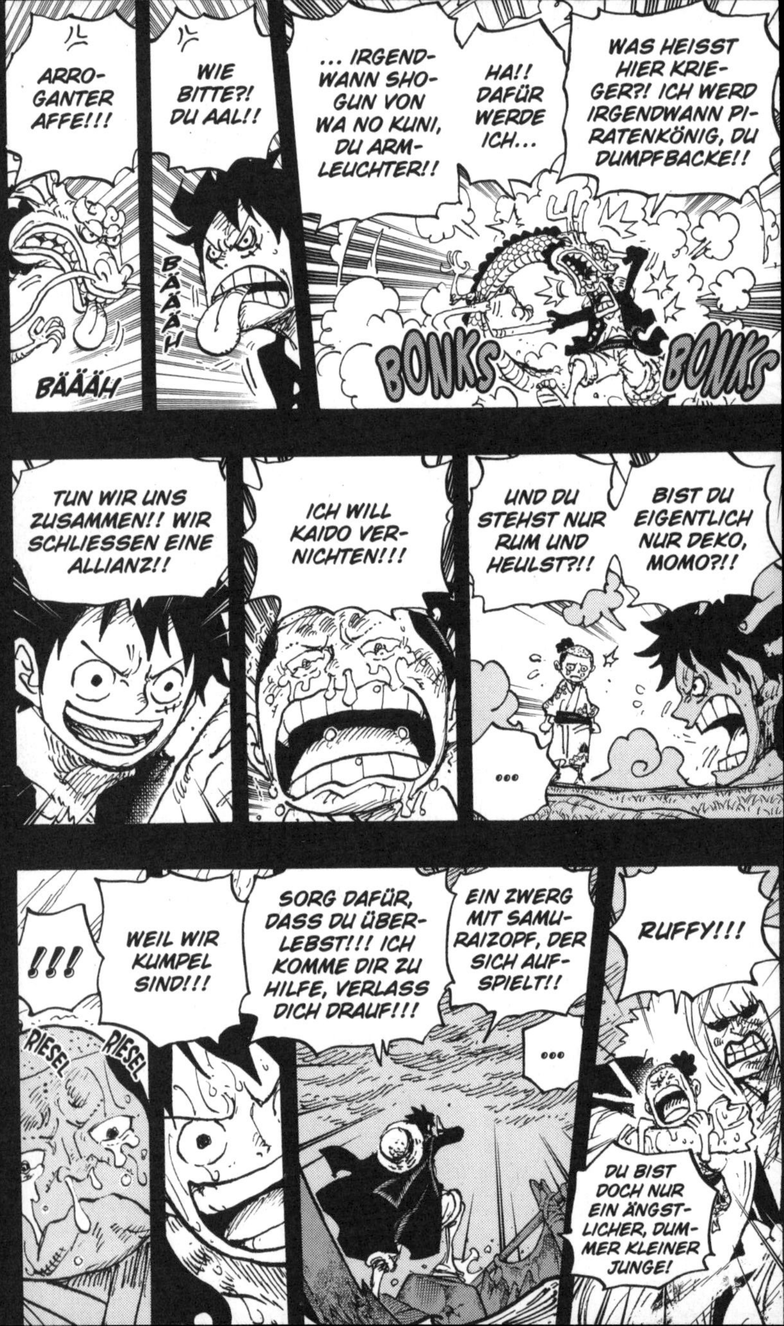
WAS HEISST HIER KRIEGER?! ICH WERD IRGENDWANN PIRATENKÖNIG, DU DUMPFBACKE!!
HA!! DAFÜR WERDE ICH...
... IRGENDWANN SHOGUN VON WA NO KUNI, DU ARMLEUCHTER!!
BONKS
BONKS
WIE BITTE?! DU AAL!!
BÄÄÄH
ARROGANTER AFFE!!!
BÄÄÄH
BIST DU EIGENTLICH NUR DEKO, MOMO?!!
UND DU STEHST NUR RUM UND HEULST?!!
...
ICH WILL KAIDO VERNICHTEN!!!
TUN WIR UNS ZUSAMMEN!! WIR SCHLIESSEN EINE ALLIANZ!!
RUFFY!!!
DU BIST DOCH NUR EIN ÄNGSTLICHER, DUMMER KLEINER JUNGE!
EIN ZWERG MIT SAMURAIZOPF, DER SICH AUFSPIELT!!
...
SORG DAFÜR, DASS DU ÜBERLEBST!!! ICH KOMME DIR ZU HILFE, VERLASS DICH DRAUF!!!
WEIL WIR KUMPEL SIND!!!
!!!
RIESEL
RIESEL

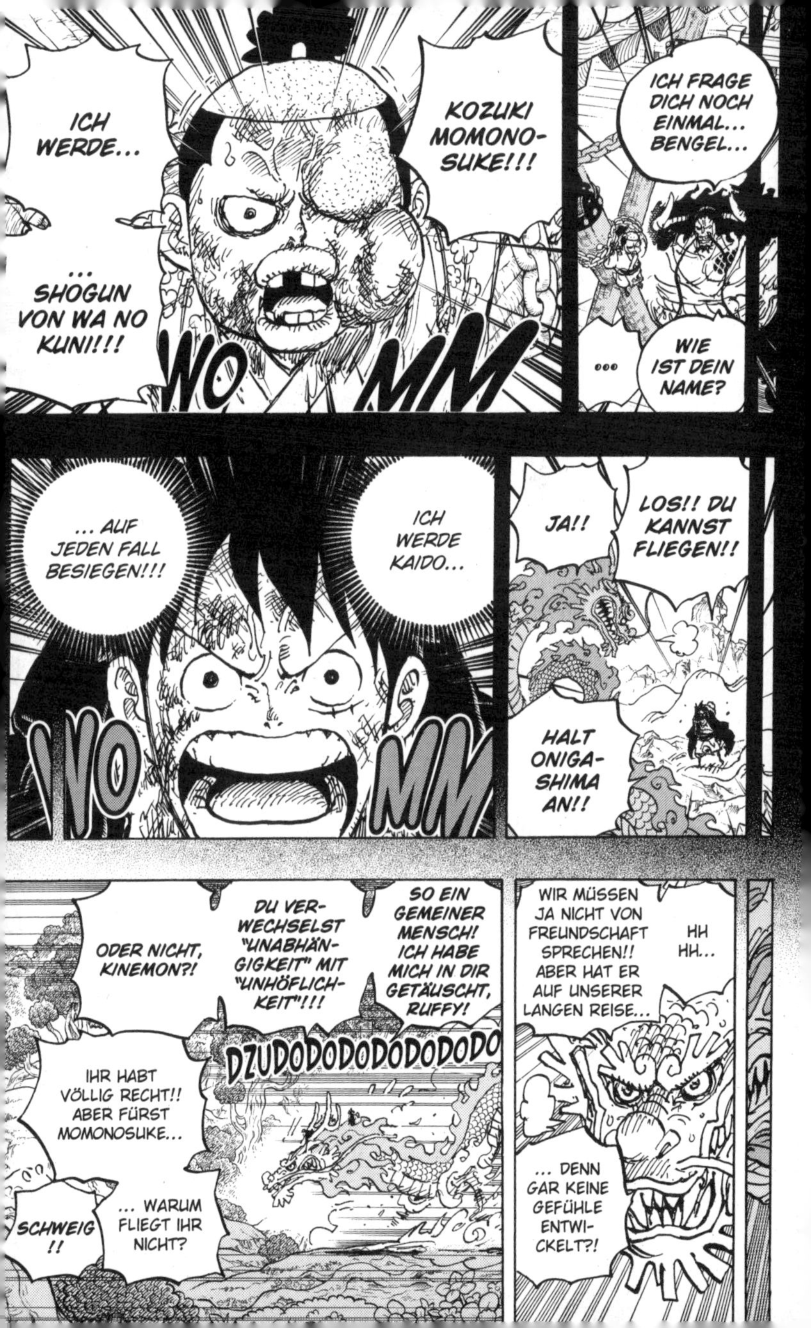
ICH FRAGE DICH NOCH EINMAL… BENGEL…
WIE IST DEIN NAME?
…
KOZUKI MOMONOSUKE!!!
ICH WERDE…
… SHŌGUN VON WA NO KUNI!!!
WOMM
LOS!! DU KANNST FLIEGEN!!
JA!!
HALT ONIGASHIMA AN!!
ICH WERDE KAIDO…
… AUF JEDEN FALL BESIEGEN!!!
WOMM
HH HH…
WIR MÜSSEN JA NICHT VON FREUNDSCHAFT SPRECHEN!! ABER HAT ER AUF UNSERER LANGEN REISE…
… DENN GAR KEINE GEFÜHLE ENTWICKELT?!
SO EIN GEMEINER MENSCH! ICH HABE MICH IN DIR GETÄUSCHT, RUFFY!
DU VERWECHSELST "UNABHÄNGIGKEIT" MIT "UNHÖFLICHKEIT"!!!
ODER NICHT, KINEMON?!
DZUDODODODODODODODO
IHR HABT VÖLLIG RECHT!! ABER FÜRST MOMONOSUKE…
… WARUM FLIEGT IHR NICHT?
SCHWEIG!!

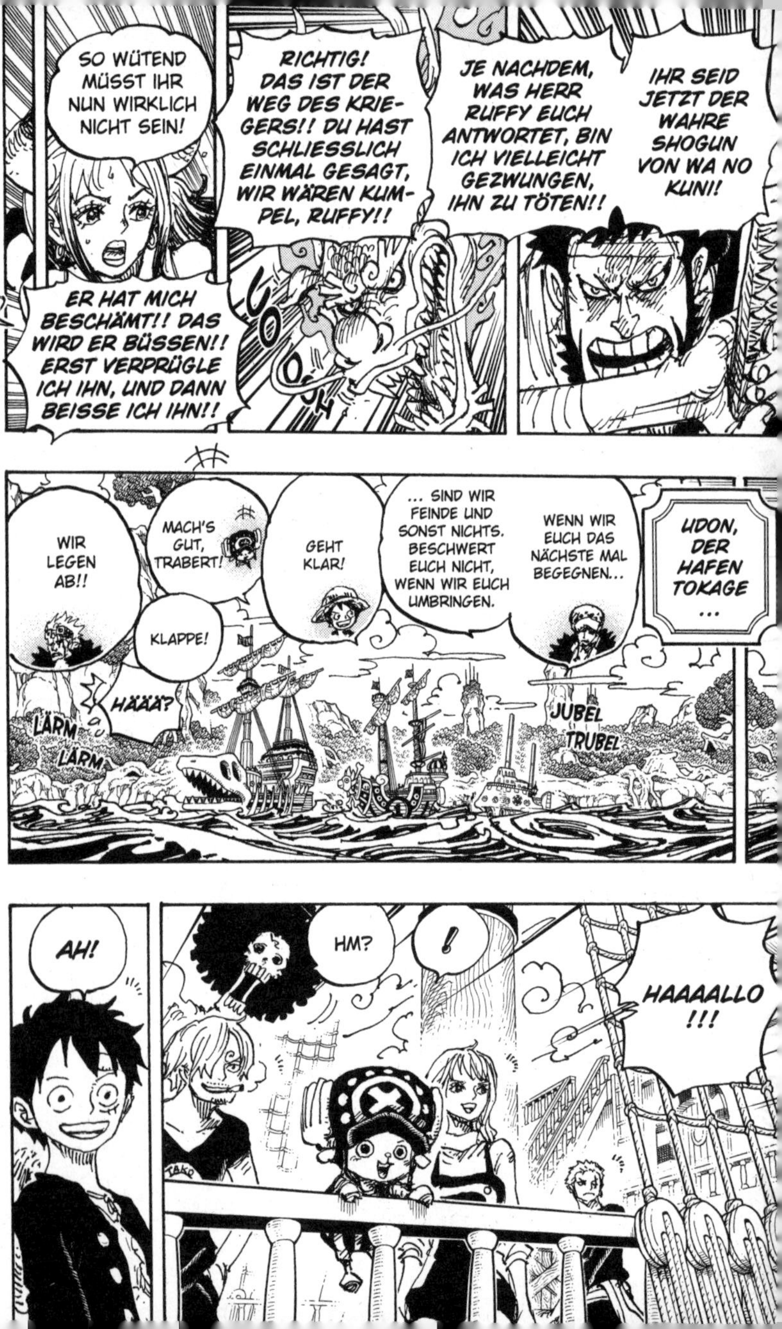
IHR SEID JETZT DER WAHRE SHOGUN VON WA NO KUNI!
JE NACHDEM, WAS HERR RUFFY EUCH ANTWORTET, BIN ICH VIELLEICHT GEZWUNGEN, IHN ZU TÖTEN!!
RICHTIG! DAS IST DER WEG DES KRIEGERS!! DU HAST SCHLIESSLICH EINMAL GESAGT, WIR WÄREN KUMPEL, RUFFY!!
SO WÜTEND MÜSST IHR NUN WIRKLICH NICHT SEIN!
ER HAT MICH BESCHÄMT!! DAS WIRD ER BÜSSEN!! ERST VERPRÜGLE ICH IHN, UND DANN BEISSE ICH IHN!!
UDON, DER HAFEN TOKAGE ...
WENN WIR EUCH DAS NÄCHSTE MAL BEGEGNEN...
... SIND WIR FEINDE UND SONST NICHTS. BESCHWERT EUCH NICHT, WENN WIR EUCH UMBRINGEN.
JUBEL
TRUBEL
GEHT KLAR!
MACH'S GUT, TRABERT!
KLAPPE!
WIR LEGEN AB!!
HÄÄÄ?
LÄRM
LÄRM
HAAAALLO !!!
!
HM?
AH!

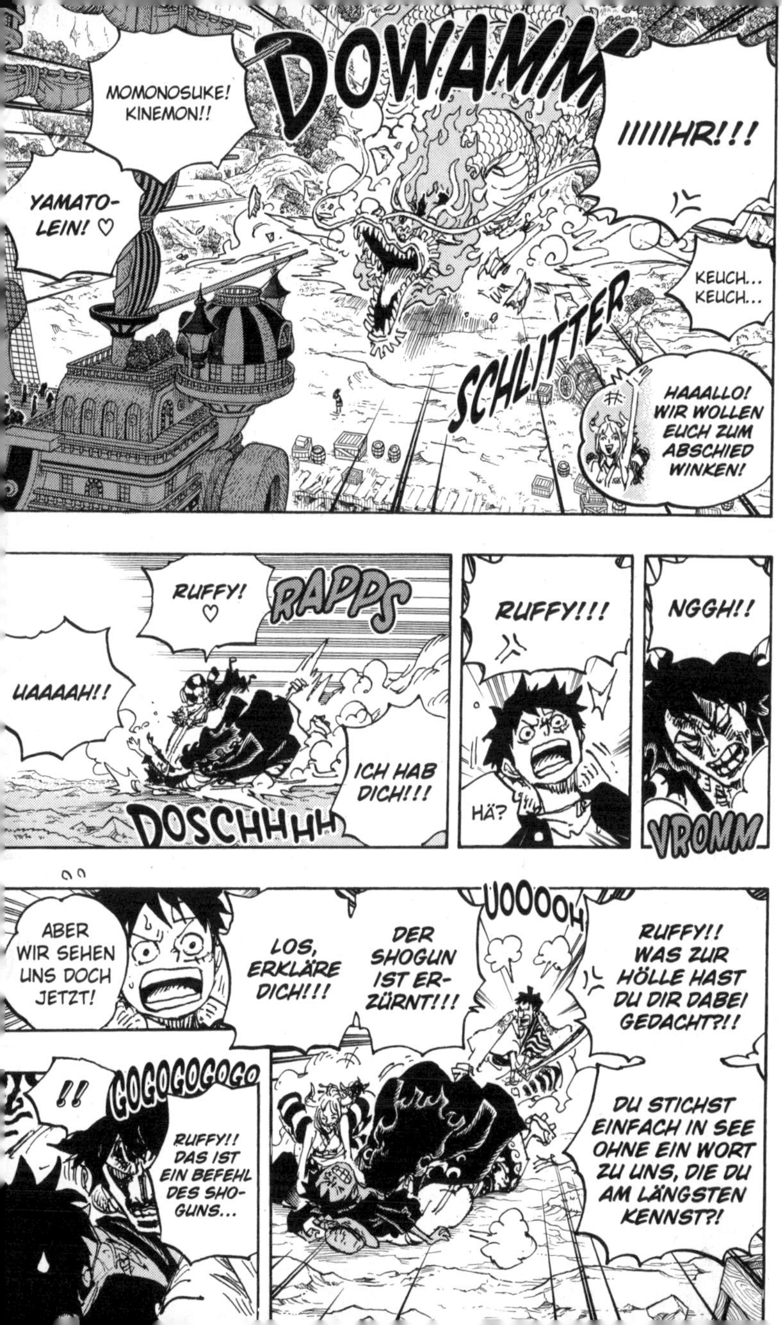
DOWAMM
IIIIIHR!!!
MOMONOSUKE! KINEMON!!
YAMATO-LEIN! ♡
KEUCH... KEUCH...
SCHLITTER
HAAALLO! WIR WOLLEN EUCH ZUM ABSCHIED WINKEN!
NGGH!!
VROMM
RUFFY!!!
HÄ?
RAPPS
RUFFY! ♡
UAAAAH!!
ICH HAB DICH!!!
DOSCHHHH
UOOOOH
RUFFY!! WAS ZUR HÖLLE HAST DU DIR DABEI GEDACHT?!!
DER SHOGUN IST ERZÜRNT!!!
LOS, ERKLÄRE DICH!!!
ABER WIR SEHEN UNS DOCH JETZT!
DU STICHST EINFACH IN SEE OHNE EIN WORT ZU UNS, DIE DU AM LÄNGSTEN KENNST?!
GOGOGOGOGO
!!
RUFFY!! DAS IST EIN BEFEHL DES SHOGUNS...

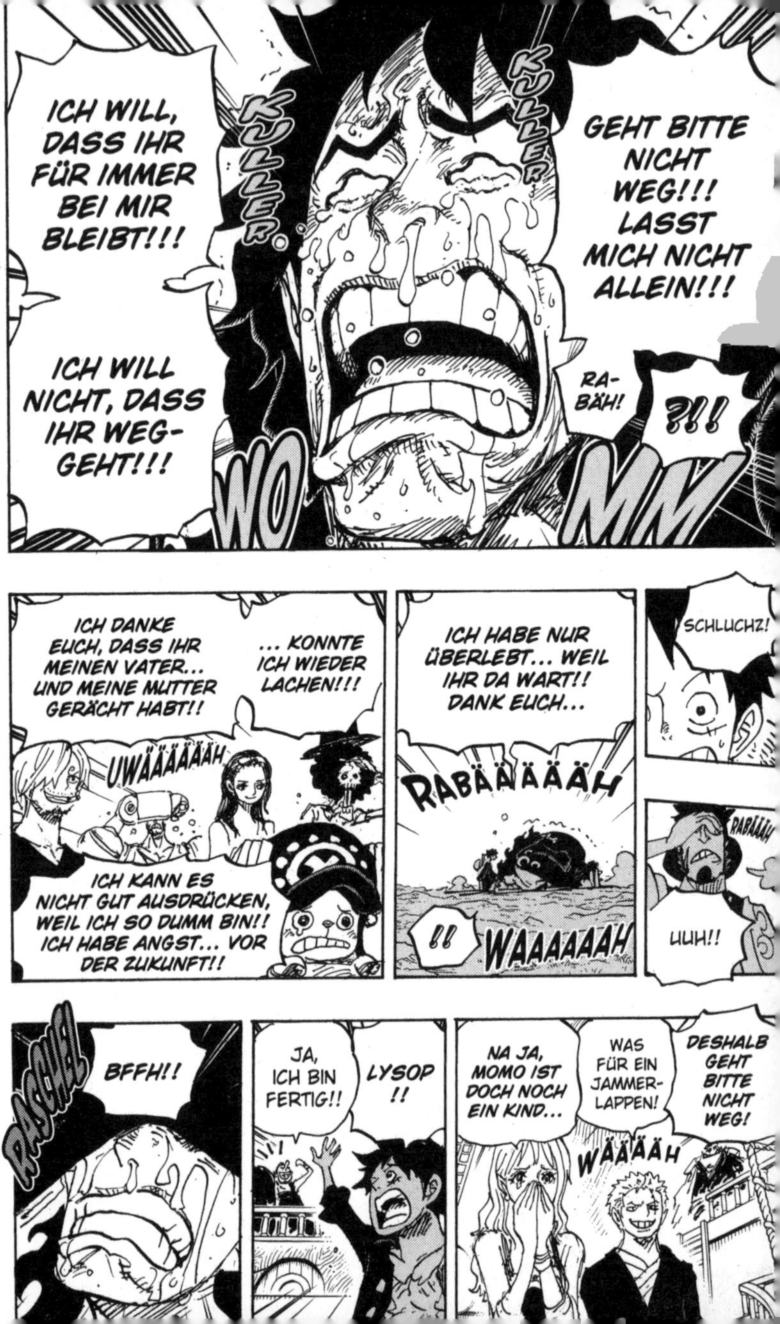
GEHT BITTE NICHT WEG!!! LASST MICH NICHT ALLEIN!!!
KULLER
KULLER
ICH WILL, DASS IHR FÜR IMMER BEI MIR BLEIBT!!!
?!!
RA-BÄH!
ICH WILL NICHT, DASS IHR WEG-GEHT!!!
WOMM
SCHLUCHZ!
ICH HABE NUR ÜBERLEBT... WEIL IHR DA WART!! DANK EUCH...
... KONNTE ICH WIEDER LACHEN!!!
ICH DANKE EUCH, DASS IHR MEINEN VATER... UND MEINE MUTTER GERÄCHT HABT!!
RABÄÄÄH
UUH!!
RABÄÄÄÄÄH
!!
WAAAAAAH
UWÄÄÄÄÄÄH
ICH KANN ES NICHT GUT AUSDRÜCKEN, WEIL ICH SO DUMM BIN!! ICH HABE ANGST... VOR DER ZUKUNFT!!
DESHALB GEHT BITTE NICHT WEG!
WAS FÜR EIN JAMMER-LAPPEN!
NA JA, MOMO IST DOCH NOCH EIN KIND...
WÄÄÄH
LYSOP!!
JA, ICH BIN FERTIG!!
BFFH!!
RASCHEL

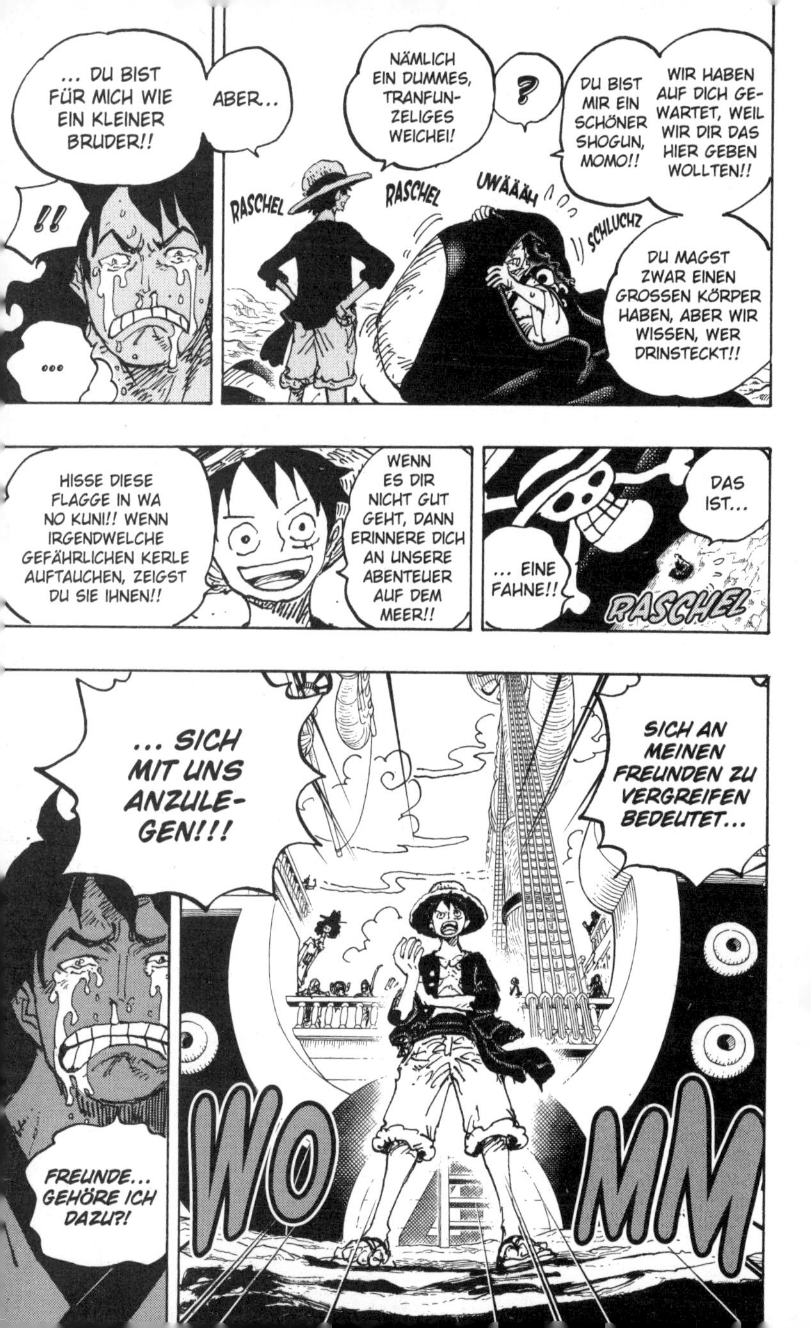
WIR HABEN AUF DICH GEWARTET, WEIL WIR DIR DAS HIER GEBEN WOLLTEN!!
DU MAGST ZWAR EINEN GROSSEN KÖRPER HABEN, ABER WIR WISSEN, WER DRINSTECKT!!
UWÄÄÄH
SCHLUCHZ
DU BIST MIR EIN SCHÖNER SHOGUN, MOMO!!
?
NÄMLICH EIN DUMMES, TRANFUNZELIGES WEICHEI!
RASCHEL
RASCHEL
ABER…
… DU BIST FÜR MICH WIE EIN KLEINER BRUDER!!
!!
…
DAS IST…
… EINE FAHNE!!
RASCHEL
WENN ES DIR NICHT GUT GEHT, DANN ERINNERE DICH AN UNSERE ABENTEUER AUF DEM MEER!!
HISSE DIESE FLAGGE IN WA NO KUNI!! WENN IRGENDWELCHE GEFÄHRLICHEN KERLE AUFTAUCHEN, ZEIGST DU SIE IHNEN!!
SICH AN MEINEN FREUNDEN ZU VERGREIFEN BEDEUTET…
… SICH MIT UNS ANZULEGEN!!!
WOMM
FREUNDE… GEHÖRE ICH DAZU?!

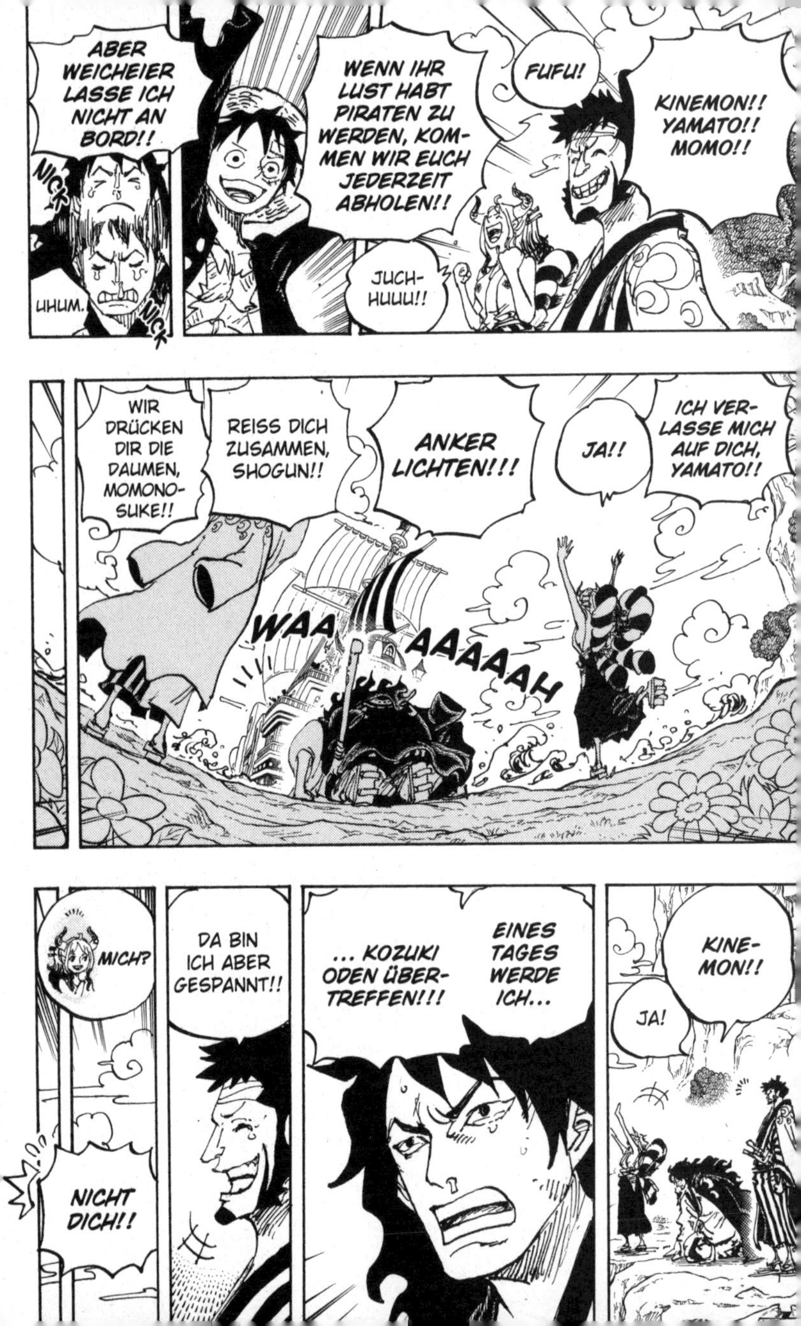
KINEMON!! YAMATO!! MOMO!!
FUFU!
WENN IHR LUST HABT PIRATEN ZU WERDEN, KOMMEN WIR EUCH JEDERZEIT ABHOLEN!!
JUCH-HUUU!!
ABER WEICHEIER LASSE ICH NICHT AN BORD!!
NICK
NICK
UHUM.
ICH VER-LASSE MICH AUF DICH, YAMATO!!
JA!!
ANKER LICHTEN!!!
REISS DICH ZUSAMMEN, SHOGUN!!
WIR DRÜCKEN DIR DIE DAUMEN, MOMONO-SUKE!!
WAAAAAAAH
KINE-MON!!
JA!
EINES TAGES WERDE ICH...
... KOZUKI ODEN ÜBER-TREFFEN!!!
DA BIN ICH ABER GESPANNT!!
MICH?
NICHT DICH!!

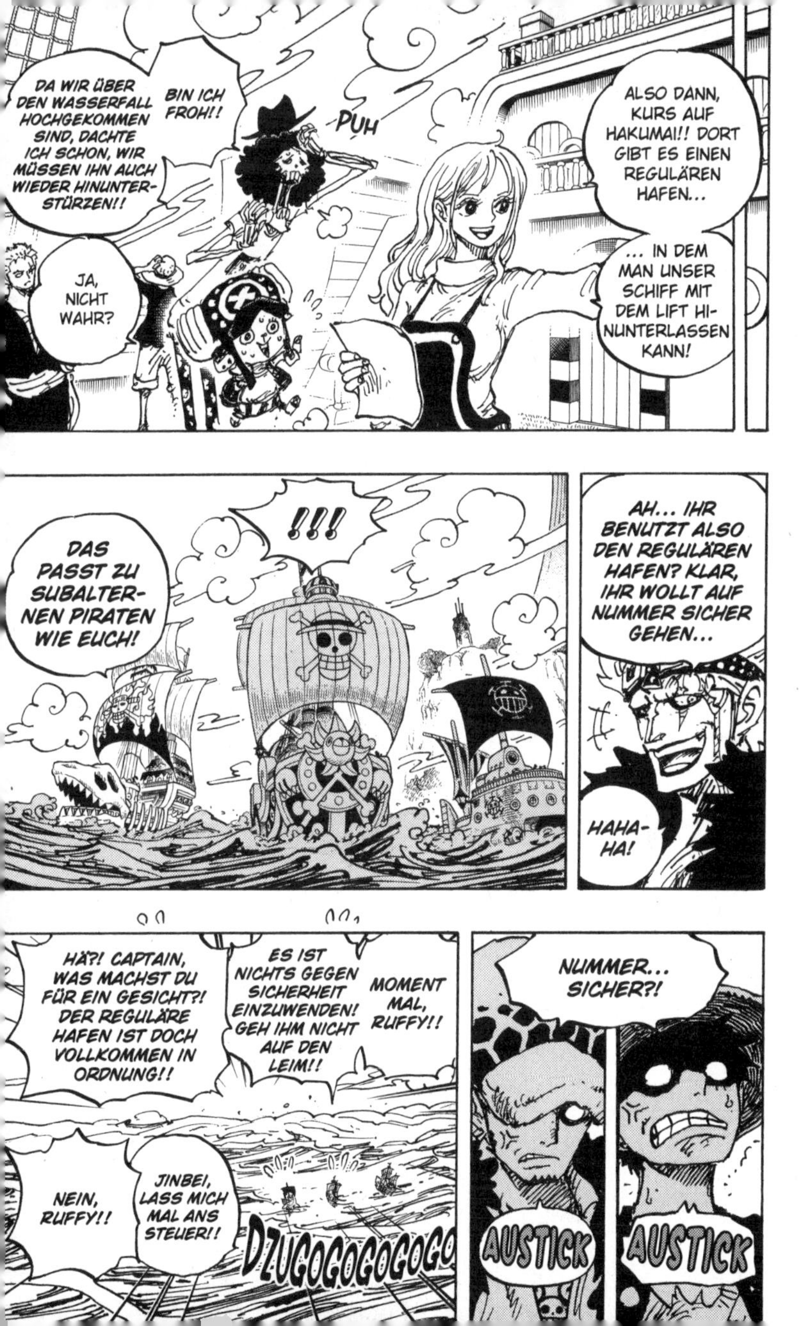
ALSO DANN, KURS AUF HAKUMAI!! DORT GIBT ES EINEN REGULÄREN HAFEN...
... IN DEM MAN UNSER SCHIFF MIT DEM LIFT HINUNTERLASSEN KANN!
BIN ICH FROH!!
PUH
DA WIR ÜBER DEN WASSERFALL HOCHGEKOMMEN SIND, DACHTE ICH SCHON, WIR MÜSSEN IHN AUCH WIEDER HINUNTERSTÜRZEN!!
JA, NICHT WAHR?
AH... IHR BENUTZT ALSO DEN REGULÄREN HAFEN? KLAR, IHR WOLLT AUF NUMMER SICHER GEHEN...
HAHAHA!
!!!
DAS PASST ZU SUBALTERNEN PIRATEN WIE EUCH!
NUMMER... SICHER?!
AUSTICK
AUSTICK
MOMENT MAL, RUFFY!!
ES IST NICHTS GEGEN SICHERHEIT EINZUWENDEN! GEH IHM NICHT AUF DEN LEIM!!
HÄ?! CAPTAIN, WAS MACHST DU FÜR EIN GESICHT?! DER REGULÄRE HAFEN IST DOCH VOLLKOMMEN IN ORDNUNG!!
DZUGOGOGOGOGOGO
JINBEI, LASS MICH MAL ANS STEUER!!
NEIN, RUFFY!!

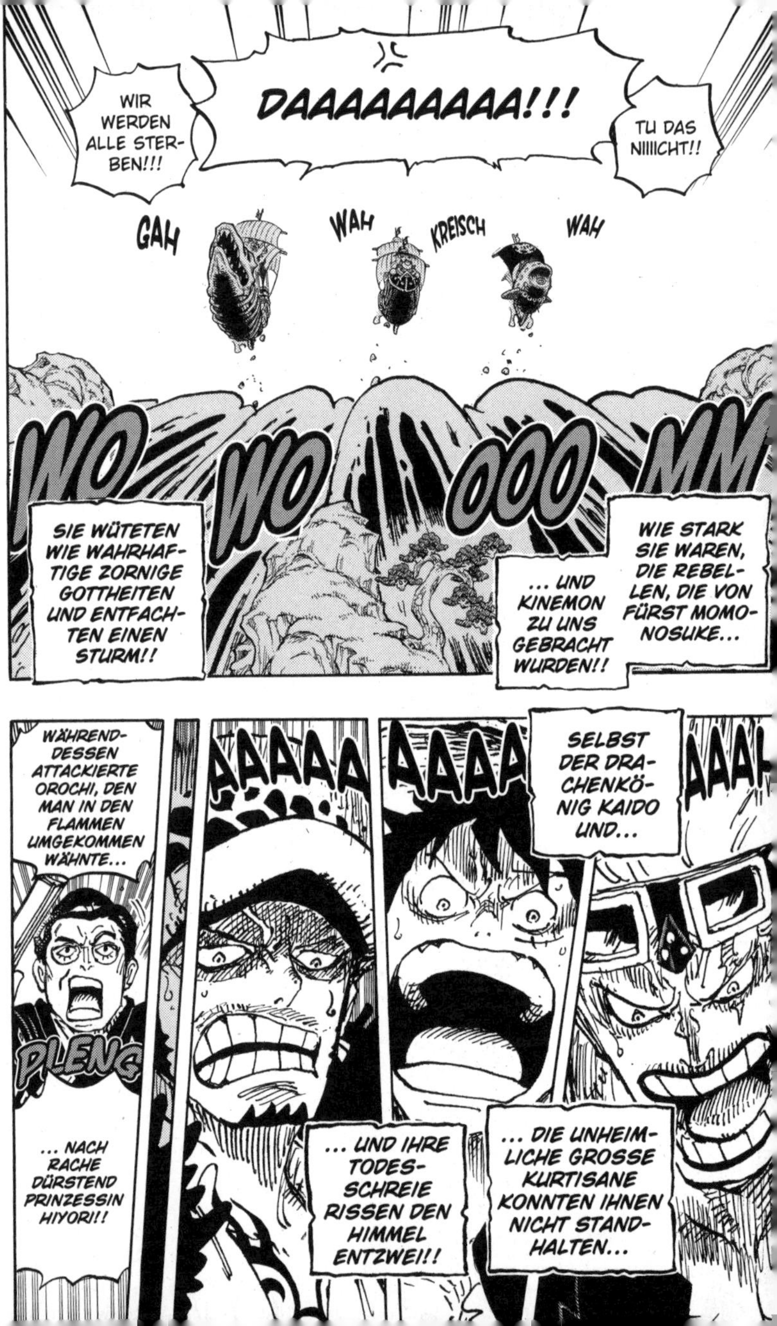
TU DAS NIIIICHT!!
DAAAAAAAAAA!!!
WIR WERDEN ALLE STERBEN!!!
WAH
KREISCH
WAH
GAH
WOWOOOOMM
WIE STARK SIE WAREN, DIE REBELLEN, DIE VON FÜRST MOMONOSUKE...
... UND KINEMON ZU UNS GEBRACHT WURDEN!!
SIE WÜTETEN WIE WAHRHAFTIGE ZORNIGE GOTTHEITEN UND ENTFACHTEN EINEN STURM!!
AAAAAAAAAAAH
SELBST DER DRACHENKÖNIG KAIDO UND...
... DIE UNHEIMLICHE GROSSE KURTISANE KONNTEN IHNEN NICHT STANDHALTEN...
... UND IHRE TODESSCHREIE RISSEN DEN HIMMEL ENTZWEI!!
WÄHRENDDESSEN ATTACKIERTE OROCHI, DEN MAN IN DEN FLAMMEN UMGEKOMMEN WÄHNTE...
PLENG
... NACH RACHE DÜRSTEND PRINZESSIN HIYORI!!

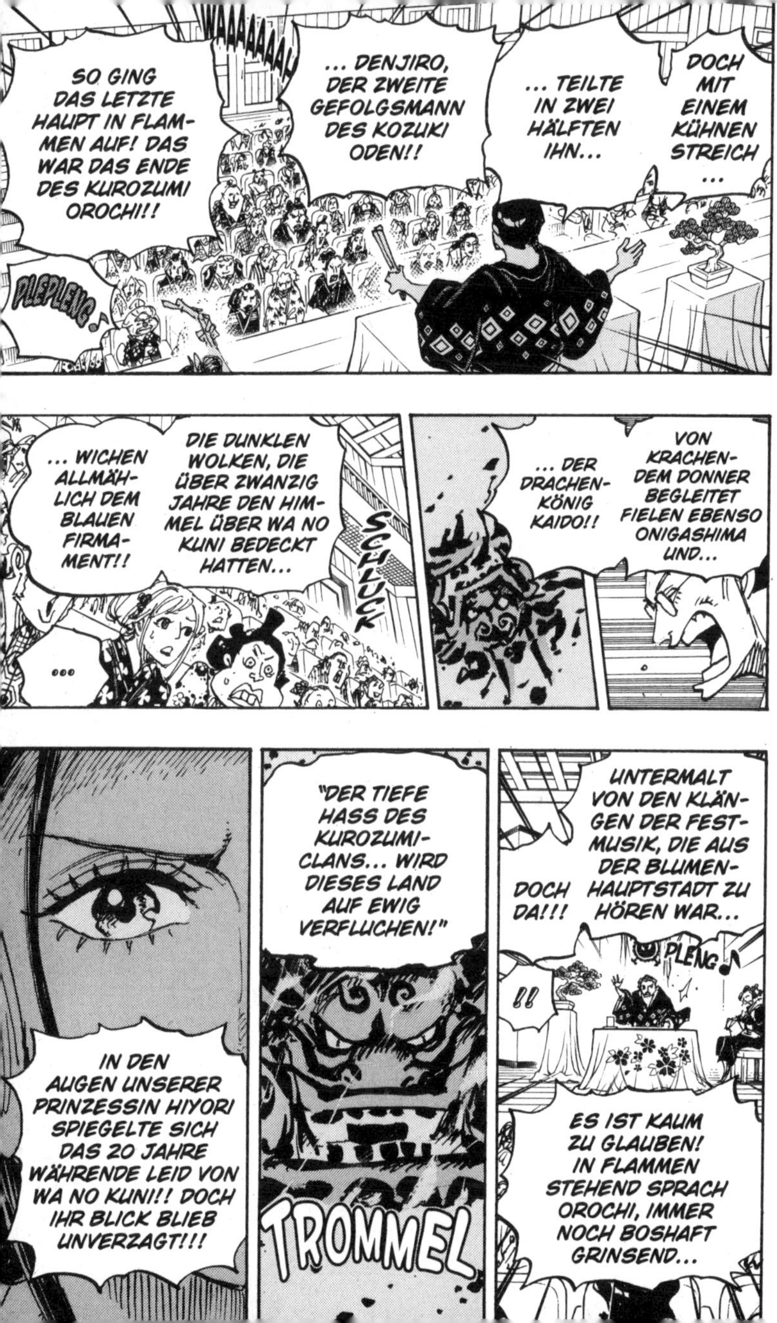
DOCH MIT EINEM KÜHNEN STREICH ...
... TEILTE IN ZWEI HÄLFTEN IHN...
... DENJIRO, DER ZWEITE GEFOLGSMANN DES KOZUKI ODEN!!
WAAAAAAAH
SO GING DAS LETZTE HAUPT IN FLAMMEN AUF! DAS WAR DAS ENDE DES KUROZUMI OROCHI!!
PLEPLENG♪
VON KRACHENDEM DONNER BEGLEITET FIELEN EBENSO ONIGASHIMA UND...
... DER DRACHENKÖNIG KAIDO!!
DIE DUNKLEN WOLKEN, DIE ÜBER ZWANZIG JAHRE DEN HIMMEL ÜBER WA NO KUNI BEDECKT HATTEN...
SCHLUCK
... WICHEN ALLMÄHLICH DEM BLAUEN FIRMAMENT!!
...
UNTERMALT VON DEN KLÄNGEN DER FESTMUSIK, DIE AUS DER BLUMENHAUPTSTADT ZU HÖREN WAR...
DOCH DA!!!
PLENG♪
!!
ES IST KAUM ZU GLAUBEN! IN FLAMMEN STEHEND SPRACH OROCHI, IMMER NOCH BOSHAFT GRINSEND...
"DER TIEFE HASS DES KUROZUMI-CLANS... WIRD DIESES LAND AUF EWIG VERFLUCHEN!"
TROMMEL
IN DEN AUGEN UNSERER PRINZESSIN HIYORI SPIEGELTE SICH DAS 20 JAHRE WÄHRENDE LEID VON WA NO KUNI!! DOCH IHR BLICK BLIEB UNVERZAGT!!!

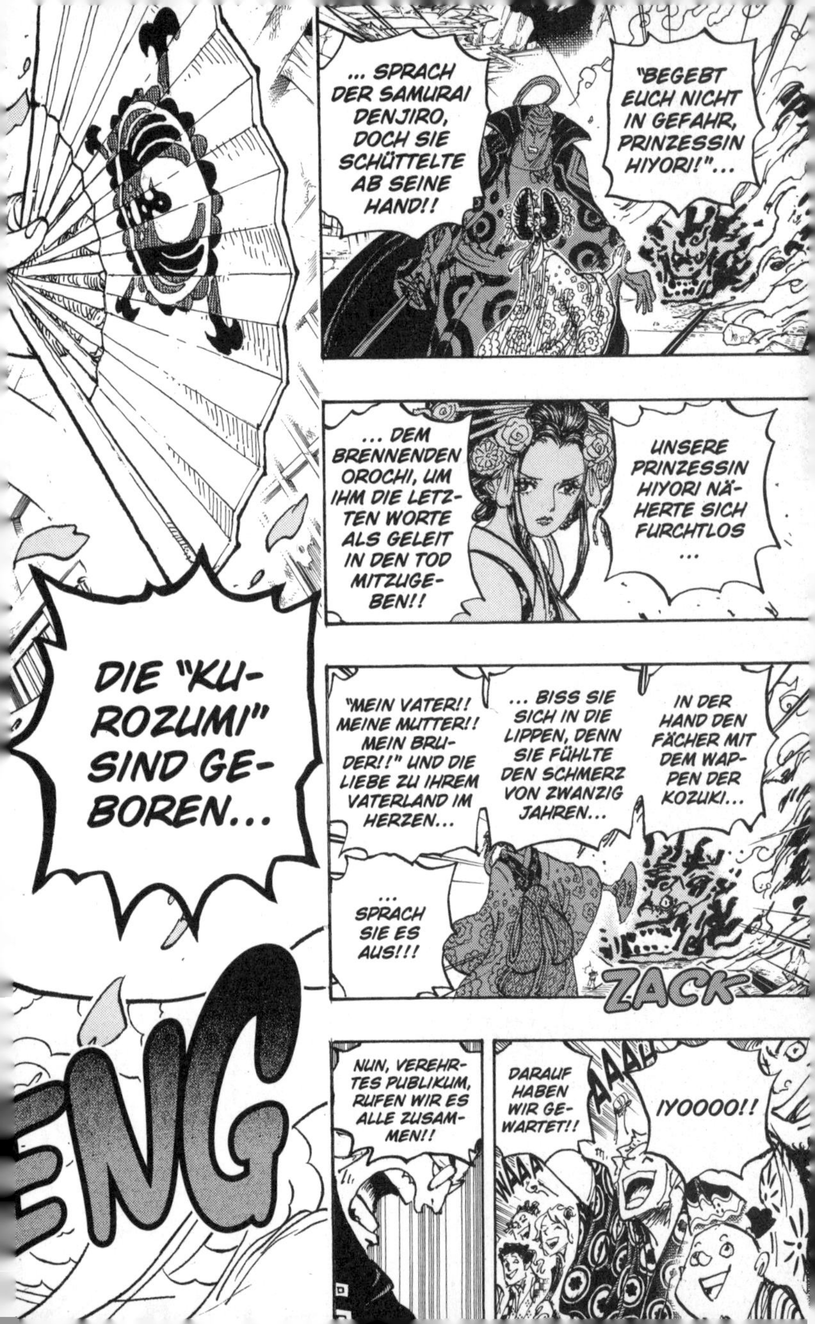
"BEGEBT EUCH NICHT IN GEFAHR, PRINZESSIN HIYORI!"...
... SPRACH DER SAMURAI DENJIRO, DOCH SIE SCHÜTTELTE AB SEINE HAND!!
UNSERE PRINZESSIN HIYORI NÄHERTE SICH FURCHTLOS ...
... DEM BRENNENDEN OROCHI, UM IHM DIE LETZTEN WORTE ALS GELEIT IN DEN TOD MITZUGEBEN!!
IN DER HAND DEN FÄCHER MIT DEM WAPPEN DER KOZUKI...
... BISS SIE SICH IN DIE LIPPEN, DENN SIE FÜHLTE DEN SCHMERZ VON ZWANZIG JAHREN...
"MEIN VATER!! MEINE MUTTER!! MEIN BRUDER!!" UND DIE LIEBE ZU IHREM VATERLAND IM HERZEN...
... SPRACH SIE ES AUS!!!
ZACK
NUN, VEREHRTES PUBLIKUM, RUFEN WIR ES ALLE ZUSAMMEN!!
DARAUF HABEN WIR GEWARTET!!
IYOOOO!!
DIE "KUROZUMI" SIND GEBOREN...
ENG

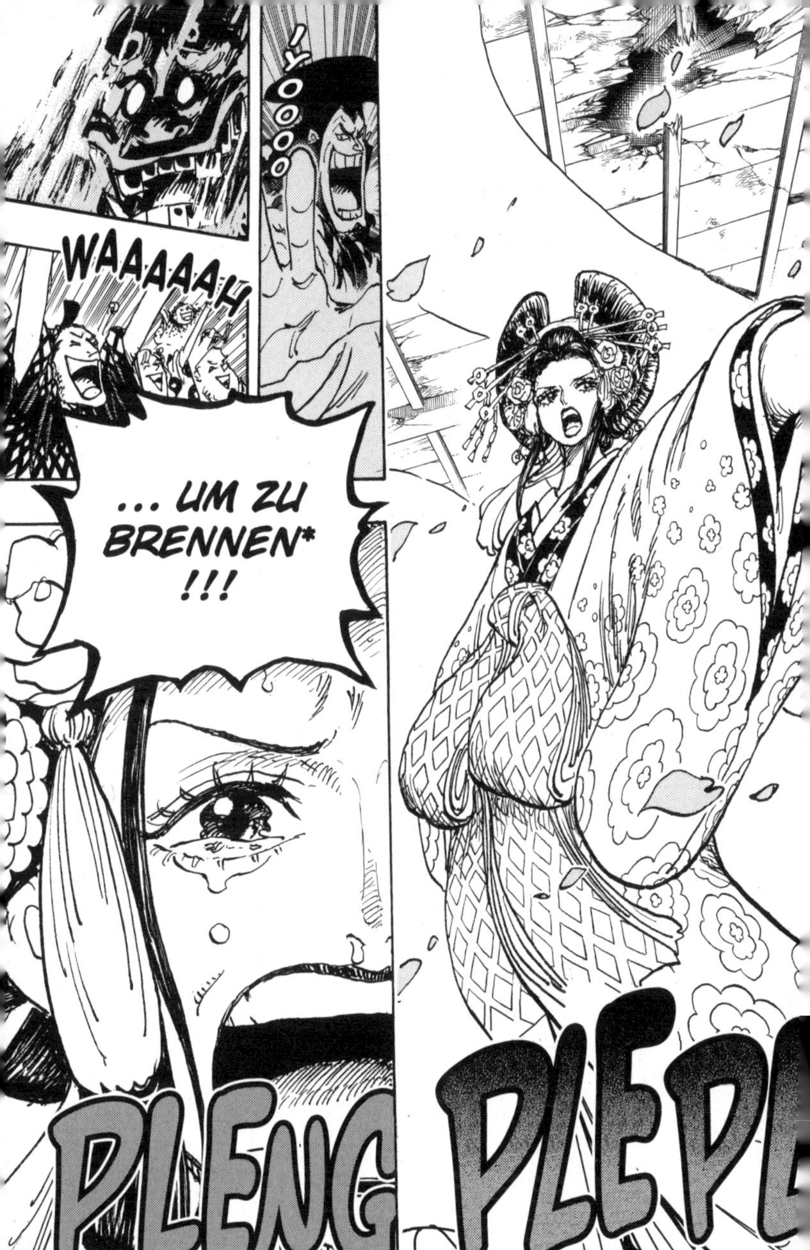

* KUROZUMI = SCHWARZKOHLE

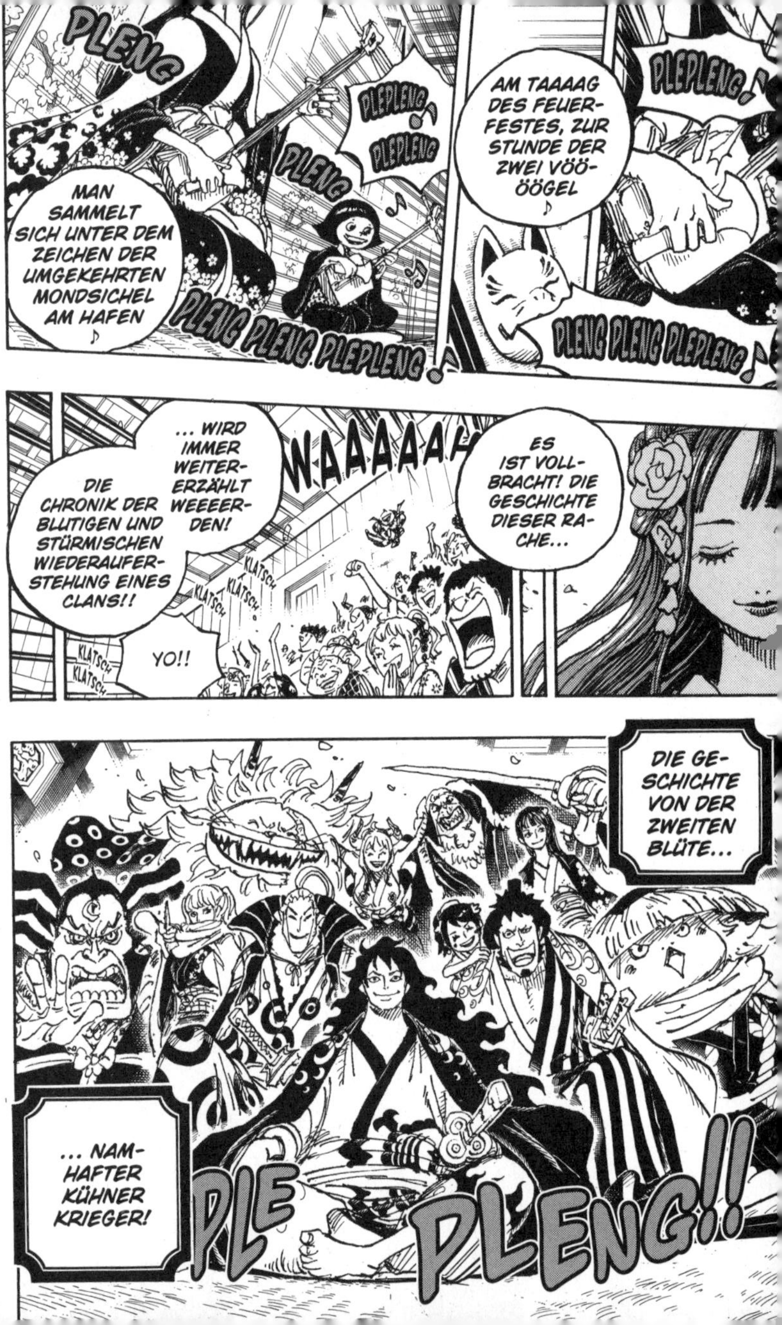
PLEPLENG♪
AM TAAAAG DES FEUERFESTES, ZUR STUNDE DER ZWEI VÖÖÖÖGEL ♪
PLENG PLENG PLEPLENG♪
PLENG
PLEPLENG♪ PLEPLENG
PLENG
MAN SAMMELT SICH UNTER DEM ZEICHEN DER UMGEKEHRTEN MONDSICHEL AM HAFEN ♪
PLENG PLENG PLEPLENG♪
ES IST VOLLBRACHT! DIE GESCHICHTE DIESER RACHE...
WAAAAAH
... WIRD IMMER WEITERERZÄHLT WEEEERDEN!
DIE CHRONIK DER BLUTIGEN UND STÜRMISCHEN WIEDERAUFERSTEHUNG EINES CLANS!!
KLATSCH KLATSCH KLATSCH
KLATSCH KLATSCH
YO!!
DIE GESCHICHTE VON DER ZWEITEN BLÜTE...
... NAMHAFTER KÜHNER KRIEGER!
PLE PLENG!!

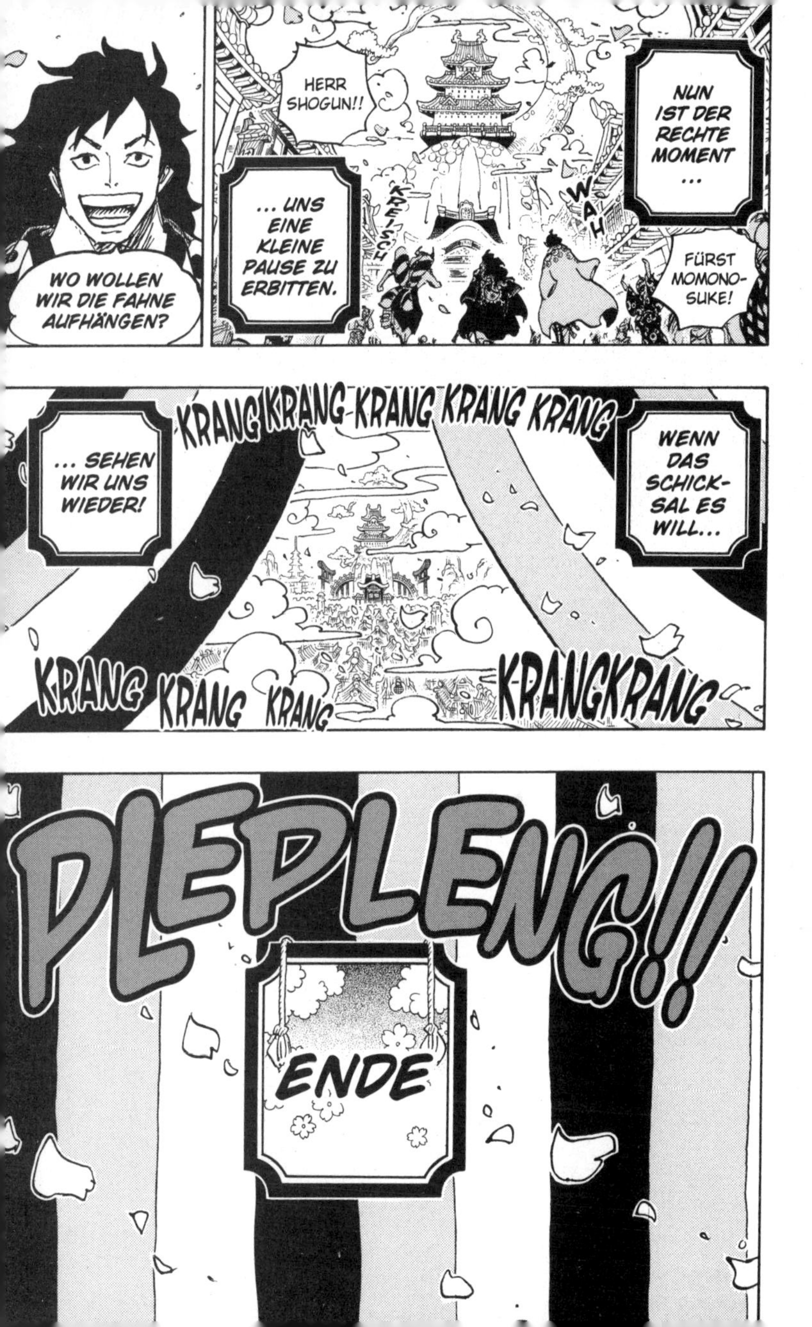
NUN IST DER RECHTE MOMENT …
FÜRST MOMONOSUKE!
WAH
HERR SHOGUN!!
KREISCH
… UNS EINE KLEINE PAUSE ZU ERBITTEN.
WO WOLLEN WIR DIE FAHNE AUFHÄNGEN?
WENN DAS SCHICKSAL ES WILL …
… SEHEN WIR UNS WIEDER!
KRANG KRANG KRANG KRANG KRANG
KRANGKRANG
KRANG KRANG KRANG
DLEPLENG!!
ENDE

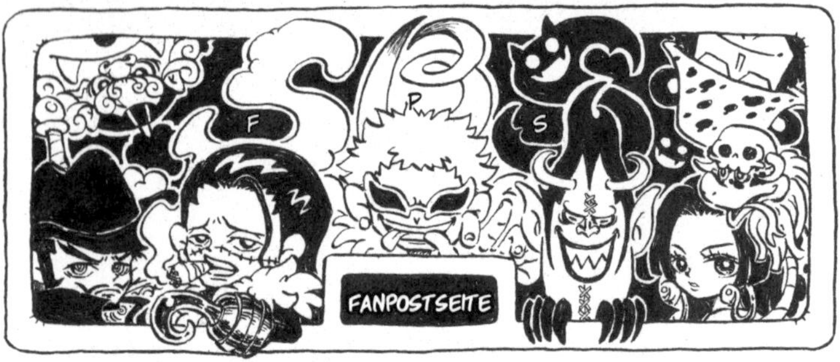

L: GUTEN TAG! ICH LIEBE "ONE PIECE". ICH HABE GEHÖRT, DASS DER WA-NO-KUNI-ARC BEENDET IST. ICH FINDE ES SEHR TRAURIG, DASS MENSCHEN, DIE IN WA NO KUNI EINE MISSLUNGENE TEUFELSFRUCHT ESSEN, NICHT MEHR AUFHÖREN KÖNNEN ZU LACHEN, DESHALB WÜNSCHE ICH MIR, DASS CHOPPER EIN MEDIKAMENT DAGEGEN ERFINDET, BEVOR SIE AUFBRECHEN. ES IST HART FÜR KILLER, DASS ER DIE GANZE ZEIT LACHEN MUSS. ICH VERLASSE MICH AUF SIE, GROSSER MEISTER ODA.
VON M. HIROMI

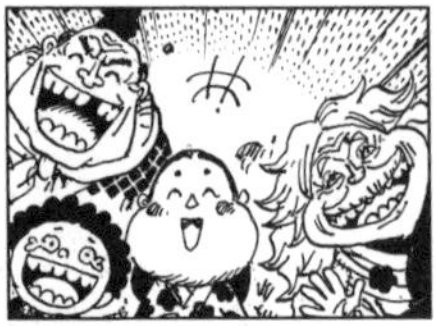

O: DANKE FÜR DEINE LIEBENSWERTE POSTKARTE. JA, ES IST SCHRECKLICH, WENN MAN IMMERZU LACHEN MUSS, SELBST WENN DIE EIGENEN ELTERN GESTORBEN SIND. ABER ANSCHEINEND IST CHOPPER NOCH NICHT IN DER LAGE, SO EIN MEDIKAMENT HERZUSTELLEN. ES GIBT DINGE IN DER WELT, DIE NICHT ZU ÄNDERN SIND, UND DAS GEHÖRT OFFENBAR DAZU. TROTZDEM, ALS KILLER NUR NOCH LACHEN KONNTE, HABEN DIE MITGLIEDER DER KID-PIRATENBANDE GESAGT: "DANN WERDEN WIR EBEN EINE FRÖHLICHE PIRATENBANDE!" DA MUSSTE ICH SELBST LACHEN. TOLL, DASS ES MENSCHEN GIBT, DIE IN DER LAGE SIND POSITIV ZU DENKEN, WENN ETWAS NICHT ZU ÄNDERN IST. ICH GLAUBE AN DIE STÄRKE DER MENSCHEN IN WA NO KUNI!!

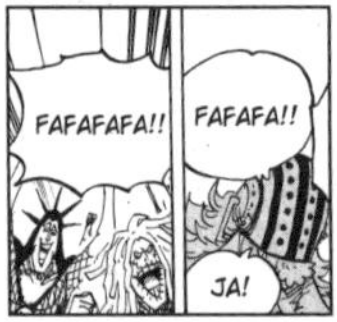

L: IST DAS MODELL FÜR RYOKUGYU DER SCHAUSPIELER YOSHIO HARADA? ER IST SO EXTREM COOL, DASS ICH NASENBLUTEN BEKOMMEN HABE.
PSEUDONYM: MACCHI UND TAKESHI

O: JA, DAS STIMMT. ER SPIELT IN DEM BEKANNTEN FILM "RONIN-GAI" UND HAT AUCH EINE SEHR COOLE STIMME. LEIDER IST ER SCHON TOT, ABER ER WAR EIN LEGENDÄRER SCHAUSPIELER.

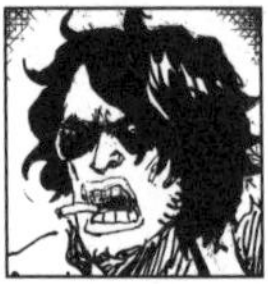

L: GIBT ES EINEN SCHAUSPIELER, DER FÜR KUROUMA (DENSEI), DEN LEITER DER ABTEILUNG FÜR VERBRECHENSAUFKLÄRUNG DER IN KAPITEL 1054 AUFGETRETEN IST, PATE GESTANDEN HAT?
PSEUDONYM: JINBEE

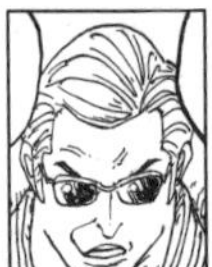

O: DAS MODELL FÜR DENSEI IST DER SCHAUSPIELER AKIRA KOBAYASHI. MIR WAR AUFGEFALLEN, DASS JA IRGENDWIE ALLE HOCHRANGIGEN SOLDATEN DER MARINE SCHWARZE HAARE HABEN, WENN ICH SIE AUSSCHLIESSLICH MIT VON MIR BEWUNDERTEN LEGENDÄREN JAPANISCHEN SCHAUSPIELERN BESETZE... HAHA. ALSO HABE ICH SEINE HAARE NICHT AUSGEMALT. RYOKUGYU SOLL AUCH EINE ANDERE HAARFARBE BEKOMMEN ALS SCHWARZ. WENN IHR MEINE BIBEL, DEN FILM "NINGI NAKI TATAKAI" (BATTLES WITHOUT HONOR AND HUMANITY) KENNT... ALSO ICH DREHE SCHON DURCH, WENN SICH AKAINU UND KUROUMA WIE GLEICHGESTELLTE UNTERHALTEN!! SO COOL!!

1058. Kapitel:
Die neuen Kaiser

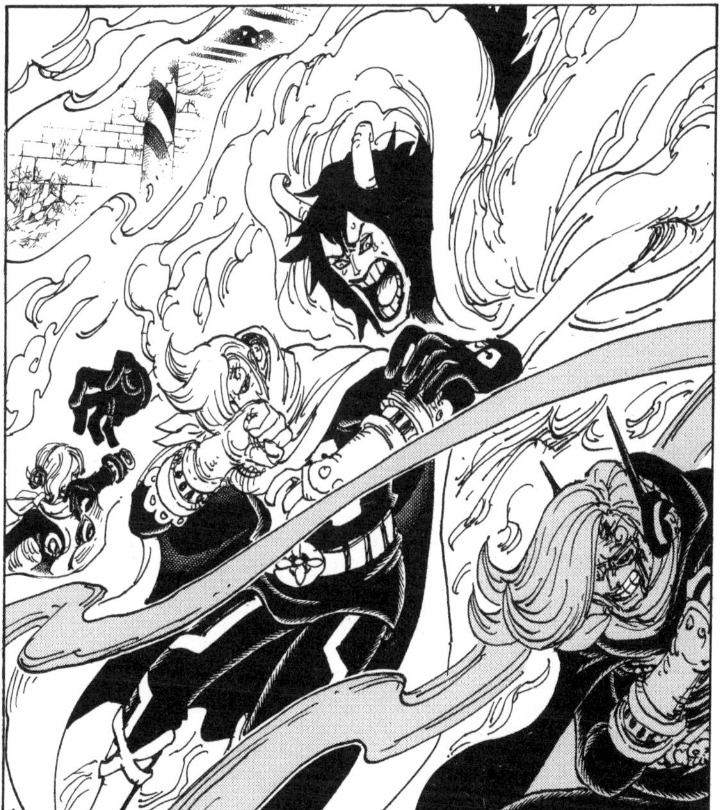

Dieser ausdruckslose Reisebericht der Germa 66, Teil 17
„Nehmt mich mit!! Bringt mich hier raus!!“

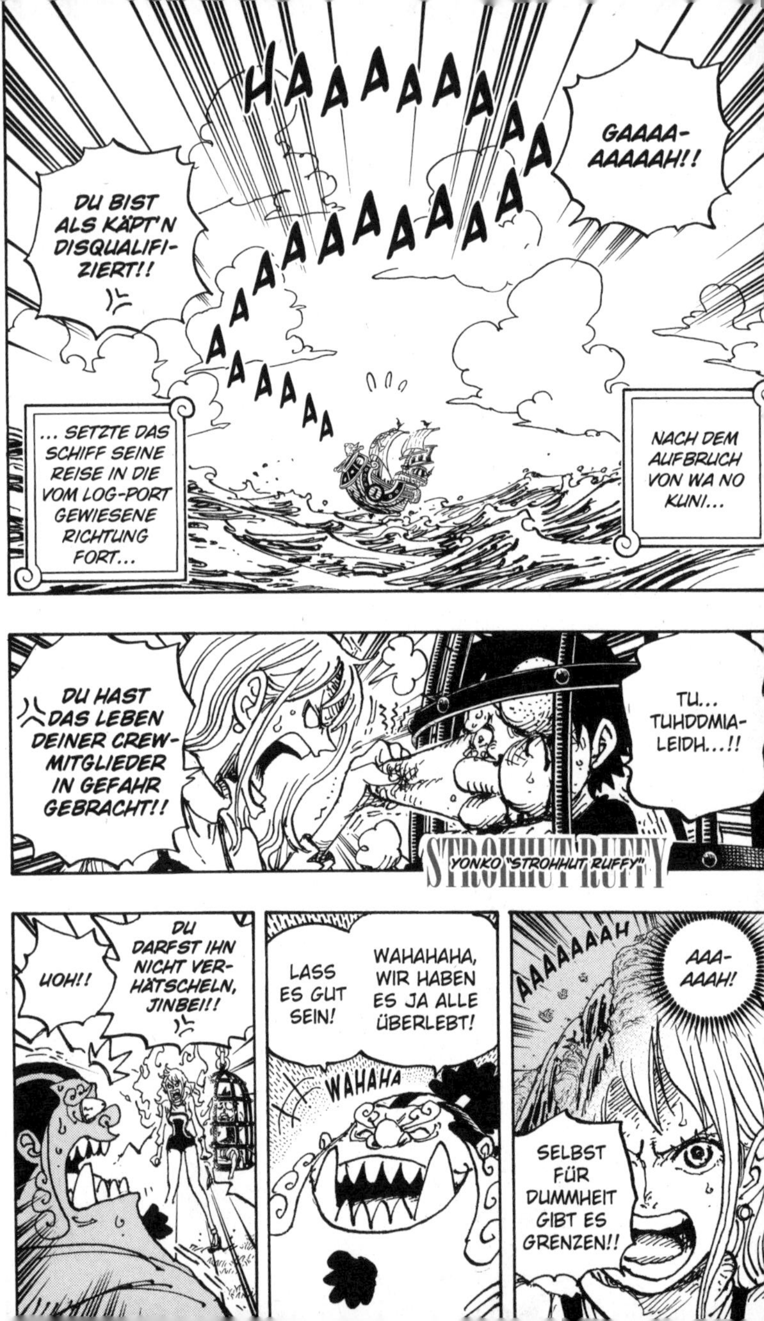
NACH DEM AUFBRUCH VON WA NO KUNI...
... SETZTE DAS SCHIFF SEINE REISE IN DIE VOM LOG-PORT GEWIESENE RICHTUNG FORT...
GAAAA-AAAAAH!!
HAAAAAAAAAAAAAAAAAAAAAAAA
DU BIST ALS KÄPT'N DISQUALIFIZIERT!!
TU... TUHDDMIA-LEIDH...!!
DU HAST DAS LEBEN DEINER CREW-MITGLIEDER IN GEFAHR GEBRACHT!!
STROHHUT RUFFY
YONKO "STROHHUT RUFFY"
AAA-AAAH!
AAAAAAAH
SELBST FÜR DUMMHEIT GIBT ES GRENZEN!!
WAHAHAHA, WIR HABEN ES JA ALLE ÜBERLEBT!
LASS ES GUT SEIN!
WAHAHA
DU DARFST IHN NICHT VERHÄTSCHELN, JINBEI!!
UOH!!

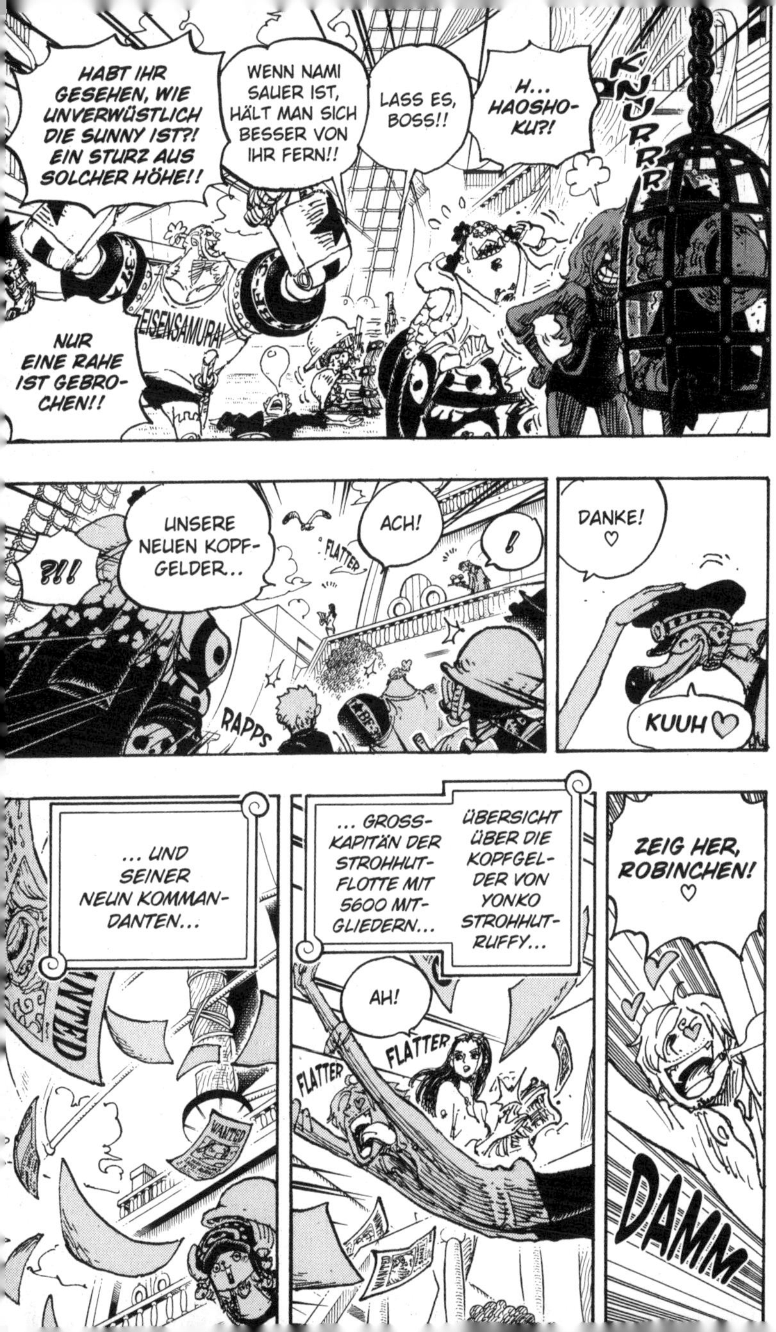

KNURRR
H... HAOSHOKU?!
LASS ES, BOSS!!
WENN NAMI SAUER IST, HÄLT MAN SICH BESSER VON IHR FERN!!
HABT IHR GESEHEN, WIE UNVERWÜSTLICH DIE SUNNY IST?! EIN STURZ AUS SOLCHER HÖHE!!
EISENSAMURAI
NUR EINE RAHE IST GEBROCHEN!!
DANKE! ♡
KUUH ♡
!
ACH!
FLATTER
UNSERE NEUEN KOPFGELDER...
?!!
RAPPS
ZEIG HER, ROBINCHEN! ♡
DAMM
ÜBERSICHT ÜBER DIE KOPFGELDER VON YONKO STROHHUT-RUFFY...
... GROSSKAPITÄN DER STROHHUT-FLOTTE MIT 5600 MITGLIEDERN...
AH!
FLATTER
FLATTER
... UND SEINER NEUN KOMMANDANTEN...
WANTED

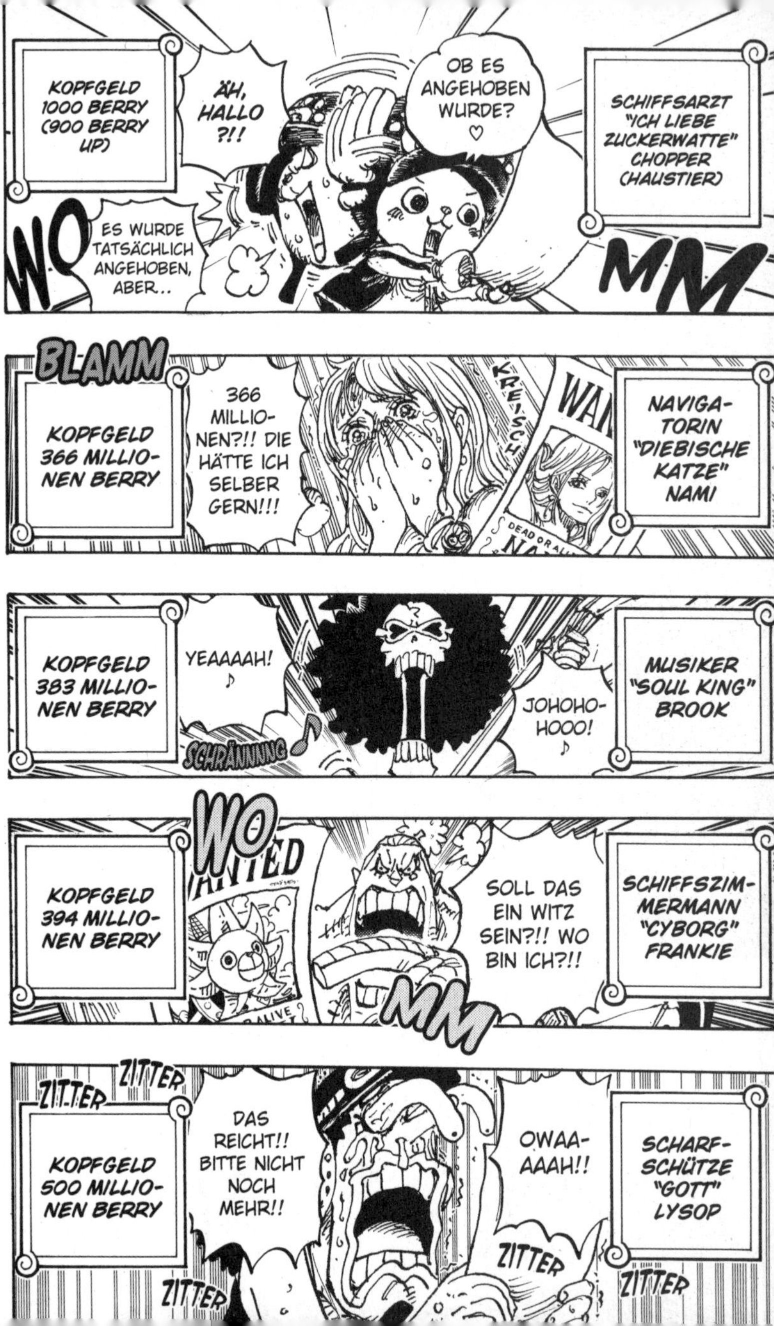
SCHIFFSARZT "ICH LIEBE ZUCKERWATTE" CHOPPER (HAUSTIER)
OB ES ANGEHOBEN WURDE? ♡
ÄH, HALLO?!!
KOPFGELD 1000 BERRY (900 BERRY UP)
ES WURDE TATSÄCHLICH ANGEHOBEN, ABER...
WO
MM
BLAMM
NAVIGATORIN "DIEBISCHE KATZE" NAMI
KREISCH
366 MILLIONEN?!! DIE HÄTTE ICH SELBER GERN!!!
KOPFGELD 366 MILLIONEN BERRY
MUSIKER "SOUL KING" BROOK
JOHOHOHOOO! ♪
YEAAAAH! ♪
SCHRÄNNNNG
KOPFGELD 383 MILLIONEN BERRY
WO
SCHIFFSZIMMERMANN "CYBORG" FRANKIE
SOLL DAS EIN WITZ SEIN?!! WO BIN ICH?!!
MM
KOPFGELD 394 MILLIONEN BERRY
ZITTER
ZITTER
SCHARFSCHÜTZE "GOTT" LYSOP
OWAAAAAH!!
DAS REICHT!! BITTE NICHT NOCH MEHR!!
KOPFGELD 500 MILLIONEN BERRY
ZITTER
ZITTER
ZITTER

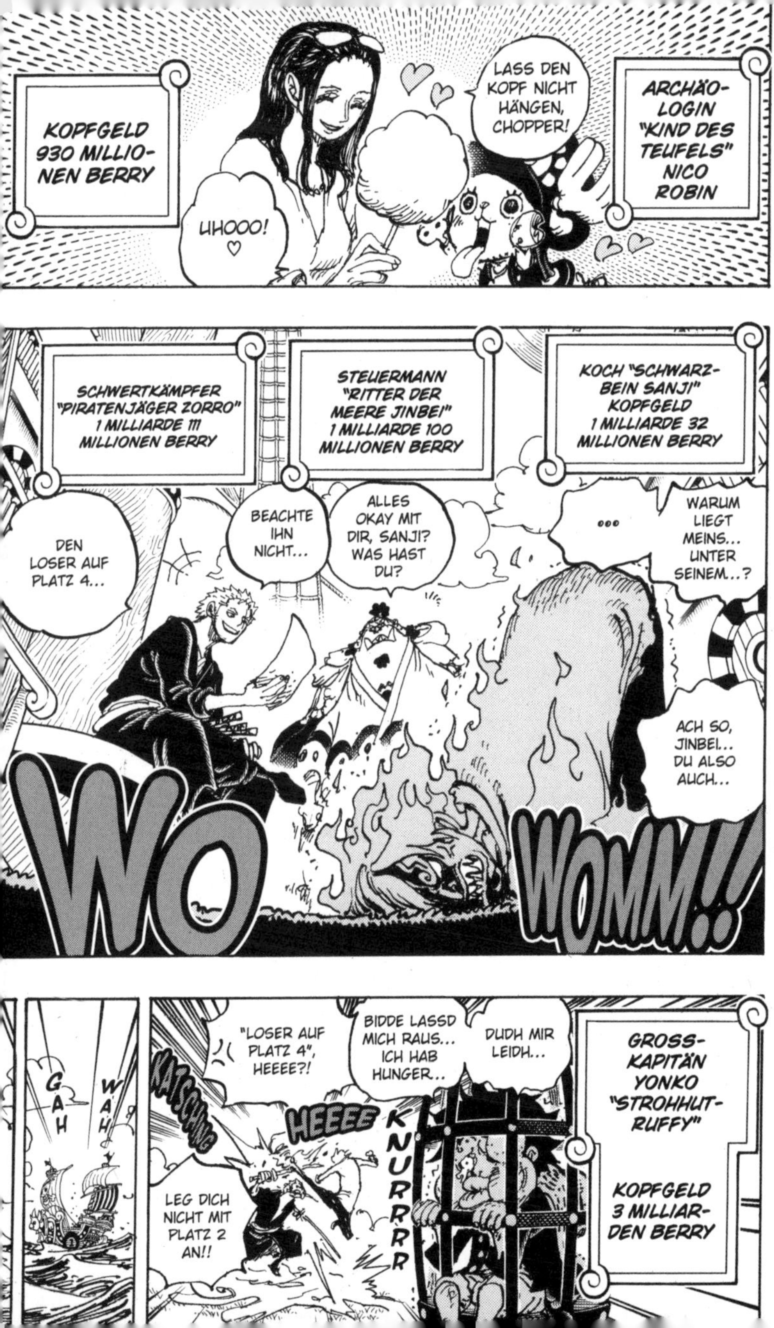
ARCHÄO-LOGIN "KIND DES TEUFELS" NICO ROBIN
LASS DEN KOPF NICHT HÄNGEN, CHOPPER!
UHOOO! ♡
KOPFGELD 930 MILLIONEN BERRY
KOCH "SCHWARZBEIN SANJI" KOPFGELD 1 MILLIARDE 32 MILLIONEN BERRY
STEUERMANN "RITTER DER MEERE JINBEI" 1 MILLIARDE 100 MILLIONEN BERRY
SCHWERTKÄMPFER "PIRATENJÄGER ZORRO" 1 MILLIARDE 111 MILLIONEN BERRY
WARUM LIEGT MEINS... UNTER SEINEM...?
...
ALLES OKAY MIT DIR, SANJI? WAS HAST DU?
BEACHTE IHN NICHT...
DEN LOSER AUF PLATZ 4...
ACH SO, JINBEI... DU ALSO AUCH...
WO
WOMM!!
GROSS-KAPITÄN YONKO "STROHHUT-RUFFY"
KOPFGELD 3 MILLIARDEN BERRY
DUDH MIR LEIDH...
BIDDE LASSD MICH RAUS... ICH HAB HUNGER...
KNURRRR
"LOSER AUF PLATZ 4", HEEEE?!
HEEEE
KATSCHING
LEG DICH NICHT MIT PLATZ 2 AN!!
WAH
GAH

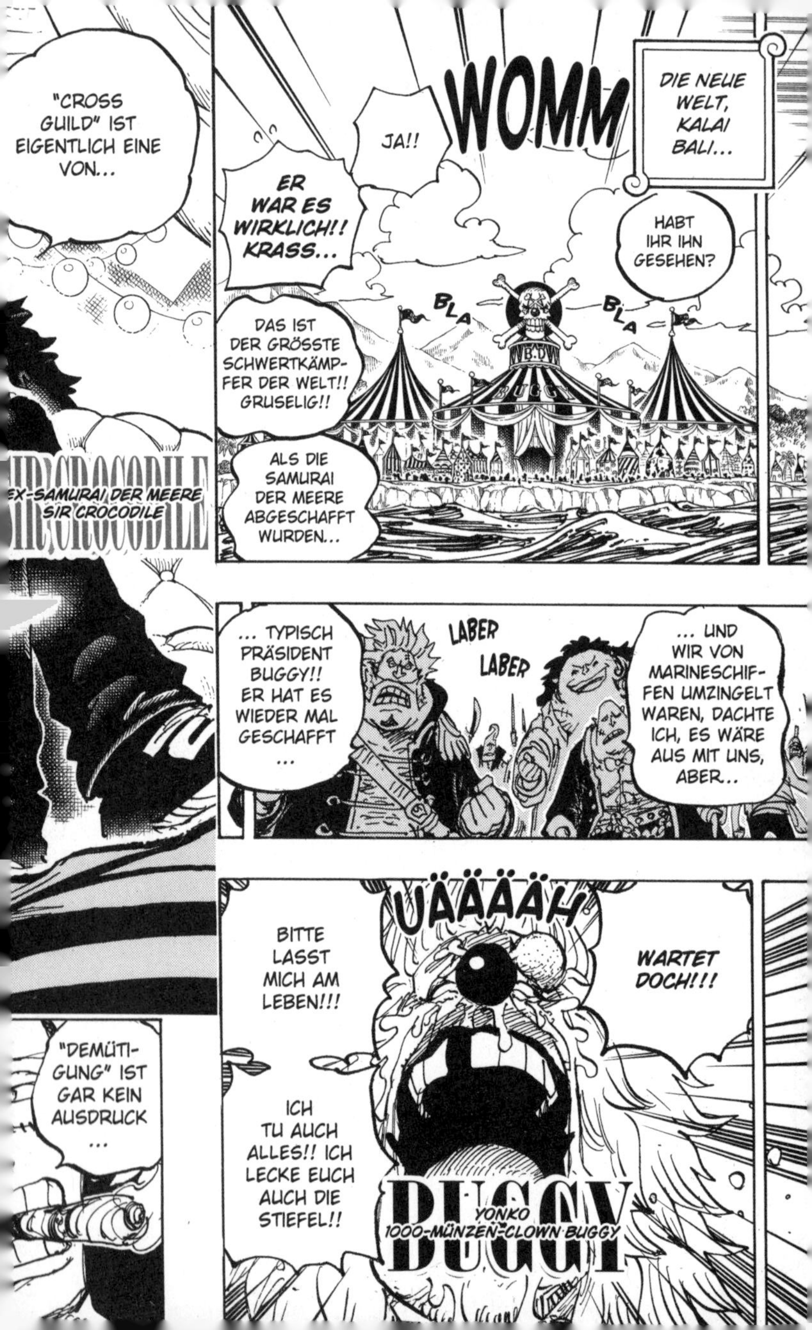
DIE NEUE WELT, KALAI BALI…
WOMM
JA!!
ER WAR ES WIRKLICH!! KRASS…
HABT IHR IHN GESEHEN?
BLA
BLA
DAS IST DER GRÖSSTE SCHWERTKÄMPFER DER WELT!! GRUSELIG!!
ALS DIE SAMURAI DER MEERE ABGESCHAFFT WURDEN…
… UND WIR VON MARINESCHIFFEN UMZINGELT WAREN, DACHTE ICH, ES WÄRE AUS MIT UNS, ABER…
LABER
LABER
… TYPISCH PRÄSIDENT BUGGY!! ER HAT ES WIEDER MAL GESCHAFFT …
UÄÄÄÄH
WARTET DOCH!!!
BITTE LASST MICH AM LEBEN!!!
ICH TU AUCH ALLES!! ICH LECKE EUCH AUCH DIE STIEFEL!!
BUGGY
YONKO 1000-MÜNZEN-CLOWN BUGGY
"CROSS GUILD" IST EIGENTLICH EINE VON…
SIR CROCODILE
EX-SAMURAI DER MEERE SIR CROCODILE
"DEMÜTIGUNG" IST GAR KEIN AUSDRUCK …

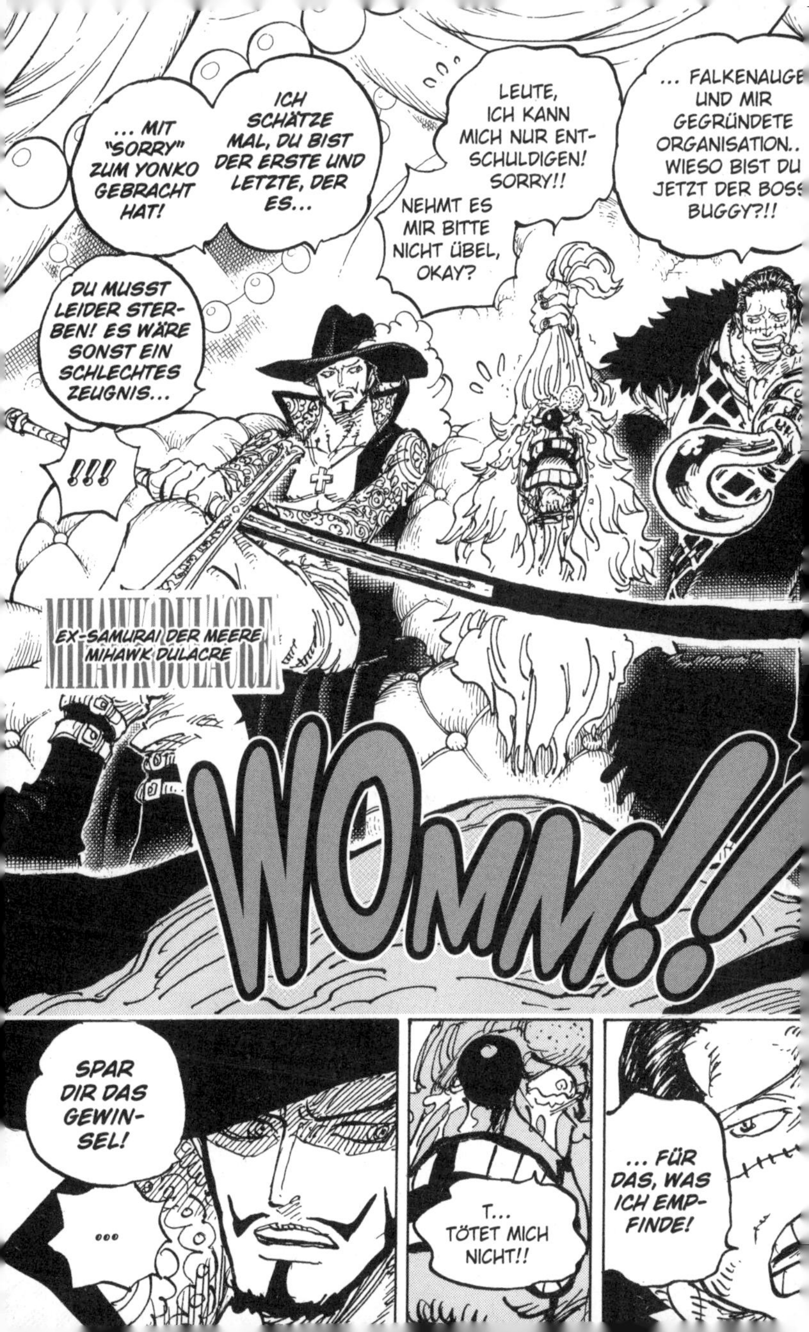
... FALKENAUGE UND MIR GEGRÜNDETE ORGANISATION.. WIESO BIST DU JETZT DER BOSS BUGGY?!!
LEUTE, ICH KANN MICH NUR ENT-SCHULDIGEN! SORRY!!
NEHMT ES MIR BITTE NICHT ÜBEL, OKAY?
ICH SCHÄTZE MAL, DU BIST DER ERSTE UND LETZTE, DER ES...
... MIT "SORRY" ZUM YONKO GEBRACHT HAT!
DU MUSST LEIDER STER-BEN! ES WÄRE SONST EIN SCHLECHTES ZEUGNIS...
!!!
EX-SAMURAI DER MEERE MIHAWK DULACRE
WOMM!!
... FÜR DAS, WAS ICH EMP-FINDE!
T... TÖTET MICH NICHT!!
SPAR DIR DAS GEWIN-SEL!
...

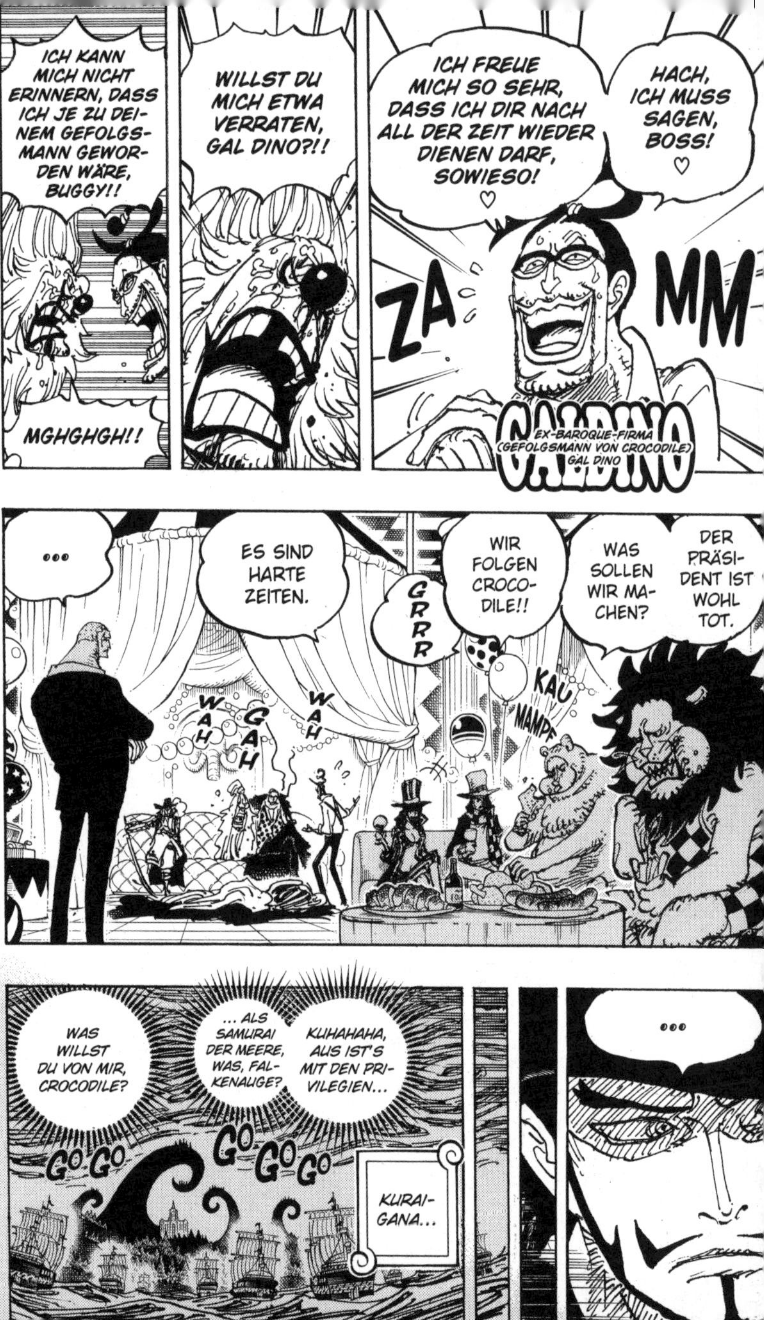
HACH, ICH MUSS SAGEN, BOSS! ♡
ICH FREUE MICH SO SEHR, DASS ICH DIR NACH ALL DER ZEIT WIEDER DIENEN DARF, SOWIESO! ♡
ZAMM
EX-BAROQUE-FIRMA (GEFOLGSMANN VON CROCODILE) GAL DINO
WILLST DU MICH ETWA VERRATEN, GAL DINO?!!
ICH KANN MICH NICHT ERINNERN, DASS ICH JE ZU DEINEM GEFOLGSMANN GEWORDEN WÄRE, BUGGY!!
MGHGHGH!!
DER PRÄSIDENT IST WOHL TOT.
WAS SOLLEN WIR MACHEN?
WIR FOLGEN CROCODILE!!
GRRR
KAU
MAMPF
WAH
WAH GAH
ES SIND HARTE ZEITEN.
...
...
KURAIGANA...
KUHAHAHA, AUS IST'S MIT DEN PRIVILEGIEN...
... ALS SAMURAI DER MEERE, WAS, FALKENAUGE?
WAS WILLST DU VON MIR, CROCODILE?
GO GO GO
GO GO

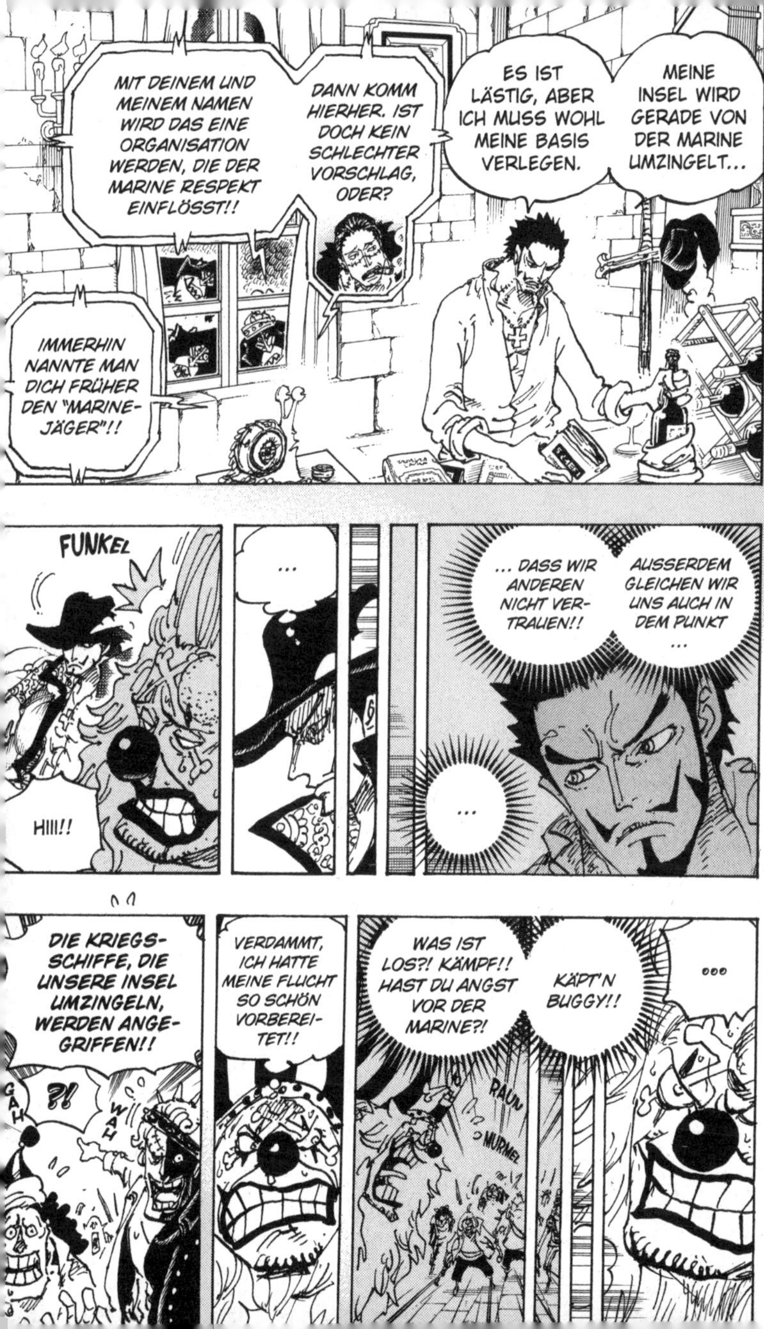
MEINE INSEL WIRD GERADE VON DER MARINE UMZINGELT…
ES IST LÄSTIG, ABER ICH MUSS WOHL MEINE BASIS VERLEGEN.
DANN KOMM HIERHER. IST DOCH KEIN SCHLECHTER VORSCHLAG, ODER?
MIT DEINEM UND MEINEM NAMEN WIRD DAS EINE ORGANISATION WERDEN, DIE DER MARINE RESPEKT EINFLÖSST!!
IMMERHIN NANNTE MAN DICH FRÜHER DEN "MARINE-JÄGER"!!
AUSSERDEM GLEICHEN WIR UNS AUCH IN DEM PUNKT …
… DASS WIR ANDEREN NICHT VERTRAUEN!!
…
…
FUNKEL
HIII!!
…
KÄPT'N BUGGY!!
WAS IST LOS?! KÄMPF!! HAST DU ANGST VOR DER MARINE?!
RAUN
MURMEL
VERDAMMT, ICH HATTE MEINE FLUCHT SO SCHÖN VORBEREITET!!
DIE KRIEGSSCHIFFE, DIE UNSERE INSEL UMZINGELN, WERDEN ANGEGRIFFEN!!
?!
GAH
WAH

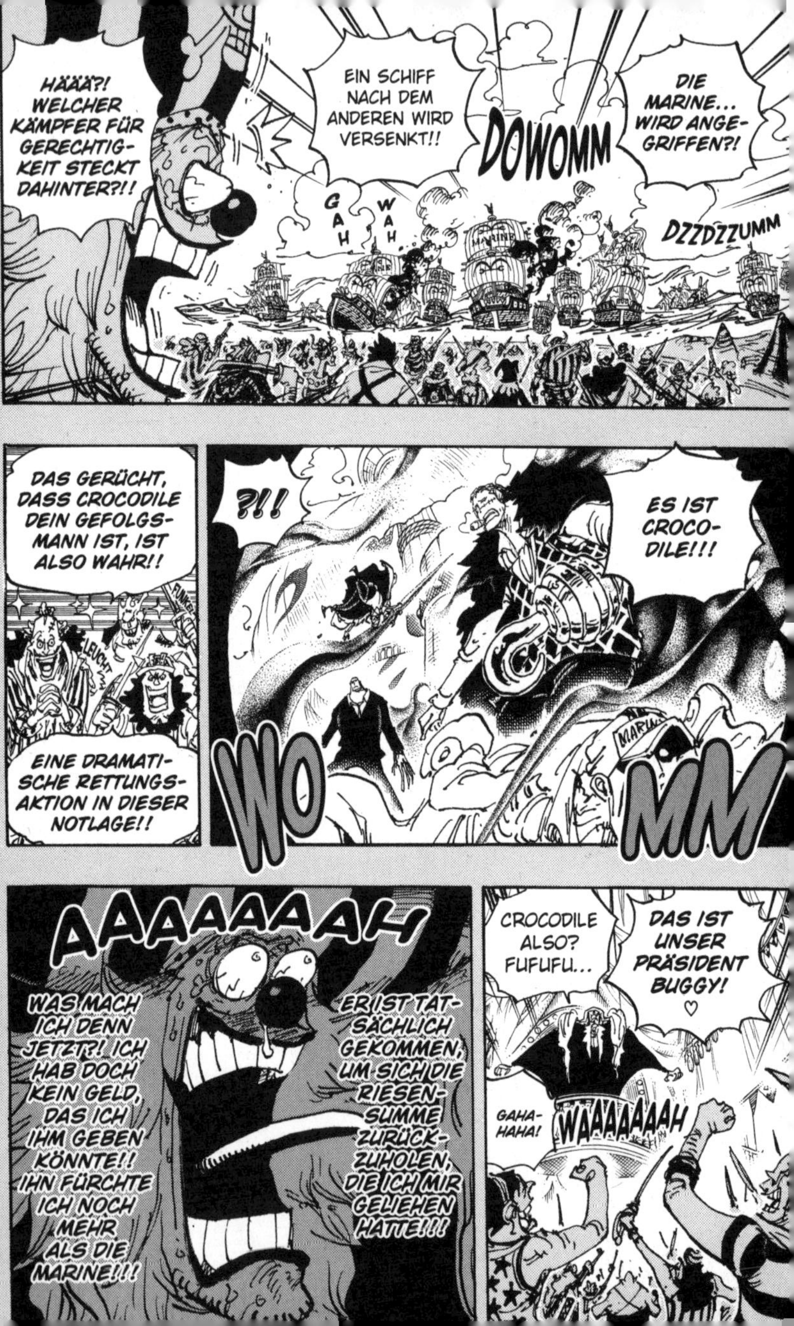
DIE MARINE… WIRD ANGEGRIFFEN?!
DOWOMM
EIN SCHIFF NACH DEM ANDEREN WIRD VERSENKT!!
DZZDZZUMM
GAH
WAH
HÄÄÄ?! WELCHER KÄMPFER FÜR GERECHTIGKEIT STECKT DAHINTER?!!
?!!
ES IST CROCODILE!!!
WOMM
DAS GERÜCHT, DASS CROCODILE DEIN GEFOLGSMANN IST, IST ALSO WAHR!!
FUNKEL
LEUCHT
EINE DRAMATISCHE RETTUNGSAKTION IN DIESER NOTLAGE!!
DAS IST UNSER PRÄSIDENT BUGGY! ♡
CROCODILE ALSO? FUFUFU…
WAAAAAAAH
GAHAHAHA!
AAAAAAAH
ER IST TATSÄCHLICH GEKOMMEN, UM SICH DIE RIESENSUMME ZURÜCKZUHOLEN, DIE ICH MIR GELIEHEN HATTE!!!
WAS MACH ICH DENN JETZT?! ICH HAB DOCH KEIN GELD, DAS ICH IHM GEBEN KÖNNTE!! IHN FÜRCHTE ICH NOCH MEHR ALS DIE MARINE!!!

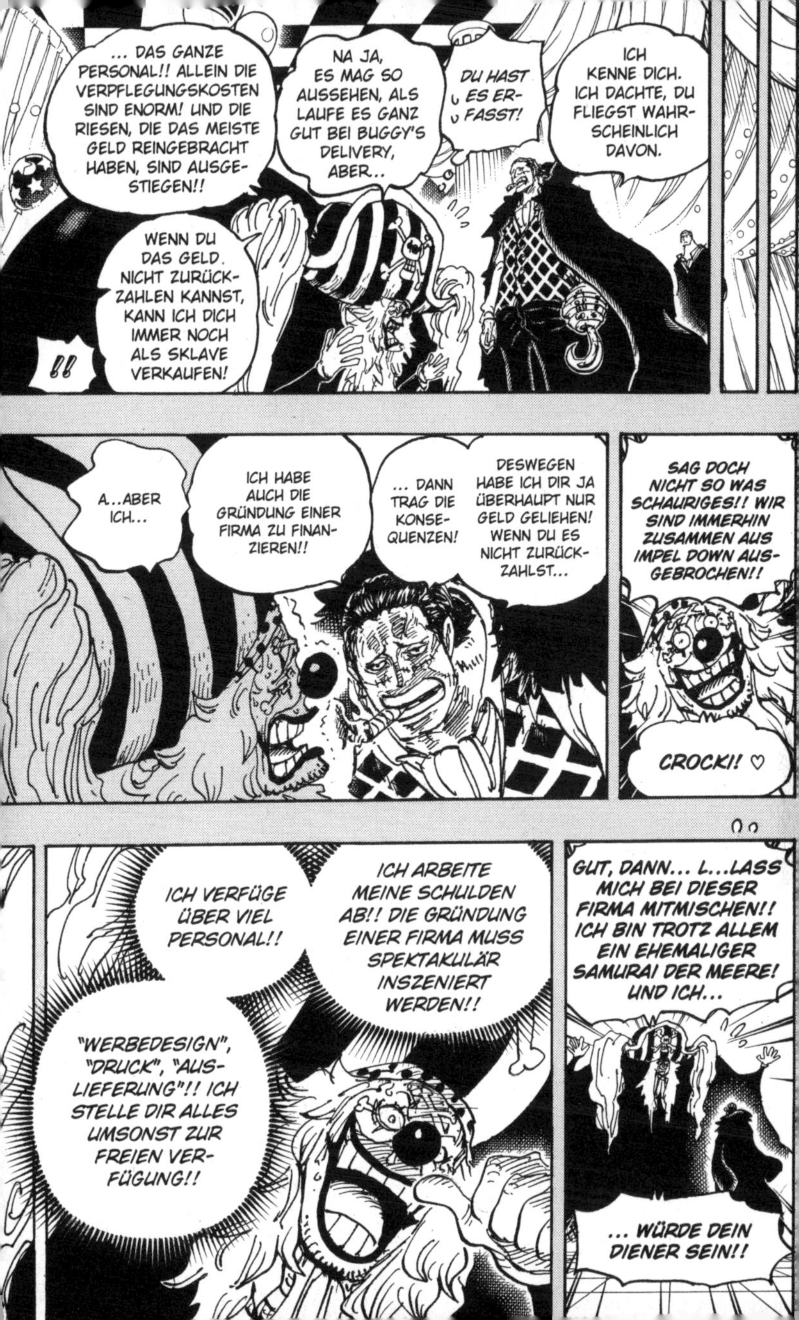
ICH KENNE DICH. ICH DACHTE, DU FLIEGST WAHRSCHEINLICH DAVON.
DU HAST ES ERFASST!
NA JA, ES MAG SO AUSSEHEN, ALS LAUFE ES GANZ GUT BEI BUGGY'S DELIVERY, ABER...
... DAS GANZE PERSONAL!! ALLEIN DIE VERPFLEGUNGSKOSTEN SIND ENORM! UND DIE RIESEN, DIE DAS MEISTE GELD REINGEBRACHT HABEN, SIND AUSGESTIEGEN!!
WENN DU DAS GELD NICHT ZURÜCKZAHLEN KANNST, KANN ICH DICH IMMER NOCH ALS SKLAVE VERKAUFEN!
!!
SAG DOCH NICHT SO WAS SCHAURIGES!! WIR SIND IMMERHIN ZUSAMMEN AUS IMPEL DOWN AUSGEBROCHEN!!
CROCKI! ♡
DESWEGEN HABE ICH DIR JA ÜBERHAUPT NUR GELD GELIEHEN! WENN DU ES NICHT ZURÜCKZAHLST...
... DANN TRAG DIE KONSEQUENZEN!
ICH HABE AUCH DIE GRÜNDUNG EINER FIRMA ZU FINANZIEREN!!
A...ABER ICH...
GUT, DANN... L...LASS MICH BEI DIESER FIRMA MITMISCHEN!! ICH BIN TROTZ ALLEM EIN EHEMALIGER SAMURAI DER MEERE! UND ICH...
... WÜRDE DEIN DIENER SEIN!!
ICH ARBEITE MEINE SCHULDEN AB!! DIE GRÜNDUNG EINER FIRMA MUSS SPEKTAKULÄR INSZENIERT WERDEN!!
ICH VERFÜGE ÜBER VIEL PERSONAL!!
"WERBEDESIGN", "DRUCK", "AUSLIEFERUNG"!! ICH STELLE DIR ALLES UMSONST ZUR FREIEN VERFÜGUNG!!

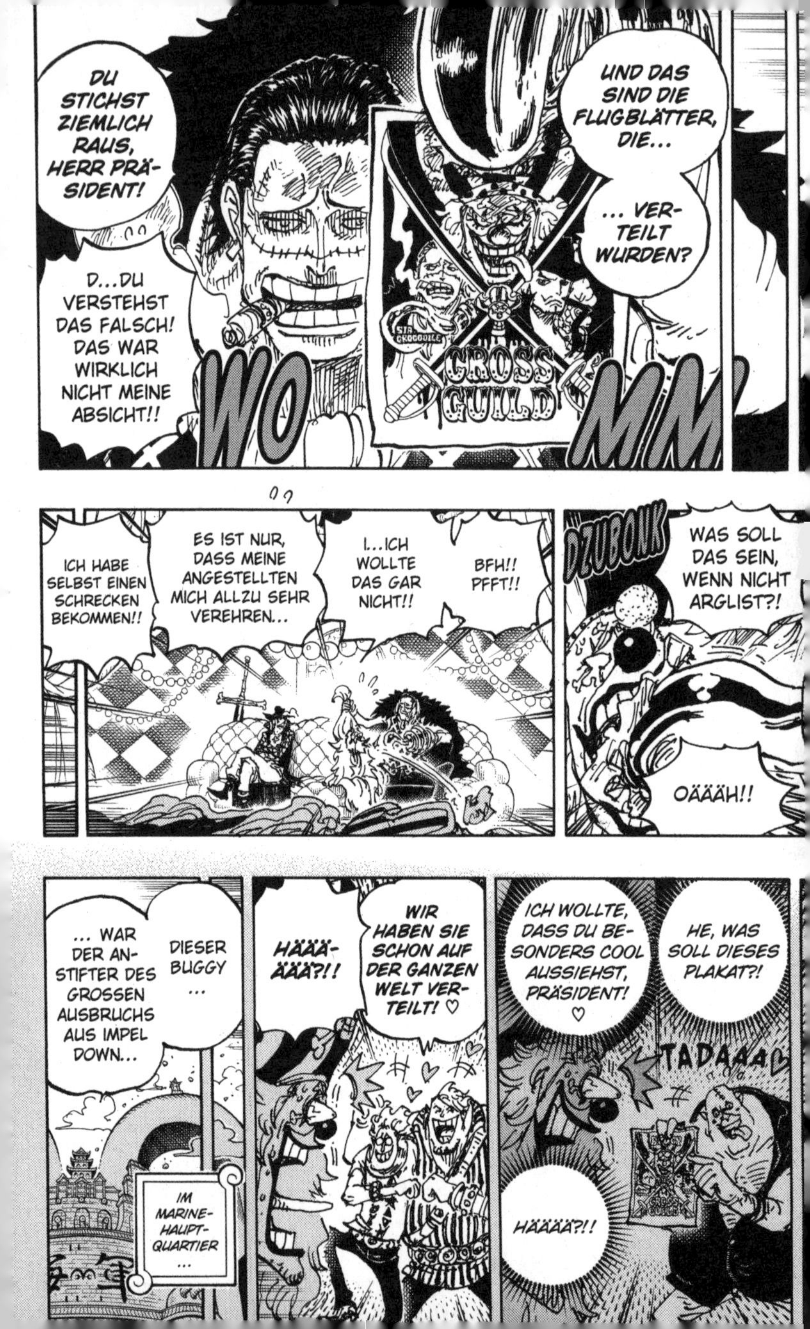
UND DAS SIND DIE FLUGBLÄTTER, DIE...
... VERTEILT WURDEN?
DU STICHST ZIEMLICH RAUS, HERR PRÄSIDENT!
D...DU VERSTEHST DAS FALSCH! DAS WAR WIRKLICH NICHT MEINE ABSICHT!!
CROSS GUILD
WOMM
DZUBONK
WAS SOLL DAS SEIN, WENN NICHT ARGLIST?!
OÄÄÄH!!
BFH!! PFFT!!
I...ICH WOLLTE DAS GAR NICHT!!
ES IST NUR, DASS MEINE ANGESTELLTEN MICH ALLZU SEHR VEREHREN...
ICH HABE SELBST EINEN SCHRECKEN BEKOMMEN!!
HE, WAS SOLL DIESES PLAKAT?!
ICH WOLLTE, DASS DU BESONDERS COOL AUSSIEHST, PRÄSIDENT! ♡
TADAAA♡
HÄÄÄÄ?!!
WIR HABEN SIE SCHON AUF DER GANZEN WELT VERTEILT! ♡
HÄÄÄ-ÄÄÄ?!!
IM MARINE-HAUPTQUARTIER ...
DIESER BUGGY ...
... WAR DER ANSTIFTER DES GROSSEN AUSBRUCHS AUS IMPEL DOWN...

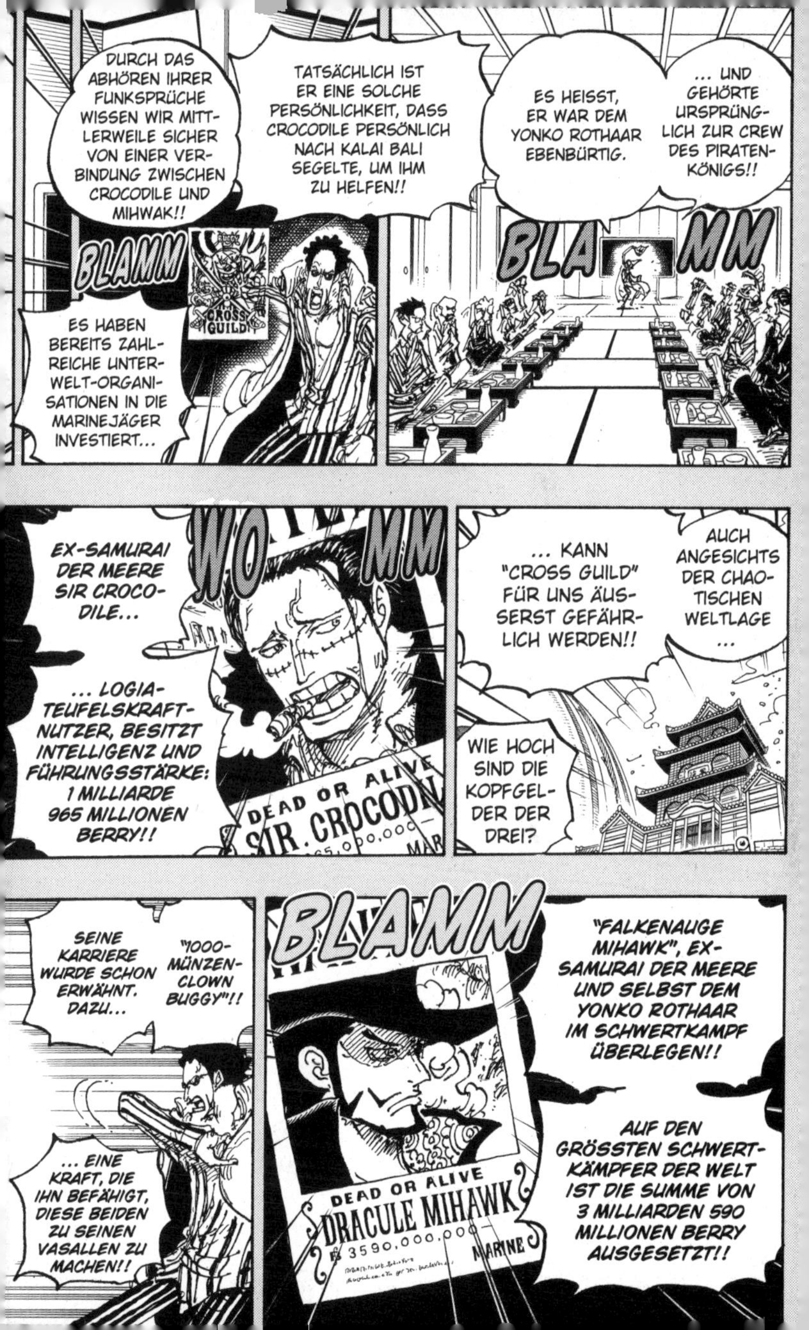
ES HEISST, ER WAR DEM YONKO ROTHAAR EBENBÜRTIG.
... UND GEHÖRTE URSPRÜNGLICH ZUR CREW DES PIRATENKÖNIGS!!
BLAMM
TATSÄCHLICH IST ER EINE SOLCHE PERSÖNLICHKEIT, DASS CROCODILE PERSÖNLICH NACH KALAI BALI SEGELTE, UM IHM ZU HELFEN!!
DURCH DAS ABHÖREN IHRER FUNKSPRÜCHE WISSEN WIR MITTLERWEILE SICHER VON EINER VERBINDUNG ZWISCHEN CROCODILE UND MIHWAK!!
BLAMM
CROSS GUILD
ES HABEN BEREITS ZAHLREICHE UNTERWELT-ORGANISATIONEN IN DIE MARINEJÄGER INVESTIERT...
AUCH ANGESICHTS DER CHAOTISCHEN WELTLAGE ...
... KANN "CROSS GUILD" FÜR UNS ÄUSSERST GEFÄHRLICH WERDEN!!
WIE HOCH SIND DIE KOPFGELDER DER DREI?
WOMM
EX-SAMURAI DER MEERE SIR CROCODILE...
... LOGIA-TEUFELSKRAFTNUTZER, BESITZT INTELLIGENZ UND FÜHRUNGSSTÄRKE: 1 MILLIARDE 965 MILLIONEN BERRY!!
DEAD OR ALIVE
SIR. CROCOD
BLAMM
"FALKENAUGE MIHAWK", EX-SAMURAI DER MEERE UND SELBST DEM YONKO ROTHAAR IM SCHWERTKAMPF ÜBERLEGEN!!
AUF DEN GRÖSSTEN SCHWERTKÄMPFER DER WELT IST DIE SUMME VON 3 MILLIARDEN 590 MILLIONEN BERRY AUSGESETZT!!
DEAD OR ALIVE
DRACULE MIHAWK
3590,000,000
MARINE
"1000-MÜNZEN-CLOWN BUGGY"!!
SEINE KARRIERE WURDE SCHON ERWÄHNT. DAZU...
... EINE KRAFT, DIE IHN BEFÄHIGT, DIESE BEIDEN ZU SEINEN VASALLEN ZU MACHEN!!

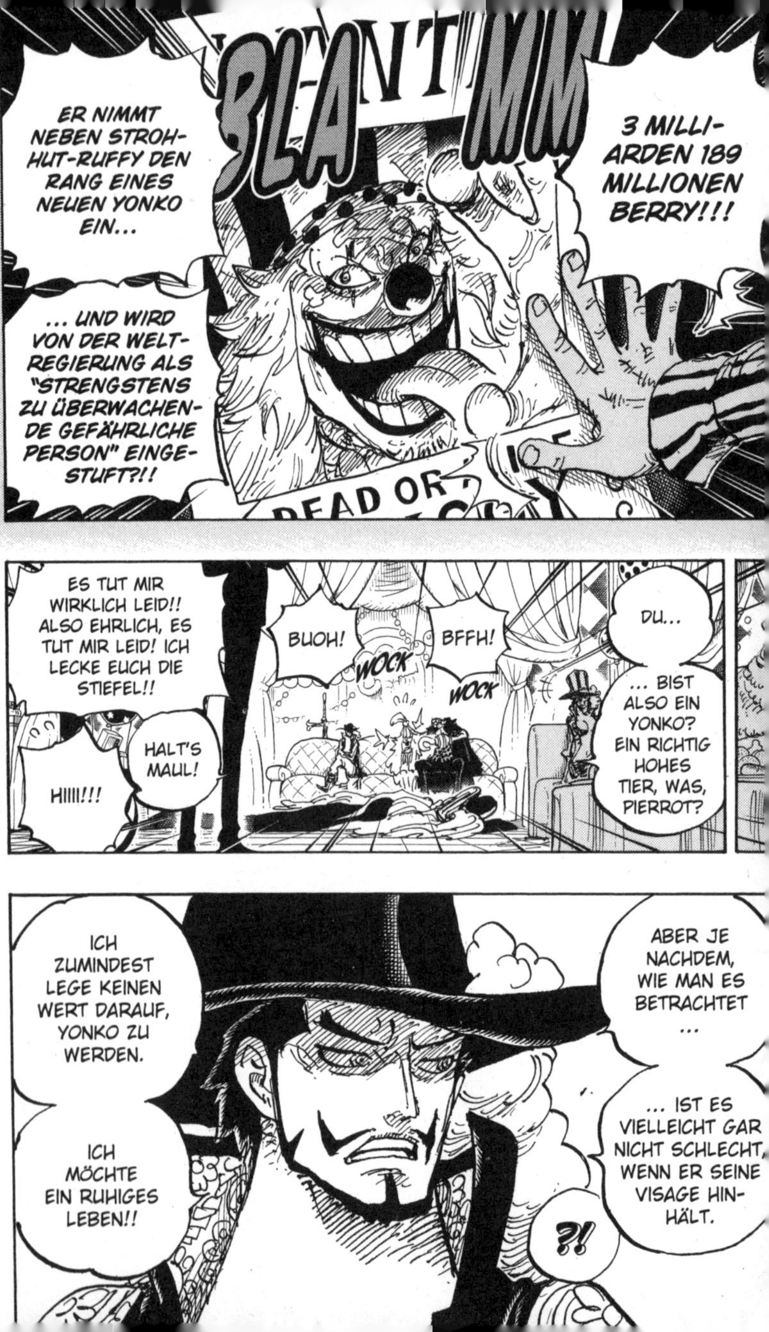

BLAM
3 MILLIARDEN 189 MILLIONEN BERRY!!!
ER NIMMT NEBEN STROHHUT-RUFFY DEN RANG EINES NEUEN YONKO EIN...
... UND WIRD VON DER WELTREGIERUNG ALS "STRENGSTENS ZU ÜBERWACHENDE GEFÄHRLICHE PERSON" EINGESTUFT?!!
DEAD OR
DU...
... BIST ALSO EIN YONKO? EIN RICHTIG HOHES TIER, WAS, PIERROT?
BFFH!
WOCK
BUOH!
WOCK
ES TUT MIR WIRKLICH LEID!! ALSO EHRLICH, ES TUT MIR LEID! ICH LECKE EUCH DIE STIEFEL!!
HALT'S MAUL!
HIIII!!!
ABER JE NACHDEM, WIE MAN ES BETRACHTET ...
... IST ES VIELLEICHT GAR NICHT SCHLECHT, WENN ER SEINE VISAGE HINHÄLT.
?!
ICH ZUMINDEST LEGE KEINEN WERT DARAUF, YONKO ZU WERDEN.
ICH MÖCHTE EIN RUHIGES LEBEN!!

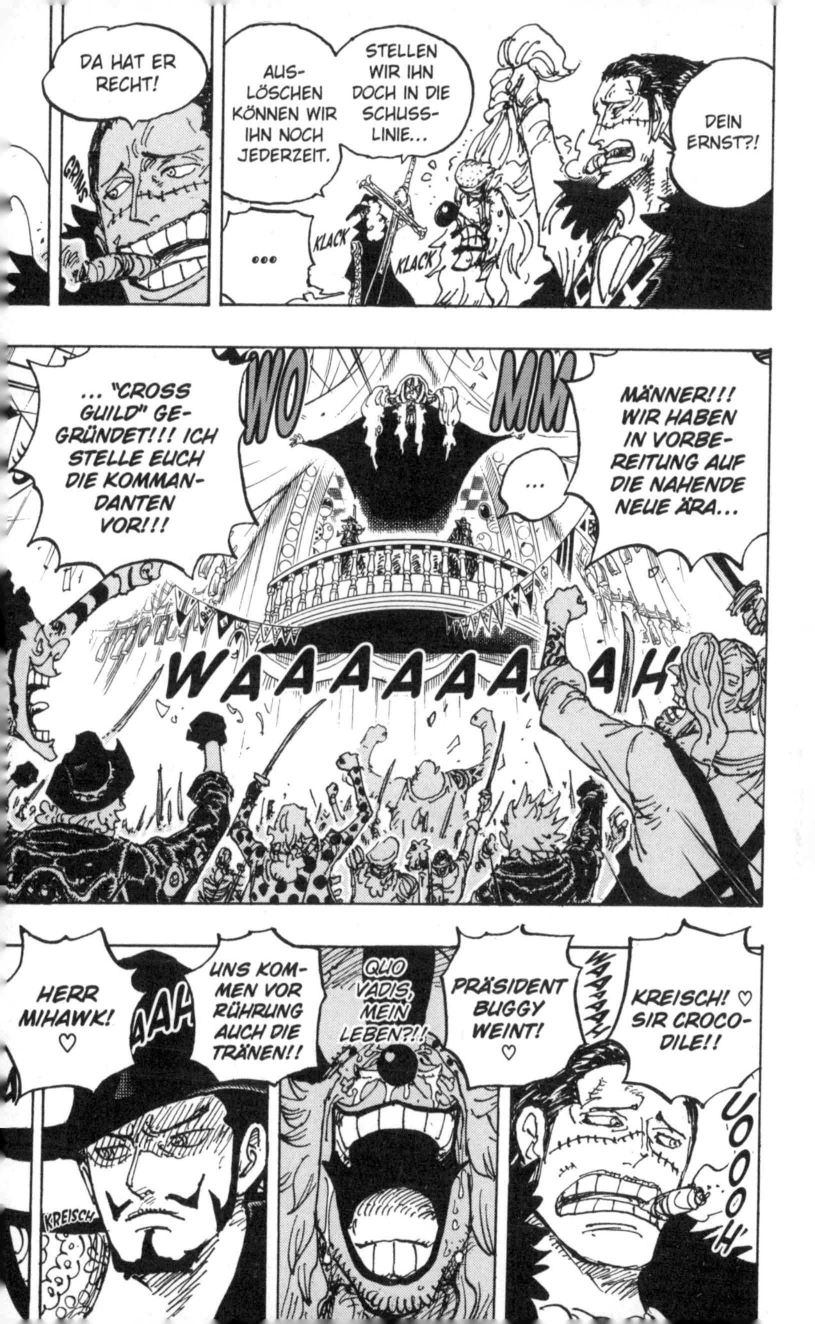
DEIN ERNST?!
STELLEN WIR IHN DOCH IN DIE SCHUSS-LINIE...
AUS-LÖSCHEN KÖNNEN WIR IHN NOCH JEDERZEIT.
KLACK
KLACK
...
DA HAT ER RECHT!
GRINS
MÄNNER!!! WIR HABEN IN VORBE-REITUNG AUF DIE NAHENDE NEUE ÄRA...
...
WOMM
... "CROSS GUILD" GE-GRÜNDET!!! ICH STELLE EUCH DIE KOMMAN-DANTEN VOR!!!
WAAAAAAAH
KREISCH! ♡ SIR CROCO-DILE!!
UOOOH
PRÄSIDENT BUGGY WEINT! ♡
QUO VADIS, MEIN LEBEN?!!
UNS KOM-MEN VOR RÜHRUNG AUCH DIE TRÄNEN!!
HERR MIHAWK! ♡
KREISCH

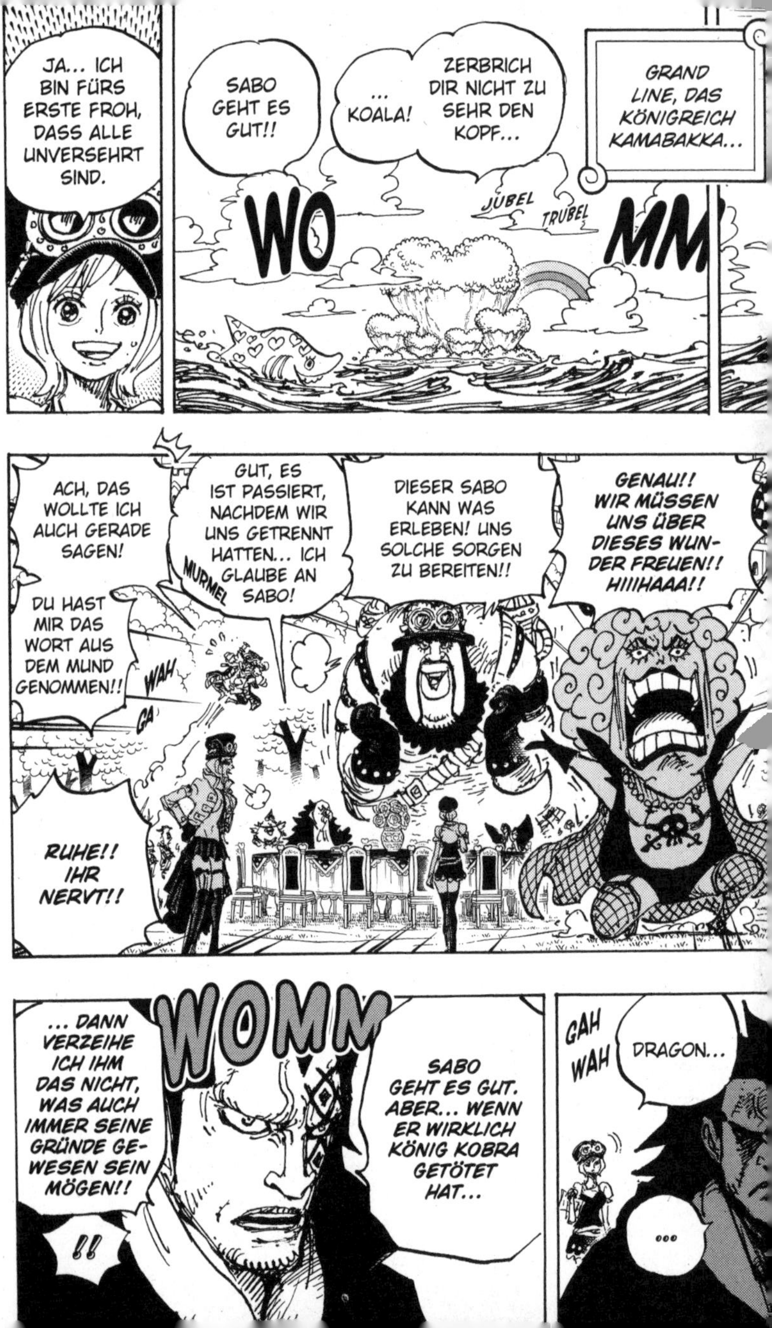
GRAND LINE, DAS KÖNIGREICH KAMABAKKA...
JUBEL
TRUBEL
WO
MM
ZERBRICH DIR NICHT ZU SEHR DEN KOPF...
... KOALA!
SABO GEHT ES GUT!!
JA... ICH BIN FÜRS ERSTE FROH, DASS ALLE UNVERSEHRT SIND.
GENAU!! WIR MÜSSEN UNS ÜBER DIESES WUNDER FREUEN!! HIIIHAAA!!
DIESER SABO KANN WAS ERLEBEN! UNS SOLCHE SORGEN ZU BEREITEN!!
GUT, ES IST PASSIERT, NACHDEM WIR UNS GETRENNT HATTEN... ICH GLAUBE AN SABO!
MURMEL
ACH, DAS WOLLTE ICH AUCH GERADE SAGEN!
DU HAST MIR DAS WORT AUS DEM MUND GENOMMEN!!
WAH
GA
RUHE!! IHR NERVT!!
DRAGON...
GAH
WAH
...
SABO GEHT ES GUT. ABER... WENN ER WIRKLICH KÖNIG KOBRA GETÖTET HAT...
WOMM
... DANN VERZEIHE ICH IHM DAS NICHT, WAS AUCH IMMER SEINE GRÜNDE GEWESEN SEIN MÖGEN!!
!!

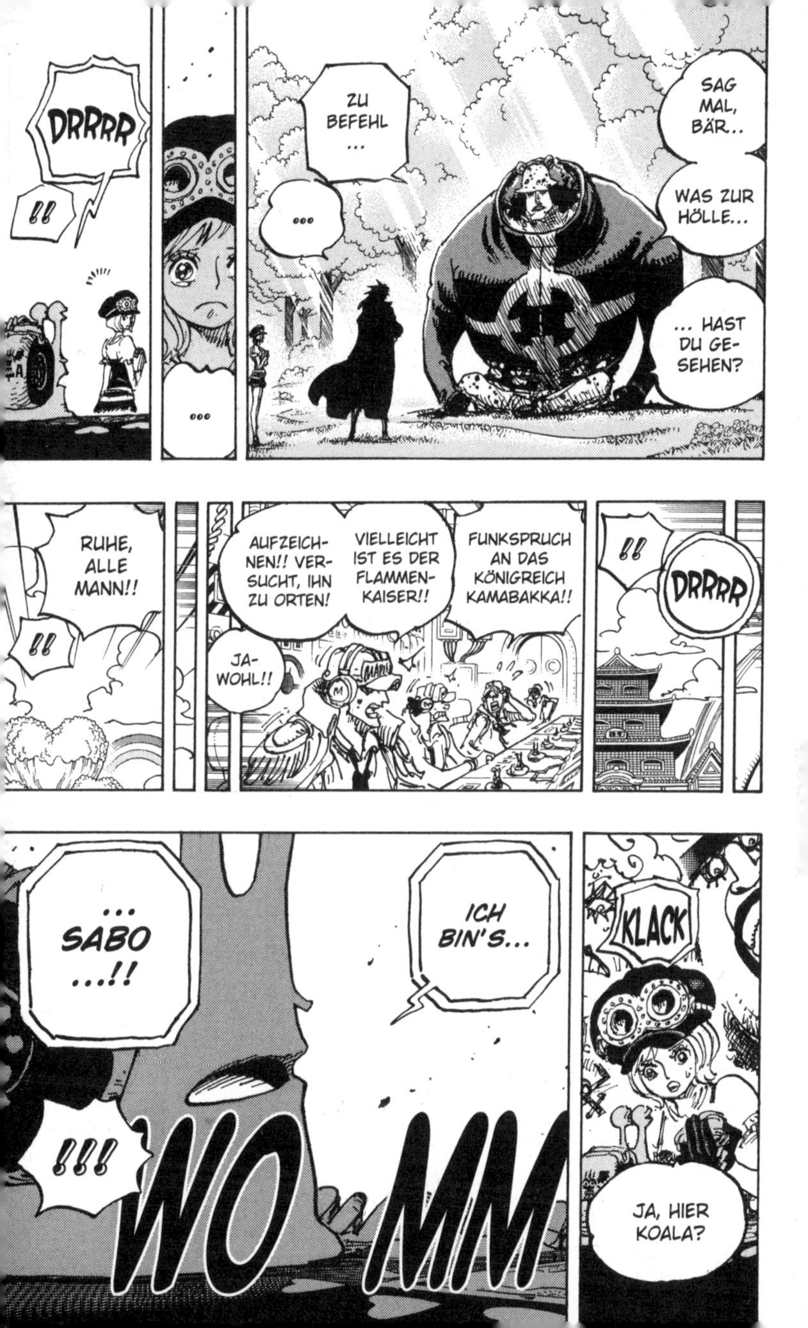
SAG MAL, BÄR...
WAS ZUR HÖLLE...
... HAST DU GESEHEN?
ZU BEFEHL ...
...
...
DRRRR
!!
!!
DRRRR
FUNKSPRUCH AN DAS KÖNIGREICH KAMABAKKA!!
VIELLEICHT IST ES DER FLAMMENKAISER!!
AUFZEICHNEN!! VERSUCHT, IHN ZU ORTEN!
JAWOHL!!
RUHE, ALLE MANN!!
!!
KLACK
JA, HIER KOALA?
ICH BIN'S...
... SABO ...!!
!!!
WOMM

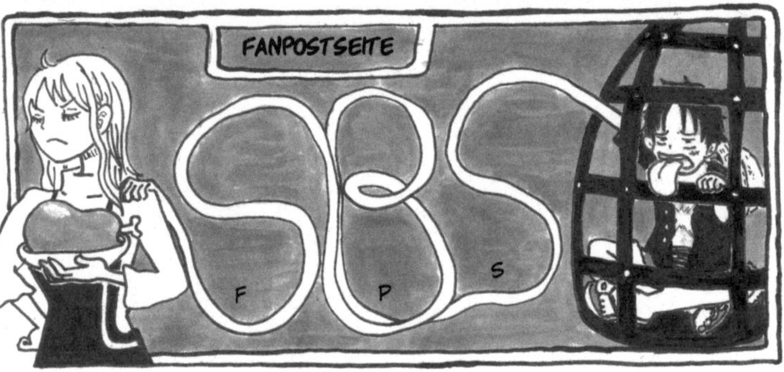

L: HABEN DIE ALTEN HASEN (V.A. LYSOP!) EIGENTLICH DEN MITGLIEDERN DER CREW, DIE SPÄTER DAZUKAMEN (ROBIN, FRANKIE, BROOK, JINBEI) VON DEN ABENTEUERN IM EAST BLUE USW. ERZÄHLT, SODASS SIE WISSEN, WAS VOR IHREM DAZUSTOSSEN PASSIERT IST? DAS BESCHÄFTIGT MICH!
PSEUDONYM: HOSHITO

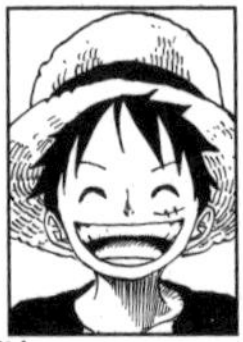

O: MANCHES WISSEN SIE, MANCHES AUCH NICHT. WENN MAN DIE CHARAKTERE DER ANFANGSMITGLIEDER IN BETRACHT ZIEHT, DANN IST KLAR, DASS RUFFY UND ZORRO NICHT ÜBER DIE VERGANGENHEIT REDEN. NAMI, SANJI UND CHOPPER ERZÄHLEN ETWAS, WENN SIE GEFRAGT WERDEN. LYSOP ERZÄHLT AUCH UNGEFRAGT, ABER DA DIE ERWACHSENEN SEINE LÜGEN DURCHSCHAUEN, FRAGEN SIE BEI NAMI, SANJI ODER CHOPPER NACH, WENN SIE ETWAS BESONDERS INTERESSIERT. ABER GRUNDSÄTZLICH SIND IN DER STROHHUT-BANDE DIEJENIGEN IN DER MEHRHEIT, DIE SICH UM DIE VERGANGENHEIT NICHT KÜMMERN.

L: IN KAPITEL 1045 SPRICHT KAIDO VON "BILDERGESCHICHTEN". GIBT ES IN DER "ONE PIECE", WELT DENN KEINE MANGA? HÄ?! HAT KAIDO ETWA NIE "ONE PIECE" GELESEN?
PSEUDONYM: KEI

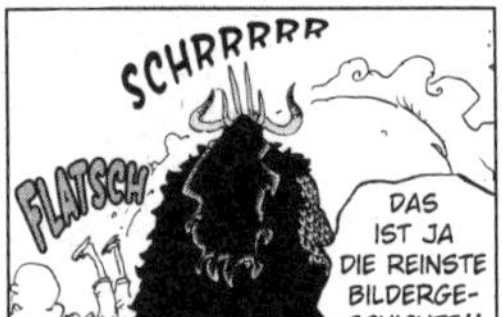

O: IN OP KOMMEN "BILDERBÜCHER" UND "BILDERGESCHICHTEN" VOR, NICHT WAHR? "BILDERBÜCHER" SIND EINFACH "BILDERBÜCHER", ABER "BILDERGESCHICHTEN" KÖNNT IHR EUCH ALS DIE MANGA DES OP-UNIVERSUMS VORSTELLEN. DA ES DAS KONZEPT DER SPRECHBLASEN WIE IN MANGA NICHT GIBT, WIRD DIE GESCHICHTE DURCH ERZÄHLTEXTE UND SPRECHTEXTE IN DEN RAHMEN WIEDERGEGEBEN. BERÜHMTE BILDERGESCHICHTEN SIND "SORA, DER KRIEGER DER MEERE", "DER FEUERHUND", "POKEEMON", "MONKEY BALL" UND "MARUKO".

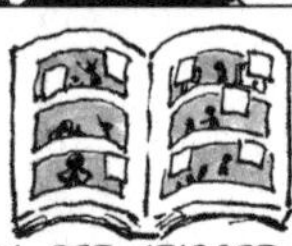

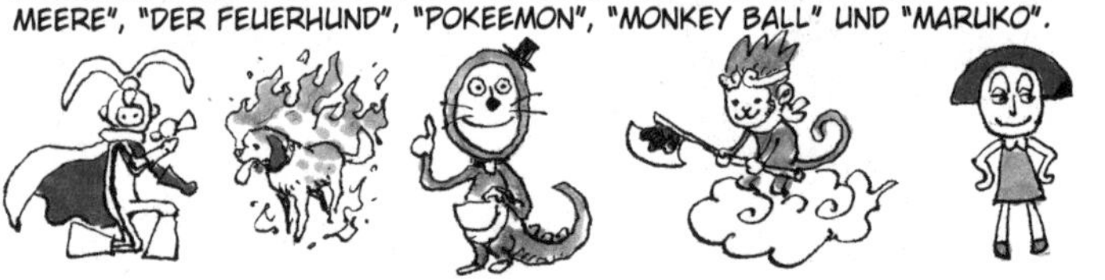

UND VIELE ANDERE.

1059. Kapitel:
Der Vorfall mit Kapitän Corby

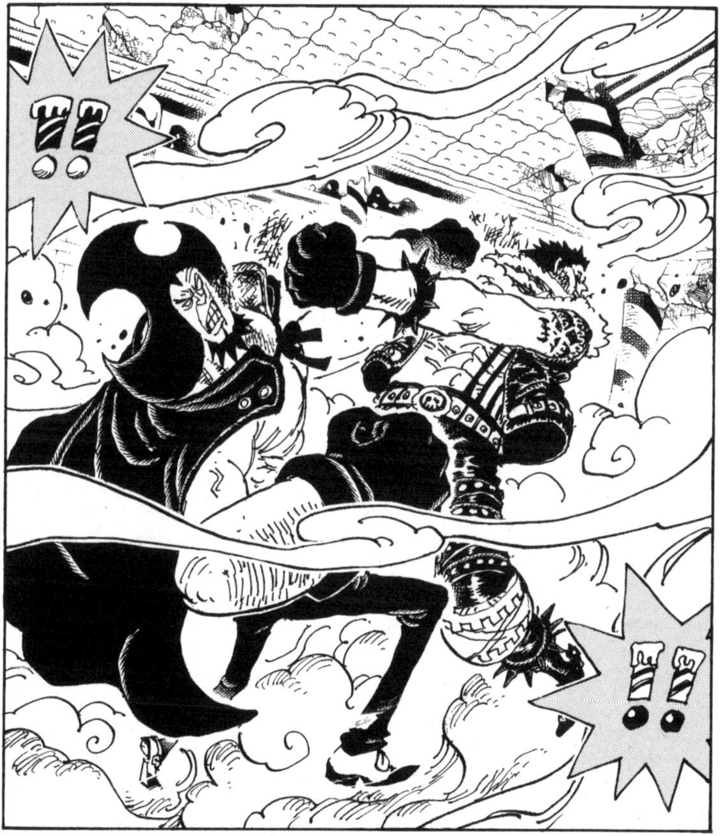

Dieser ausdruckslose Reisebericht der Germa 66, Teil 18
„Caesars halluzinogenes Gas!!“

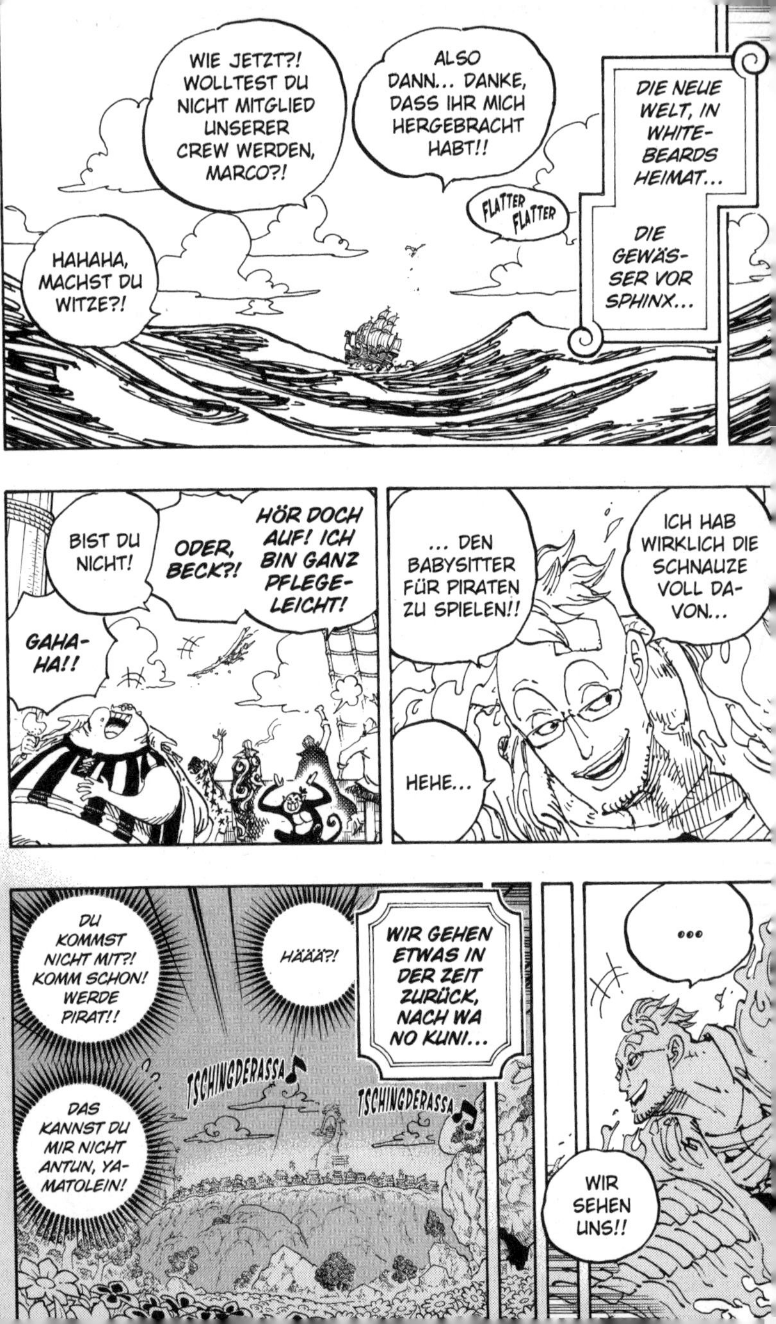
DIE NEUE WELT, IN WHITEBEARDS HEIMAT…
DIE GEWÄSSER VOR SPHINX…
ALSO DANN… DANKE, DASS IHR MICH HERGEBRACHT HABT!!
FLATTER FLATTER
WIE JETZT?! WOLLTEST DU NICHT MITGLIED UNSERER CREW WERDEN, MARCO?!
HAHAHA, MACHST DU WITZE?!
ICH HAB WIRKLICH DIE SCHNAUZE VOLL DAVON…
… DEN BABYSITTER FÜR PIRATEN ZU SPIELEN!!
HEHE…
HÖR DOCH AUF! ICH BIN GANZ PFLEGELEICHT!
ODER, BECK?!
BIST DU NICHT!
GAHAHA!!
…
WIR SEHEN UNS!!
WIR GEHEN ETWAS IN DER ZEIT ZURÜCK, NACH WA NO KUNI…
HÄÄÄ?!
DU KOMMST NICHT MIT?! KOMM SCHON! WERDE PIRAT!!
DAS KANNST DU MIR NICHT ANTUN, YAMATOLEIN!
TSCHINGDERASSA
TSCHINGDERASSA

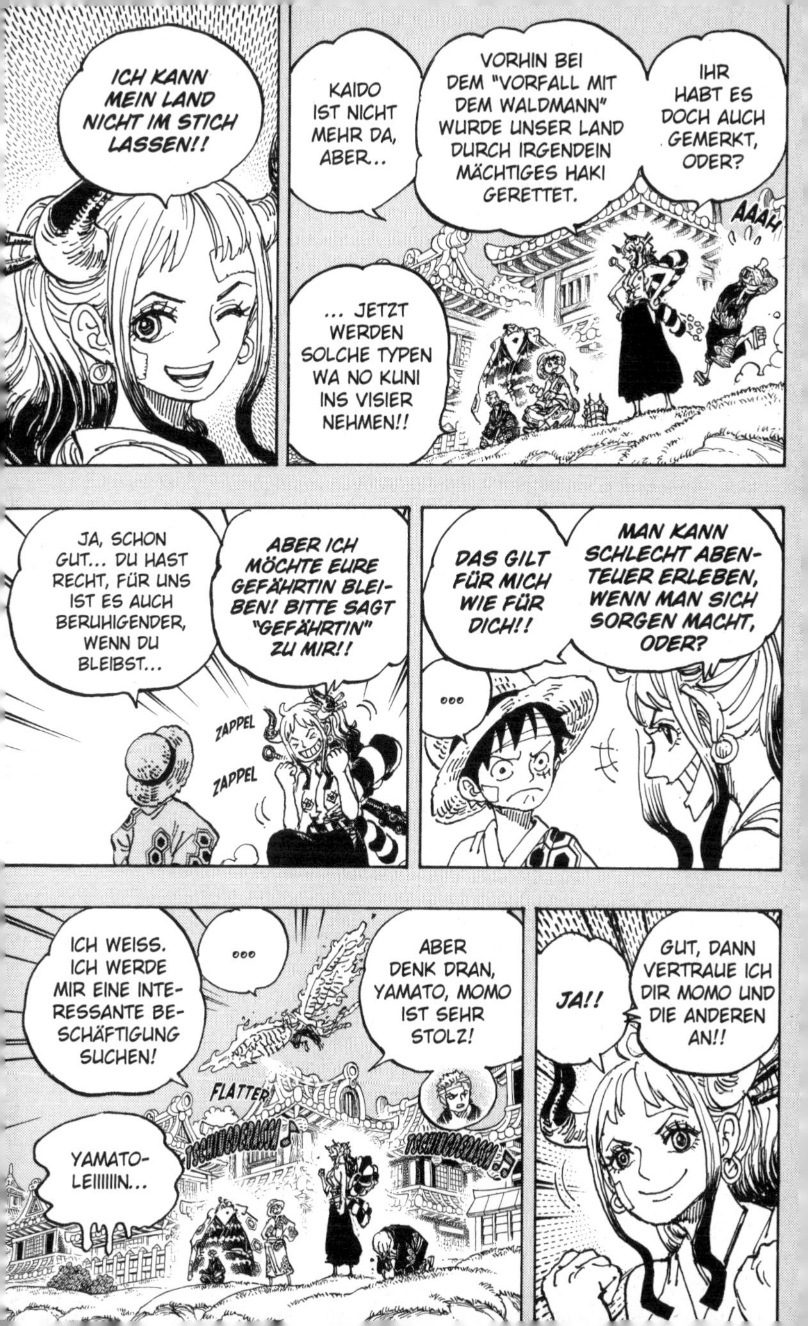

IHR HABT ES DOCH AUCH GEMERKT, ODER?
VORHIN BEI DEM "VORFALL MIT DEM WALDMANN" WURDE UNSER LAND DURCH IRGENDEIN MÄCHTIGES HAKI GERETTET.
KAIDO IST NICHT MEHR DA, ABER…
AAAH
… JETZT WERDEN SOLCHE TYPEN WA NO KUNI INS VISIER NEHMEN!!
ICH KANN MEIN LAND NICHT IM STICH LASSEN!!
MAN KANN SCHLECHT ABENTEUER ERLEBEN, WENN MAN SICH SORGEN MACHT, ODER?
DAS GILT FÜR MICH WIE FÜR DICH!!
…
ABER ICH MÖCHTE EURE GEFÄHRTIN BLEIBEN! BITTE SAGT "GEFÄHRTIN" ZU MIR!!
JA, SCHON GUT… DU HAST RECHT, FÜR UNS IST ES AUCH BERUHIGENDER, WENN DU BLEIBST…
ZAPPEL
ZAPPEL
GUT, DANN VERTRAUE ICH DIR MOMO UND DIE ANDEREN AN!!
JA!!
ABER DENK DRAN, YAMATO, MOMO IST SEHR STOLZ!
…
ICH WEISS. ICH WERDE MIR EINE INTERESSANTE BESCHÄFTIGUNG SUCHEN!
FLATTER
YAMATO-LEIIIIIIN…

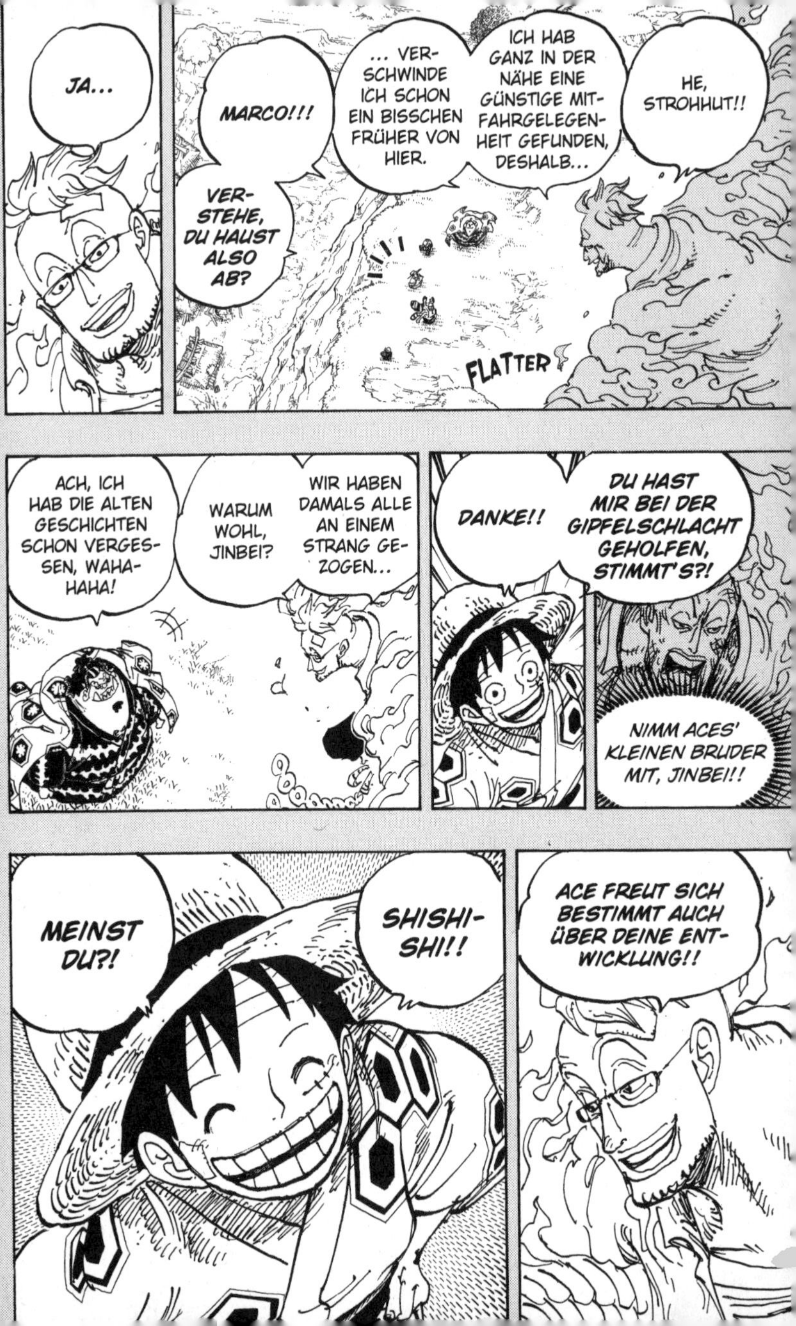
HE, STROHHUT!!
ICH HAB GANZ IN DER NÄHE EINE GÜNSTIGE MITFAHRGELEGENHEIT GEFUNDEN, DESHALB...
... VERSCHWINDE ICH SCHON EIN BISSCHEN FRÜHER VON HIER.
MARCO!!!
VERSTEHE, DU HAUST ALSO AB?
FLATTER
JA...
DU HAST MIR BEI DER GIPFELSCHLACHT GEHOLFEN, STIMMT'S?!
NIMM ACES' KLEINEN BRUDER MIT, JINBEI!!
DANKE!!
WIR HABEN DAMALS ALLE AN EINEM STRANG GEZOGEN...
WARUM WOHL, JINBEI?
ACH, ICH HAB DIE ALTEN GESCHICHTEN SCHON VERGESSEN, WAHAHAHA!
ACE FREUT SICH BESTIMMT AUCH ÜBER DEINE ENTWICKLUNG!!
MEINST DU?!
SHISHISHI!!

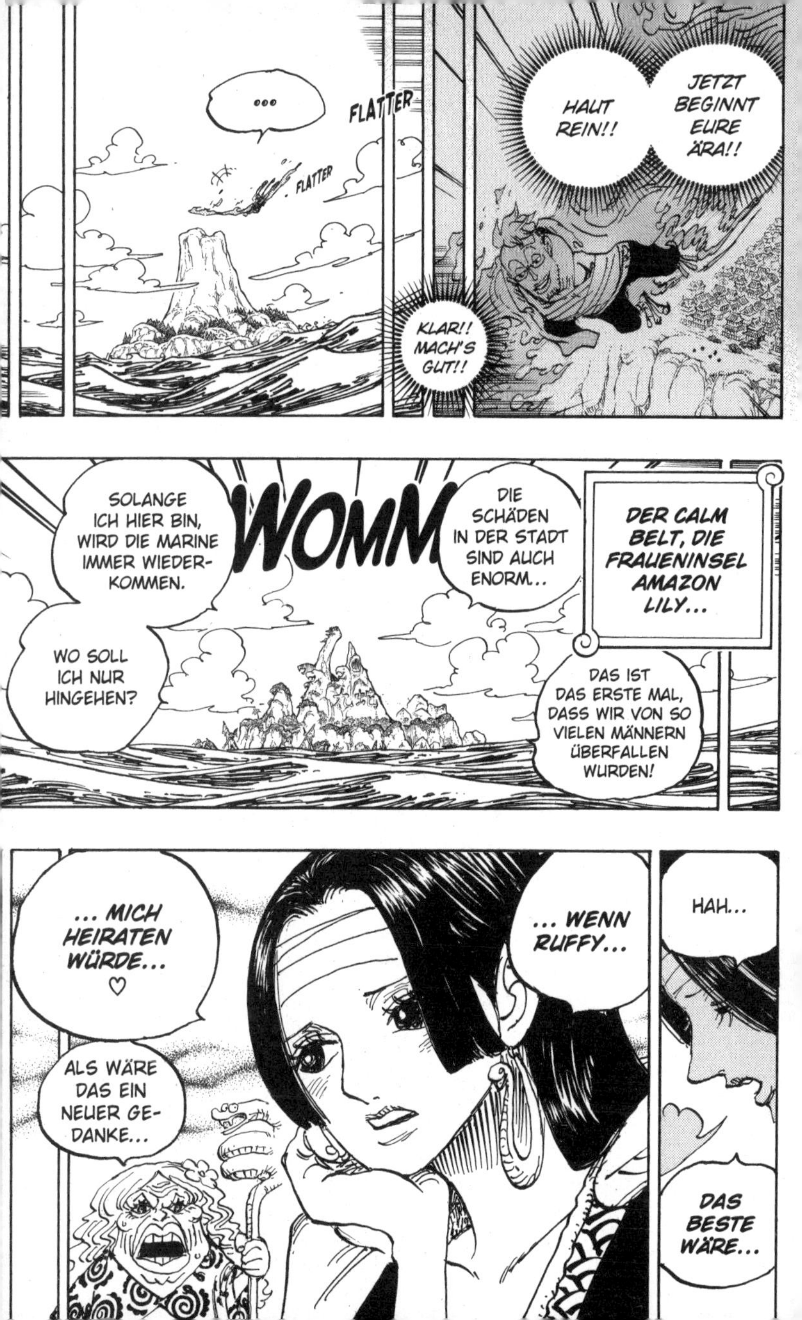
JETZT BEGINNT EURE ÄRA!!
HAUT REIN!!
KLAR!! MACH'S GUT!!
FLATTER
FLATTER
...
DER CALM BELT, DIE FRAUENINSEL AMAZON LILY...
DIE SCHÄDEN IN DER STADT SIND AUCH ENORM..
DAS IST DAS ERSTE MAL, DASS WIR VON SO VIELEN MÄNNERN ÜBERFALLEN WURDEN!
WOMM
SOLANGE ICH HIER BIN, WIRD DIE MARINE IMMER WIEDER-KOMMEN.
WO SOLL ICH NUR HINGEHEN?
HAH...
DAS BESTE WÄRE...
... WENN RUFFY...
... MICH HEIRATEN WÜRDE... ♡
ALS WÄRE DAS EIN NEUER GE-DANKE...

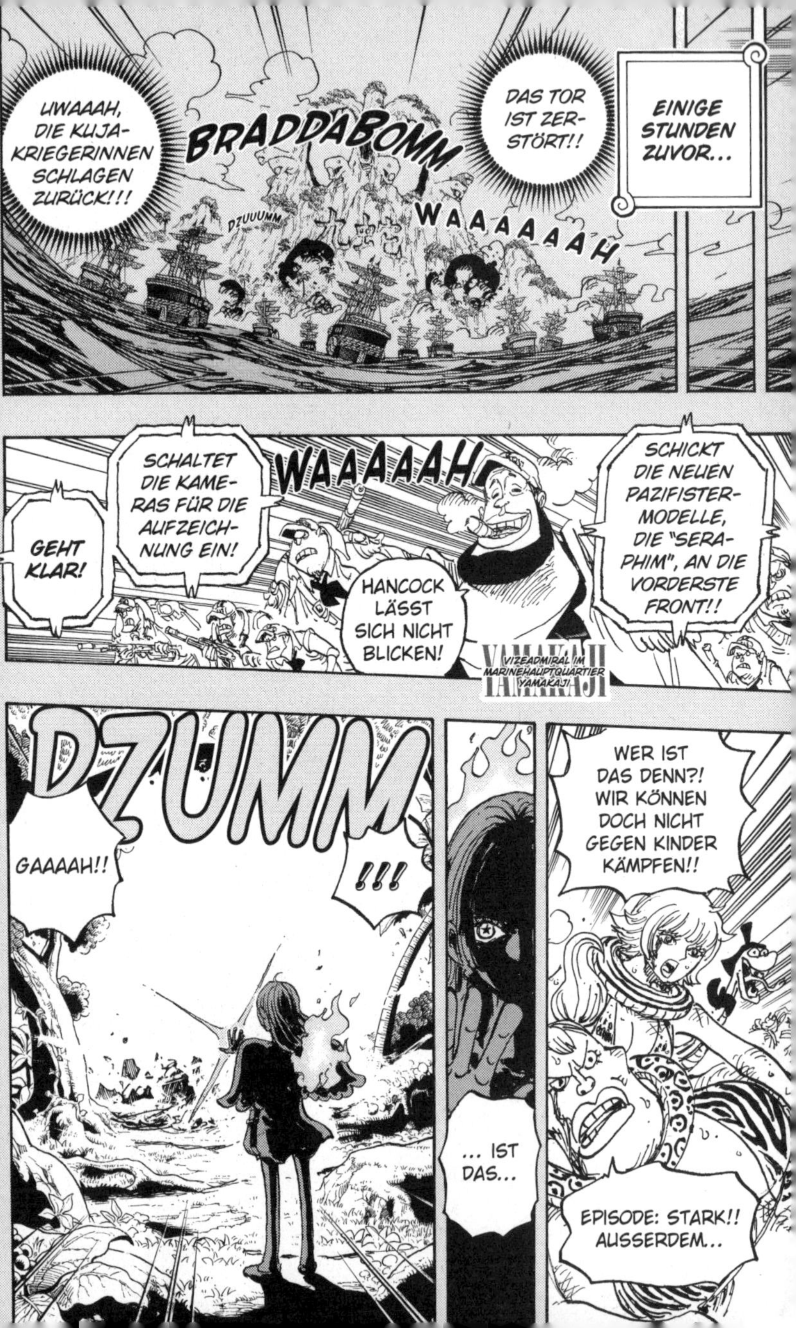
EINIGE STUNDEN ZUVOR...
DAS TOR IST ZERSTÖRT!!
BRADDABOMM
WAAAAAAAH
DZUUUMM
UWAAAH, DIE KUJA-KRIEGERINNEN SCHLAGEN ZURÜCK!!!
SCHICKT DIE NEUEN PAZIFISTER-MODELLE, DIE "SERAPHIM", AN DIE VORDERSTE FRONT!!
VIZEADMIRAL IM MARINEHAUPTQUARTIER YAMAKAJI
HANCOCK LÄSST SICH NICHT BLICKEN!
WAAAAAH
SCHALTET DIE KAMERAS FÜR DIE AUFZEICHNUNG EIN!
GEHT KLAR!
WER IST DAS DENN?! WIR KÖNNEN DOCH NICHT GEGEN KINDER KÄMPFEN!!
EPISODE: STARK!! AUSSERDEM...
... IST DAS...
DZUMM
!!!
GAAAAH!!

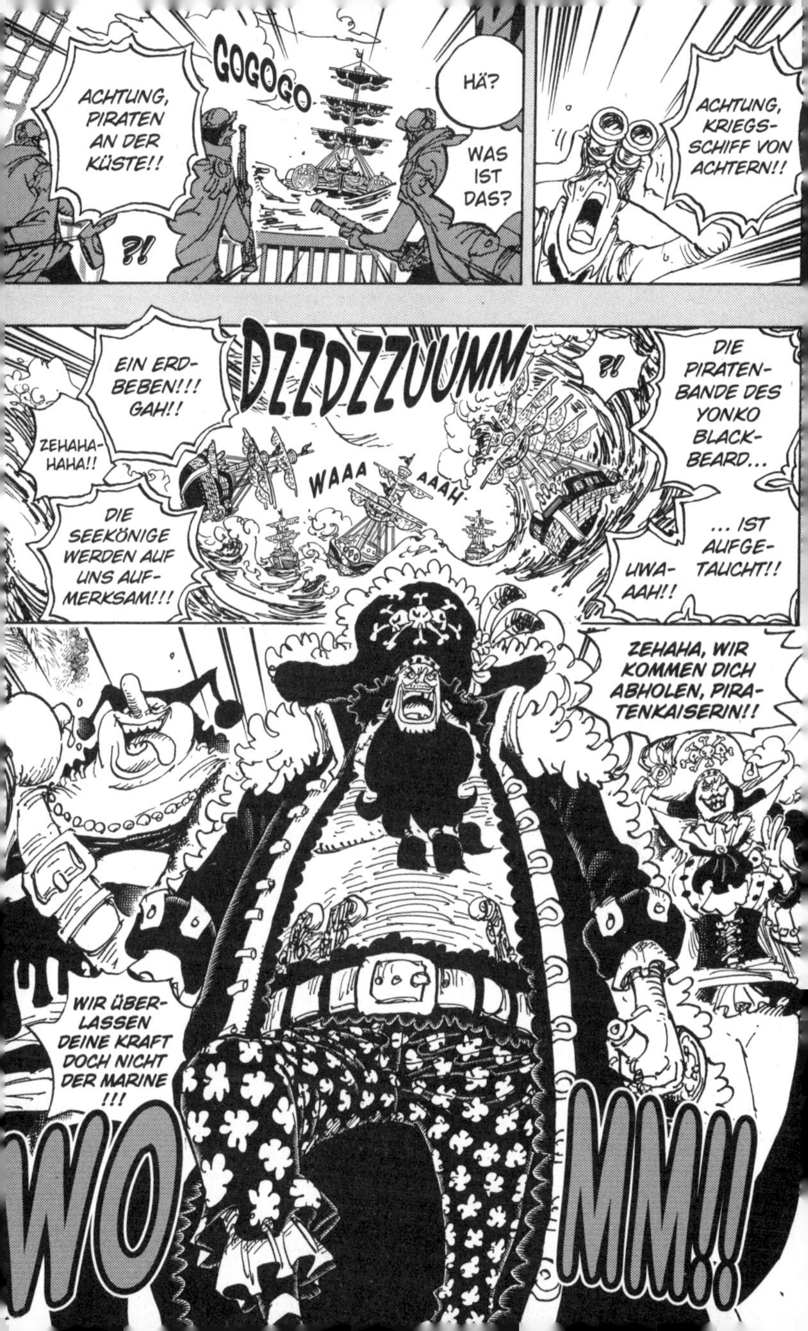
ACHTUNG, KRIEGS-SCHIFF VON ACHTERN!!
HÄ?
WAS IST DAS?
GOGOGO
ACHTUNG, PIRATEN AN DER KÜSTE!!
?!
DIE PIRATEN-BANDE DES YONKO BLACK-BEARD...
... IST AUFGE-TAUCHT!!
UWA-AAH!!
?!
DZZZDZZZUUMM
WAAA AAAH
EIN ERD-BEBEN!!! GAH!!
ZEHAHA-HAHA!!
DIE SEEKÖNIGE WERDEN AUF UNS AUF-MERKSAM!!!
ZEHAHA, WIR KOMMEN DICH ABHOLEN, PIRA-TENKAISERIN!!
WIR ÜBER-LASSEN DEINE KRAFT DOCH NICHT DER MARINE !!!
WOMM!!

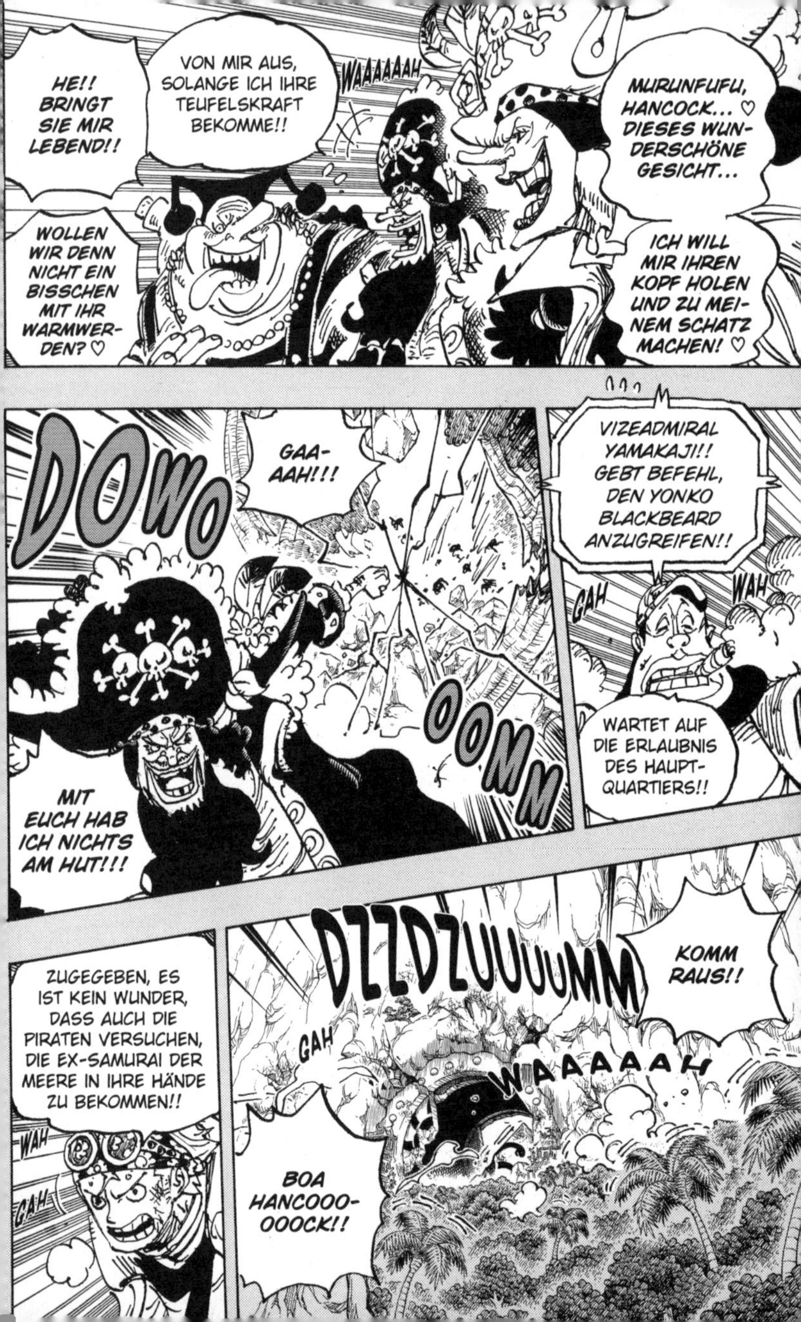
MURUNFUFU, HANCOCK... ♡ DIESES WUNDERSCHÖNE GESICHT...
ICH WILL MIR IHREN KOPF HOLEN UND ZU MEINEM SCHATZ MACHEN! ♡
WAAAAAAH
VON MIR AUS, SOLANGE ICH IHRE TEUFELSKRAFT BEKOMME!!
HE!! BRINGT SIE MIR LEBEND!!
WOLLEN WIR DENN NICHT EIN BISSCHEN MIT IHR WARMWERDEN? ♡
VIZEADMIRAL YAMAKAJI!! GEBT BEFEHL, DEN YONKO BLACKBEARD ANZUGREIFEN!!
GAH
WAH
WARTET AUF DIE ERLAUBNIS DES HAUPTQUARTIERS!!
GAA-AAH!!!
DOWO
OOMM
MIT EUCH HAB ICH NICHTS AM HUT!!!
KOMM RAUS!!
DZZDZUUUUMM
GAH
WAAAAAH
BOA HANCOOO-OOOCK!!
ZUGEGEBEN, ES IST KEIN WUNDER, DASS AUCH DIE PIRATEN VERSUCHEN, DIE EX-SAMURAI DER MEERE IN IHRE HÄNDE ZU BEKOMMEN!!
WAH
GAH

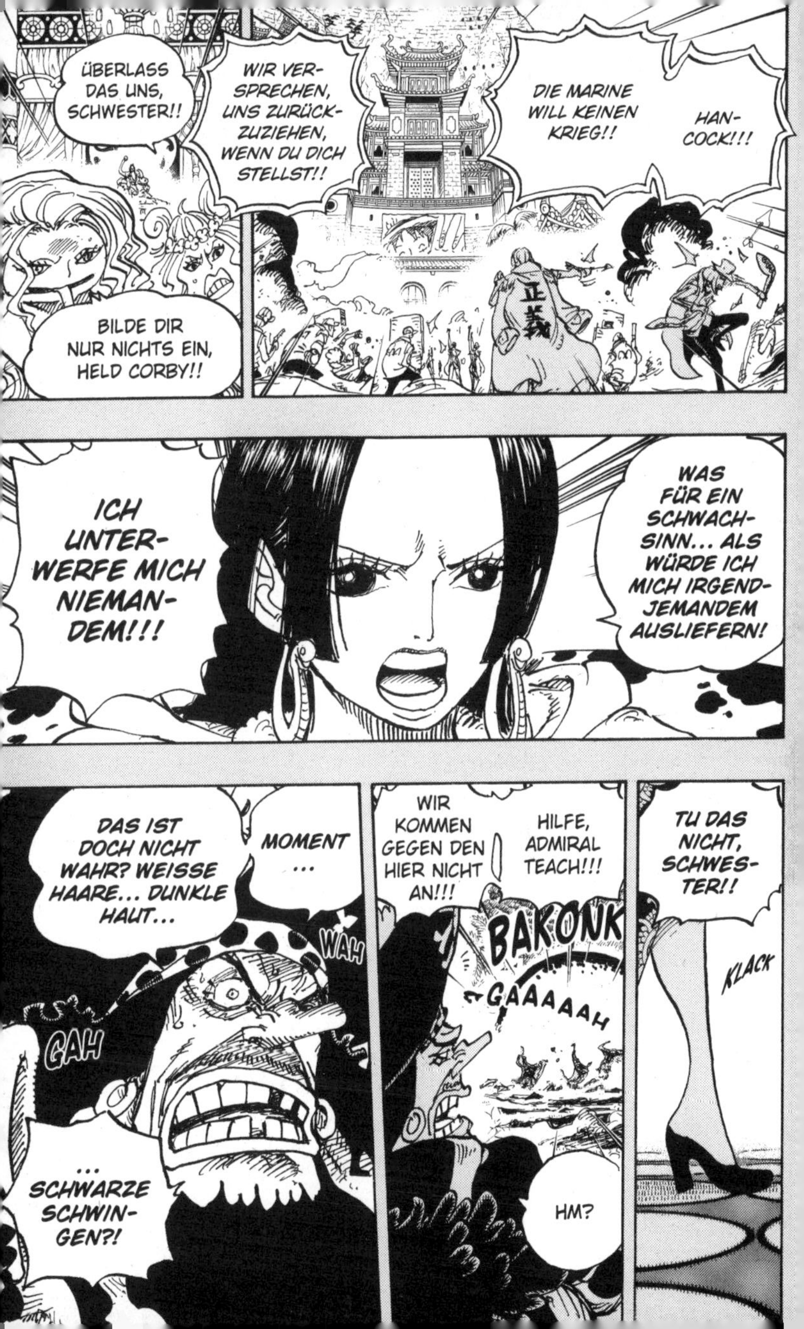
HAN-COCK!!!
DIE MARINE WILL KEINEN KRIEG!!
WIR VERSPRECHEN, UNS ZURÜCKZUZIEHEN, WENN DU DICH STELLST!!
ÜBERLASS DAS UNS, SCHWESTER!!
BILDE DIR NUR NICHTS EIN, HELD CORBY!!
WAS FÜR EIN SCHWACHSINN... ALS WÜRDE ICH MICH IRGENDJEMANDEM AUSLIEFERN!
ICH UNTERWERFE MICH NIEMANDEM!!!
TU DAS NICHT, SCHWESTER!!
KLACK
HILFE, ADMIRAL TEACH!!!
WIR KOMMEN GEGEN DEN HIER NICHT AN!!!
BAKONK
GAAAAAH
HM?
MOMENT ...
WAH
DAS IST DOCH NICHT WAHR? WEISSE HAARE... DUNKLE HAUT...
GAH
... SCHWARZE SCHWINGEN?!

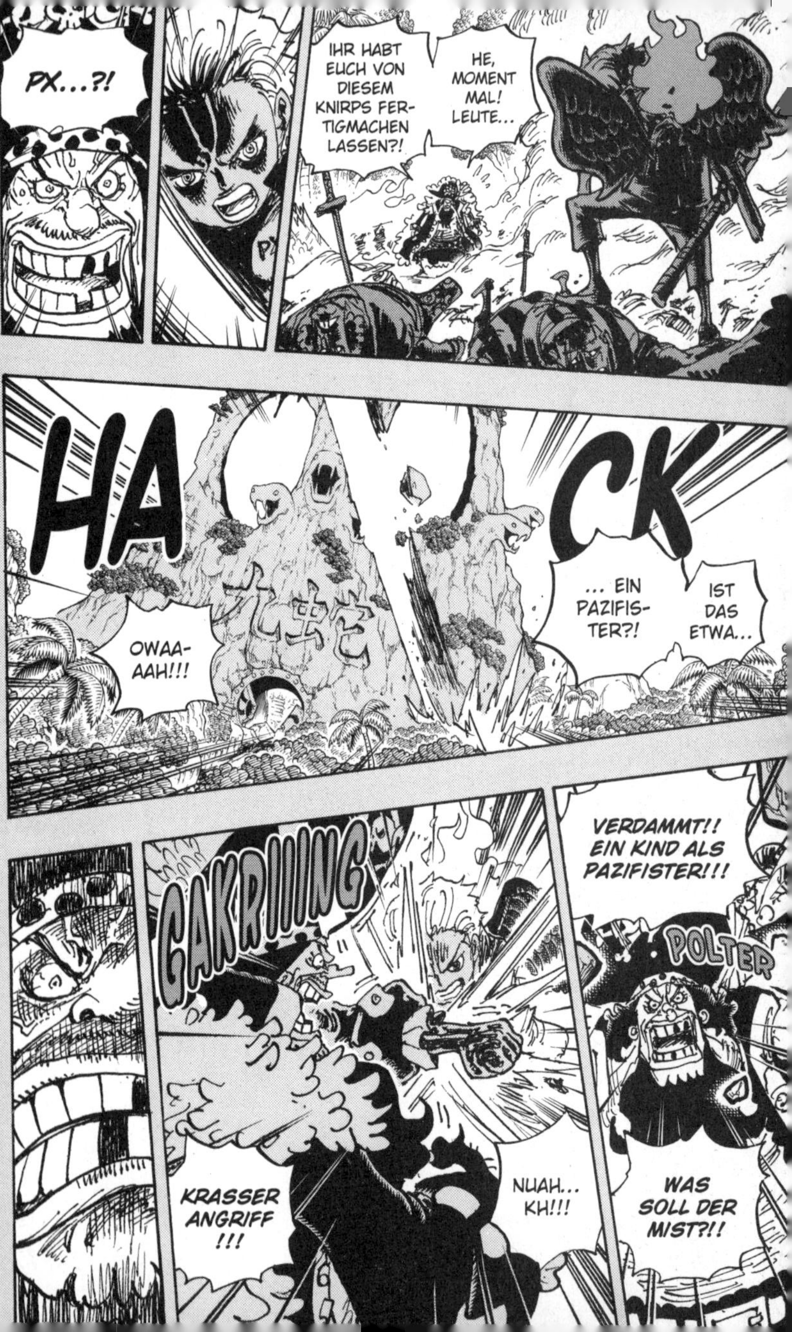
HE, MOMENT MAL! LEUTE...
IHR HABT EUCH VON DIESEM KNIRPS FERTIGMACHEN LASSEN?!
PX...?!
CK
HA
IST DAS ETWA...
... EIN PAZIFISTER?!
OWAAAAH!!!
VERDAMMT!! EIN KIND ALS PAZIFISTER!!!
POLTER
WAS SOLL DER MIST?!!
GAKRIIING
NUAH... KH!!!
KRASSER ANGRIFF !!!

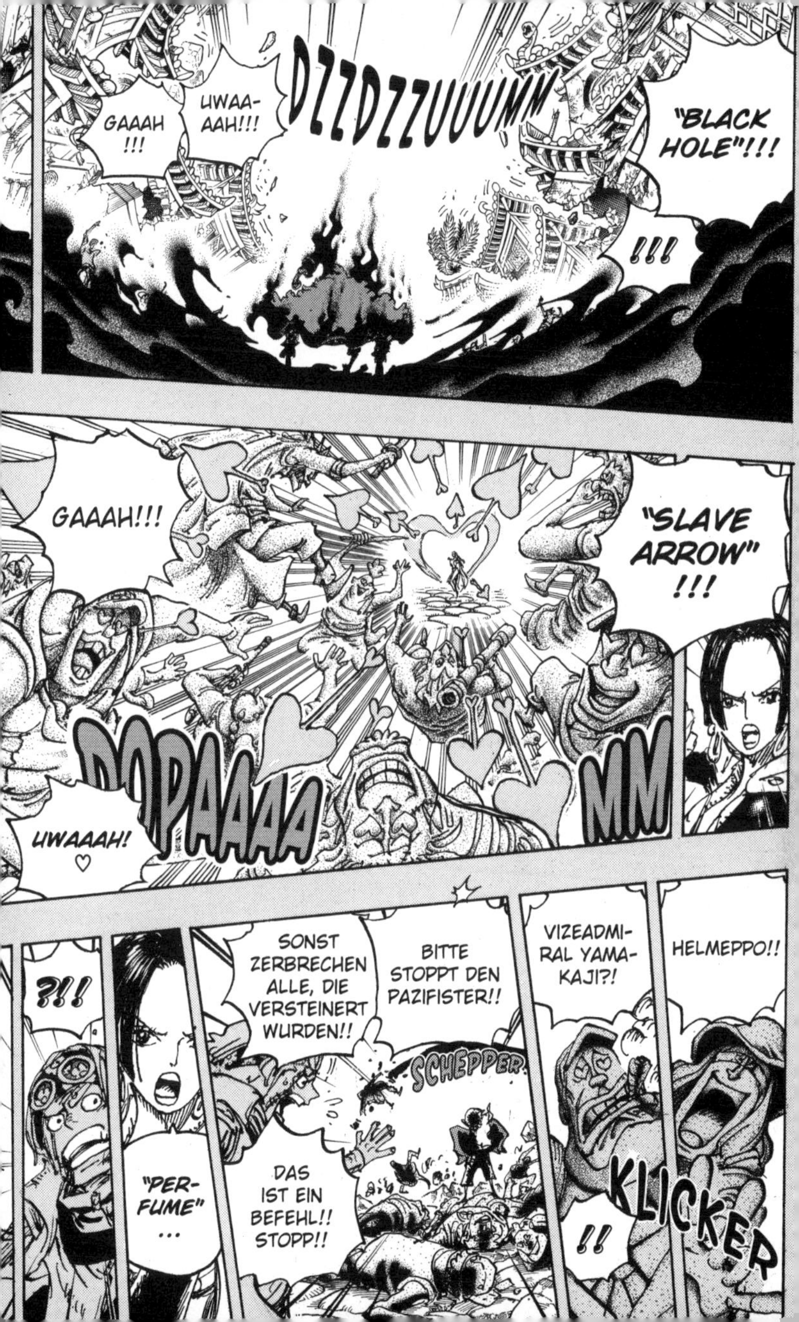

"BLACK HOLE"!!!
!!!
DZZZDZZUUUUMN
UWAA-AAH!!!
GAAAH !!!
"SLAVE ARROW" !!!
DOPAAAAMM
GAAAH!!!
UWAAAH! ♡
HELMEPPO!!
KLICKER
VIZEADMI-RAL YAMA-KAJI?!
!!
BITTE STOPPT DEN PAZIFISTER!!
SCHEPPER
SONST ZERBRECHEN ALLE, DIE VERSTEINERT WURDEN!!
DAS IST EIN BEFEHL!! STOPP!!
"PER-FUME" ...
?!!

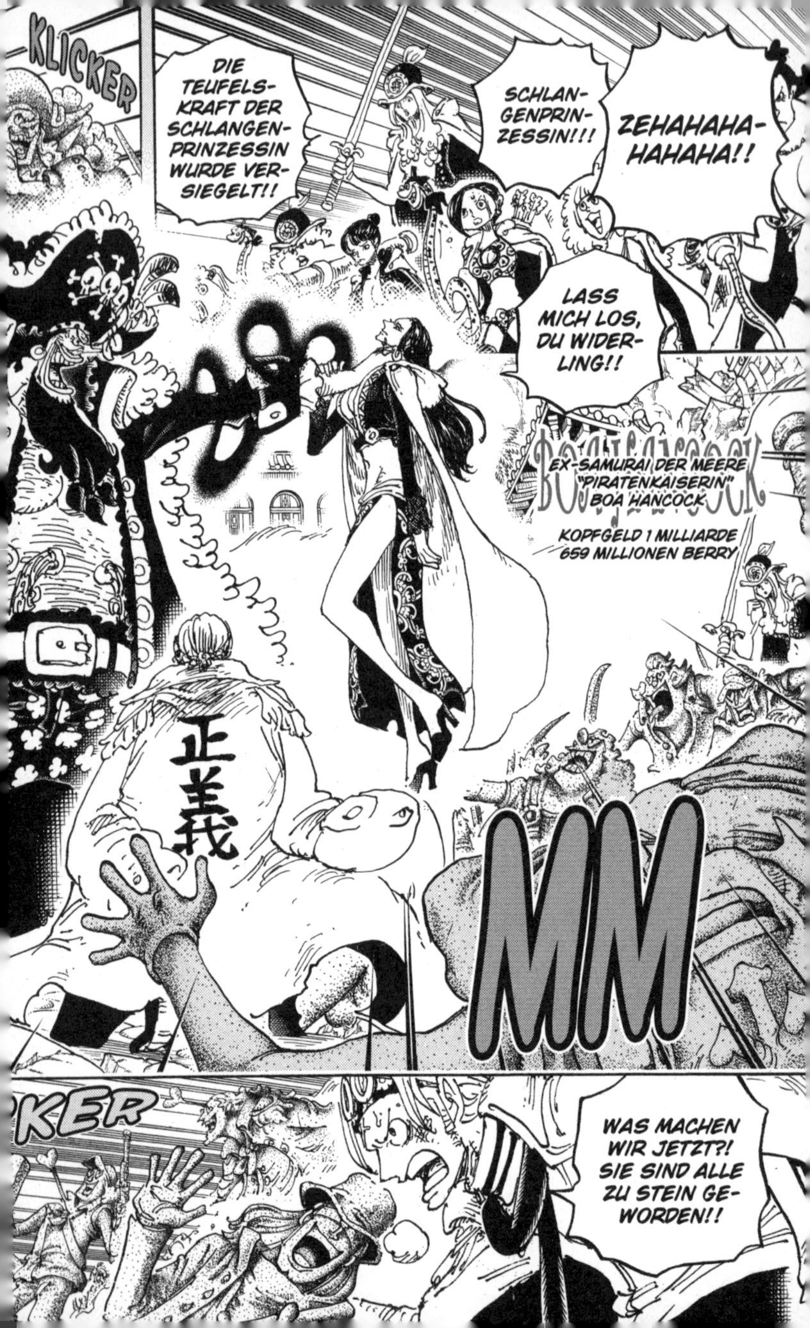
KLICKER
DIE TEUFELSKRAFT DER SCHLANGENPRINZESSIN WURDE VERSIEGELT!!
SCHLANGENPRINZESSIN!!!
ZEHAHAHA-HAHAHA!!
LASS MICH LOS, DU WIDERLING!!
BOA HANCOCK
EX-SAMURAI DER MEERE "PIRATENKAISERIN" BOA HANCOCK
KOPFGELD 1 MILLIARDE 659 MILLIONEN BERRY
正義
MM
KER
WAS MACHEN WIR JETZT?! SIE SIND ALLE ZU STEIN GEWORDEN!!

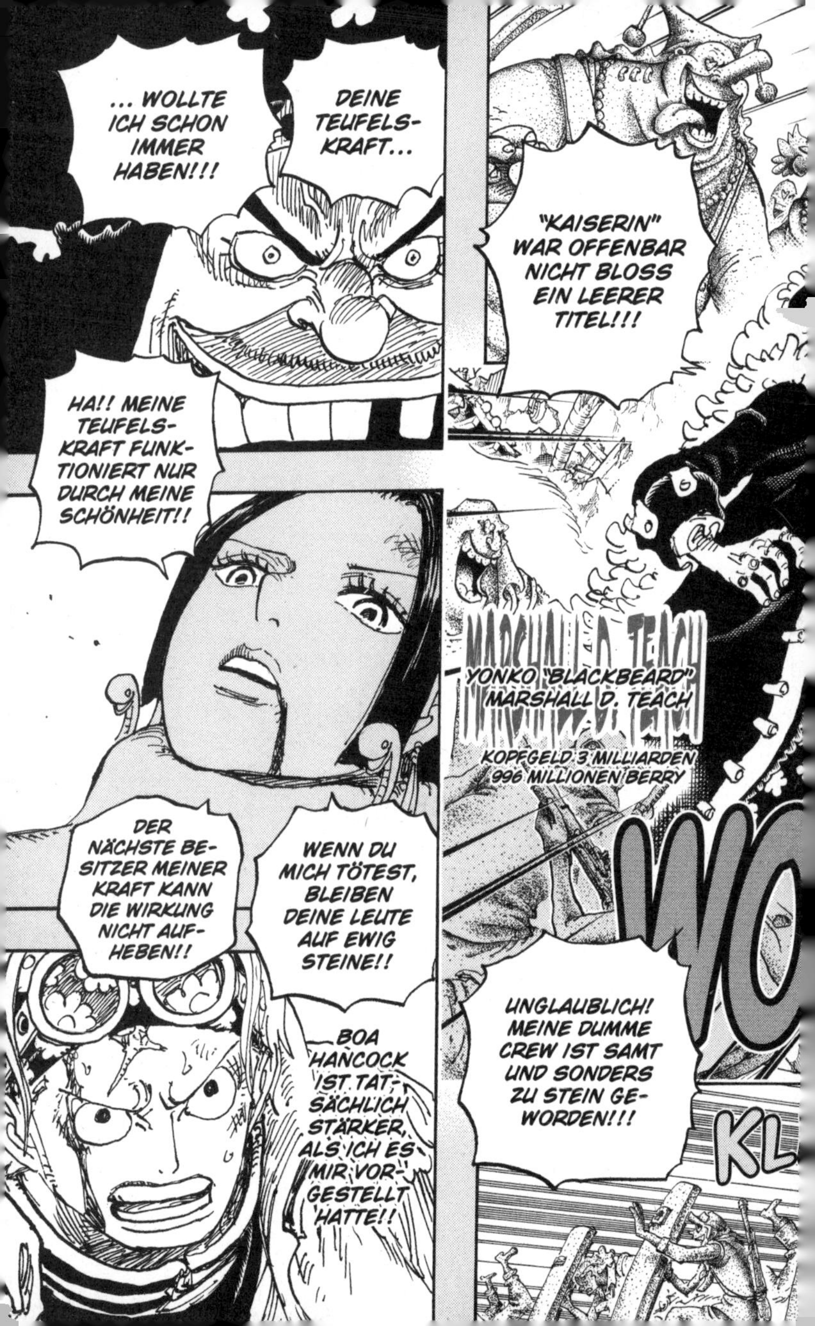
"KAISERIN" WAR OFFENBAR NICHT BLOSS EIN LEERER TITEL!!!
YONKO "BLACKBEARD" MARSHALL D. TEACH
KOPFGELD 3 MILLIARDEN 996 MILLIONEN BERRY
WO
KL
UNGLAUBLICH! MEINE DUMME CREW IST SAMT UND SONDERS ZU STEIN GEWORDEN!!!
DEINE TEUFELSKRAFT...
... WOLLTE ICH SCHON IMMER HABEN!!!
HA!! MEINE TEUFELSKRAFT FUNKTIONIERT NUR DURCH MEINE SCHÖNHEIT!!
WENN DU MICH TÖTEST, BLEIBEN DEINE LEUTE AUF EWIG STEINE!!
DER NÄCHSTE BESITZER MEINER KRAFT KANN DIE WIRKUNG NICHT AUFHEBEN!!
BOA HANCOCK IST TATSÄCHLICH STÄRKER, ALS ICH ES MIR VORGESTELLT HATTE!!

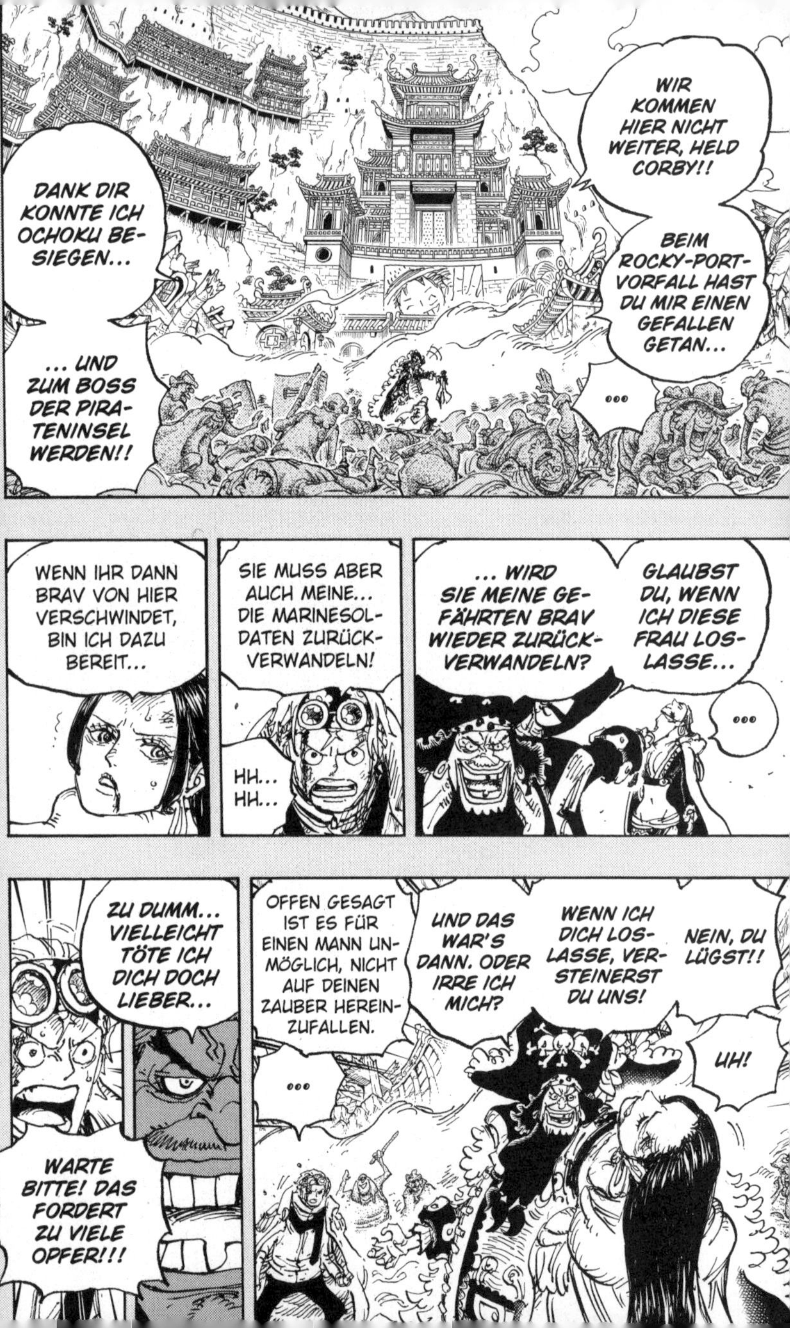
WIR KOMMEN HIER NICHT WEITER, HELD CORBY!!
BEIM ROCKY-PORT-VORFALL HAST DU MIR EINEN GEFALLEN GETAN...
...
DANK DIR KONNTE ICH OCHOKU BESIEGEN...
... UND ZUM BOSS DER PIRATENINSEL WERDEN!!
GLAUBST DU, WENN ICH DIESE FRAU LOSLASSE...
... WIRD SIE MEINE GEFÄHRTEN BRAV WIEDER ZURÜCKVERWANDELN?
...
SIE MUSS ABER AUCH MEINE... DIE MARINESOLDATEN ZURÜCKVERWANDELN!
HH... HH...
WENN IHR DANN BRAV VON HIER VERSCHWINDET, BIN ICH DAZU BEREIT...
NEIN, DU LÜGST!!
WENN ICH DICH LOSLASSE, VERSTEINERST DU UNS!
UND DAS WAR'S DANN. ODER IRRE ICH MICH?
UH!
OFFEN GESAGT IST ES FÜR EINEN MANN UNMÖGLICH, NICHT AUF DEINEN ZAUBER HEREINZUFALLEN.
...
ZU DUMM... VIELLEICHT TÖTE ICH DICH DOCH LIEBER...
WARTE BITTE! DAS FORDERT ZU VIELE OPFER!!!

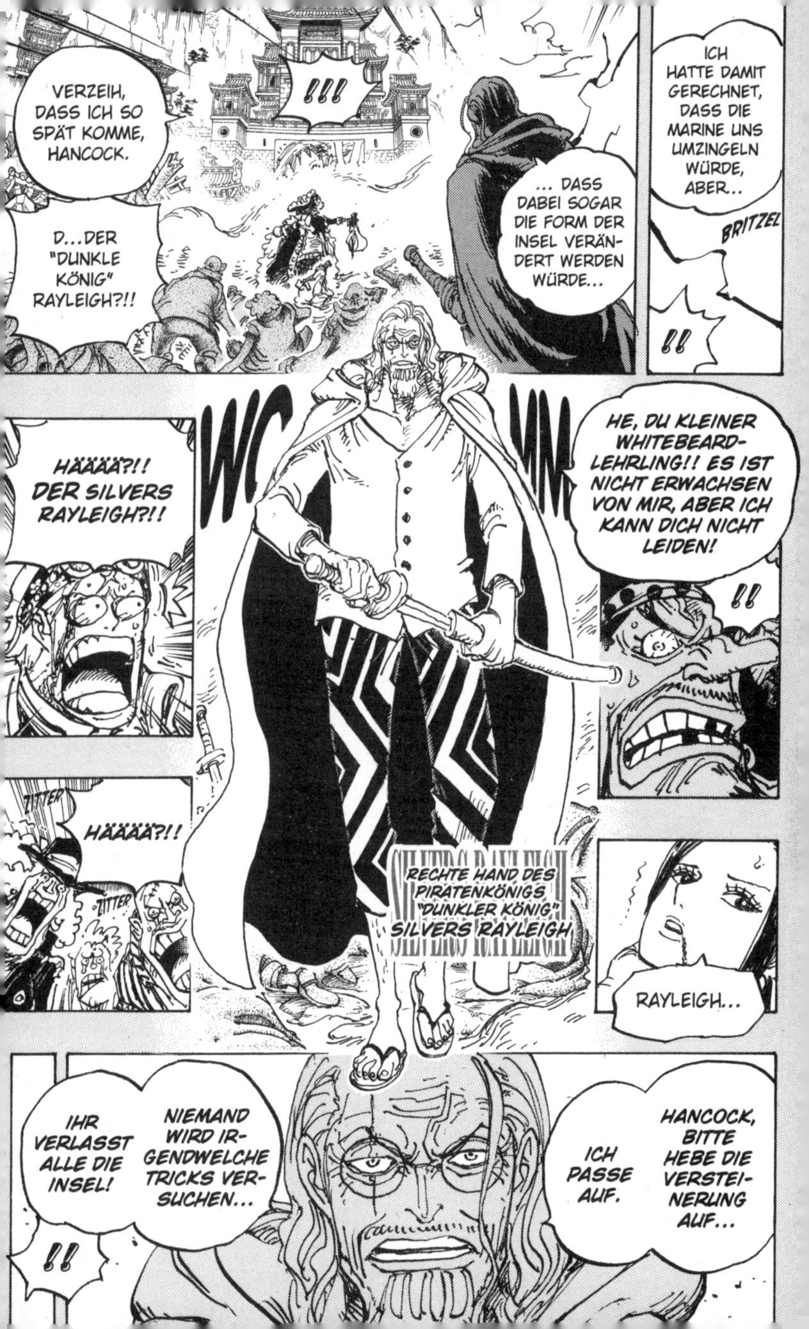
ICH HATTE DAMIT GERECHNET, DASS DIE MARINE UNS UMZINGELN WÜRDE, ABER...
BRITZEL
!!
... DASS DABEI SOGAR DIE FORM DER INSEL VERÄNDERT WERDEN WÜRDE...
!!!
VERZEIH, DASS ICH SO SPÄT KOMME, HANCOCK.
D...DER "DUNKLE KÖNIG" RAYLEIGH?!!
HE, DU KLEINER WHITEBEARD-LEHRLING!! ES IST NICHT ERWACHSEN VON MIR, ABER ICH KANN DICH NICHT LEIDEN!
!!
HÄÄÄÄ?!! DER SILVERS RAYLEIGH?!!
RECHTE HAND DES PIRATENKÖNIGS "DUNKLER KÖNIG" SILVERS RAYLEIGH
RAYLEIGH...
ZITTER
HÄÄÄÄ?!!
ZITTER
HANCOCK, BITTE HEBE DIE VERSTEINERUNG AUF...
ICH PASSE AUF.
NIEMAND WIRD IRGENDWELCHE TRICKS VERSUCHEN...
IHR VERLASST ALLE DIE INSEL!
!!

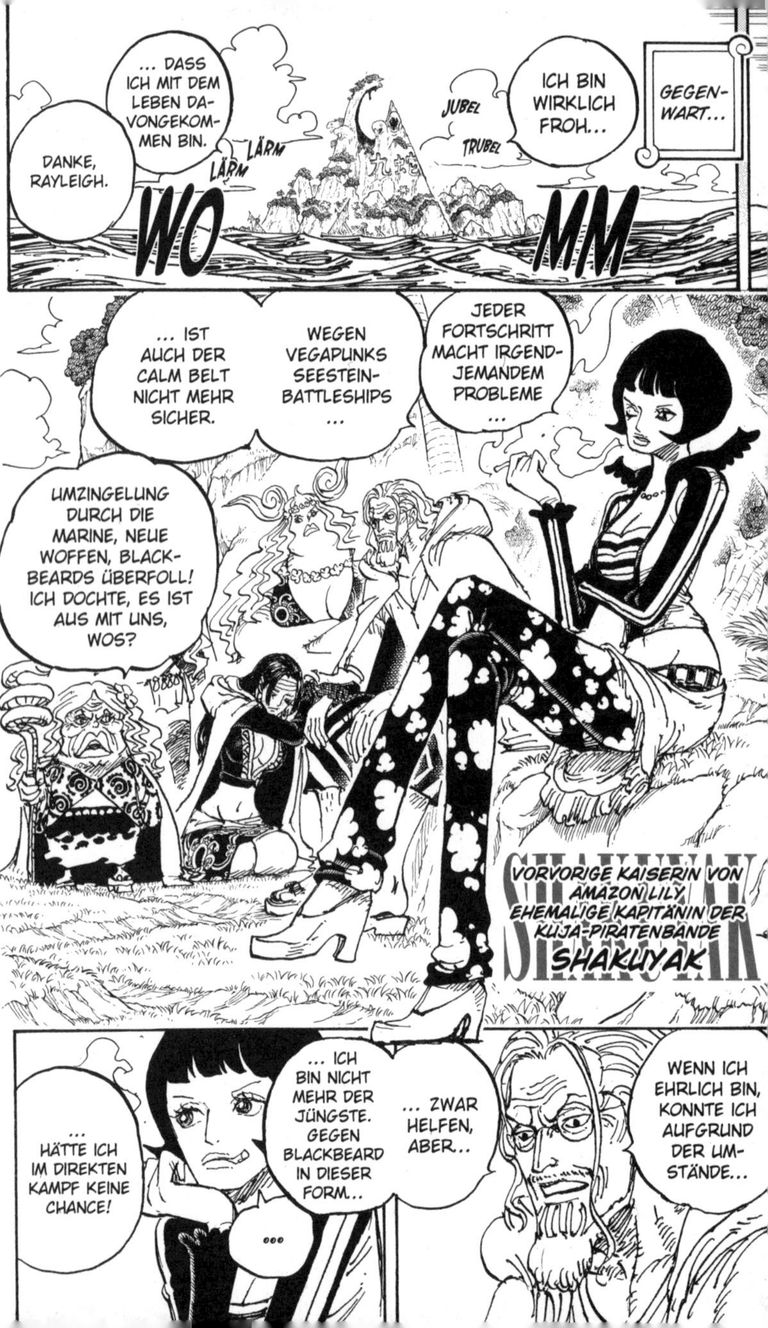
GEGENWART…
ICH BIN WIRKLICH FROH…
JUBEL
TRUBEL
LÄRM
LÄRM
… DASS ICH MIT DEM LEBEN DAVONGEKOMMEN BIN.
DANKE, RAYLEIGH.
WOMM
JEDER FORTSCHRITT MACHT IRGENDJEMANDEM PROBLEME …
WEGEN VEGAPUNKS SEESTEIN-BATTLESHIPS …
… IST AUCH DER CALM BELT NICHT MEHR SICHER.
UMZINGELUNG DURCH DIE MARINE, NEUE WOFFEN, BLACKBEARDS ÜBERFOLL! ICH DOCHTE, ES IST AUS MIT UNS, WOS?
VORVORIGE KAISERIN VON AMAZON LILY
EHEMALIGE KAPITÄNIN DER KUJA-PIRATENBANDE
SHAKUYAK
WENN ICH EHRLICH BIN, KONNTE ICH AUFGRUND DER UMSTÄNDE…
… ZWAR HELFEN, ABER…
… ICH BIN NICHT MEHR DER JÜNGSTE. GEGEN BLACKBEARD IN DIESER FORM…
… HÄTTE ICH IM DIREKTEN KAMPF KEINE CHANCE!
…

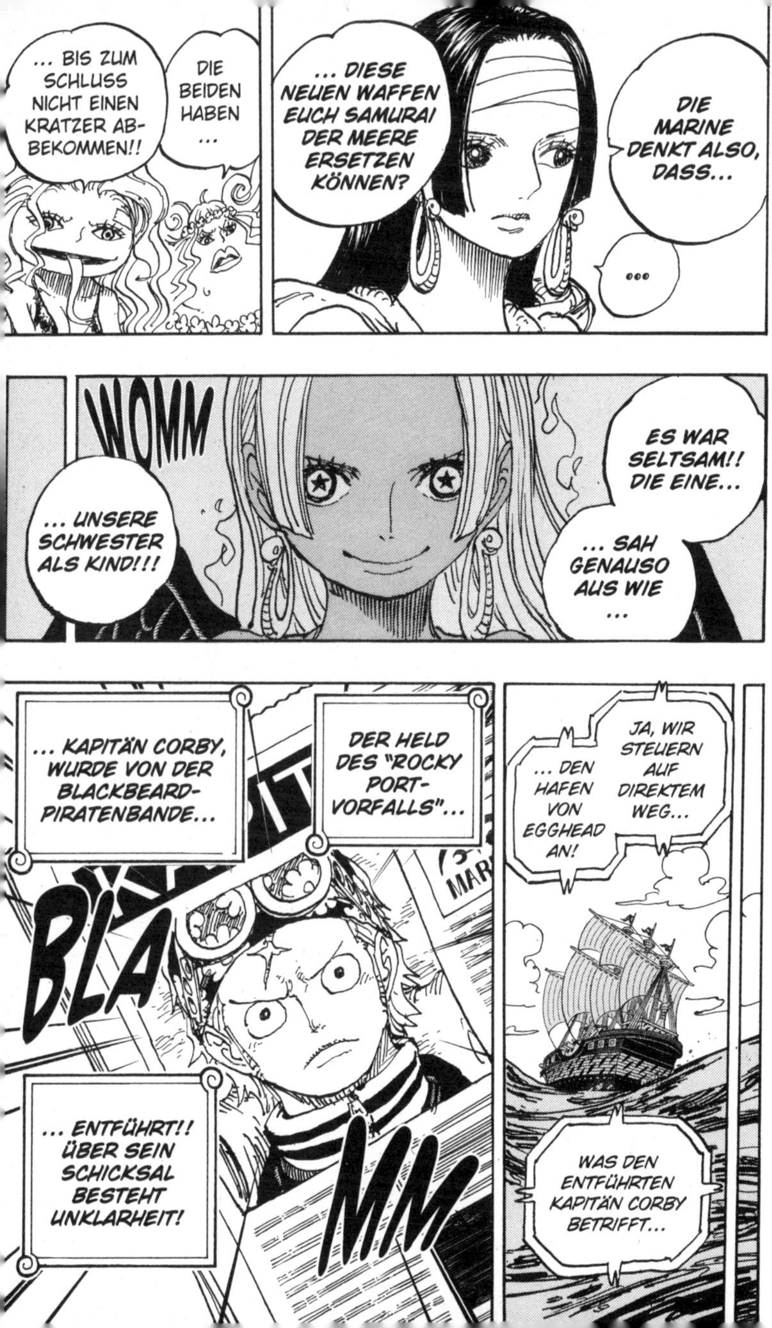

DIE MARINE DENKT ALSO, DASS…
… DIESE NEUEN WAFFEN EUCH SAMURAI DER MEERE ERSETZEN KÖNNEN?
…
DIE BEIDEN HABEN …
… BIS ZUM SCHLUSS NICHT EINEN KRATZER ABBEKOMMEN!!
ES WAR SELTSAM!! DIE EINE…
… SAH GENAUSO AUS WIE …
WOMM
… UNSERE SCHWESTER ALS KIND!!!
JA, WIR STEUERN AUF DIREKTEM WEG…
… DEN HAFEN VON EGGHEAD AN!
WAS DEN ENTFÜHRTEN KAPITÄN CORBY BETRIFFT…
DER HELD DES "ROCKY PORT-VORFALLS"…
… KAPITÄN CORBY, WURDE VON DER BLACKBEARD-PIRATENBANDE…
BLA
MM
… ENTFÜHRT!! ÜBER SEIN SCHICKSAL BESTEHT UNKLARHEIT!

1060. Kapitel: Ruffys Traum

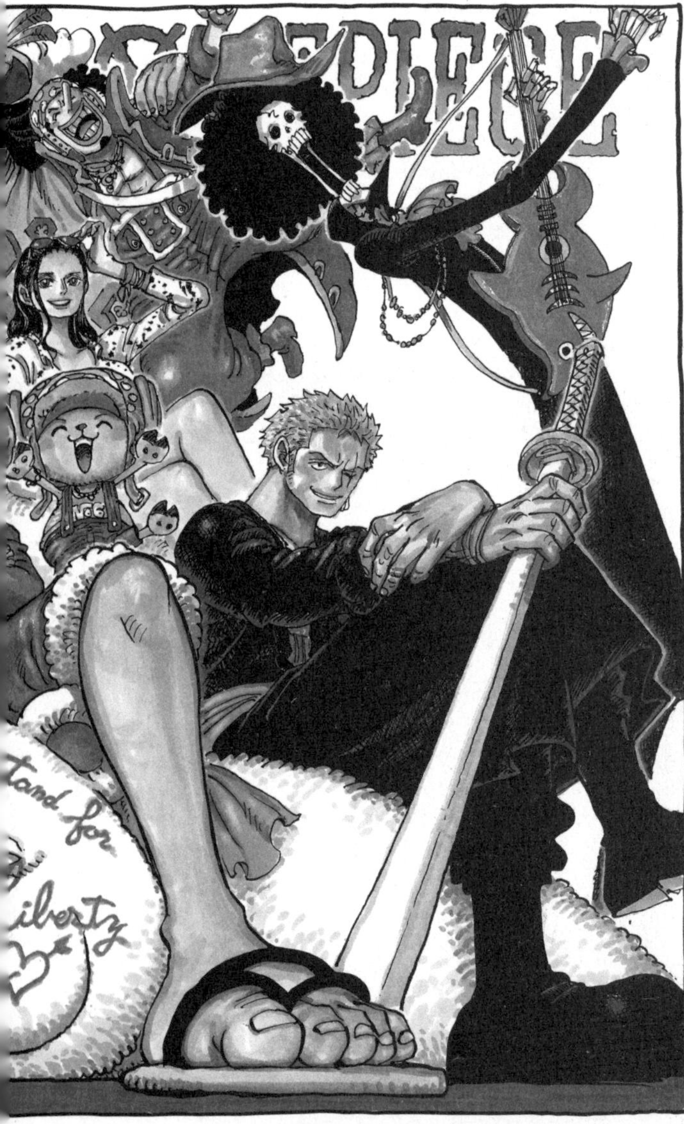

nd 8 in der Version mit zehn Mitgliedern sehen!" Pseudonym: Iwasakka

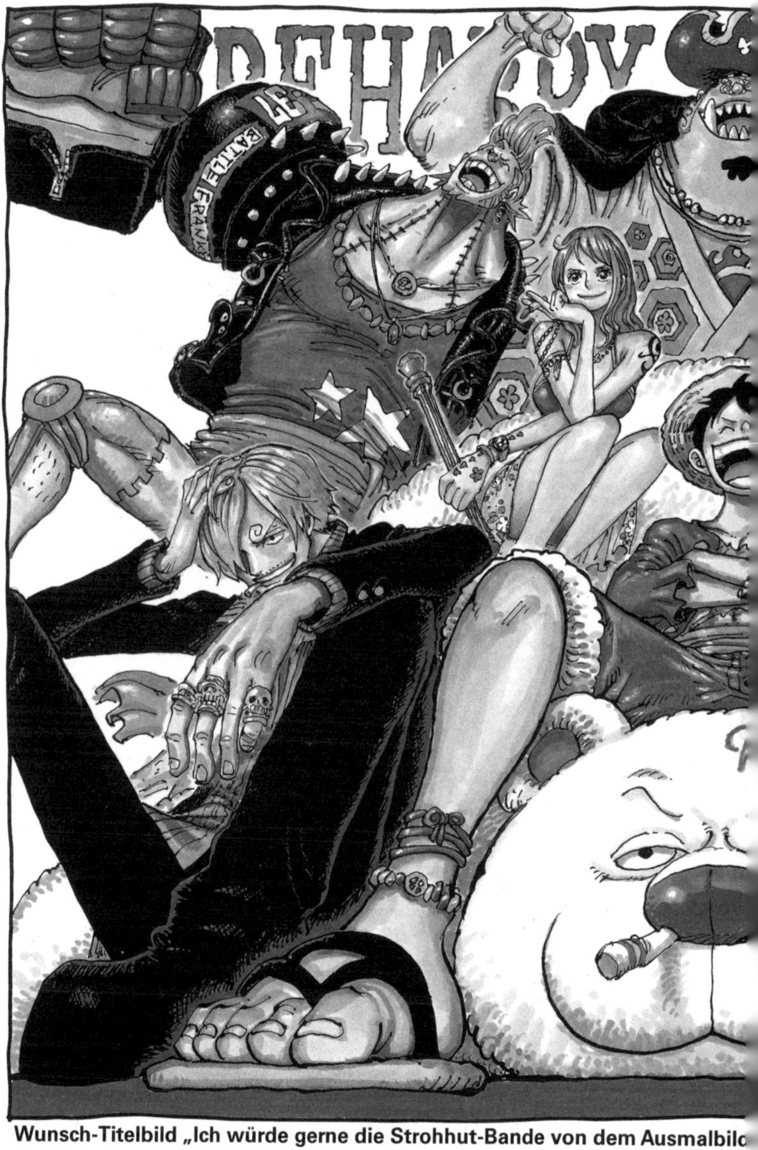

Wunsch-Titelbild „Ich würde gerne die Strohhut-Bande von dem Ausmalbild

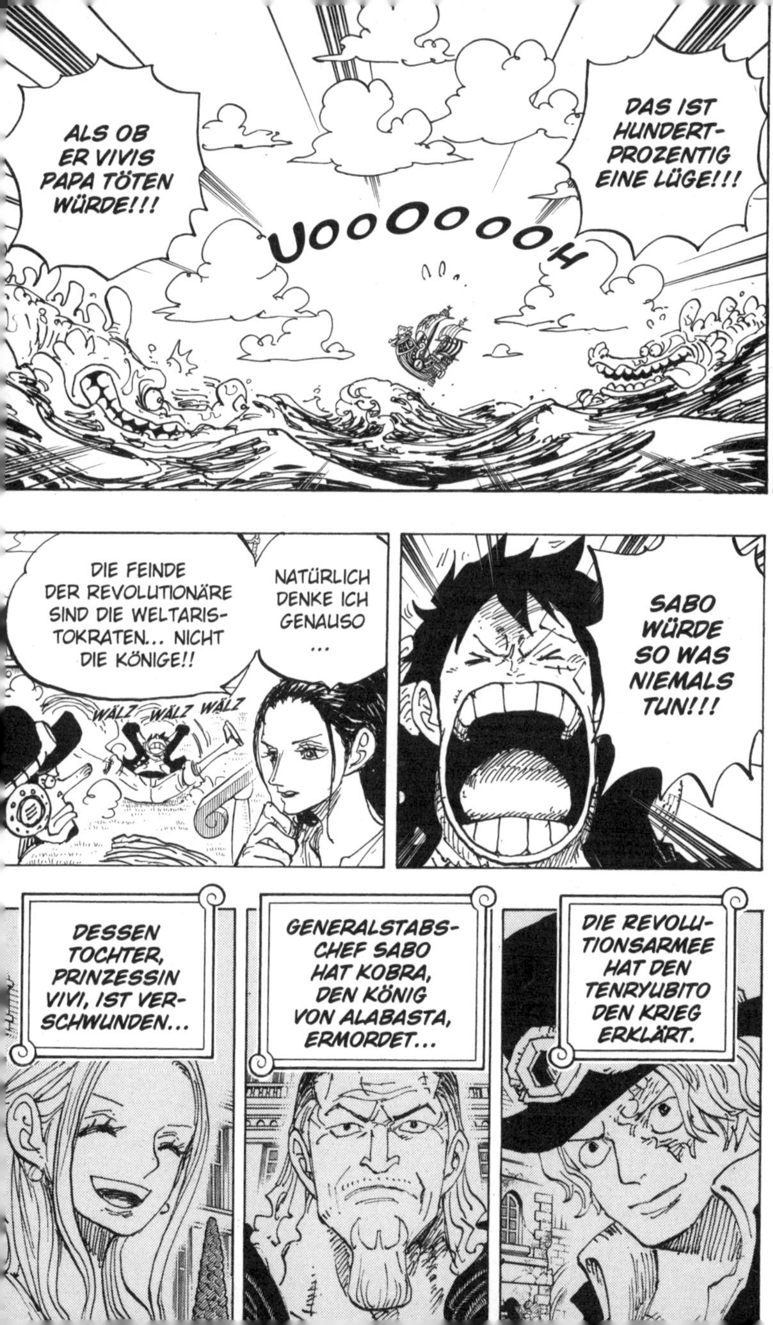

DAS IST HUNDERTPROZENTIG EINE LÜGE!!!
ALS OB ER VIVIS PAPA TÖTEN WÜRDE!!!
UOOOOOOH
SABO WÜRDE SO WAS NIEMALS TUN!!!
NATÜRLICH DENKE ICH GENAUSO …
DIE FEINDE DER REVOLUTIONÄRE SIND DIE WELTARISTOKRATEN… NICHT DIE KÖNIGE!!
WÄLZ WÄLZ WÄLZ
DIE REVOLUTIONSARMEE HAT DEN TENRYUBITO DEN KRIEG ERKLÄRT.
GENERALSTABSCHEF SABO HAT KOBRA, DEN KÖNIG VON ALABASTA, ERMORDET…
DESSEN TOCHTER, PRINZESSIN VIVI, IST VERSCHWUNDEN…

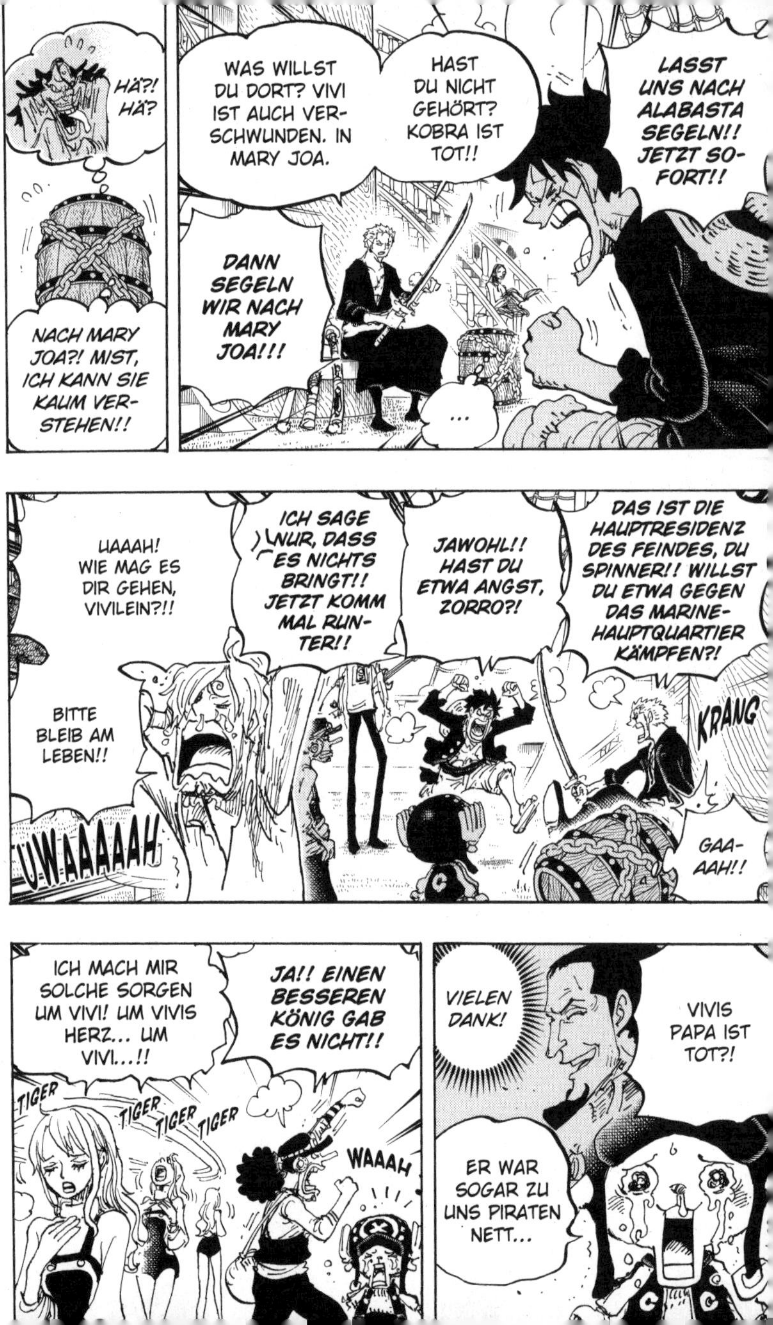
LASST UNS NACH ALABASTA SEGELN!! JETZT SOFORT!!
HAST DU NICHT GEHÖRT? KOBRA IST TOT!!
WAS WILLST DU DORT? VIVI IST AUCH VERSCHWUNDEN. IN MARY JOA.
DANN SEGELN WIR NACH MARY JOA!!!
...
HÄ?! HÄ?
NACH MARY JOA?! MIST, ICH KANN SIE KAUM VERSTEHEN!!
DAS IST DIE HAUPTRESIDENZ DES FEINDES, DU SPINNER!! WILLST DU ETWA GEGEN DAS MARINE-HAUPTQUARTIER KÄMPFEN?!
KRANG
GAA-AAH!!
JAWOHL!! HAST DU ETWA ANGST, ZORRO?!
ICH SAGE NUR, DASS ES NICHTS BRINGT!! JETZT KOMM MAL RUNTER!!
UAAAH! WIE MAG ES DIR GEHEN, VIVILEIN?!!
BITTE BLEIB AM LEBEN!!
UWAAAAAH
VIVIS PAPA IST TOT?!
VIELEN DANK!
ER WAR SOGAR ZU UNS PIRATEN NETT...
JA!! EINEN BESSEREN KÖNIG GAB ES NICHT!!
WAAAH
ICH MACH MIR SOLCHE SORGEN UM VIVI! UM VIVIS HERZ... UM VIVI...!!
TIGER
TIGER
TIGER
TIGER

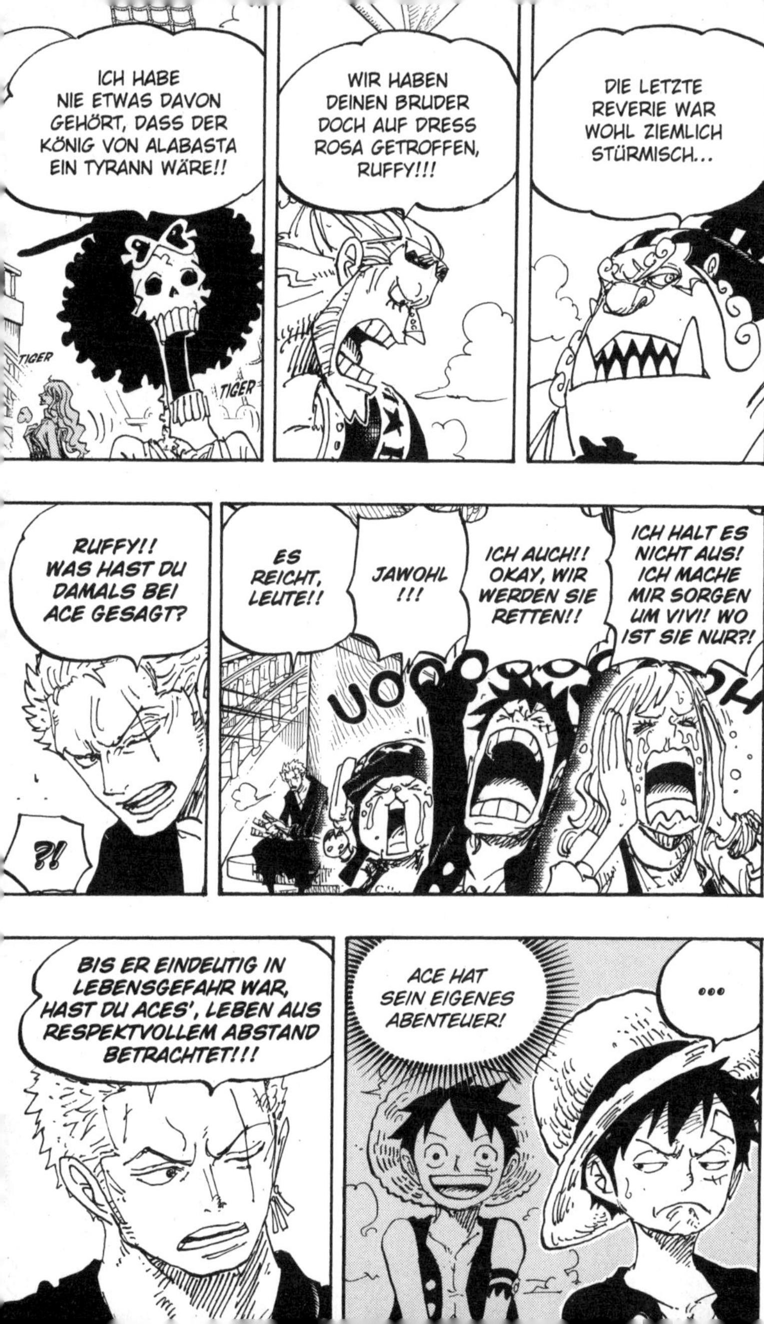
DIE LETZTE REVERIE WAR WOHL ZIEMLICH STÜRMISCH...
WIR HABEN DEINEN BRUDER DOCH AUF DRESS ROSA GETROFFEN, RUFFY!!!
ICH HABE NIE ETWAS DAVON GEHÖRT, DASS DER KÖNIG VON ALABASTA EIN TYRANN WÄRE!!
TIGER
TIGER
ICH HALT ES NICHT AUS! ICH MACHE MIR SORGEN UM VIVI! WO IST SIE NUR?!
ICH AUCH!! OKAY, WIR WERDEN SIE RETTEN!!
JAWOHL!!!
ES REICHT, LEUTE!!
RUFFY!! WAS HAST DU DAMALS BEI ACE GESAGT?
?!
...
ACE HAT SEIN EIGENES ABENTEUER!
BIS ER EINDEUTIG IN LEBENSGEFAHR WAR, HAST DU ACES', LEBEN AUS RESPEKTVOLLEM ABSTAND BETRACHTET!!!

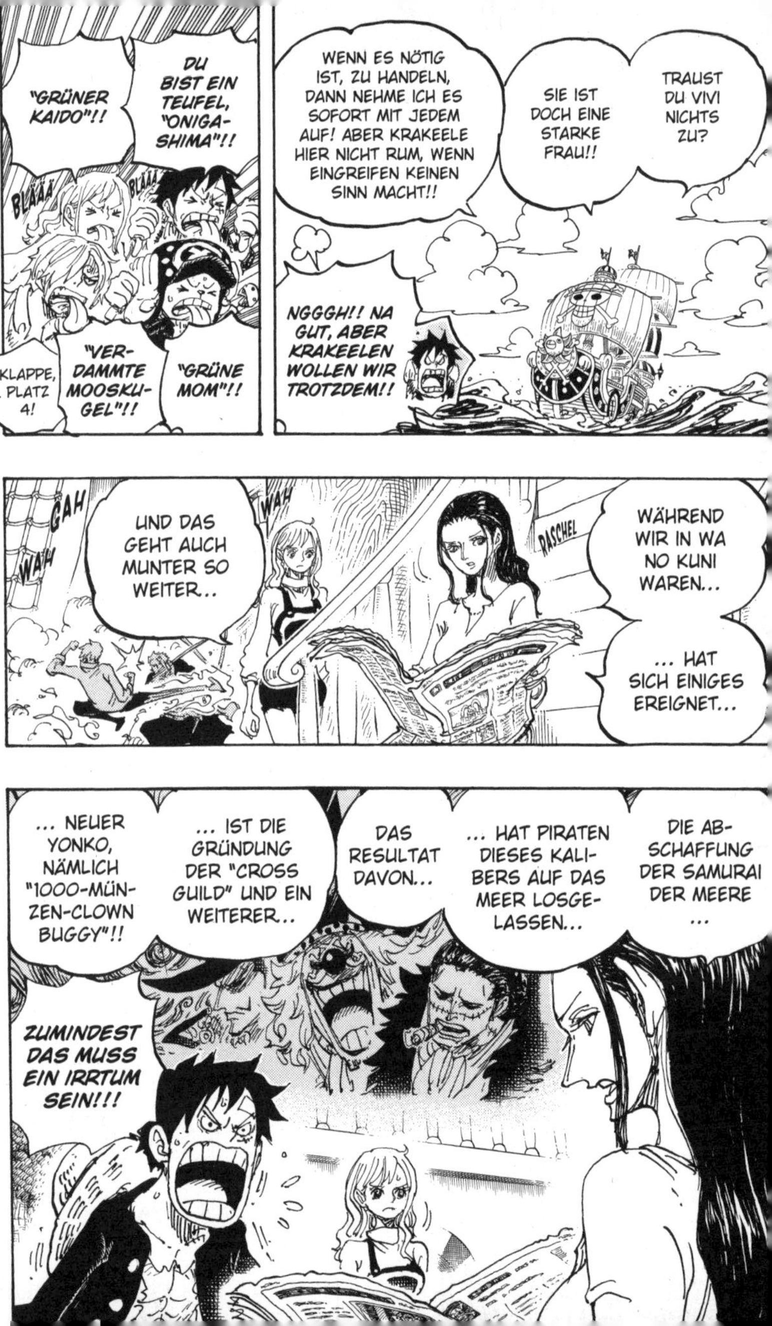
TRAUST DU VIVI NICHTS ZU?
SIE IST DOCH EINE STARKE FRAU!!
WENN ES NÖTIG IST, ZU HANDELN, DANN NEHME ICH ES SOFORT MIT JEDEM AUF! ABER KRAKEELE HIER NICHT RUM, WENN EINGREIFEN KEINEN SINN MACHT!!
NGGGH!! NA GUT, ABER KRAKEELEN WOLLEN WIR TROTZDEM!!
DU BIST EIN TEUFEL, "ONIGA-SHIMA"!!
"GRÜNER KAIDO"!!
BLÄÄÄ
BLÄÄÄ
"GRÜNE MOM"!!
"VER-DAMMTE MOOSKU-GEL"!!
KLAPPE, PLATZ 4!
WÄHREND WIR IN WA NO KUNI WAREN…
… HAT SICH EINIGES EREIGNET…
RASCHEL
WAH
UND DAS GEHT AUCH MUNTER SO WEITER…
GAH
WAH
DIE AB-SCHAFFUNG DER SAMURAI DER MEERE …
… HAT PIRATEN DIESES KALI-BERS AUF DAS MEER LOSGE-LASSEN…
DAS RESULTAT DAVON…
… IST DIE GRÜNDUNG DER "CROSS GUILD" UND EIN WEITERER…
… NEUER YONKO, NÄMLICH "1000-MÜN-ZEN-CLOWN BUGGY"!!
ZUMINDEST DAS MUSS EIN IRRTUM SEIN!!!

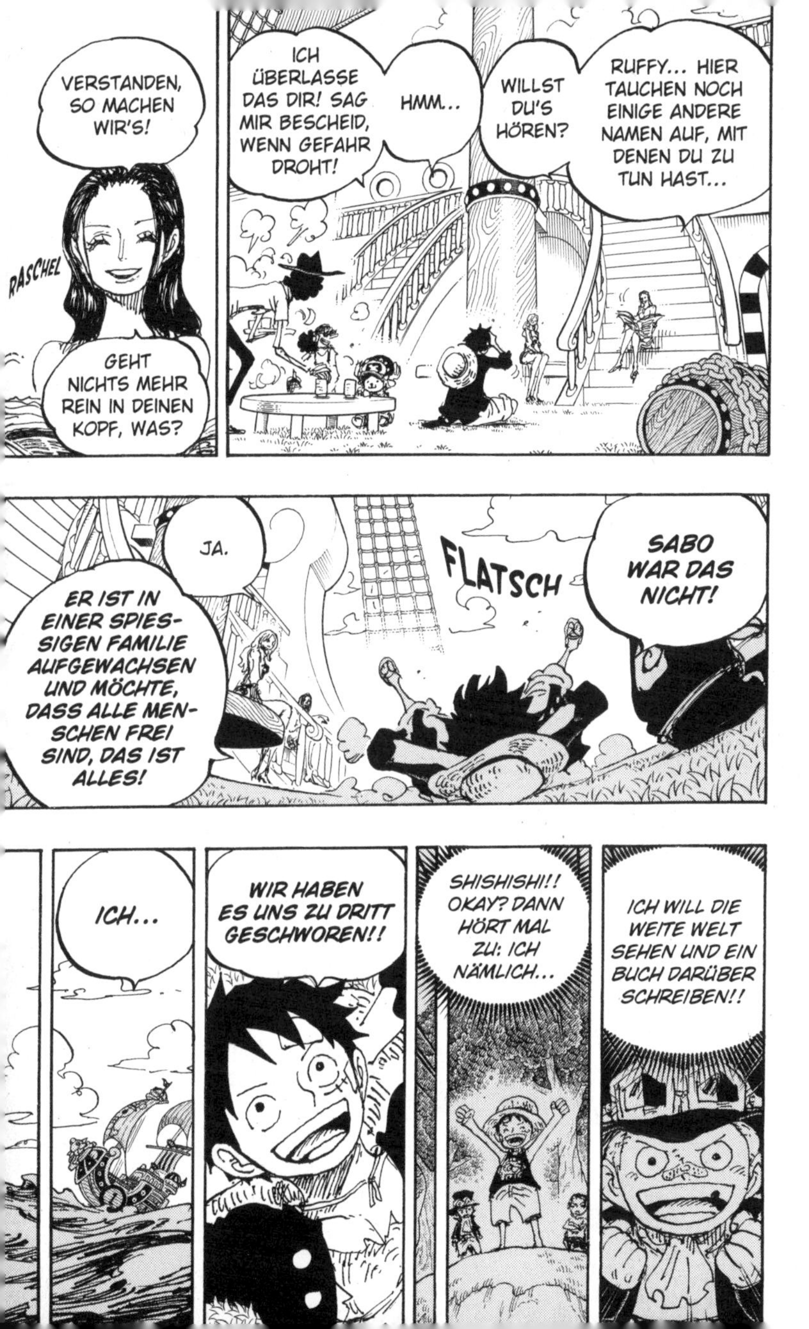
RUFFY… HIER TAUCHEN NOCH EINIGE ANDERE NAMEN AUF, MIT DENEN DU ZU TUN HAST…
WILLST DU'S HÖREN?
HMM…
ICH ÜBERLASSE DAS DIR! SAG MIR BESCHEID, WENN GEFAHR DROHT!
VERSTANDEN, SO MACHEN WIR'S!
RASCHEL
GEHT NICHTS MEHR REIN IN DEINEN KOPF, WAS?
SABO WAR DAS NICHT!
FLATSCH
JA.
ER IST IN EINER SPIES-SIGEN FAMILIE AUFGEWACHSEN UND MÖCHTE, DASS ALLE MEN-SCHEN FREI SIND, DAS IST ALLES!
ICH WILL DIE WEITE WELT SEHEN UND EIN BUCH DARÜBER SCHREIBEN!!
SHISHISHI!! OKAY? DANN HÖRT MAL ZU: ICH NÄMLICH…
WIR HABEN ES UNS ZU DRITT GESCHWOREN!!
ICH…

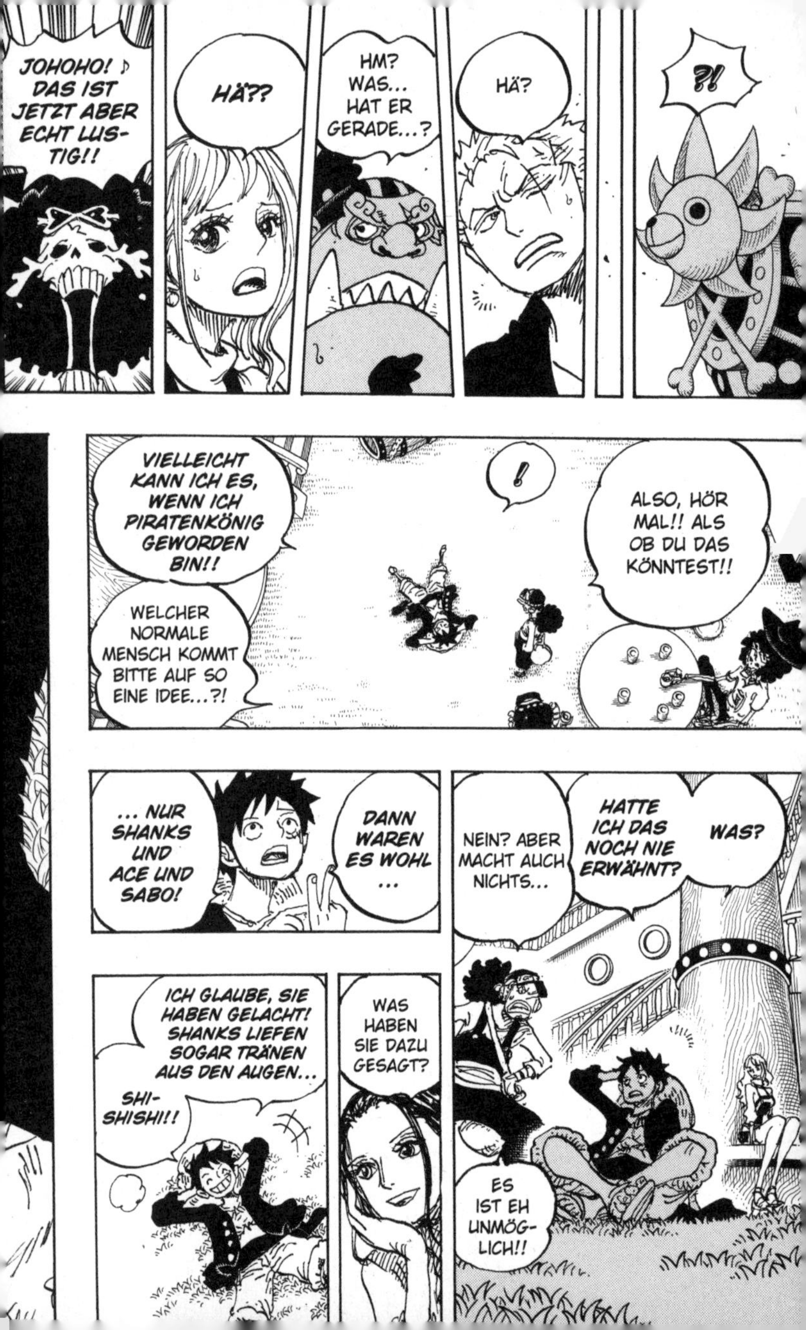
?!
HÄ?
HM? WAS... HAT ER GERADE...?
HÄ??
JOHOHO! ♪ DAS IST JETZT ABER ECHT LUSTIG!!
ALSO, HÖR MAL!! ALS OB DU DAS KÖNNTEST!!
!
VIELLEICHT KANN ICH ES, WENN ICH PIRATENKÖNIG GEWORDEN BIN!!
WELCHER NORMALE MENSCH KOMMT BITTE AUF SO EINE IDEE...?!
WAS?
HATTE ICH DAS NOCH NIE ERWÄHNT?
NEIN? ABER MACHT AUCH NICHTS...
ES IST EH UNMÖGLICH!!
DANN WAREN ES WOHL ...
... NUR SHANKS UND ACE UND SABO!
WAS HABEN SIE DAZU GESAGT?
ICH GLAUBE, SIE HABEN GELACHT! SHANKS LIEFEN SOGAR TRÄNEN AUS DEN AUGEN...
SHISHISHI!!

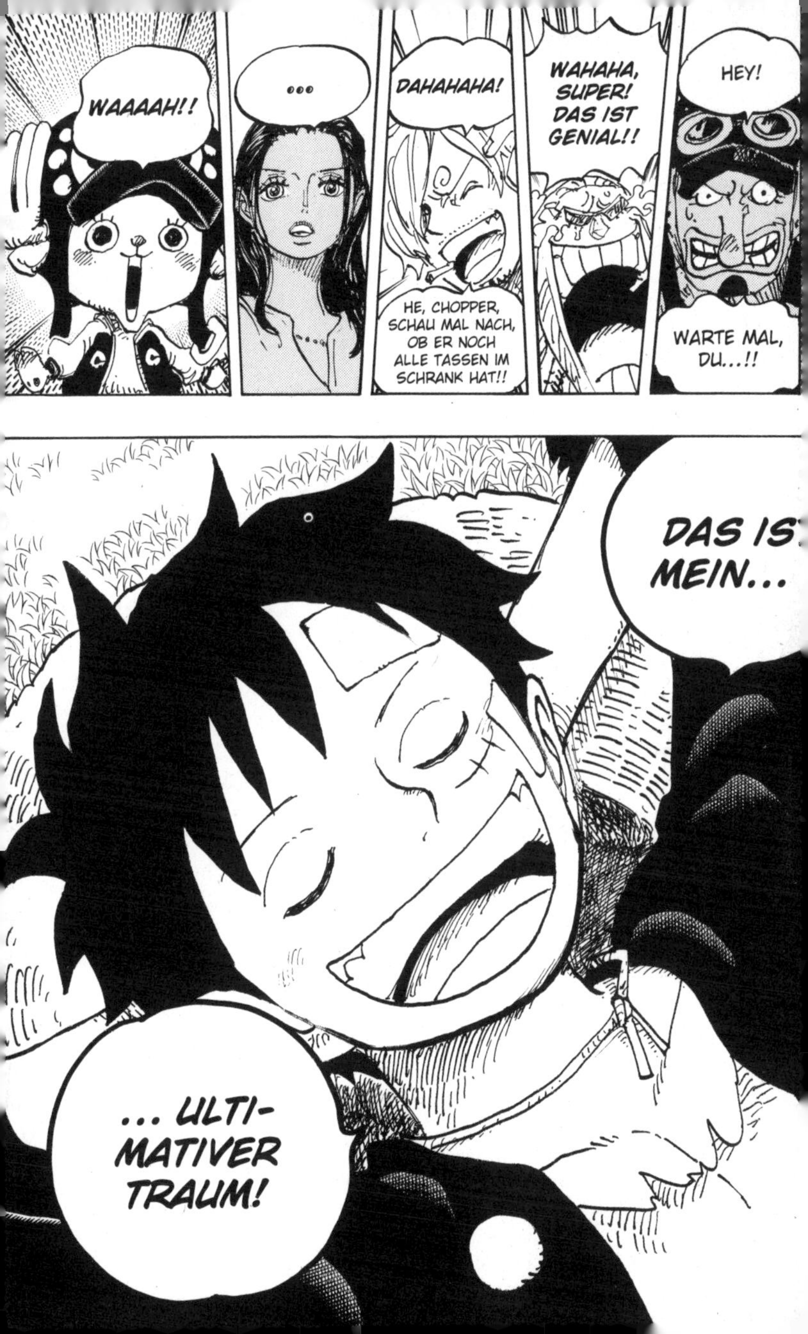
HEY!
WARTE MAL, DU...!!
WAHAHA, SUPER! DAS IST GENIAL!!
DAHAHAHA!
HE, CHOPPER, SCHAU MAL NACH, OB ER NOCH ALLE TASSEN IM SCHRANK HAT!!
...
WAAAAH!!
DAS IS
MEIN...
... ULTI-MATIVER TRAUM!

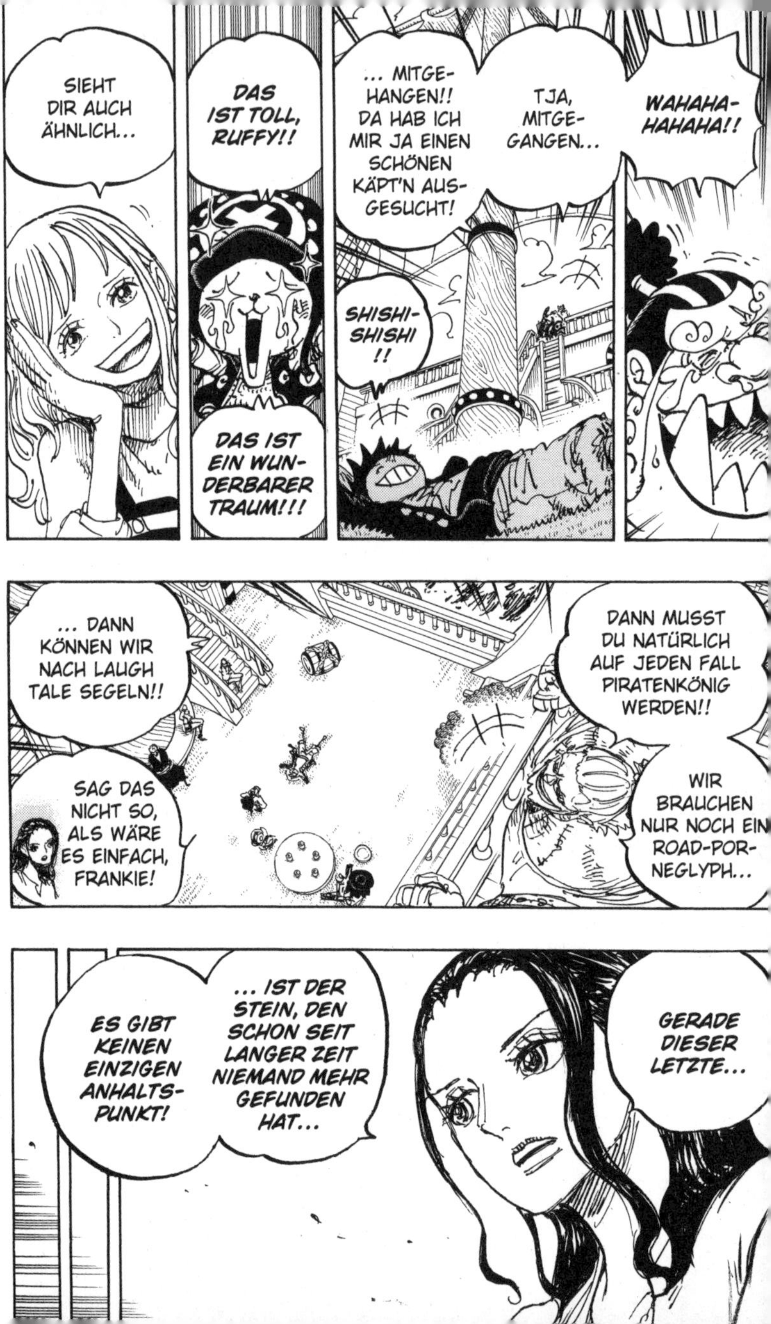
WAHAHAHAHAHA!!
TJA, MITGEGANGEN…
… MITGEHANGEN!! DA HAB ICH MIR JA EINEN SCHÖNEN KÄPT'N AUSGESUCHT!
SHISHISHISHI!!
DAS IST TOLL, RUFFY!!
DAS IST EIN WUNDERBARER TRAUM!!!
SIEHT DIR AUCH ÄHNLICH…
DANN MUSST DU NATÜRLICH AUF JEDEN FALL PIRATENKÖNIG WERDEN!!
WIR BRAUCHEN NUR NOCH EIN ROAD-PORNEGLYPH…
… DANN KÖNNEN WIR NACH LAUGH TALE SEGELN!!
SAG DAS NICHT SO, ALS WÄRE ES EINFACH, FRANKIE!
GERADE DIESER LETZTE…
… IST DER STEIN, DEN SCHON SEIT LANGER ZEIT NIEMAND MEHR GEFUNDEN HAT…
ES GIBT KEINEN EINZIGEN ANHALTSPUNKT!

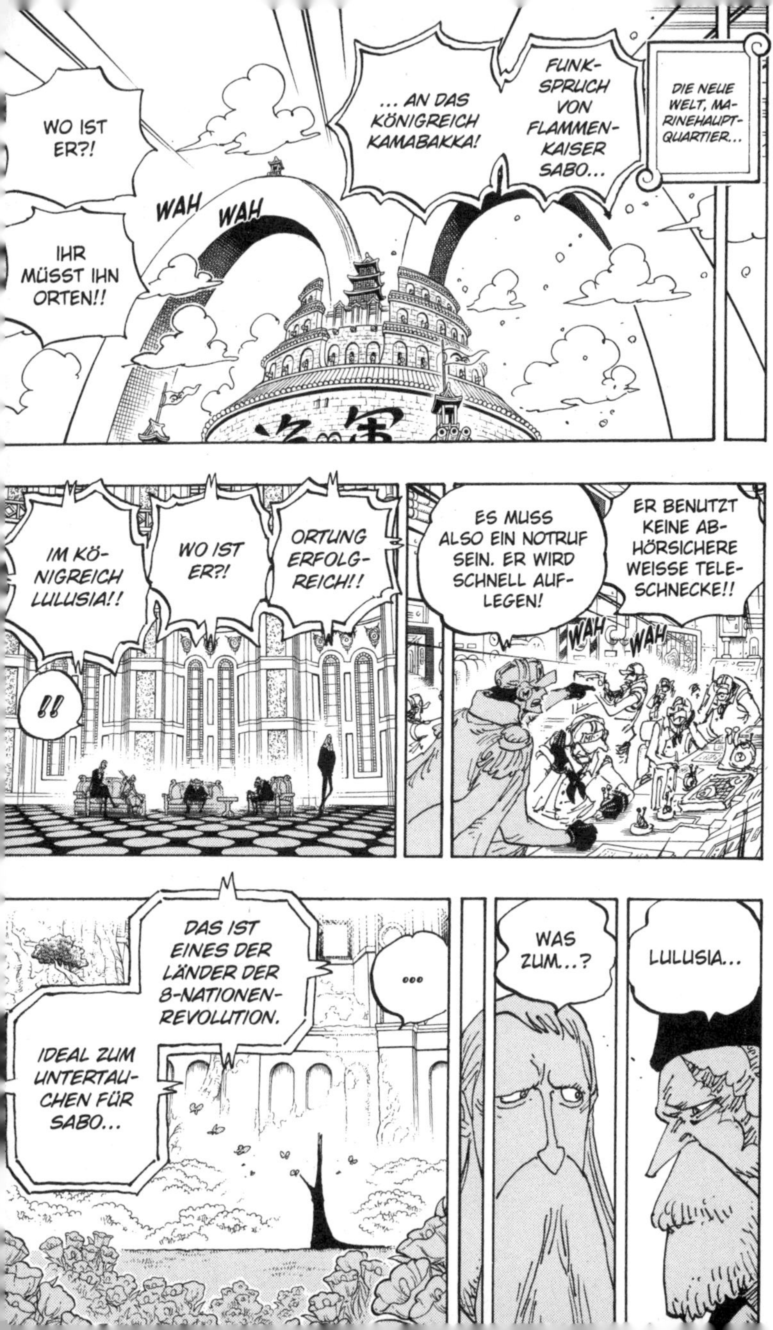
DIE NEUE WELT, MARINEHAUPTQUARTIER…
FUNKSPRUCH VON FLAMMENKAISER SABO…
… AN DAS KÖNIGREICH KAMABAKKA!
WO IST ER?!
IHR MÜSST IHN ORTEN!!
WAH WAH
ER BENUTZT KEINE ABHÖRSICHERE WEISSE TELESCHNECKE!!
ES MUSS ALSO EIN NOTRUF SEIN. ER WIRD SCHNELL AUFLEGEN!
WAH WAH
ORTUNG ERFOLGREICH!!
WO IST ER?!
IM KÖNIGREICH LULUSIA!!
!!
LULUSIA…
WAS ZUM…?
…
DAS IST EINES DER LÄNDER DER 8-NATIONEN-REVOLUTION.
IDEAL ZUM UNTERTAUCHEN FÜR SABO…

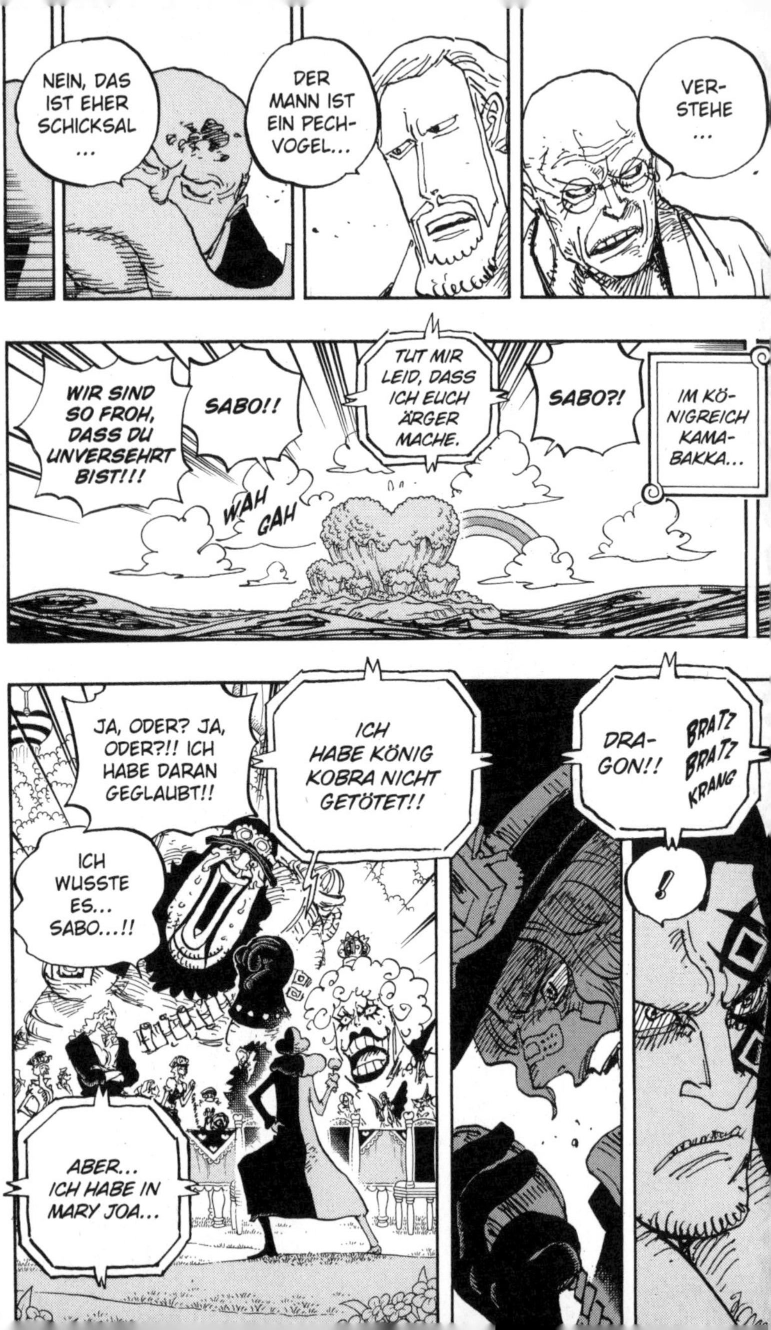
VERSTEHE ...
DER MANN IST EIN PECHVOGEL...
NEIN, DAS IST EHER SCHICKSAL ...
IM KÖNIGREICH KAMABAKKA...
SABO?!
TUT MIR LEID, DASS ICH EUCH ÄRGER MACHE.
SABO!!
WIR SIND SO FROH, DASS DU UNVERSEHRT BIST!!!
WAH GAH
DRAGON!!
BRATZ BRATZ KRANG
!
ICH HABE KÖNIG KOBRA NICHT GETÖTET!!
JA, ODER? JA, ODER?!! ICH HABE DARAN GEGLAUBT!!
ICH WUSSTE ES... SABO...!!
ABER... ICH HABE IN MARY JOA...

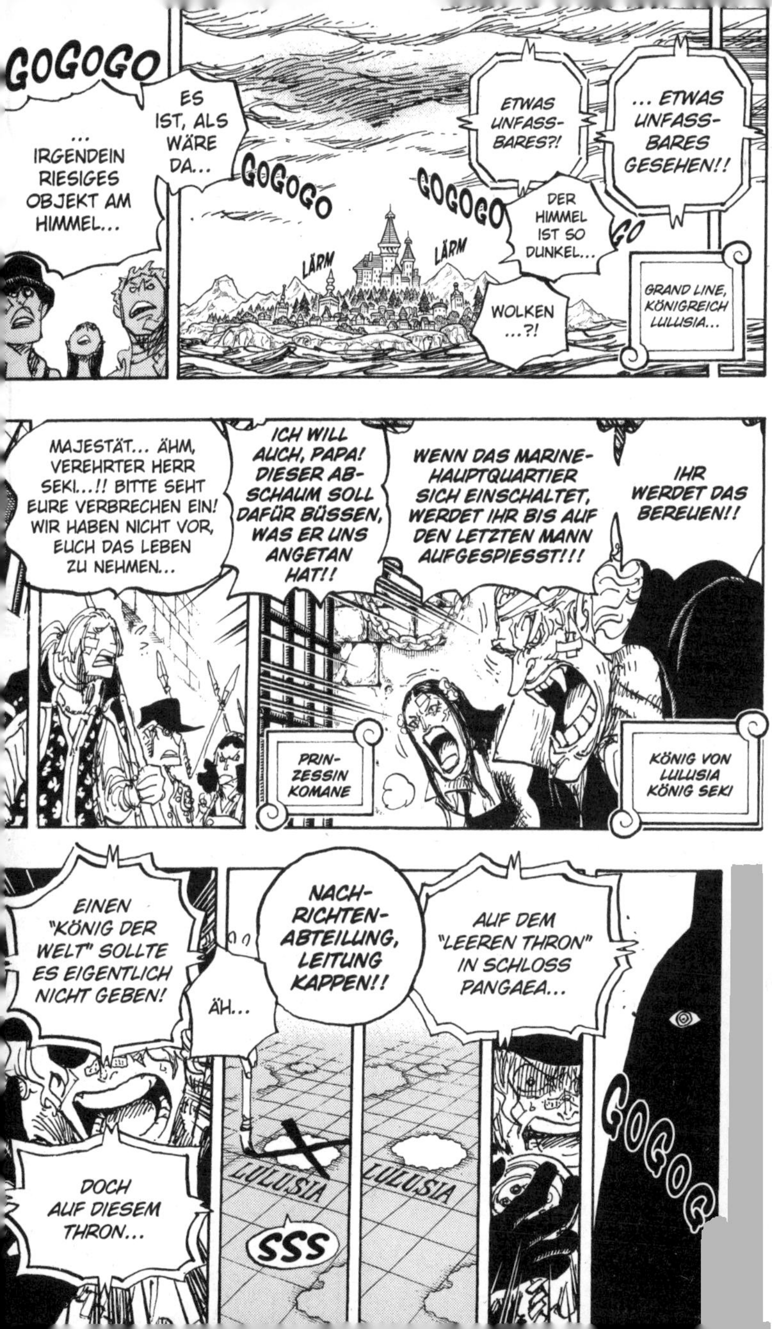
GRAND LINE, KÖNIGREICH LULUSIA...
... ETWAS UNFASSBARES GESEHEN!!
ETWAS UNFASSBARES?!
GO
DER HIMMEL IST SO DUNKEL...
WOLKEN ...?!
GOGOGO
LÄRM
LÄRM
GOGOGO
ES IST, ALS WÄRE DA...
GOGOGO
... IRGENDEIN RIESIGES OBJEKT AM HIMMEL...
IHR WERDET DAS BEREUEN!!
KÖNIG VON LULUSIA KÖNIG SEKI
WENN DAS MARINE-HAUPTQUARTIER SICH EINSCHALTET, WERDET IHR BIS AUF DEN LETZTEN MANN AUFGESPIESST!!!
ICH WILL AUCH, PAPA! DIESER ABSCHAUM SOLL DAFÜR BÜSSEN, WAS ER UNS ANGETAN HAT!!
PRINZESSIN KOMANE
MAJESTÄT... ÄHM, VEREHRTER HERR SEKI...!! BITTE SEHT EURE VERBRECHEN EIN! WIR HABEN NICHT VOR, EUCH DAS LEBEN ZU NEHMEN...
AUF DEM "LEEREN THRON" IN SCHLOSS PANGAEA...
GOGOG
NACHRICHTEN-ABTEILUNG, LEITUNG KAPPEN!!
ÄH...
LULUSIA
LULUSIA
SSS
EINEN "KÖNIG DER WELT" SOLLTE ES EIGENTLICH NICHT GEBEN!
DOCH AUF DIESEM THRON...

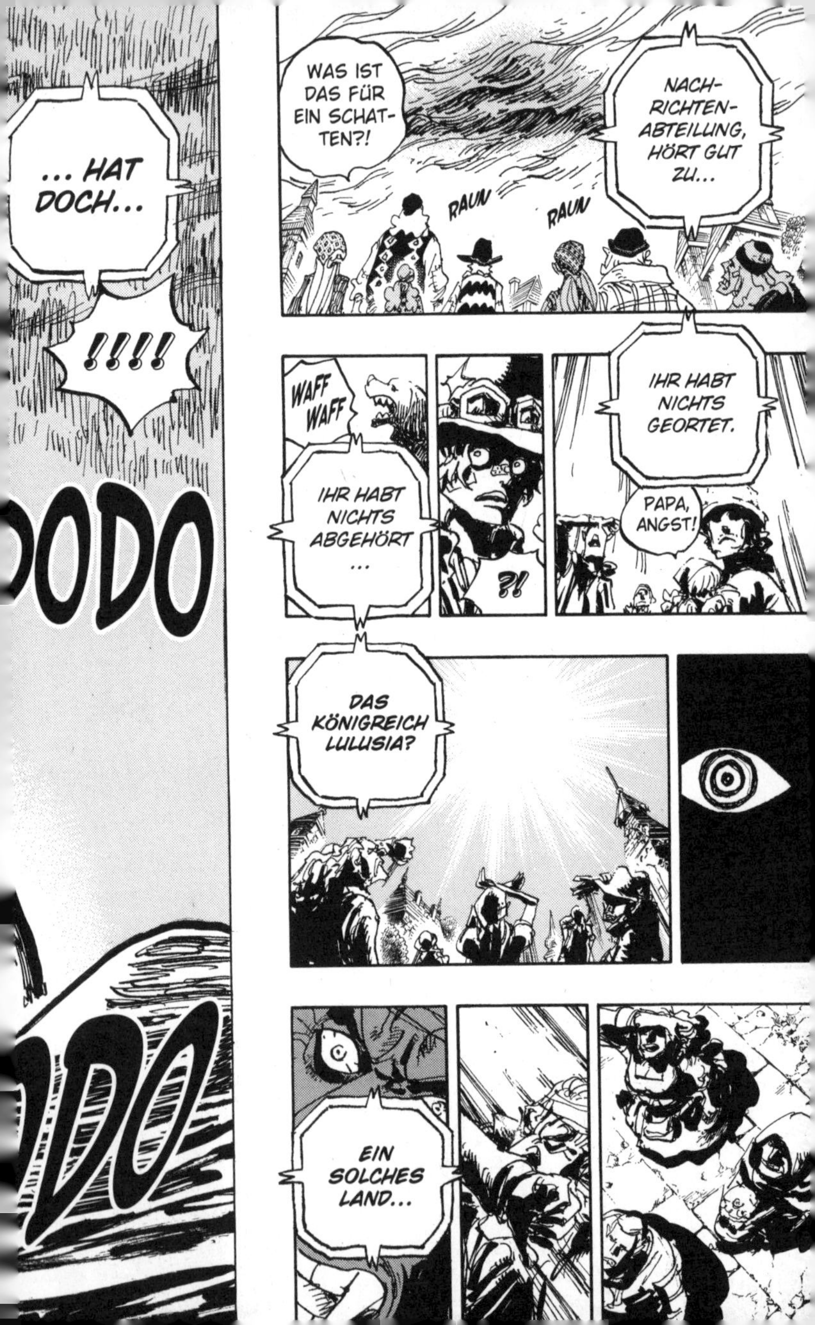
NACH-RICHTEN-ABTEILUNG, HÖRT GUT ZU...
WAS IST DAS FÜR EIN SCHATTEN?!
RAUN
RAUN
IHR HABT NICHTS GEORTET.
PAPA, ANGST!
?!
IHR HABT NICHTS ABGEHÖRT ...
WAFF WAFF
DAS KÖNIGREICH LULUSIA?
EIN SOLCHES LAND...
... HAT DOCH...
!!!!
DODO
DODO

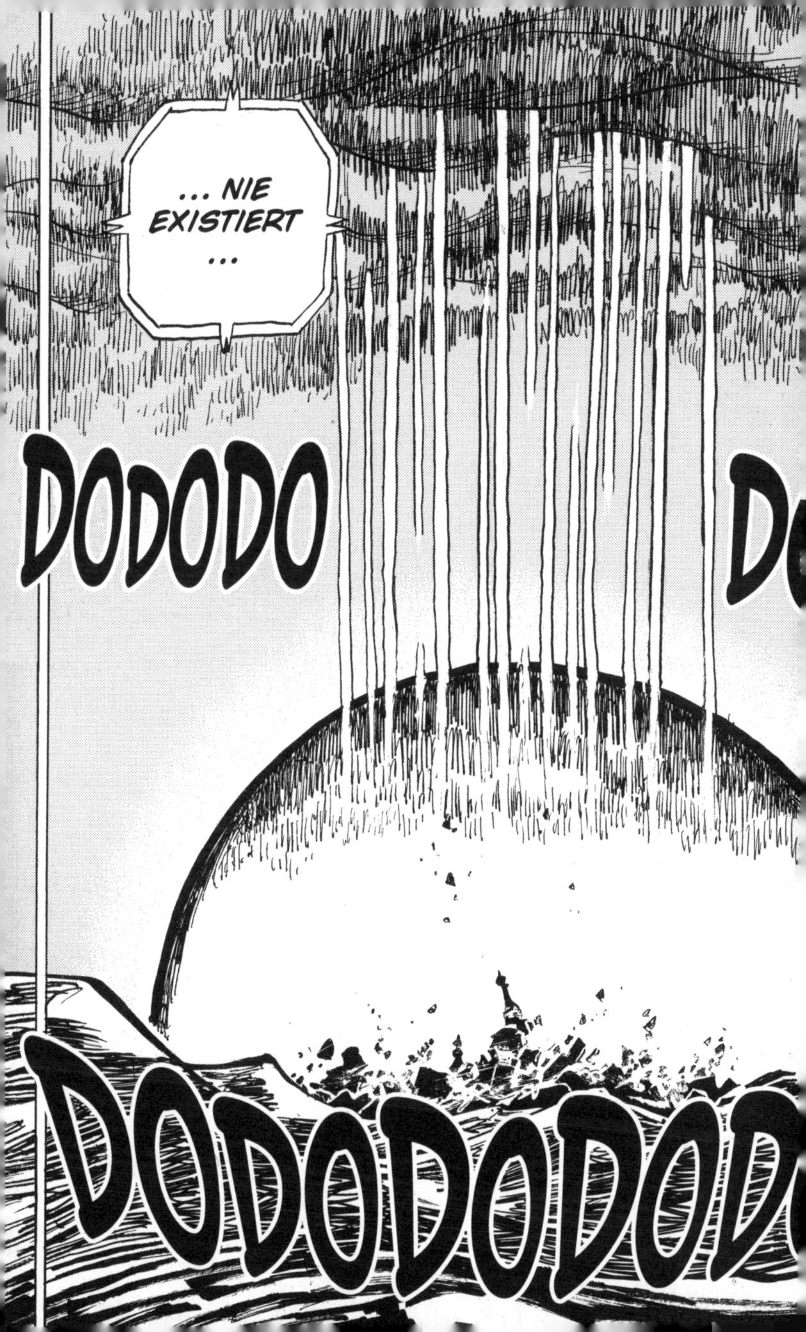
... NIE EXISTIERT ...
DODODO
DO
DODODODOD

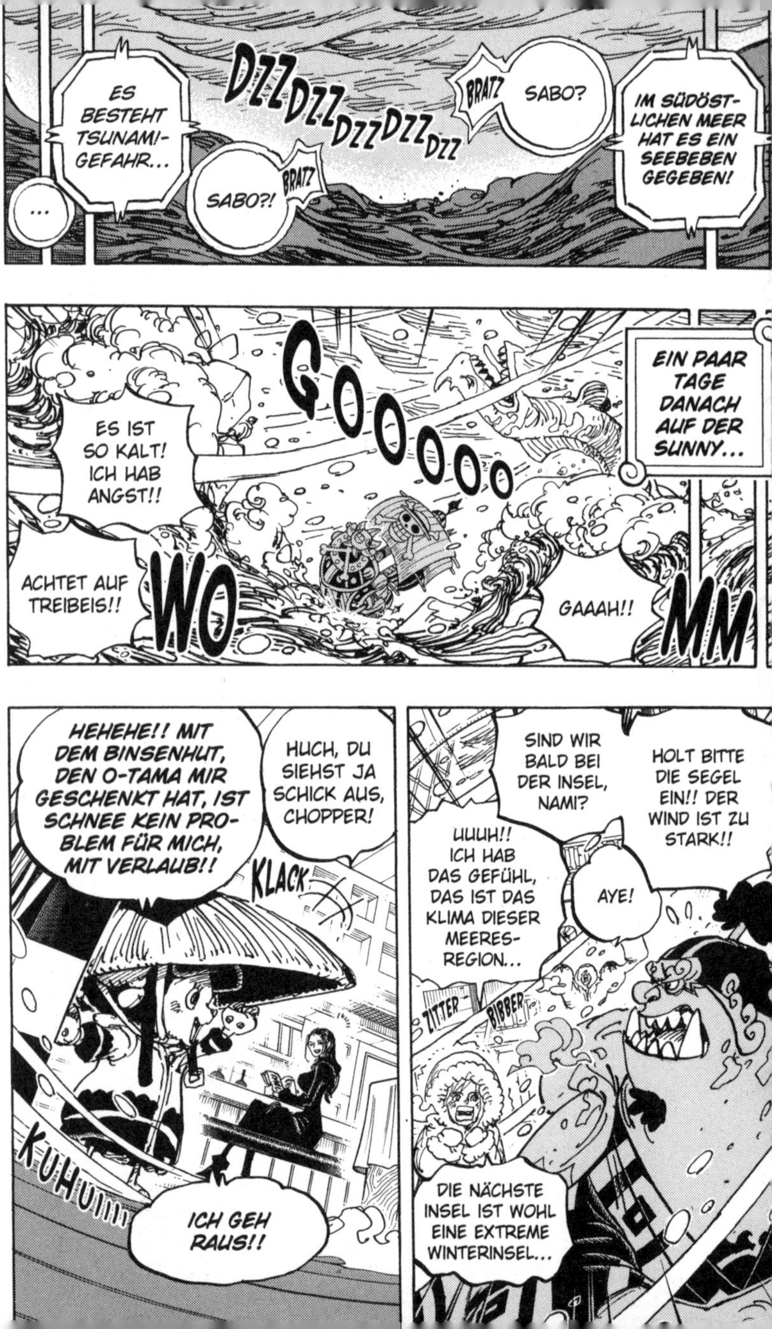
IM SÜDÖSTLICHEN MEER HAT ES EIN SEEBEBEN GEGEBEN!
BRATZ
SABO?
DZZ DZZ DZZ DZZ DZZ
BRATZ
SABO?!
ES BESTEHT TSUNAMI-GEFAHR...
...
EIN PAAR TAGE DANACH AUF DER SUNNY...
GOOOOO
ES IST SO KALT! ICH HAB ANGST!!
MM
GAAAH!!
WO
ACHTET AUF TREIBEIS!!
HOLT BITTE DIE SEGEL EIN!! DER WIND IST ZU STARK!!
SIND WIR BALD BEI DER INSEL, NAMI?
AYE!
UUUH!! ICH HAB DAS GEFÜHL, DAS IST DAS KLIMA DIESER MEERES-REGION...
ZITTER
BIBBER
DIE NÄCHSTE INSEL IST WOHL EINE EXTREME WINTERINSEL...
HUCH, DU SIEHST JA SCHICK AUS, CHOPPER!
HEHEHE!! MIT DEM BINSENHUT, DEN O-TAMA MIR GESCHENKT HAT, IST SCHNEE KEIN PROBLEM FÜR MICH, MIT VERLAUB!!
KLACK
KUHUIII
ICH GEH RAUS!!

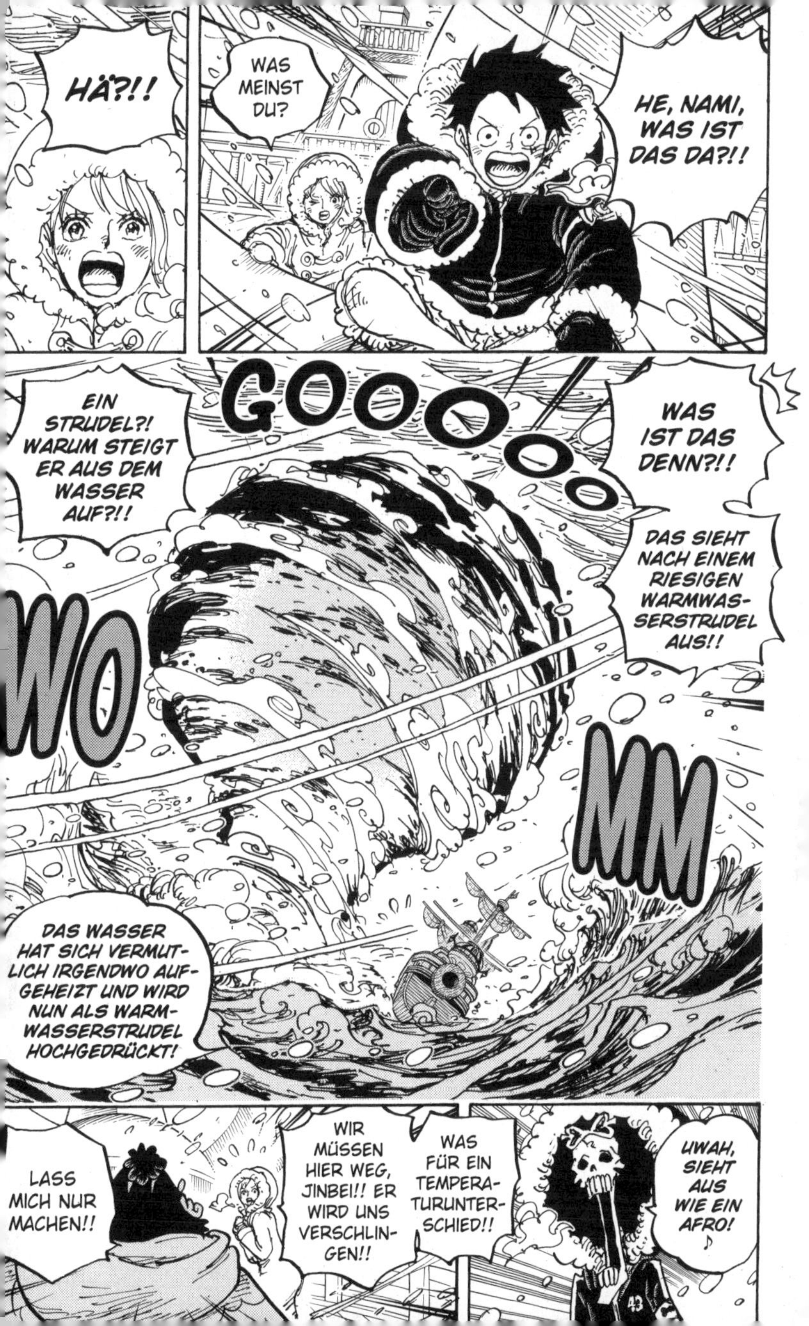
HE, NAMI, WAS IST DAS DA?!!
WAS MEINST DU?
HÄ?!!
GOOOOOO
WOMM
WAS IST DAS DENN?!!
DAS SIEHT NACH EINEM RIESIGEN WARMWASSERSTRUDEL AUS!!
EIN STRUDEL?! WARUM STEIGT ER AUS DEM WASSER AUF?!!
DAS WASSER HAT SICH VERMUTLICH IRGENDWO AUFGEHEIZT UND WIRD NUN ALS WARMWASSERSTRUDEL HOCHGEDRÜCKT!
UWAH, SIEHT AUS WIE EIN AFRO! ♪
WAS FÜR EIN TEMPERATURUNTERSCHIED!!
WIR MÜSSEN HIER WEG, JINBEI!! ER WIRD UNS VERSCHLINGEN!!
LASS MICH NUR MACHEN!!

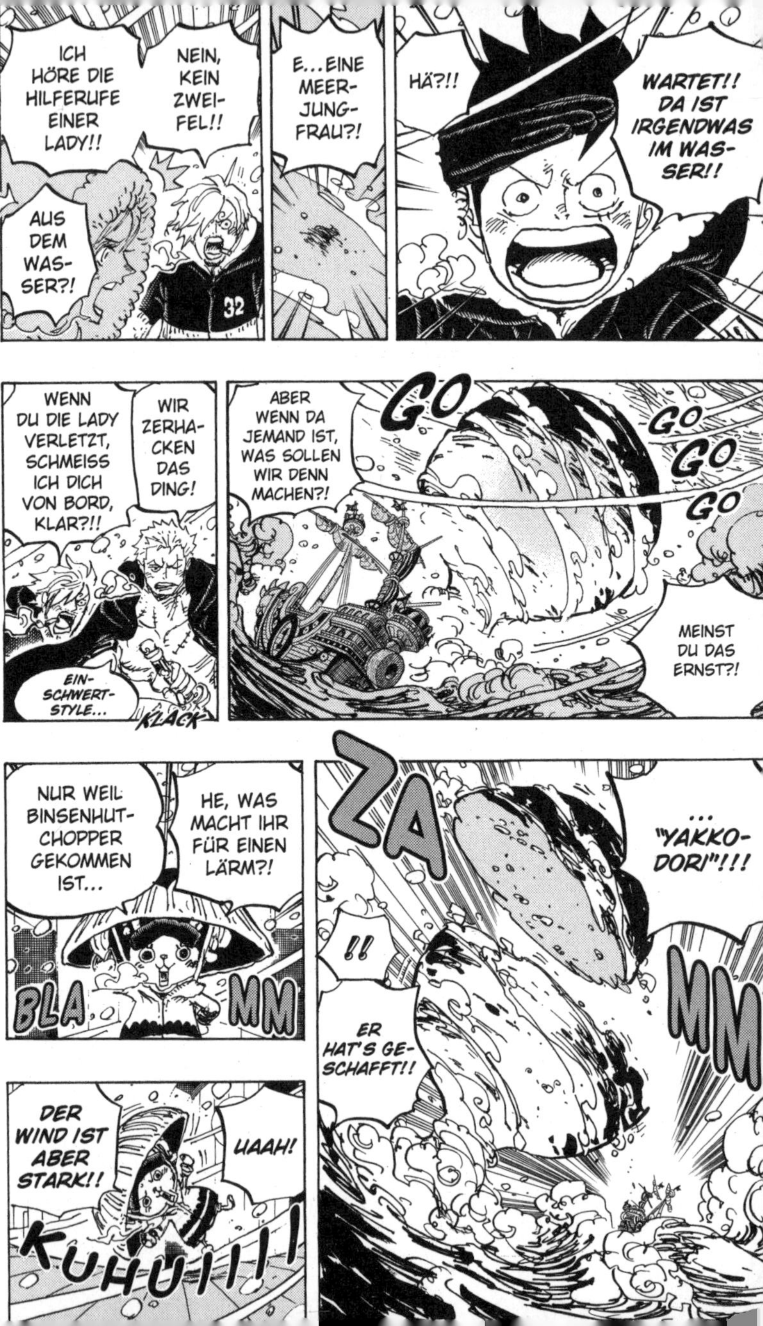
WARTET!! DA IST IRGENDWAS IM WASSER!!
HÄ?!!
E...EINE MEERJUNGFRAU?!
NEIN, KEIN ZWEIFEL!!
ICH HÖRE DIE HILFERUFE EINER LADY!!
AUS DEM WASSER?!
GO GO GO GO
MEINST DU DAS ERNST?!
ABER WENN DA JEMAND IST, WAS SOLLEN WIR DENN MACHEN?!
WIR ZERHACKEN DAS DING!
WENN DU DIE LADY VERLETZT, SCHMEISS ICH DICH VON BORD, KLAR?!!
EINSCHWERTSTYLE...
KLACK
ZA
...„YAKKODORI"!!!
MM
!!
ER HAT'S GESCHAFFT!!
HE, WAS MACHT IHR FÜR EINEN LÄRM?!
NUR WEIL BINSENHUT-CHOPPER GEKOMMEN IST...
BLAMM
UAAH!
DER WIND IST ABER STARK!!
KUHUIIII

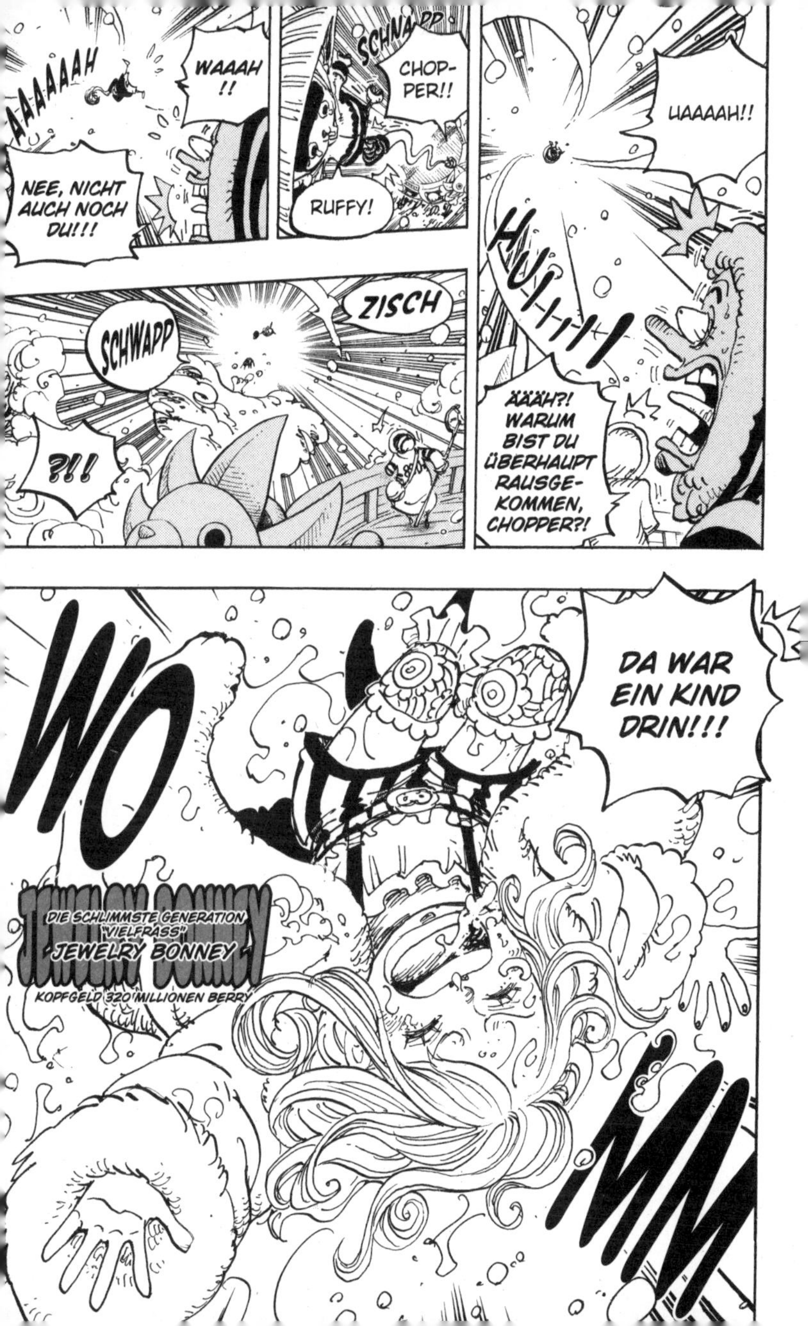

UAAAAH!!
HUIIIII
ÄÄÄH?! WARUM BIST DU ÜBERHAUPT RAUSGEKOMMEN, CHOPPER?!
SCHNAPP
CHOPPER!!
RUFFY!
WAAAH!!
AAAAAAH
NEE, NICHT AUCH NOCH DU!!!
ZISCH
SCHWAPP
?!!
DA WAR EIN KIND DRIN!!!
WOMM
DIE SCHLIMMSTE GENERATION "VIELFRASS" JEWELRY BONNEY
KOPFGELD 320 MILLIONEN BERRY

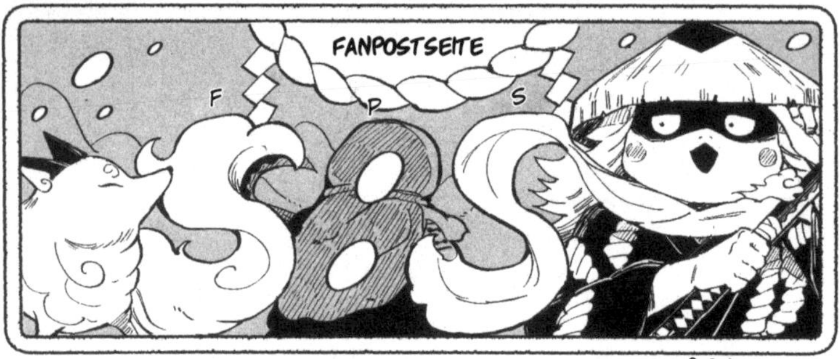

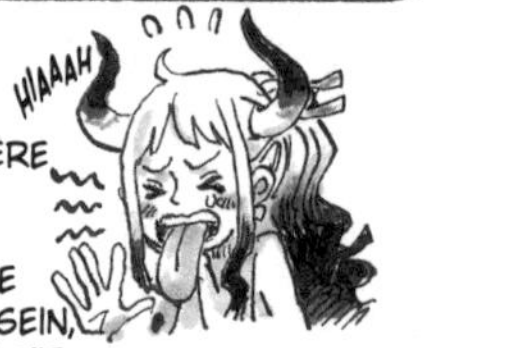

L: WELCHES ESSEN MAG YAMATO NICHT?
PSEUDONYM: GUMMIFEUER-FRUCHT

O: SCHARFES ESSEN. WENN SIE CHILI, WASABI ODER ANDERE SCHARFE DINGE ISST, SCHREIT SIE LAUT "HIAAAH!".

L: AUF DEN GRÄBERN VON O-TAMAS ELTERN MEINE ICH DIE SCHRIFTZEICHEN "KUROZUMI" ZU ERKENNEN. KANN ES SEIN, DASS O-TAMA ZWAR AUS DERSELBEN FAMILIE STAMMT WIE OROCHI, DER AUFGRUND DER DISKRIMINIERUNG DER KUROZUMIS DEN WEG DER RACHE GEGANGEN IST, DASS SIE ABER IM NEUEN WA NO KUNI EINEN ANDEREN WEG NIMMT ALS ER UND DASS HIER ÄHNLICH WIE BEI KOALA IM KONTRAST ZU HODY EINE HOFFNUNGSVOLLE ZUKUNFT BESCHRIEBEN WIRD??
PSEUDONYM: RIMIKA

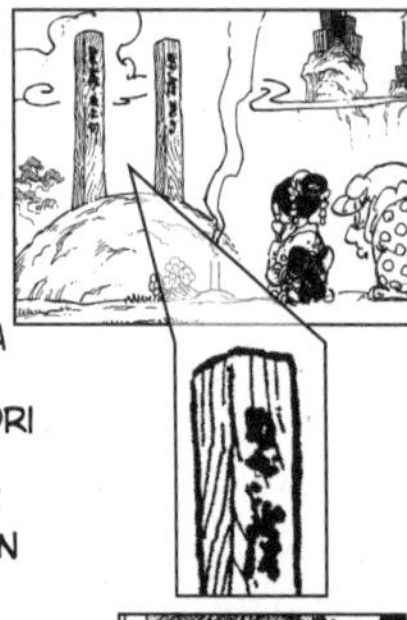

O: OOOOH! SO EIN KLEINES DETAIL IST DIR ALSO AUFGEFALLEN! ICH ERKLÄRE DAS EINMAL AUSFÜHRLICH. O-TAMA HEISST MIT WAHREM NAMEN "KUROZUMI TAMA". MUSS MAN SIE ALSO HASSEN? IN DER LETZTEN SZENE HAT HIYORI KLIPP UND KLAR GESAGT: "DIE KUROZUMI SIND GEBOREN, UM ZU BRENNEN." ZÄHLT O-TAMA NUN DAZU? ABER NEIN! HIYORI SPRACH AUSSCHLIESSLICH VON OROCHI, UND WENN MAN SICH TAMAS GESCHICHTE ANSIEHT, DANN IST KLAR, DASS SIE NICHT DAZUZÄHLT. WIE WÜRDEN WOHL DIE MENSCHEN UM SIE HERUM REAGIEREN, WENN SIE ERFÜHREN, DASS O-TAMA AUS DER FAMILIE KUROZUMI STAMMT? VERSUCHT EUCH DAS MAL VORZUSTELLEN! FRÜHER WIE HEUTE IST SO ETWAS EIN GROSSES GESELLSCHAFTLICHES PROBLEM.

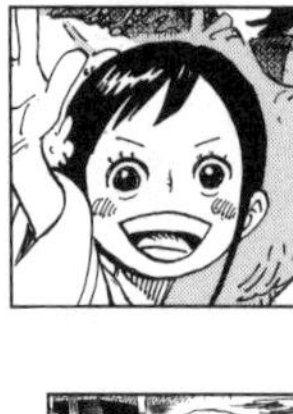

L: WO WERDEN EIGENTLICH DIE MARINE-REISKUCHEN HERGESTELLT? WO KANN MAN SIE KAUFEN? ICH WÜRDE SIE SO GERNE MAL PROBIEREN!
PSEUDONYM: TOMARI SHINONOME

O: ICH GLAUBE, IHR KENNT ALLE DEN EIGENSINNIGEN REISKUCHENHERSTELLER EIESE MAR* IM WESTEN DES SOUTH BLUE. SEIN LIEBLINGSSPRUCH IST "REISKUCHEN SIND DER HIT!!", UND DA SENGHOK SEINE REISKUCHEN LIEBT, IST ER DER LIEFERANT DER MARINE. DER LADEN IM MARINEHAUPTQUARTIER VERKAUFT SIE.

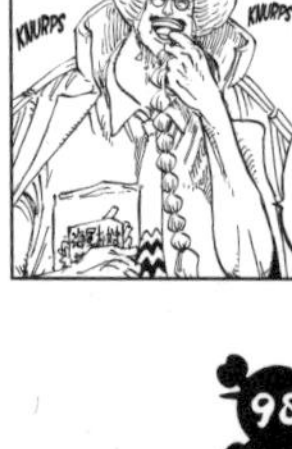

* LAUTSPRACHE FÜR ASMR,, AUTONOMOUS SENSORY MERIDIAN RESPONSE

1061. Kapitel:

Egghead, die Zukunftsinsel

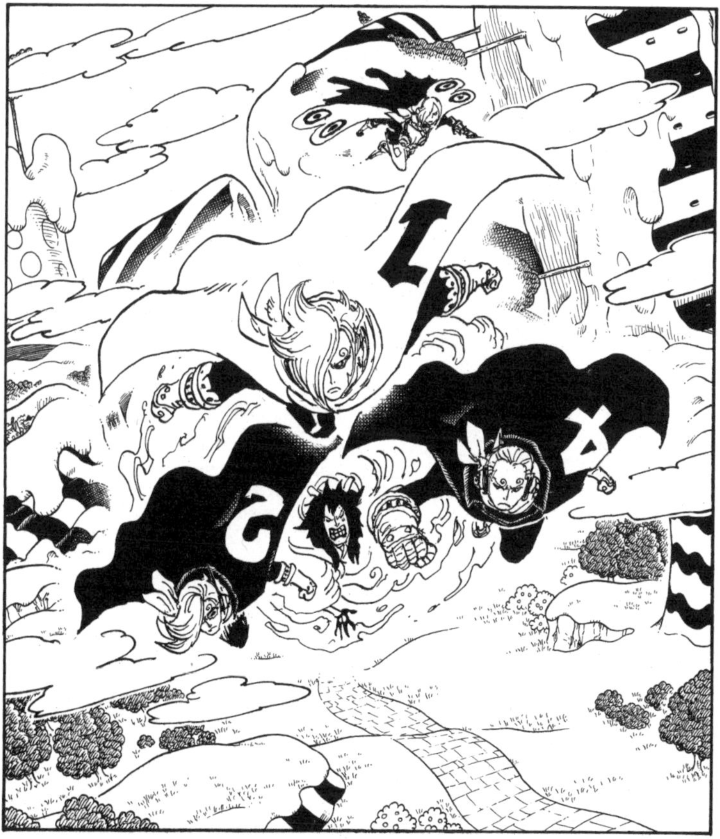

Dieser ausdruckslose Reisebericht der Germa 66, Teil 19
„Flucht!! Rettung von Niji und Yonji erfolgreich!!"

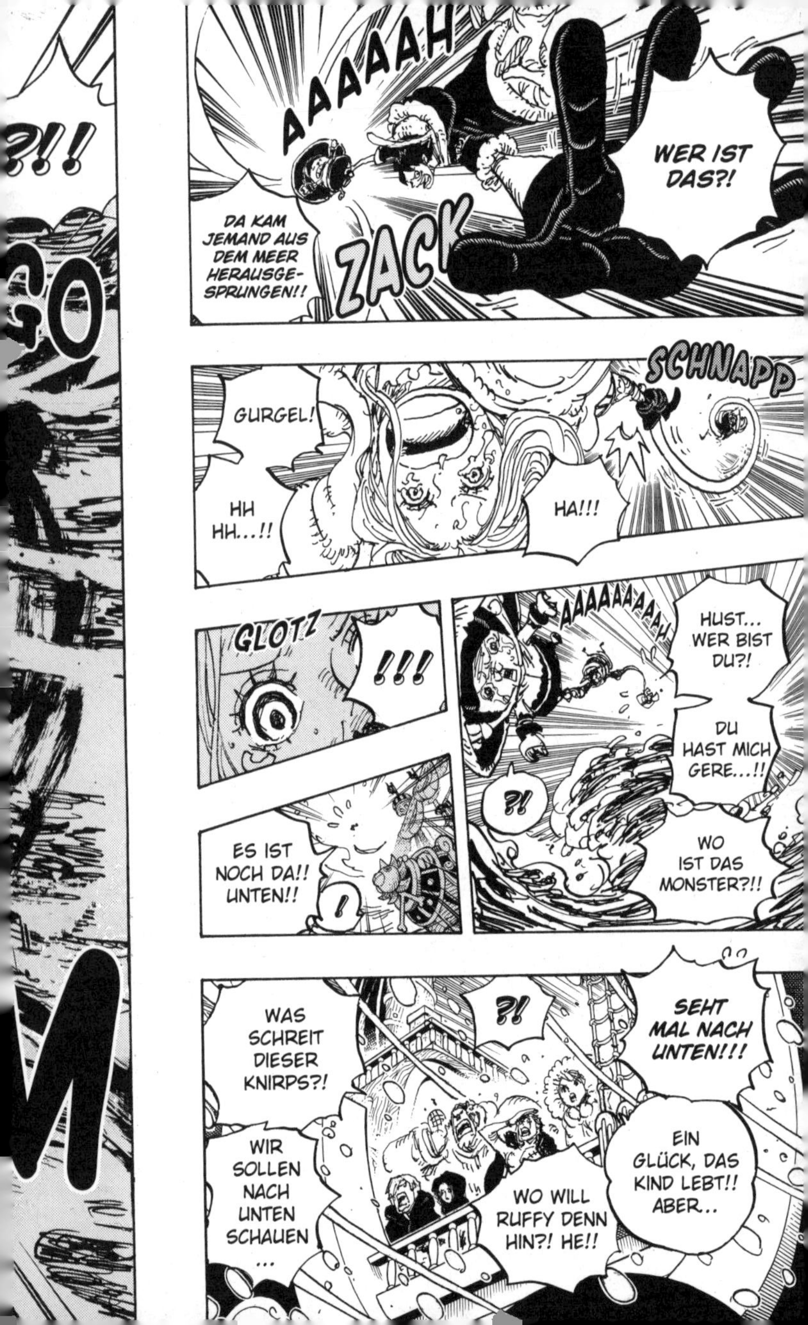
?!!
GO
M
AAAAAH
WER IST DAS?!
ZACK
DA KAM JEMAND AUS DEM MEER HERAUSGE-SPRUNGEN!!
SCHNAPP
HA!!!
GURGEL!
HH HH...!!
AAAAAAAAAAH
HUST... WER BIST DU?!
DU HAST MICH GERE...!!
?!
WO IST DAS MONSTER?!!
GLOTZ
!!!
ES IST NOCH DA!! UNTEN!!
!
SEHT MAL NACH UNTEN!!!
?!
WAS SCHREIT DIESER KNIRPS?!
EIN GLÜCK, DAS KIND LEBT!! ABER...
WO WILL RUFFY DENN HIN?! HE!!
WIR SOLLEN NACH UNTEN SCHAUEN ...

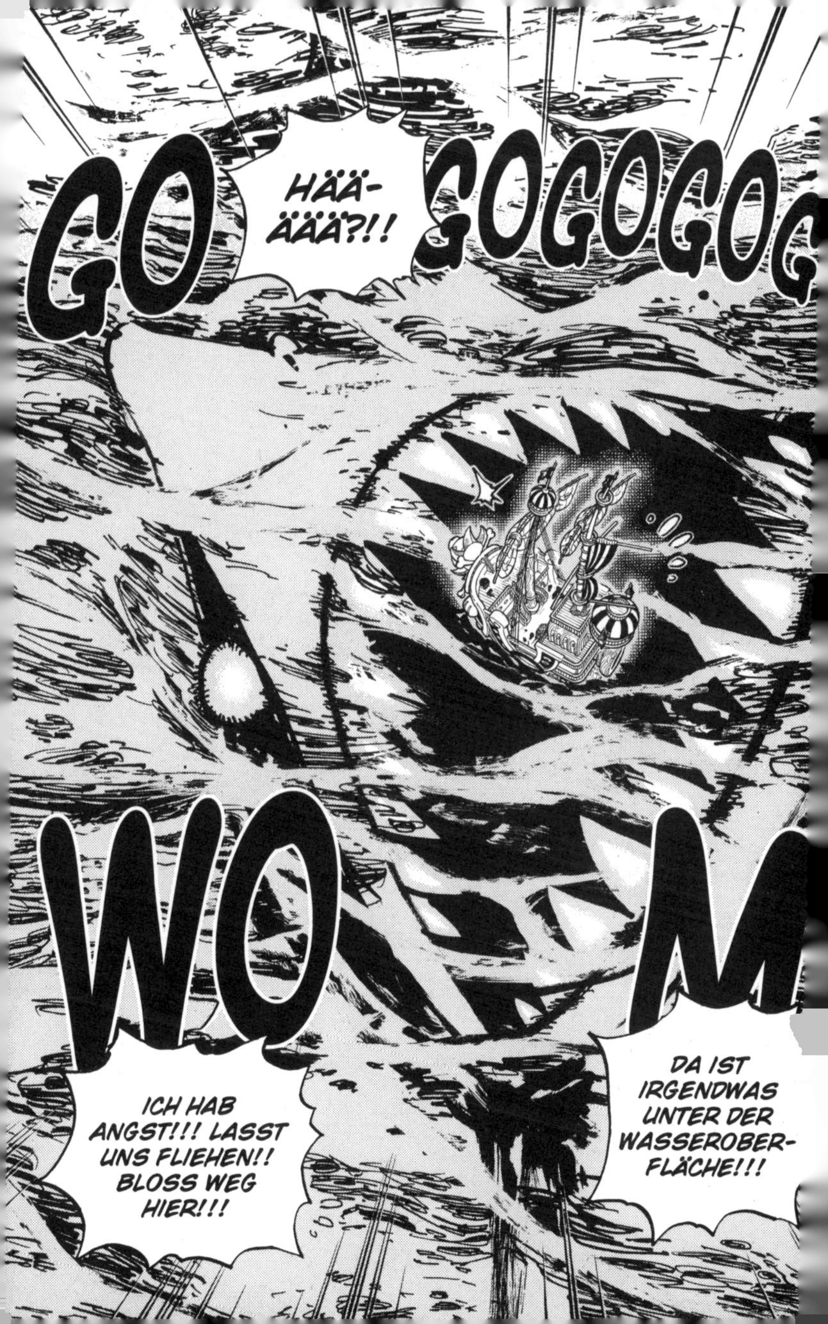
GOGOGOG
GO
HÄÄ-ÄÄÄ?!!
M
WO
DA IST IRGENDWAS UNTER DER WASSEROBER-FLÄCHE!!!
ICH HAB ANGST!!! LASST UNS FLIEHEN!! BLOSS WEG HIER!!!

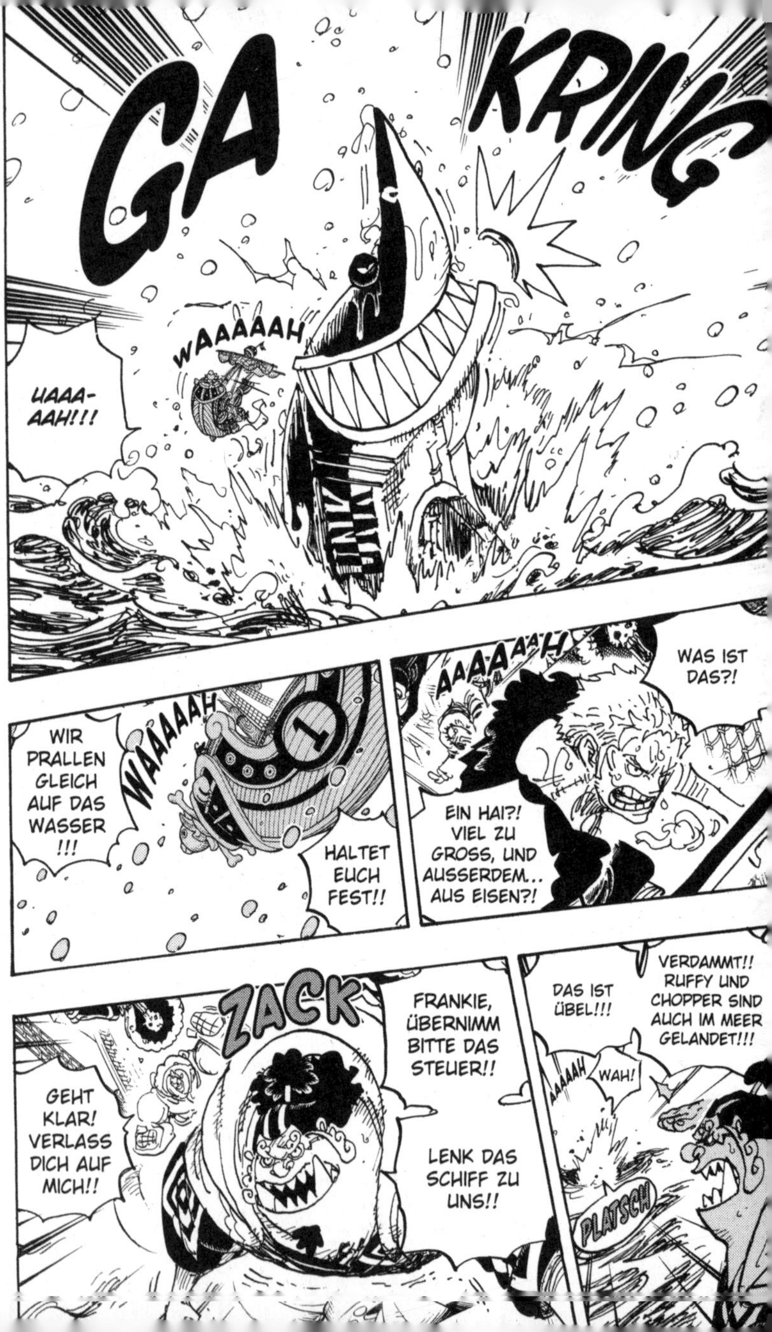
GA
KRING
WAAAAAH
UAAA-
AAH!!!
WAS IST
DAS?!
AAAAAAH
EIN HAI?!
VIEL ZU
GROSS, UND
AUSSERDEM…
AUS EISEN?!
WAAAAAH
WIR
PRALLEN
GLEICH
AUF DAS
WASSER
!!!
HALTET
EUCH
FEST!!
VERDAMMT!!
RUFFY UND
CHOPPER SIND
AUCH IM MEER
GELANDET!!!
DAS IST
ÜBEL!!!
AAAAAH
WAH!
PLATSCH
ZACK
FRANKIE,
ÜBERNIMM
BITTE DAS
STEUER!!
LENK DAS
SCHIFF ZU
UNS!!
GEHT
KLAR!
VERLASS
DICH AUF
MICH!!

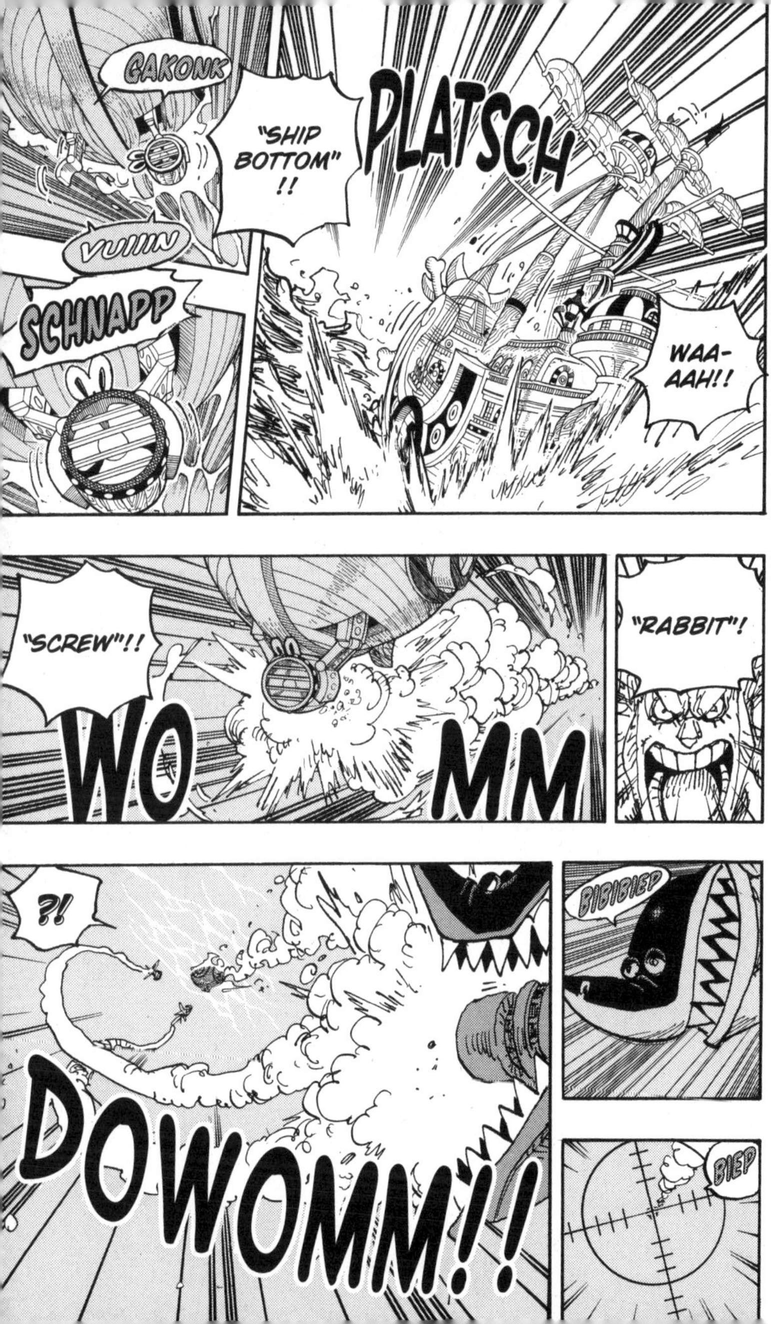
GAKONK
VUIIIN
SCHNAPP
"SHIP BOTTOM"!!
PLATSCH
WAA-AAH!!
"RABBIT"!
"SCREW"!!
WO MM
BIBIBIEP
BIEP
?!
DOWOMM!!

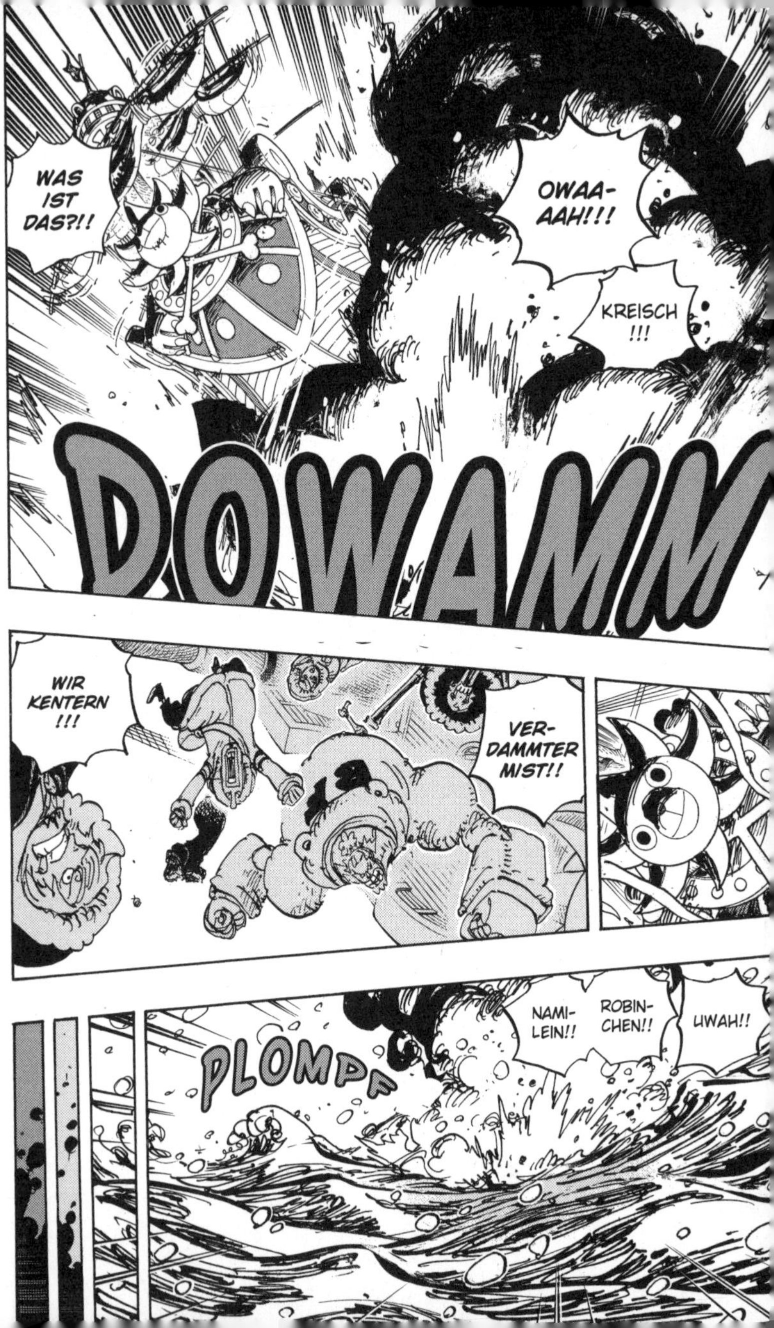

OWAA-AAH!!!
KREISCH !!!
WAS IST DAS?!!
DOWAMM
VER-DAMMTER MIST!!
WIR KENTERN !!!
UWAH!!
ROBIN-CHEN!!
NAMI-LEIN!!
PLOMPF

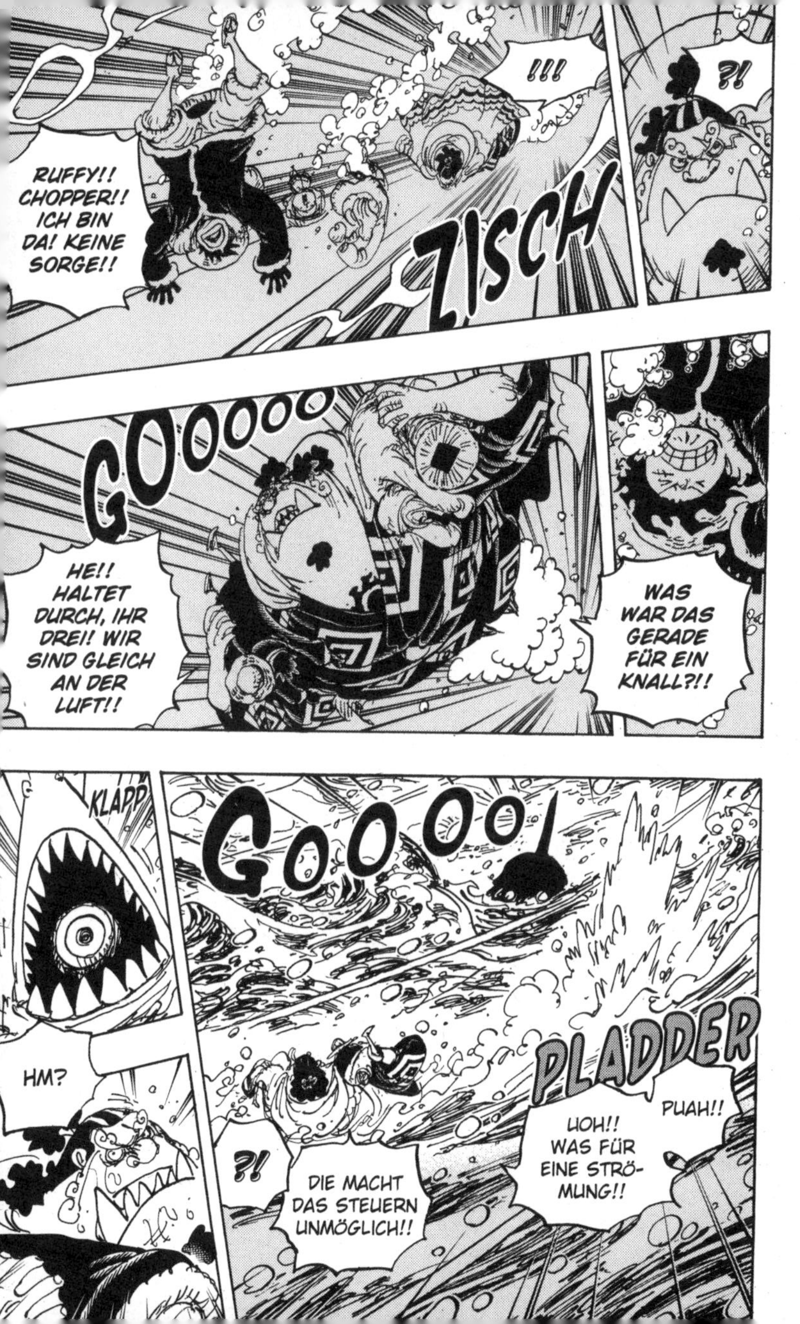
?!
!!!
ZISCH
RUFFY!! CHOPPER!! ICH BIN DA! KEINE SORGE!!
WAS WAR DAS GERADE FÜR EIN KNALL?!!
GOOOOO
HE!! HALTET DURCH, IHR DREI!! WIR SIND GLEICH AN DER LUFT!!
GOOOO
PLADDER
PUAH!!
UOH!! WAS FÜR EINE STRÖMUNG!!
?!
DIE MACHT DAS STEUERN UNMÖGLICH!!
KLAPP
HM?

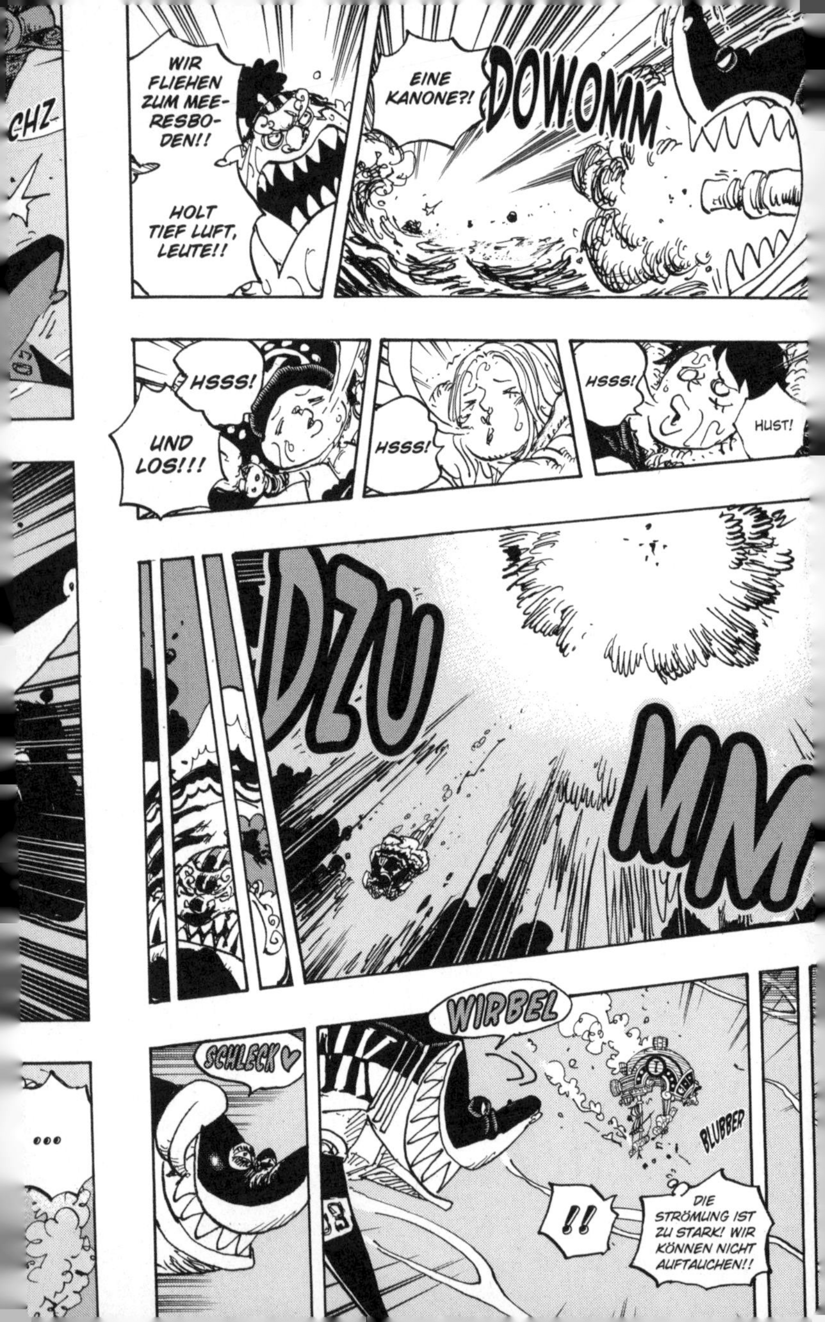

DOWOMM
EINE KANONE?!
WIR FLIEHEN ZUM MEERESBODEN!!
HOLT TIEF LUFT, LEUTE!!
HUST!
HSSS!
HSSS!
HSSS!
UND LOS!!!
DZUMM
DIE STRÖMUNG IST ZU STARK! WIR KÖNNEN NICHT AUFTAUCHEN!!
!!
BLUBBER
WIRBEL
SCHLECK♥
CHZ
...

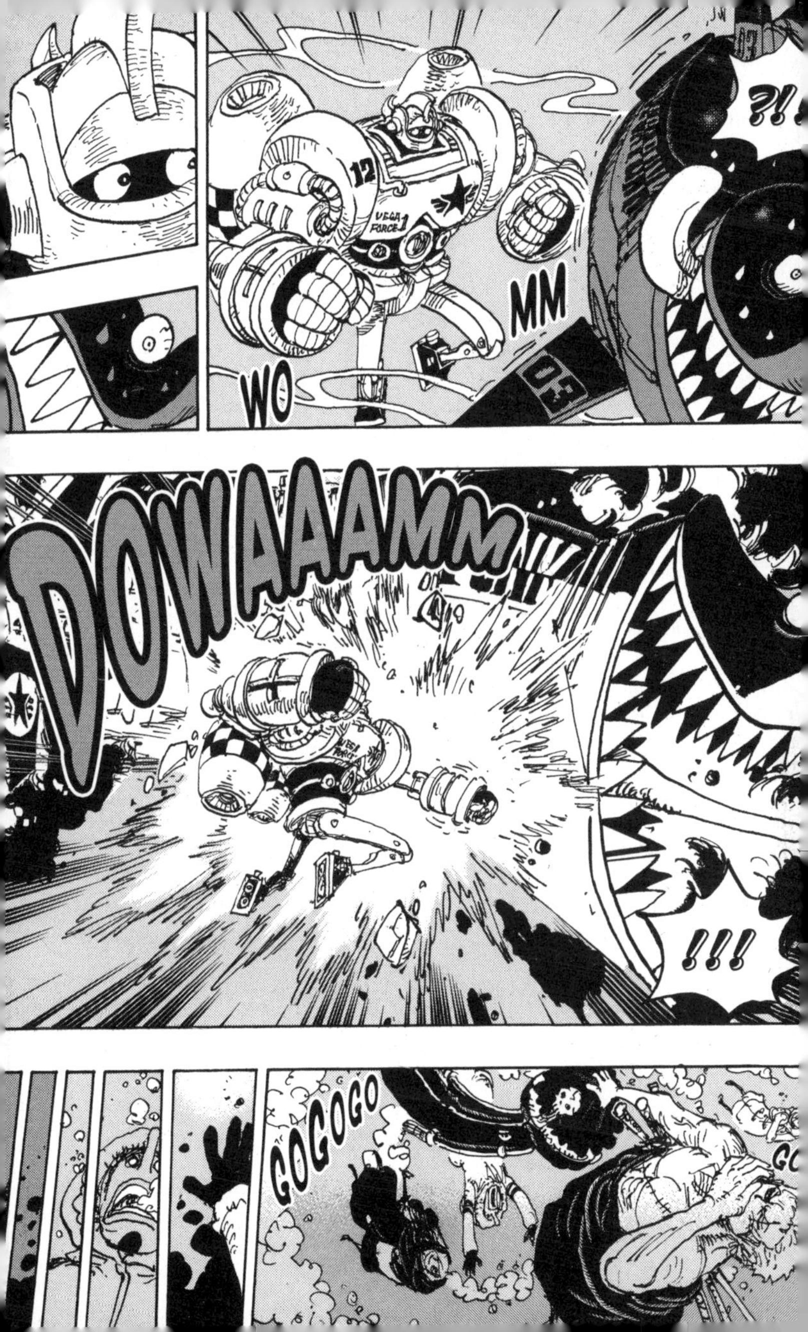

?!
WO
MM
DOWAAAMM
!!!
GOGOGO

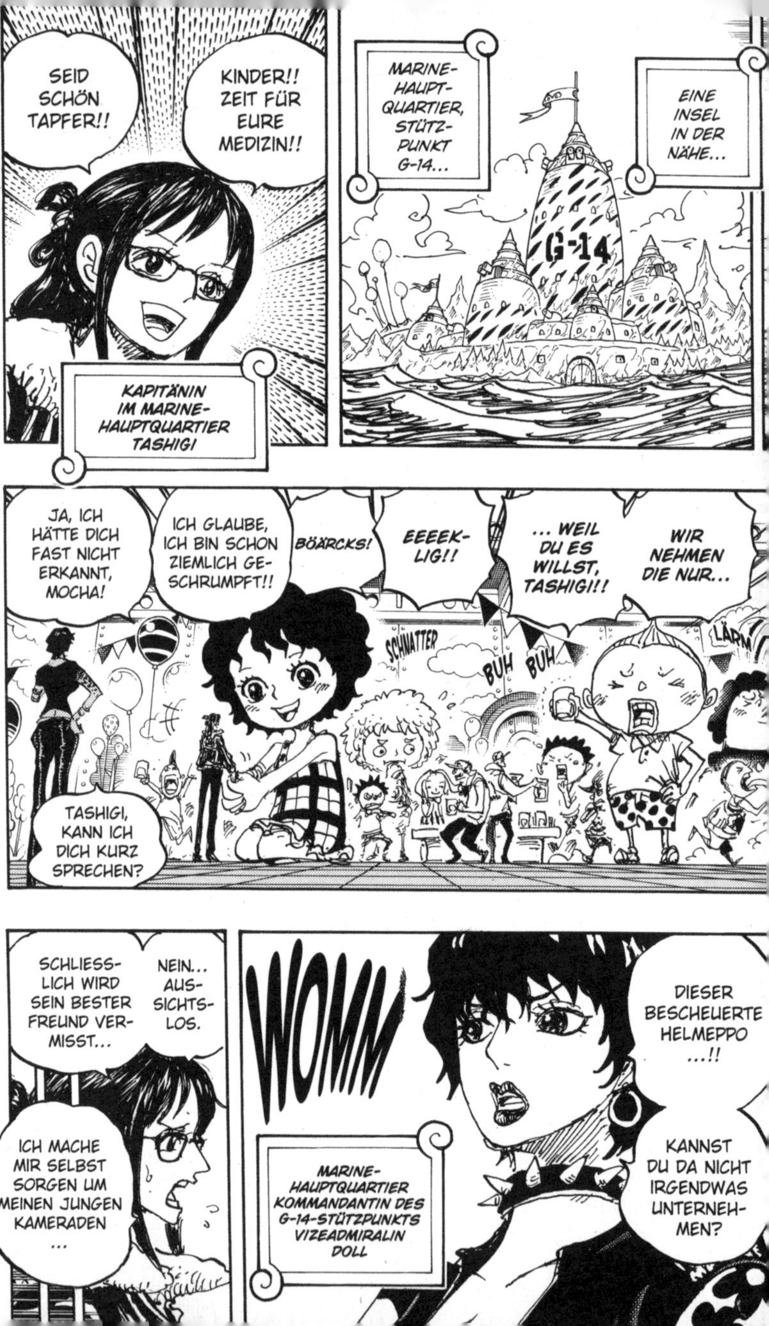
EINE INSEL IN DER NÄHE…
MARINE-HAUPTQUARTIER, STÜTZPUNKT G-14…
G-14
KINDER!! ZEIT FÜR EURE MEDIZIN!!
SEID SCHÖN TAPFER!!
KAPITÄNIN IM MARINE-HAUPTQUARTIER TASHIGI
WIR NEHMEN DIE NUR…
… WEIL DU ES WILLST, TASHIGI!!
LÄRM
BUH BUH
EEEEK-LIG!!
BÖÄRCKS!
SCHNATTER
ICH GLAUBE, ICH BIN SCHON ZIEMLICH GE-SCHRUMPFT!!
JA, ICH HÄTTE DICH FAST NICHT ERKANNT, MOCHA!
TASHIGI, KANN ICH DICH KURZ SPRECHEN?
DIESER BESCHEUERTE HELMEPPO …!!
KANNST DU DA NICHT IRGENDWAS UNTERNEHMEN?
WOMM
MARINE-HAUPTQUARTIER KOMMANDANTIN DES G-14-STÜTZPUNKTS VIZEADMIRALIN DOLL
NEIN… AUS-SICHTS-LOS.
SCHLIESS-LICH WIRD SEIN BESTER FREUND VER-MISST…
ICH MACHE MIR SELBST SORGEN UM MEINEN JUNGEN KAMERADEN …

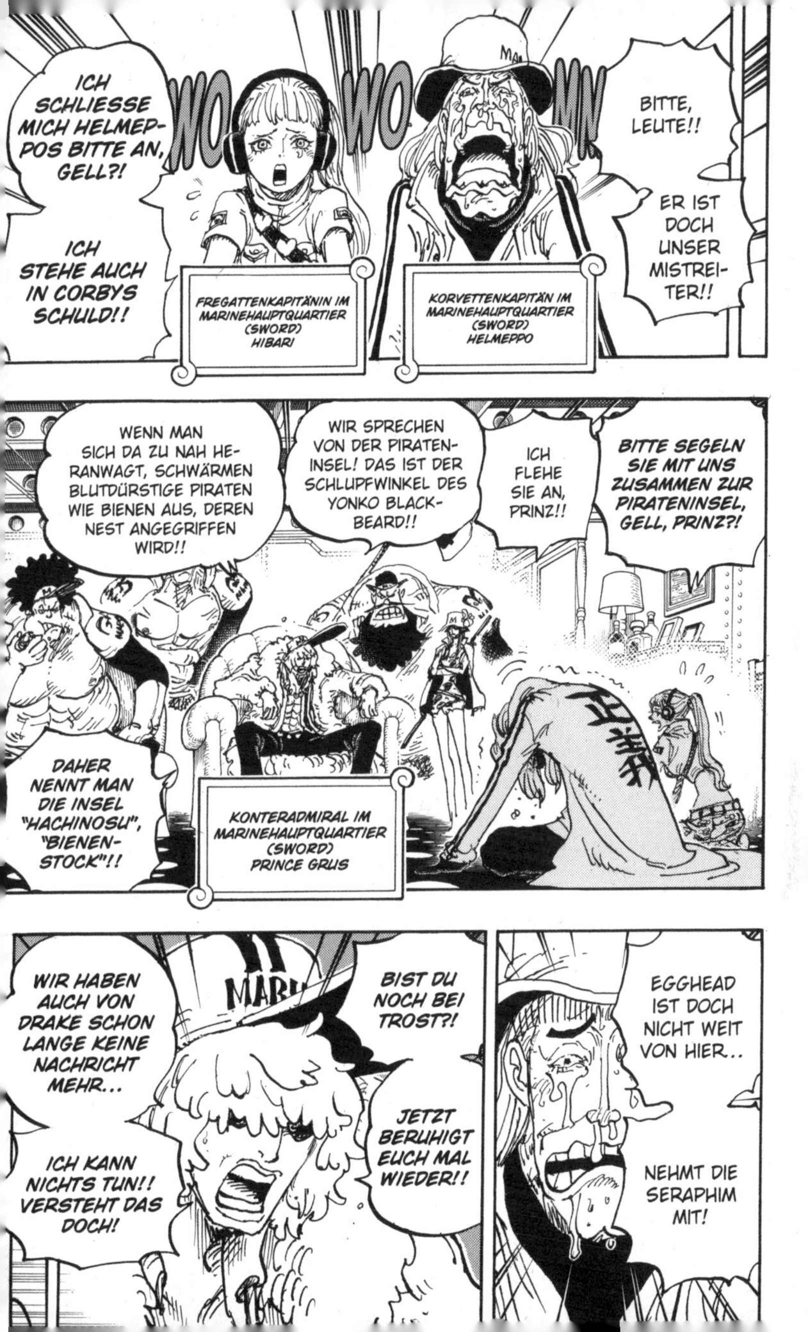
BITTE, LEUTE!!
ER IST DOCH UNSER MISTREI-TER!!
KORVETTENKAPITÄN IM MARINEHAUPTQUARTIER (SWORD) HELMEPPO
FREGATTENKAPITÄNIN IM MARINEHAUPTQUARTIER (SWORD) HIBARI
ICH SCHLIESSE MICH HELMEP-POS BITTE AN, GELL?!
ICH STEHE AUCH IN CORBYS SCHULD!!
BITTE SEGELN SIE MIT UNS ZUSAMMEN ZUR PIRATENINSEL, GELL, PRINZ?!
ICH FLEHE SIE AN, PRINZ!!
WIR SPRECHEN VON DER PIRATEN-INSEL! DAS IST DER SCHLUPFWINKEL DES YONKO BLACK-BEARD!!
WENN MAN SICH DA ZU NAH HE-RANWAGT, SCHWÄRMEN BLUTDÜRSTIGE PIRATEN WIE BIENEN AUS, DEREN NEST ANGEGRIFFEN WIRD!!
KONTERADMIRAL IM MARINEHAUPTQUARTIER (SWORD) PRINCE GRUS
DAHER NENNT MAN DIE INSEL "HACHINOSU", "BIENEN-STOCK"!!
EGGHEAD IST DOCH NICHT WEIT VON HIER...
NEHMT DIE SERAPHIM MIT!
BIST DU NOCH BEI TROST?!
JETZT BERUHIGT EUCH MAL WIEDER!!
WIR HABEN AUCH VON DRAKE SCHON LANGE KEINE NACHRICHT MEHR...
ICH KANN NICHTS TUN!! VERSTEHT DAS DOCH!

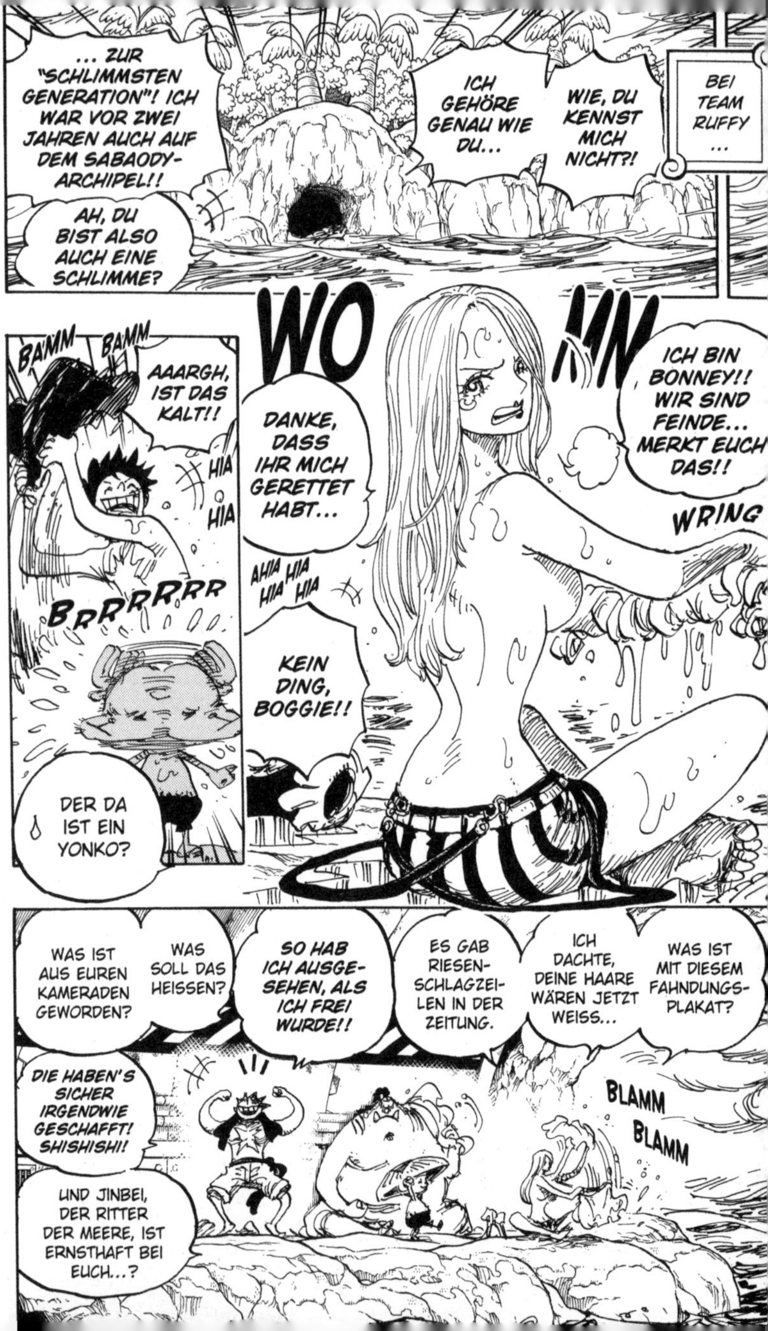
BEI TEAM RUFFY ...
WIE, DU KENNST MICH NICHT?!
ICH GEHÖRE GENAU WIE DU...
... ZUR "SCHLIMMSTEN GENERATION"! ICH WAR VOR ZWEI JAHREN AUCH AUF DEM SABAODY-ARCHIPEL!!
AH, DU BIST ALSO AUCH EINE SCHLIMME?
WOMM
ICH BIN BONNEY!! WIR SIND FEINDE... MERKT EUCH DAS!!
WRING
DANKE, DASS IHR MICH GERETTET HABT...
AHIA HIA HIA HIA
KEIN DING, BOGGIE!!
BAMM BAMM
AAARGH, IST DAS KALT!!
HIA HIA
BRRRRRRR
DER DA IST EIN YONKO?
WAS IST MIT DIESEM FAHNDUNGS-PLAKAT?
ICH DACHTE, DEINE HAARE WÄREN JETZT WEISS...
ES GAB RIESEN-SCHLAGZEI-LEN IN DER ZEITUNG.
SO HAB ICH AUSGE-SEHEN, ALS ICH FREI WURDE!!
WAS SOLL DAS HEISSEN?
WAS IST AUS EUREN KAMERADEN GEWORDEN?
DIE HABEN'S SICHER IRGENDWIE GESCHAFFT! SHISHISHI!
BLAMM BLAMM
UND JINBEI, DER RITTER DER MEERE, IST ERNSTHAFT BEI EUCH...?

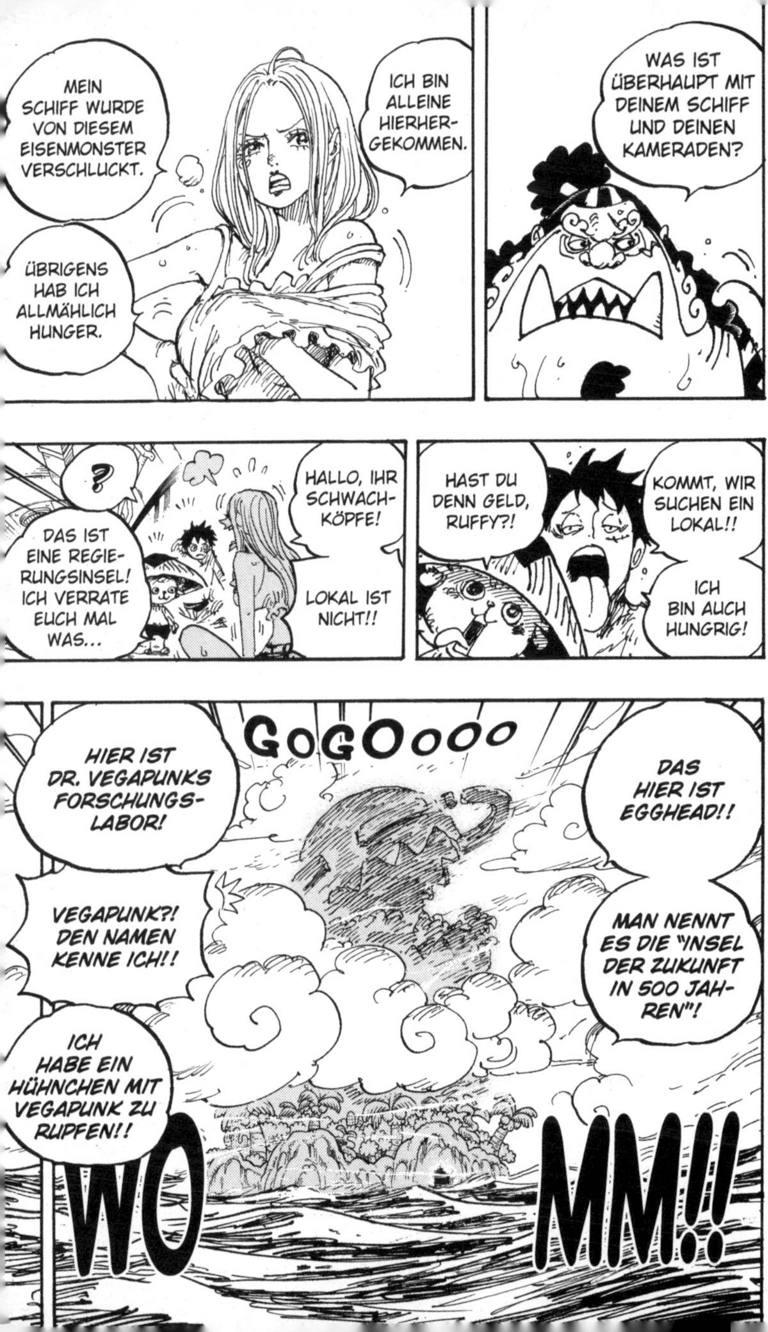

WAS IST ÜBERHAUPT MIT DEINEM SCHIFF UND DEINEN KAMERADEN?
ICH BIN ALLEINE HIERHER-GEKOMMEN.
MEIN SCHIFF WURDE VON DIESEM EISENMONSTER VERSCHLUCKT.
ÜBRIGENS HAB ICH ALLMÄHLICH HUNGER.
KOMMT, WIR SUCHEN EIN LOKAL!!
HAST DU DENN GELD, RUFFY?!
ICH BIN AUCH HUNGRIG!
HALLO, IHR SCHWACH-KÖPFE!
LOKAL IST NICHT!!
?
DAS IST EINE REGIE-RUNGSINSEL! ICH VERRATE EUCH MAL WAS…
GOGOoooo
DAS HIER IST EGGHEAD!!
MAN NENNT ES DIE "INSEL DER ZUKUNFT IN 500 JAH-REN"!
HIER IST DR. VEGAPUNKS FORSCHUNGS-LABOR!
VEGAPUNK?! DEN NAMEN KENNE ICH!!
ICH HABE EIN HÜHNCHEN MIT VEGAPUNK ZU RUPFEN!!
WOMM!!

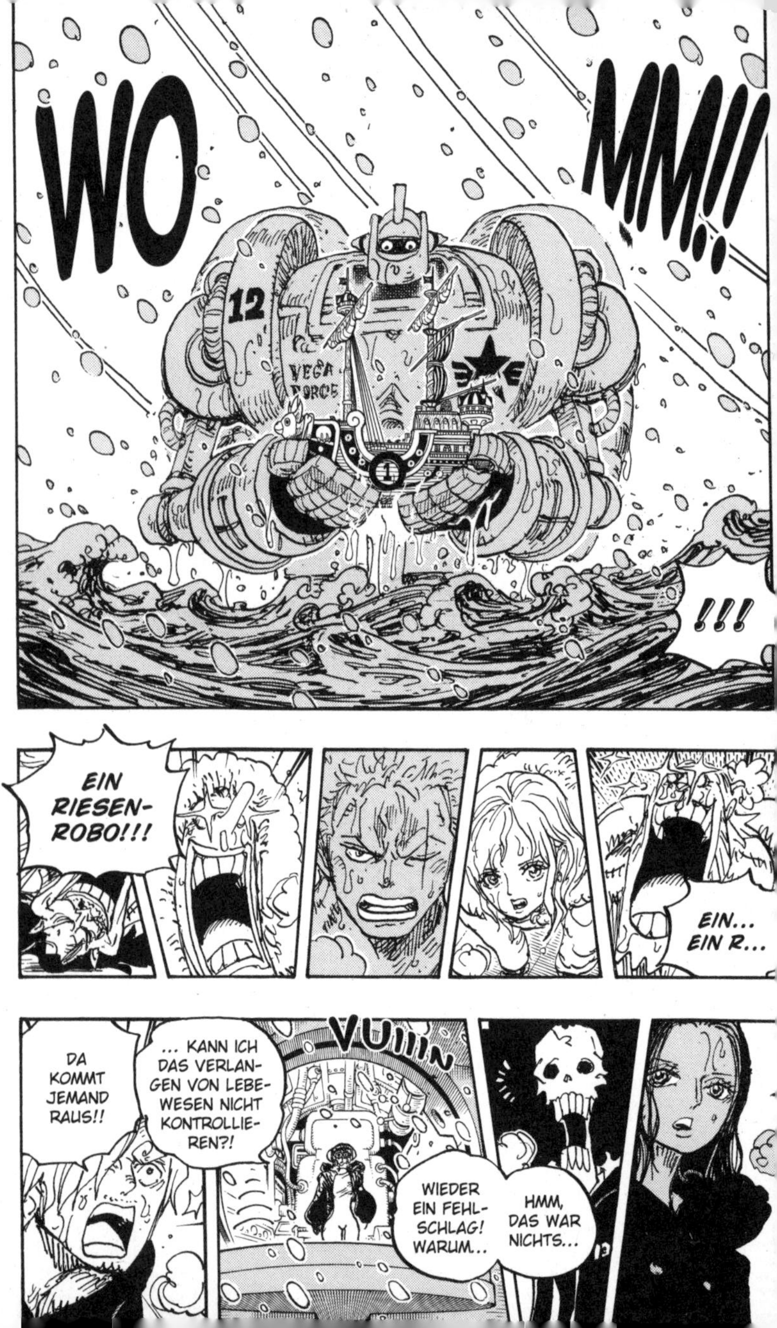
WO
MM!!
12
VEGA FORCE
1
!!!
EIN... EIN R...
EIN RIESEN-ROBO!!!
VUIIIN
HMM, DAS WAR NICHTS...
WIEDER EIN FEHL-SCHLAG! WARUM...
... KANN ICH DAS VERLANGEN VON LEBEWESEN NICHT KONTROLLIEREN?!
DA KOMMT JEMAND RAUS!!

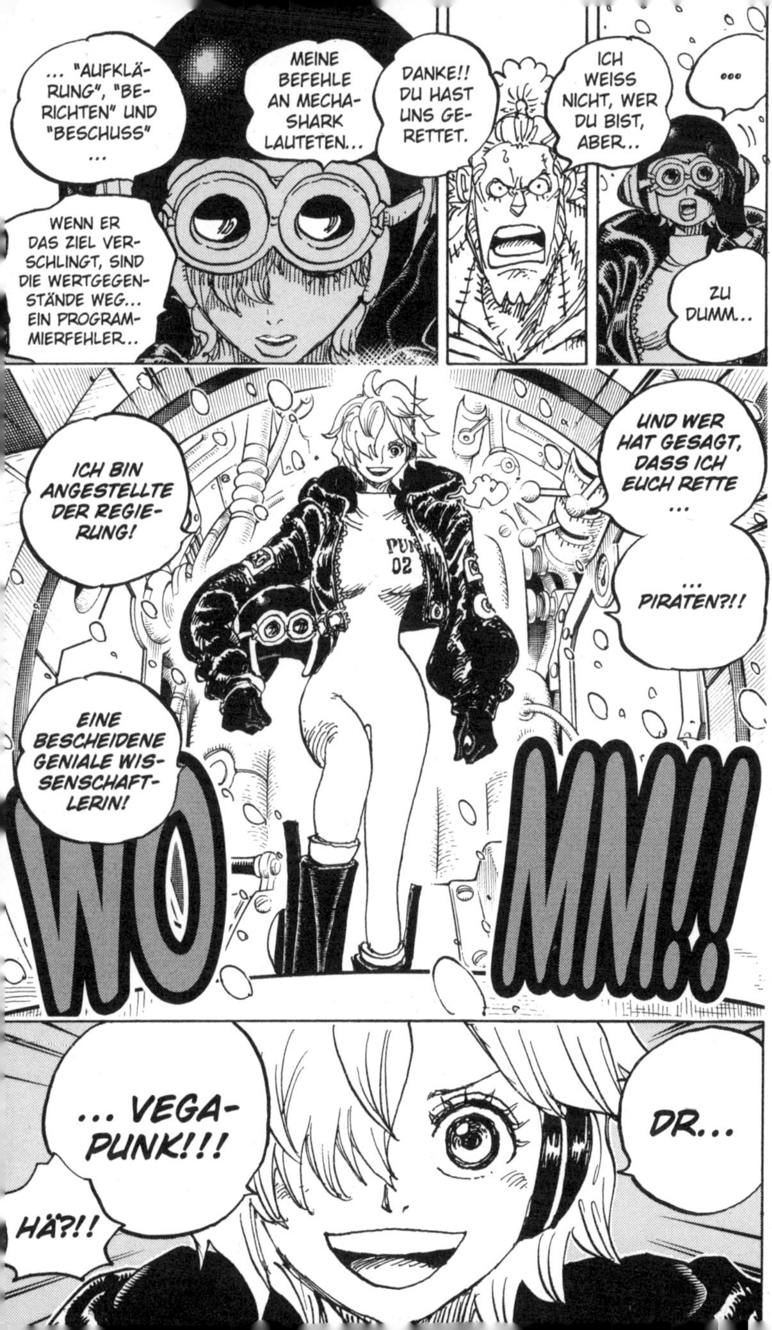
...
ICH WEISS NICHT, WER DU BIST, ABER...
ZU DUMM...
DANKE!! DU HAST UNS GERETTET.
MEINE BEFEHLE AN MECHA-SHARK LAUTETEN...
... "AUFKLÄRUNG", "BERICHTEN" UND "BESCHUSS" ...
WENN ER DAS ZIEL VERSCHLINGT, SIND DIE WERTGEGENSTÄNDE WEG... EIN PROGRAMMIERFEHLER...
UND WER HAT GESAGT, DASS ICH EUCH RETTE ...
... PIRATEN?!!
ICH BIN ANGESTELLTE DER REGIERUNG!
EINE BESCHEIDENE GENIALE WISSENSCHAFTLERIN!
WOMM!!
PUN 02
DR...
... VEGAPUNK!!!
HÄ?!!

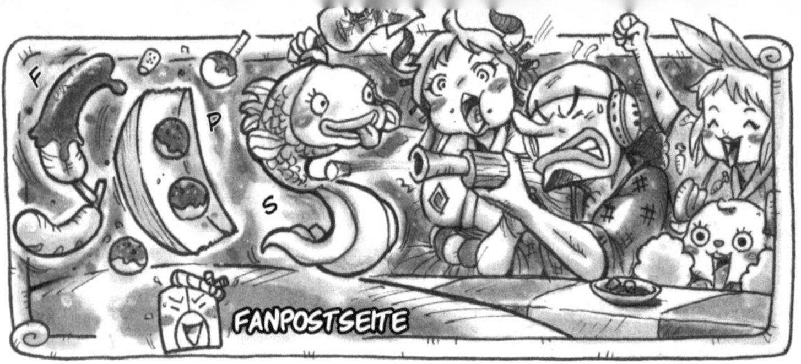

O: OKAY. HIER IST EINE WEIBLICHE PERSON, DIE "SANADA" ETWAS ZU SAGEN HAT! NUR ZU, NEHMEN SIE KEIN BLATT VOR DEN MUND!!

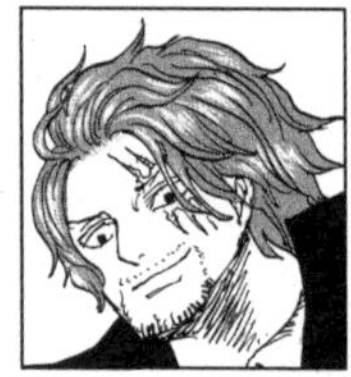

L: ICH MÖCHTE DEN SANADA-CHIS DIESER WELT ETWAS SAGEN. "WENN ICH DIE BRUST MEINES ÜBER ALLES GELIEBTEN SHANKS SEHE, DANN FANGE ICH VOR LAUTER VEREHRUNG AN ZU SABBERN UND BIN SUPER-MEGA-EXTREM STIMULIERT." DAS IST GENAU DAS GLEICHE WIE DIE ~~PERVERSEN~~ GEFÜHLE, DIE SANADA-CHI NAMI ENTGEGENBRINGT! DAS WAR'S. DAS MUSSTE MAL RAUS. ♡
PSEUDONYM: MUNECHICCHI

O: ***EEEEY!!! DAS WAR ES, WAS DU SAGEN WOLLTEST?!!***

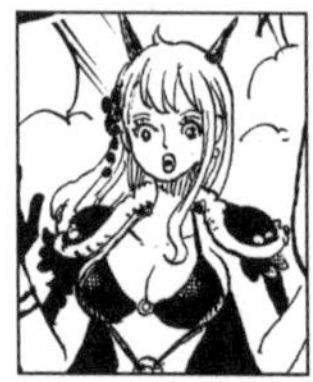

L: BITTE LASSEN SIE MICH IN O-NAMIS RIESEN-HIRSEKLÖSSCHEN HINEINBEISSEN!
PSEUDONYM: SANADA-CHI

O: ***DEN URAHNEN BRAUCHE ICH HIER SCHON GAR NICHT!! IHR HABT BEIDE HAUSVERBOT! VERSCHWINDET!!***
WAS IST AUS DER PTA* GEWORDEN...?!

L: ICH HABE EINE FRAGE. KILLER ISST HIER DOCH OKTOPUSBÄLLCHEN, ODER?! ICH DACHTE, ER KANN NUR LANGE, DÜNNE NUDELN ESSEN.
PSEUDONYM: OCCHI

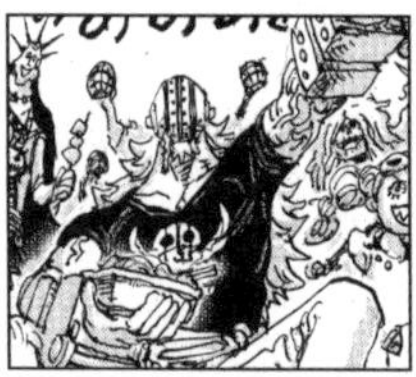

O: DU IRRST DICH. SIEH MAL GENAUER HIN! ICH HABE MEHRERE BRIEFE ZU DIESEM THEMA BEKOMMEN, ABER ES SIND BRATNUDELN! ALSO, KEINE SORGE! ER HAT SIE DURCH DIE LÖCHER EINGESAUGT. MEIN ASTIGMATISMUS WIRD IN LETZTER ZEIT IMMER SCHLIMMER, DESHALB KANN ICH KLEINE ZEICHNUNGEN NICHT GUT ERKENNEN. ENTSCHULDIGT BITTE!

L: GUTEN TAG, ODA-SENSEI! WAS STEHT IN DEM BUCH, DAS NAMI IN KAPITEL 1052 MIT TOKO LIEST? EINES WEISS ICH JEDENFALLS: ES IST KEIN BUCH, DAS SANJI GEFALLEN WÜRDE!
PSEUDONYM: YU-KUN

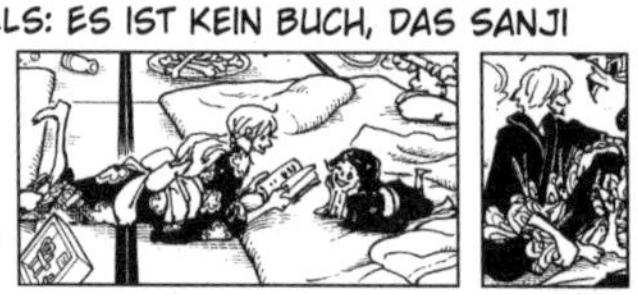

O: OH, DASS DU DAS ENTDECKT HAST! EINE HERZERWÄRMENDE SZENE, NICHT WAHR? NAMI LIEBT ES, ÜBERALL, WO SIE HINKOMMT, NACH BÜCHERN ZU STÖBERN. DIESES BUCH HAT SIE ANSCHEINEND IN DER BIBLIOTHEK DER BURG ENTDECKT. ES IST WOHL EIN MODEJOURNAL ÜBER KIMONOS. SANJI GUCKT IN EINE ANDERE RICHTUNG, NICHT WAHR.

* "PARENT TEACHER ASSOCIATION", JAPANISCHE ELTERN-LEHRER-VEREINIGUNG

1062. Kapitel:
Abenteuer im Land der Wissenschaft

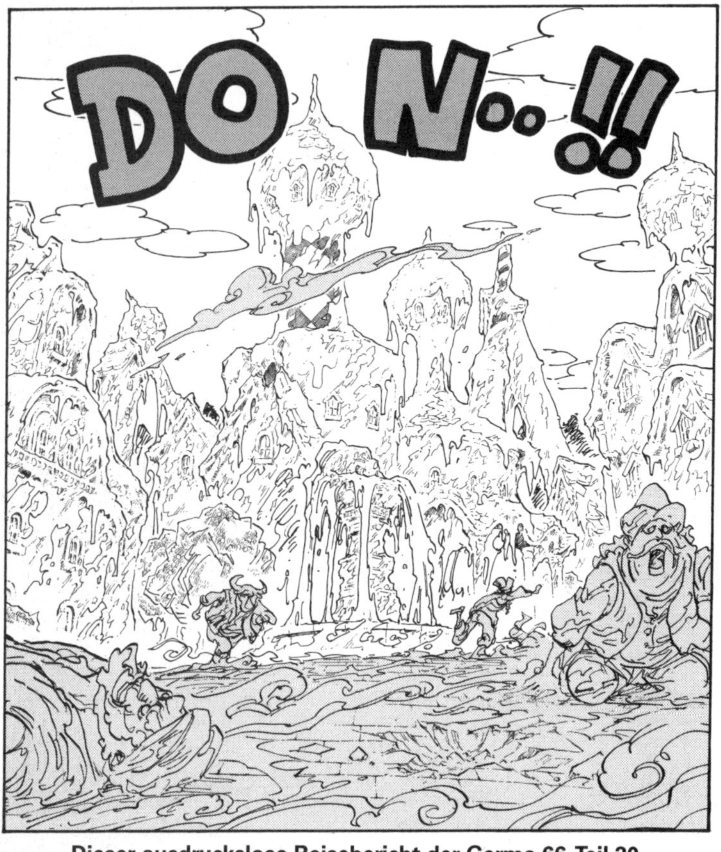

Dieser ausdruckslose Reisebericht der Germa 66, Teil 20
„Währenddessen in Chocolat Town auf Cacao!!"

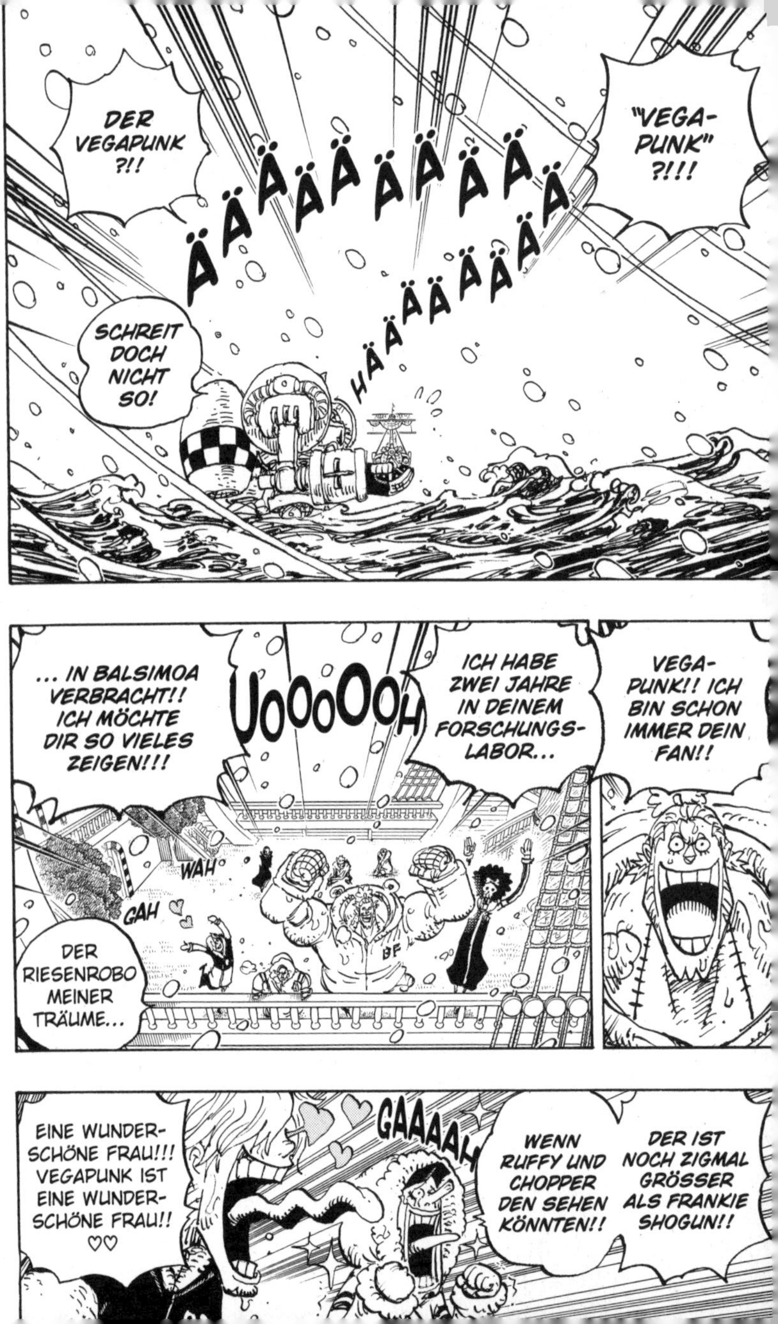
"VEGA-PUNK" ?!!!
DER VEGAPUNK ?!!
ÄÄÄÄÄÄÄÄÄ
SCHREIT DOCH NICHT SO!
HÄÄÄÄÄÄÄÄ
VEGA-PUNK!! ICH BIN SCHON IMMER DEIN FAN!!
ICH HABE ZWEI JAHRE IN DEINEM FORSCHUNGS-LABOR...
... IN BALSIMOA VERBRACHT!! ICH MÖCHTE DIR SO VIELES ZEIGEN!!!
UOOOOOH
WAH
GAH
DER RIESENROBO MEINER TRÄUME...
DER IST NOCH ZIGMAL GRÖSSER ALS FRANKIE SHOGUN!!
WENN RUFFY UND CHOPPER DEN SEHEN KÖNNTEN!!
GAAAAAH
EINE WUNDER-SCHÖNE FRAU!!! VEGAPUNK IST EINE WUNDER-SCHÖNE FRAU!! ♡♡

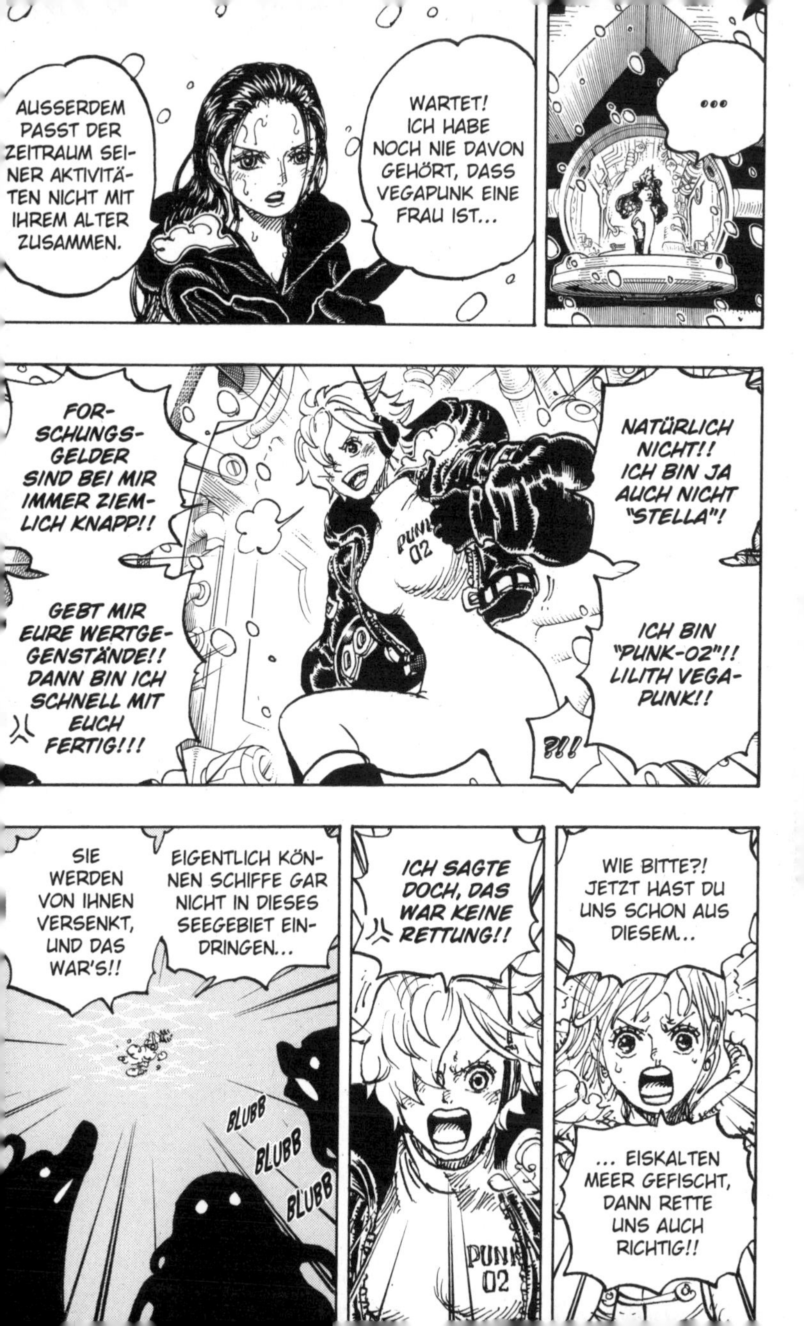
...
WARTET! ICH HABE NOCH NIE DAVON GEHÖRT, DASS VEGAPUNK EINE FRAU IST...
AUSSERDEM PASST DER ZEITRAUM SEINER AKTIVITÄTEN NICHT MIT IHREM ALTER ZUSAMMEN.
NATÜRLICH NICHT!! ICH BIN JA AUCH NICHT "STELLA"!
FORSCHUNGSGELDER SIND BEI MIR IMMER ZIEMLICH KNAPP!!
ICH BIN "PUNK-02"!! LILITH VEGAPUNK!!
?!!
GEBT MIR EURE WERTGEGENSTÄNDE!! DANN BIN ICH SCHNELL MIT EUCH FERTIG!!!
WIE BITTE?! JETZT HAST DU UNS SCHON AUS DIESEM...
... EISKALTEN MEER GEFISCHT, DANN RETTE UNS AUCH RICHTIG!!
ICH SAGTE DOCH, DAS WAR KEINE RETTUNG!!
EIGENTLICH KÖNNEN SCHIFFE GAR NICHT IN DIESES SEEGEBIET EINDRINGEN...
SIE WERDEN VON IHNEN VERSENKT, UND DAS WAR'S!!
BLUBB
BLUBB
BLUBB

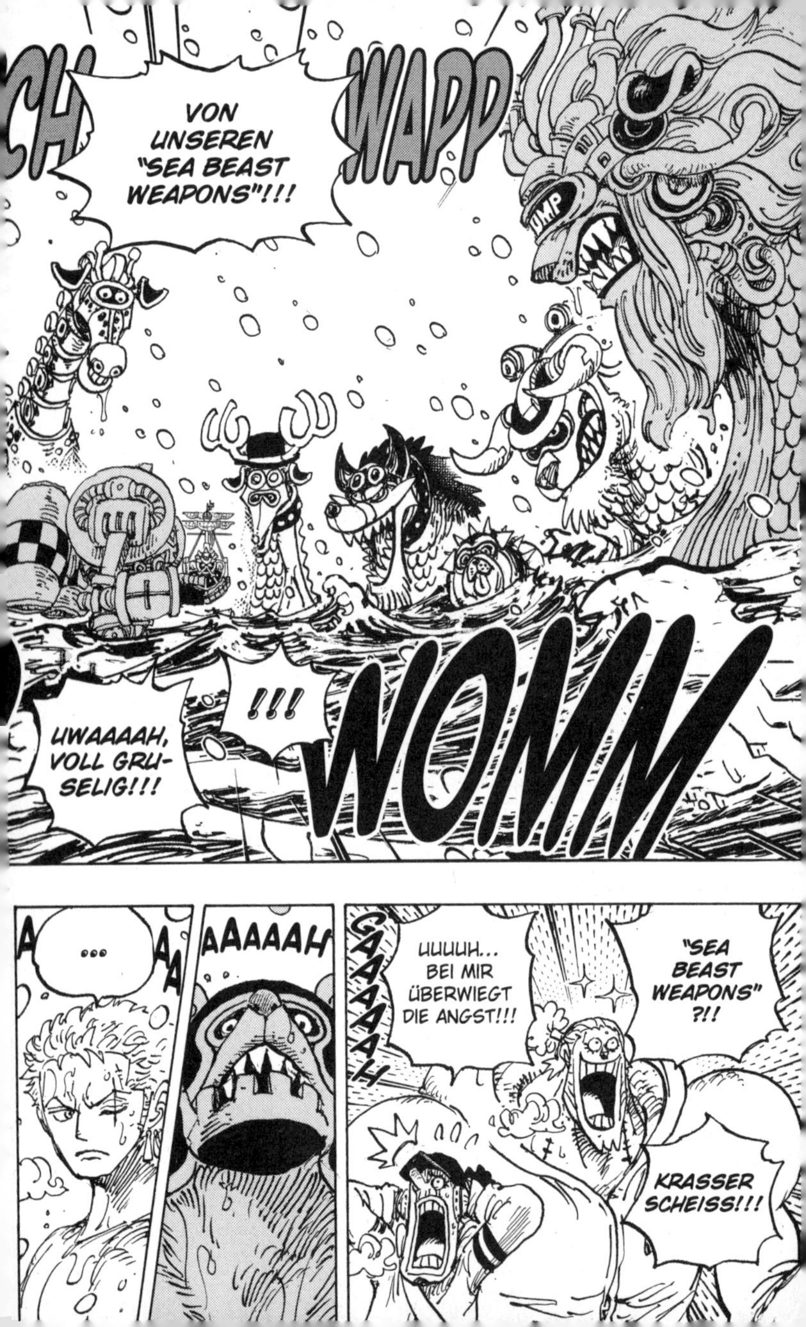
WAPP
CH
VON UNSEREN "SEA BEAST WEAPONS"!!!
WOMM
!!!
UWAAAAH, VOLL GRU-SELIG!!!
"SEA BEAST WEAPONS" ?!!
KRASSER SCHEISS!!!
UUUUH... BEI MIR ÜBERWIEGT DIE ANGST!!!
GAAAAAAAH
AAAAAH
AAA
...

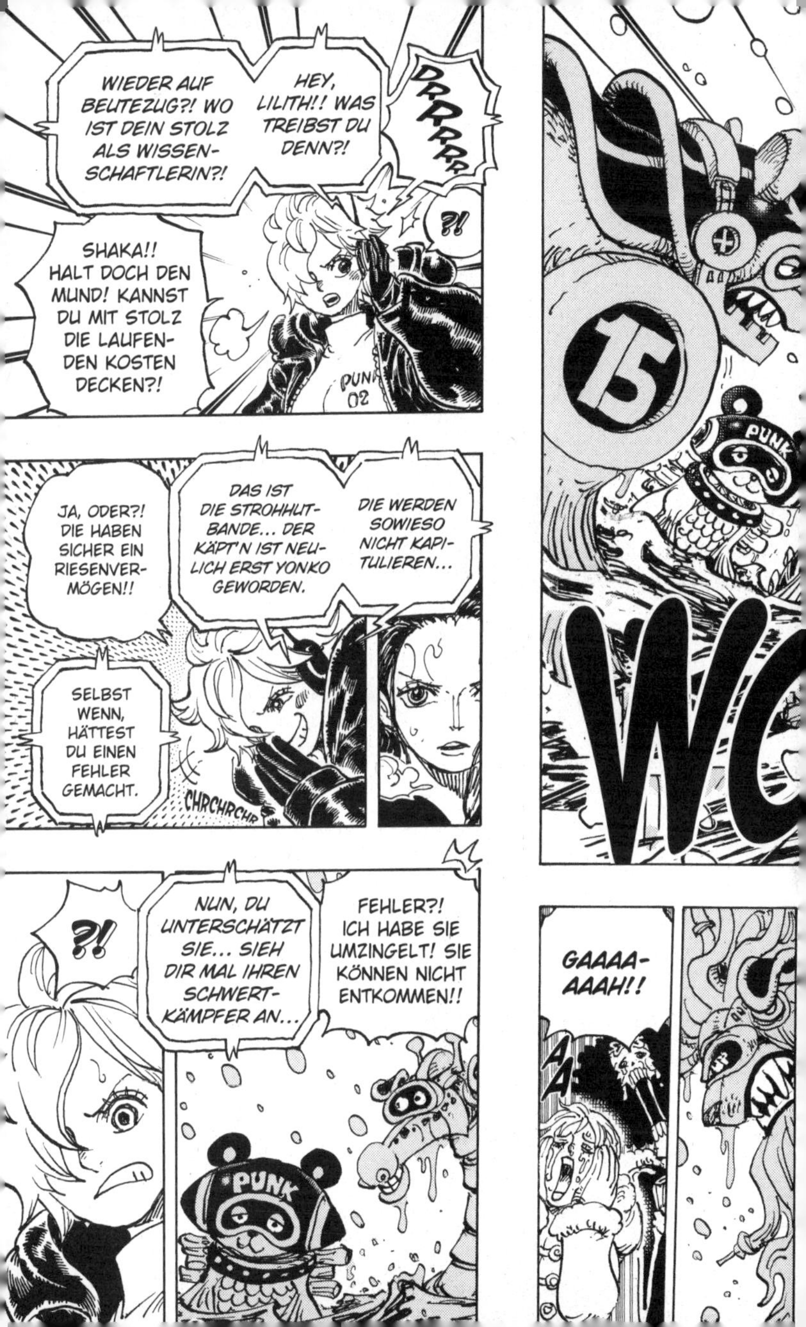
WO
GAAAA-AAAH!!
AA
DRRRRR
?!
HEY, LILITH!! WAS TREIBST DU DENN?!
WIEDER AUF BEUTEZUG?! WO IST DEIN STOLZ ALS WISSEN-SCHAFTLERIN?!
SHAKA!! HALT DOCH DEN MUND! KANNST DU MIT STOLZ DIE LAUFEN-DEN KOSTEN DECKEN?!
DIE WERDEN SOWIESO NICHT KAPI-TULIEREN…
DAS IST DIE STROHHUT-BANDE… DER KÄPT'N IST NEU-LICH ERST YONKO GEWORDEN.
JA, ODER?! DIE HABEN SICHER EIN RIESENVER-MÖGEN!!
SELBST WENN, HÄTTEST DU EINEN FEHLER GEMACHT.
CHRCHRCHR
FEHLER?! ICH HABE SIE UMZINGELT! SIE KÖNNEN NICHT ENTKOMMEN!!
NUN, DU UNTERSCHÄTZT SIE… SIEH DIR MAL IHREN SCHWERT-KÄMPFER AN…
?!

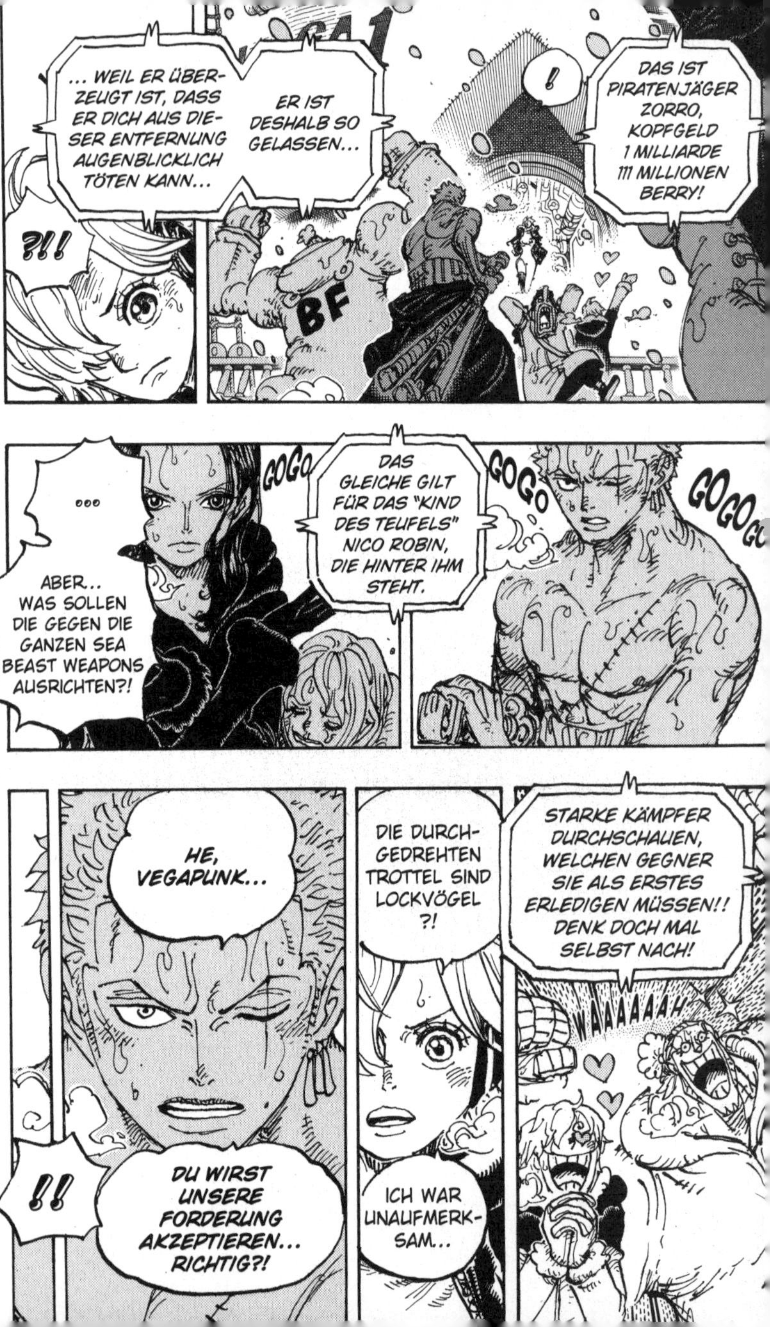
!
DAS IST PIRATENJÄGER ZORRO, KOPFGELD 1 MILLIARDE 111 MILLIONEN BERRY!
ER IST DESHALB SO GELASSEN…
… WEIL ER ÜBERZEUGT IST, DASS ER DICH AUS DIESER ENTFERNUNG AUGENBLICKLICH TÖTEN KANN…
?!!
GOGOGO
DAS GLEICHE GILT FÜR DAS "KIND DES TEUFELS" NICO ROBIN, DIE HINTER IHM STEHT.
GOGO
…
ABER.. WAS SOLLEN DIE GEGEN DIE GANZEN SEA BEAST WEAPONS AUSRICHTEN?!
STARKE KÄMPFER DURCHSCHAUEN, WELCHEN GEGNER SIE ALS ERSTES ERLEDIGEN MÜSSEN!! DENK DOCH MAL SELBST NACH!
WAAAAAAH
DIE DURCHGEDREHTEN TROTTEL SIND LOCKVÖGEL ?!
ICH WAR UNAUFMERKSAM…
HE, VEGAPUNK…
DU WIRST UNSERE FORDERUNG AKZEPTIEREN… RICHTIG?!
!!

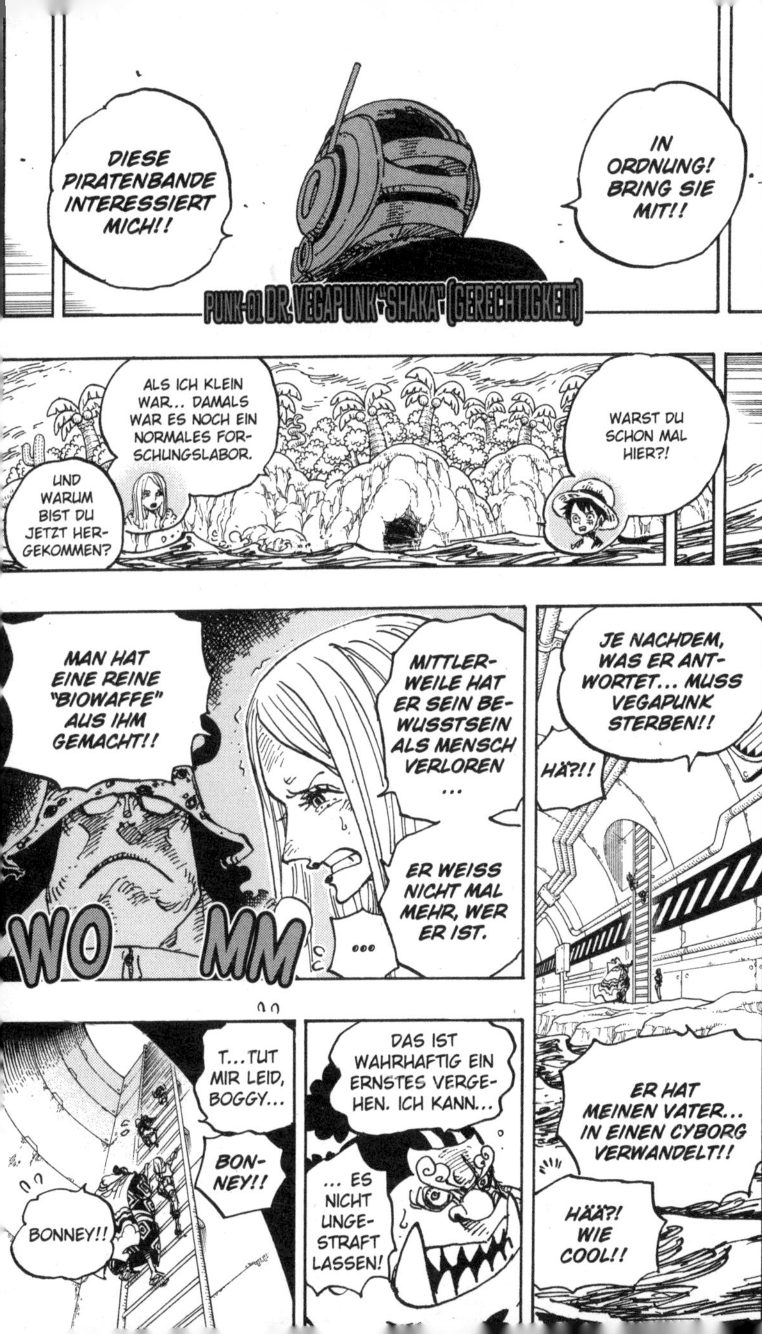
IN ORDNUNG! BRING SIE MIT!!
DIESE PIRATENBANDE INTERESSIERT MICH!!
PUNK-01 DR. VEGAPUNK "SHAKA" (GERECHTIGKEIT)
WARST DU SCHON MAL HIER?!
ALS ICH KLEIN WAR... DAMALS WAR ES NOCH EIN NORMALES FORSCHUNGSLABOR.
UND WARUM BIST DU JETZT HERGEKOMMEN?
JE NACHDEM, WAS ER ANTWORTET... MUSS VEGAPUNK STERBEN!!
HÄ?!!
ER HAT MEINEN VATER... IN EINEN CYBORG VERWANDELT!!
HÄÄ?! WIE COOL!!
MITTLERWEILE HAT ER SEIN BEWUSSTSEIN ALS MENSCH VERLOREN ...
ER WEISS NICHT MAL MEHR, WER ER IST.
...
MAN HAT EINE REINE "BIOWAFFE" AUS IHM GEMACHT!!
WO MM
DAS IST WAHRHAFTIG EIN ERNSTES VERGEHEN. ICH KANN...
... ES NICHT UNGESTRAFT LASSEN!
T...TUT MIR LEID, BOGGY...
BONNEY!!
BONNEY!!

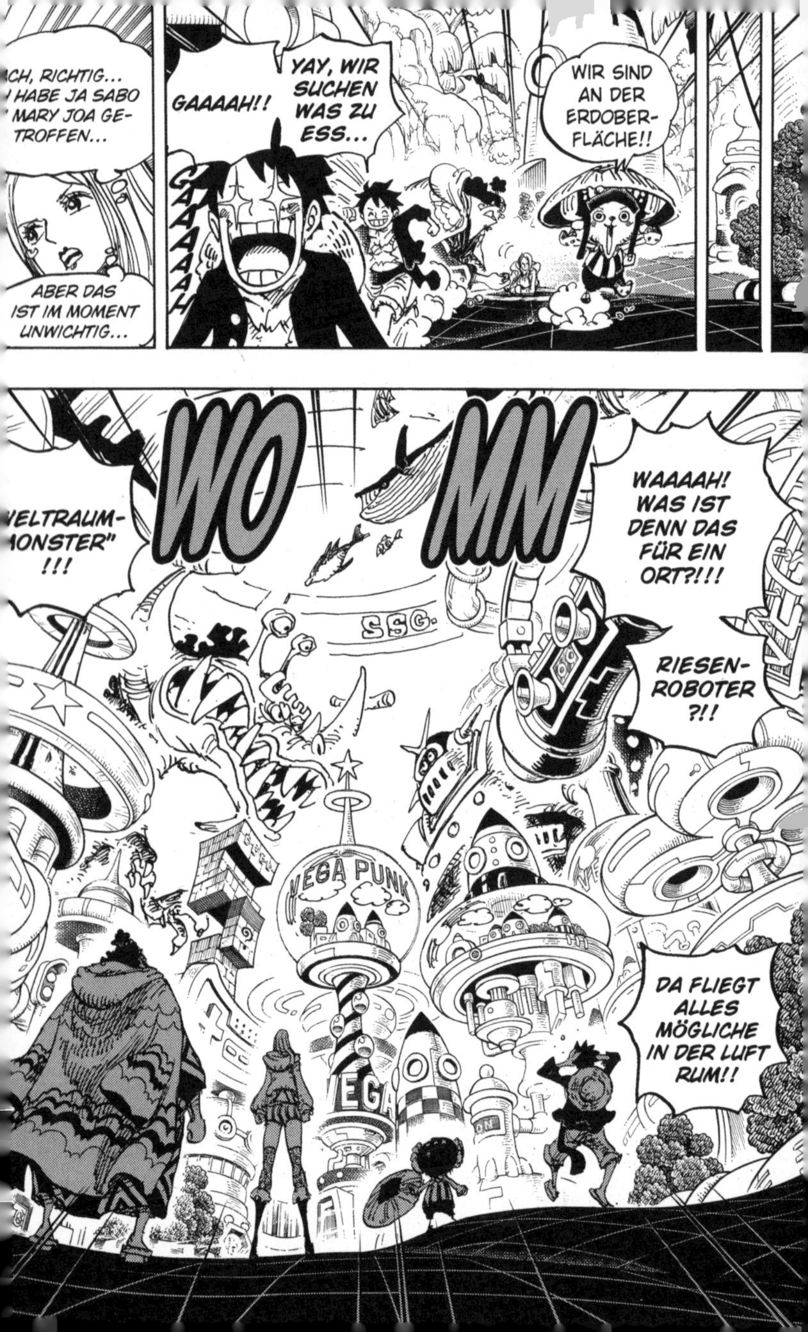
WIR SIND AN DER ERDOBER- FLÄCHE!!
YAY, WIR SUCHEN WAS ZU ESS...
GAAAAH!!
GAAAAAAAH
...CH, RICHTIG... ...H HABE JA SABO ...MARY JOA GE- TROFFEN...
ABER DAS IST IM MOMENT UNWICHTIG...
WO MM
WAAAAH! WAS IST DENN DAS FÜR EIN ORT?!!!
...ELTRAUM- ...ONSTER" !!!
RIESEN- ROBOTER ?!!
SSG.
VEGA PUNK
VEGA
DA FLIEGT ALLES MÖGLICHE IN DER LUFT RUM!!

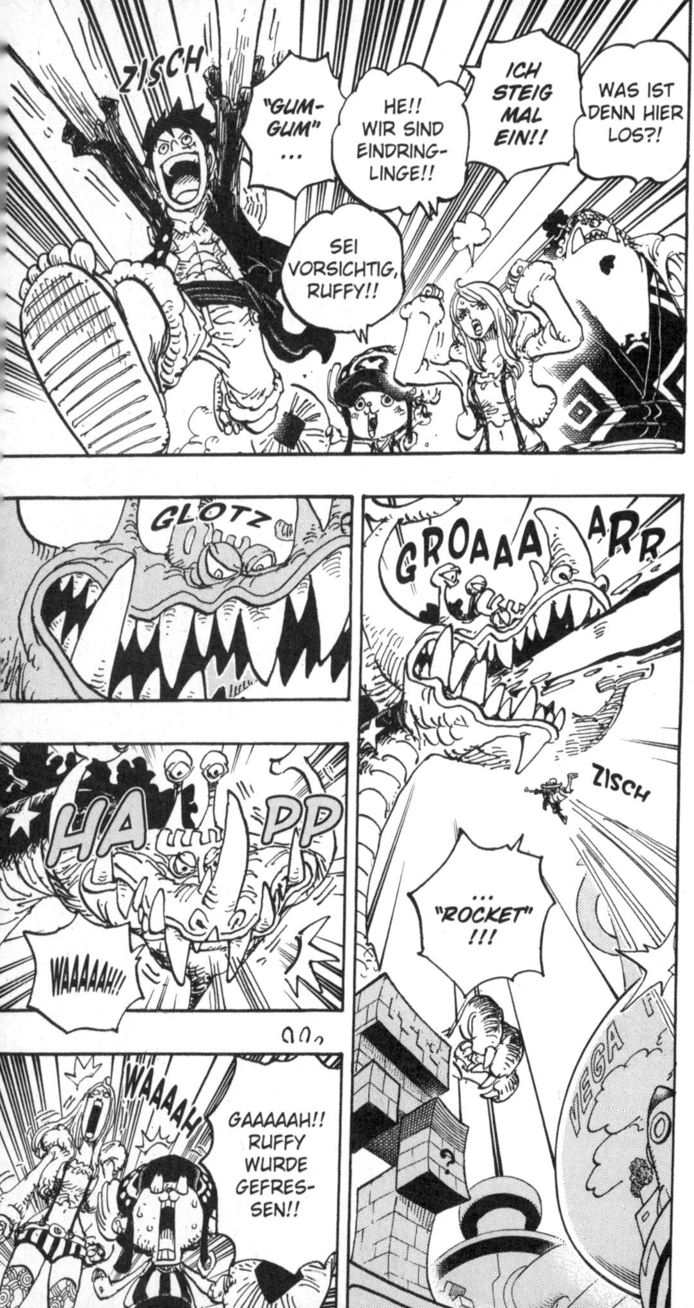
WAS IST DENN HIER LOS?!
ICH STEIG MAL EIN!!
HE!! WIR SIND EINDRING-LINGE!!
ZISCH
"GUM-GUM" ...
SEI VORSICHTIG, RUFFY!!
GROAAA ARR
ZISCH
... "ROCKET" !!!
GLOTZ
HA PP
WAAAAAH!!
VEGA
GAAAAAH!! RUFFY WURDE GEFRES-SEN!!
WAAAAAH

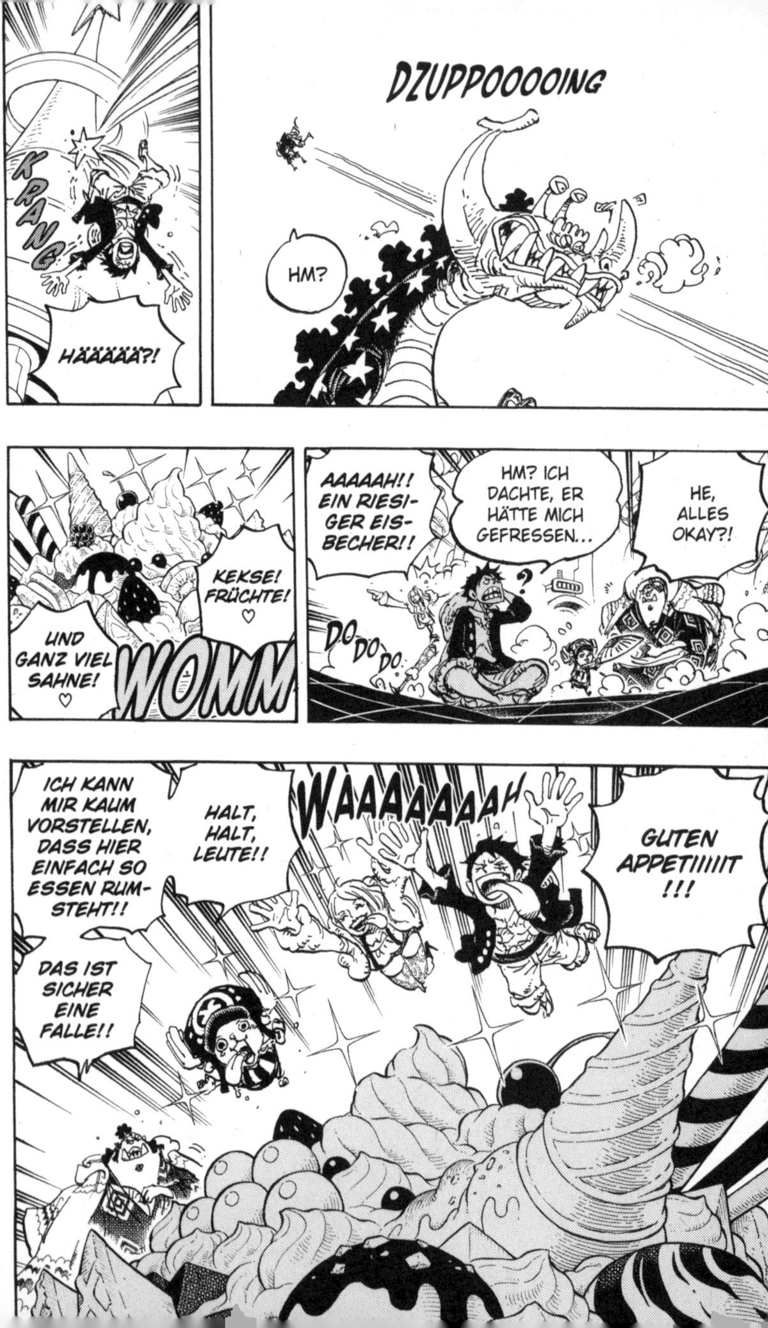
DZUPPOOOOOING
HM?
KRANG
HÄÄÄÄÄ?!
HE, ALLES OKAY?!
HM? ICH DACHTE, ER HÄTTE MICH GEFRESSEN...
AAAAAH!! EIN RIESIGER EISBECHER!!
DO DO DO
KEKSE! FRÜCHTE! ♡
UND GANZ VIEL SAHNE! ♡
WOMM
GUTEN APPETIIIIIT!!!
WAAAAAAAH
HALT, HALT, LEUTE!!
ICH KANN MIR KAUM VORSTELLEN, DASS HIER EINFACH SO ESSEN RUMSTEHT!!
DAS IST SICHER EINE FALLE!!

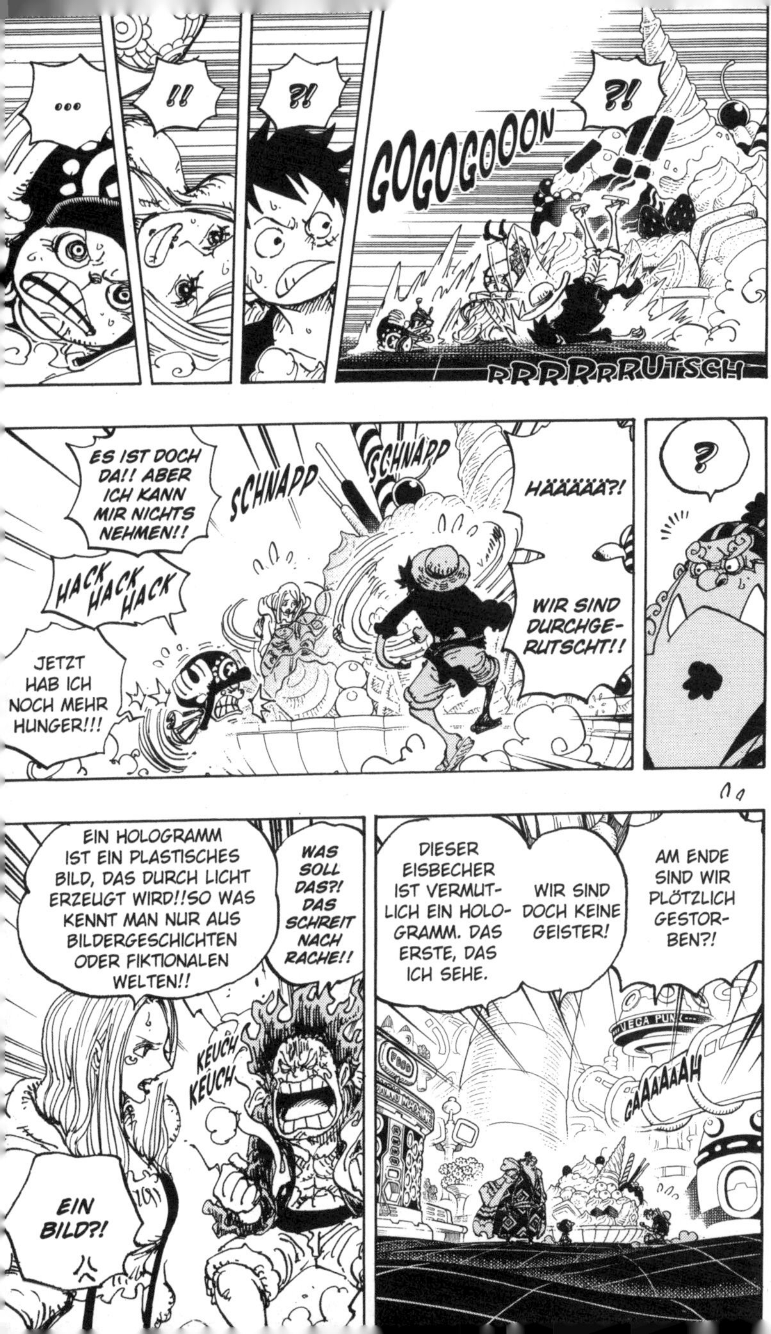
?!
GOGOGOOON
RRRRRRUTSCH
?!
!!
...
?
HÄÄÄÄÄ?!
WIR SIND DURCHGE-RUTSCHT!!
SCHNAPP
SCHNAPP
ES IST DOCH DA!! ABER ICH KANN MIR NICHTS NEHMEN!!
HACK HACK HACK
JETZT HAB ICH NOCH MEHR HUNGER!!!
AM ENDE SIND WIR PLÖTZLICH GESTOR-BEN?!
WIR SIND DOCH KEINE GEISTER!
DIESER EISBECHER IST VERMUT-LICH EIN HOLO-GRAMM. DAS ERSTE, DAS ICH SEHE.
CAAAAAAH
WAS SOLL DAS?! DAS SCHREIT NACH RACHE!!
EIN HOLOGRAMM IST EIN PLASTISCHES BILD, DAS DURCH LICHT ERZEUGT WIRD!!SO WAS KENNT MAN NUR AUS BILDERGESCHICHTEN ODER FIKTIONALEN WELTEN!!
KEUCH KEUCH
EIN BILD?!

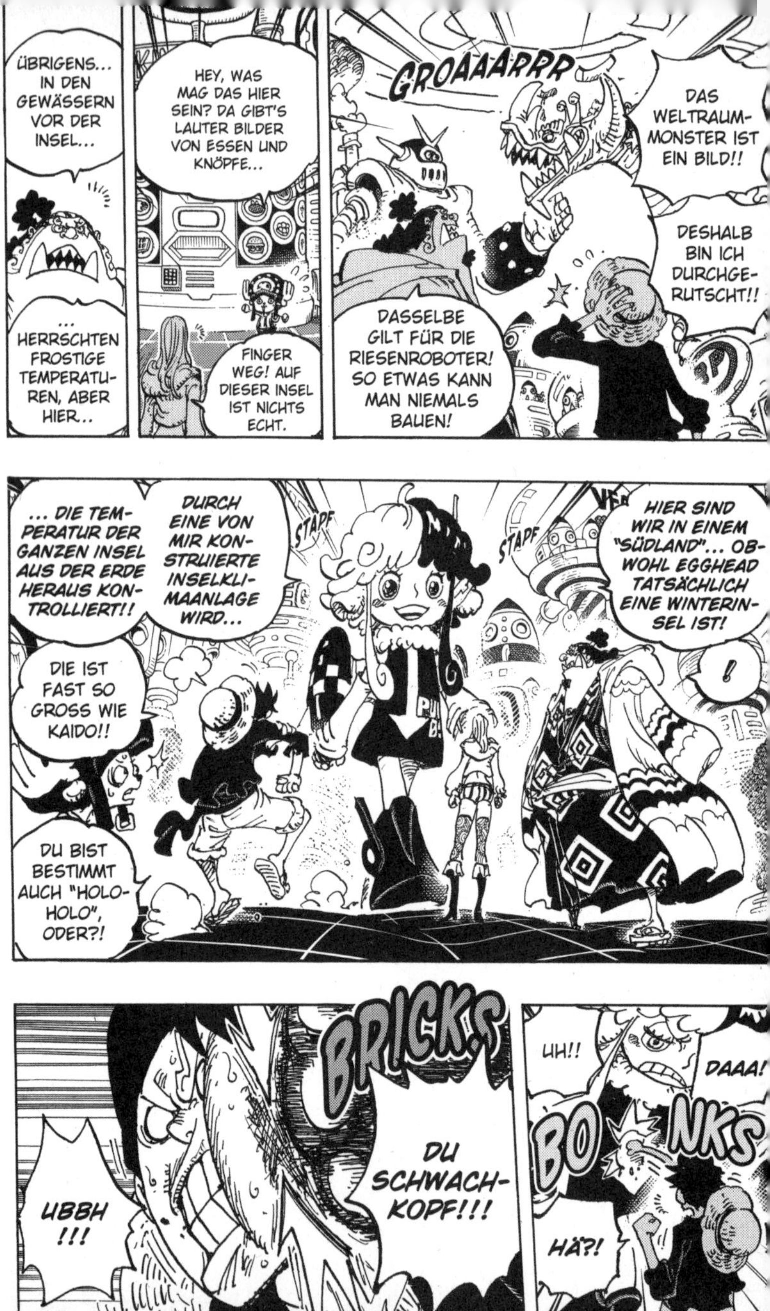
ÜBRIGENS... IN DEN GEWÄSSERN VOR DER INSEL...
... HERRSCHTEN FROSTIGE TEMPERATUREN, ABER HIER...
HEY, WAS MAG DAS HIER SEIN? DA GIBT'S LAUTER BILDER VON ESSEN UND KNÖPFE...
FINGER WEG! AUF DIESER INSEL IST NICHTS ECHT.
GROAAAARRR
DAS WELTRAUMMONSTER IST EIN BILD!!
DESHALB BIN ICH DURCHGERUTSCHT!!
DASSELBE GILT FÜR DIE RIESENROBOTER! SO ETWAS KANN MAN NIEMALS BAUEN!
HIER SIND WIR IN EINEM "SÜDLAND"... OBWOHL EGGHEAD TATSÄCHLICH EINE WINTERINSEL IST!
STAPF
STAPF
DURCH EINE VON MIR KONSTRUIERTE INSELKLIMAANLAGE WIRD...
... DIE TEMPERATUR DER GANZEN INSEL AUS DER ERDE HERAUS KONTROLLIERT!!
!
DIE IST FAST SO GROSS WIE KAIDO!!
DU BIST BESTIMMT AUCH "HOLO-HOLO", ODER?!
UH!!
DAAA!
BONKS
HÄ?!
BRICKS
DU SCHWACHKOPF!!!
UBBH !!!

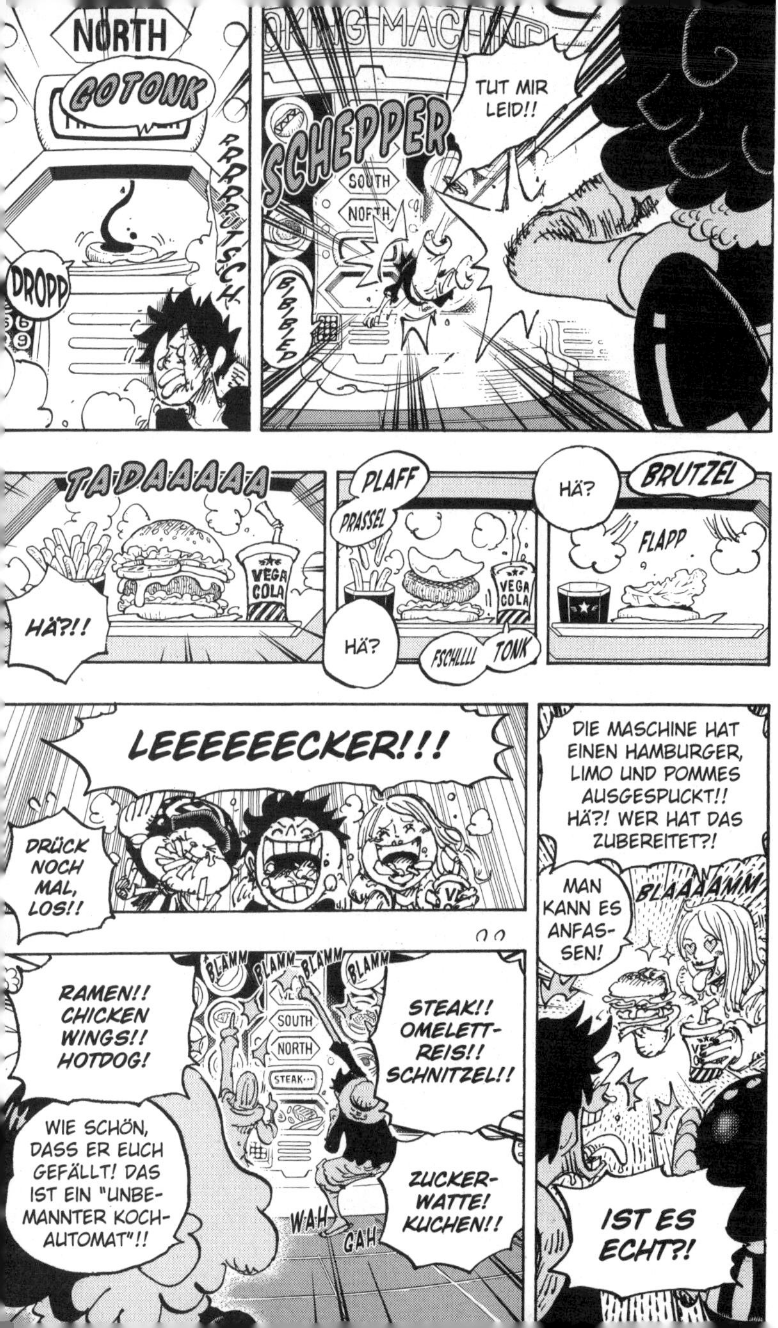
TUT MIR LEID!!
SCHEPPER
SOUTH
NORTH
BIBIBIED
NORTH
GOTONK
PRRRRRUTSCH
DROPP
HÄ?
BRUTZEL
FLAPP
PLAFF
PRASSEL
VEGA COLA
HÄ?
TONK
FSCHLLLL
TADAAAAA
VEGA COLA
HÄ?!!
DIE MASCHINE HAT EINEN HAMBURGER, LIMO UND POMMES AUSGESPUCKT!! HÄ?! WER HAT DAS ZUBEREITET?!
LEEEEEEECKER!!!
DRÜCK NOCH MAL, LOS!!
MAN KANN ES ANFASSEN!
BLAAAAMM
IST ES ECHT?!
BLAMM
BLAMM
BLAMM
BLAMM
STEAK!! OMELETT-REIS!! SCHNITZEL!!
SOUTH
NORTH
STEAK…
RAMEN!! CHICKEN WINGS!! HOTDOG!
ZUCKER-WATTE! KUCHEN!!
WAH
GAH
WIE SCHÖN, DASS ER EUCH GEFÄLLT! DAS IST EIN "UNBEMANNTER KOCHAUTOMAT"!!

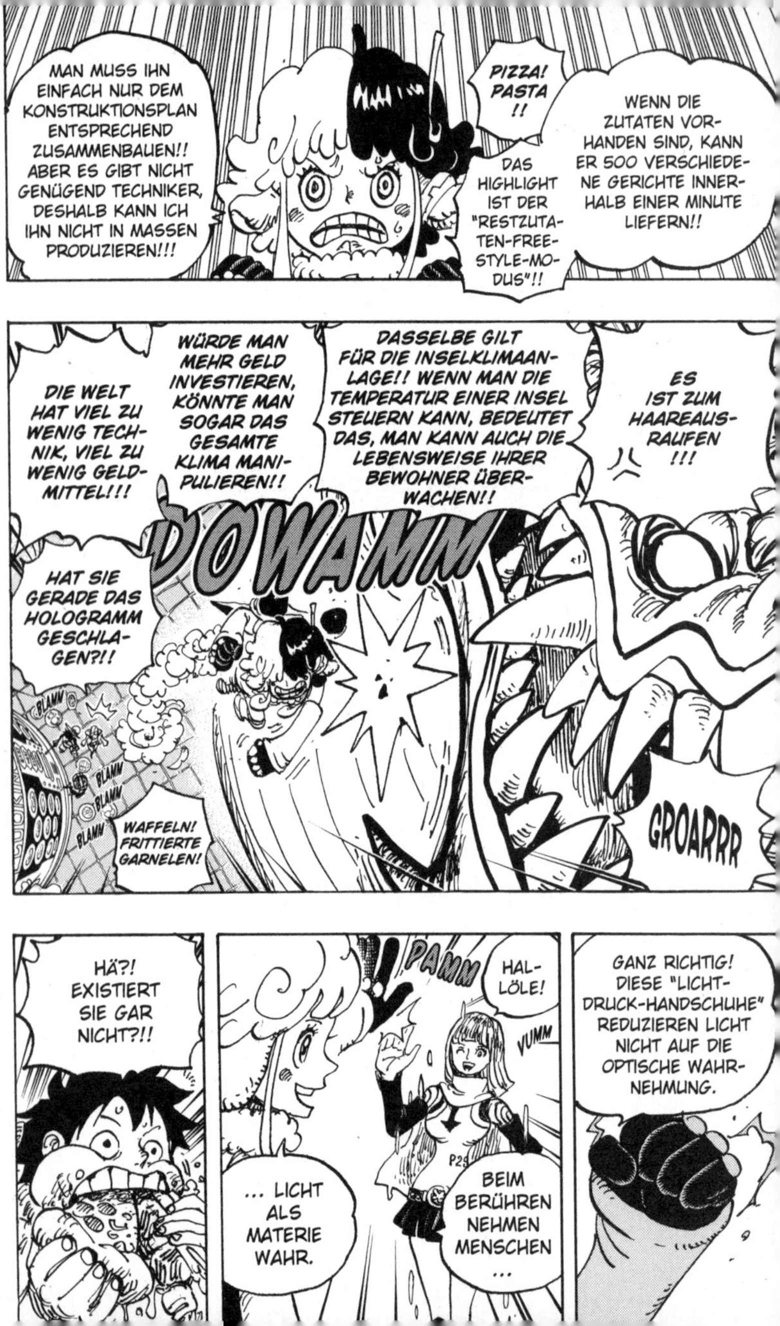
WENN DIE ZUTATEN VORHANDEN SIND, KANN ER 500 VERSCHIEDENE GERICHTE INNERHALB EINER MINUTE LIEFERN!!
DAS HIGHLIGHT IST DER "RESTZUTATEN-FREESTYLE-MODUS"!!
PIZZA! PASTA!!
MAN MUSS IHN EINFACH NUR DEM KONSTRUKTIONSPLAN ENTSPRECHEND ZUSAMMENBAUEN!! ABER ES GIBT NICHT GENÜGEND TECHNIKER, DESHALB KANN ICH IHN NICHT IN MASSEN PRODUZIEREN!!!
ES IST ZUM HAAREAUSRAUFEN!!!
DASSELBE GILT FÜR DIE INSELKLIMAANLAGE!! WENN MAN DIE TEMPERATUR EINER INSEL STEUERN KANN, BEDEUTET DAS, MAN KANN AUCH DIE LEBENSWEISE IHRER BEWOHNER ÜBERWACHEN!!
WÜRDE MAN MEHR GELD INVESTIEREN, KÖNNTE MAN SOGAR DAS GESAMTE KLIMA MANIPULIEREN!!
DIE WELT HAT VIEL ZU WENIG TECHNIK, VIEL ZU WENIG GELDMITTEL!!!
DOWAMM
GROARRR
HAT SIE GERADE DAS HOLOGRAMM GESCHLAGEN?!!
BLAMM
BLAMM
BLAMM
BLAMM
WAFFELN! FRITTIERTE GARNELEN!
GANZ RICHTIG! DIESE "LICHT-DRUCK-HANDSCHUHE" REDUZIEREN LICHT NICHT AUF DIE OPTISCHE WAHRNEHMUNG.
HAL-LÖLE!
PAMM
VUMM
BEIM BERÜHREN NEHMEN MENSCHEN ...
... LICHT ALS MATERIE WAHR.
HÄ?! EXISTIERT SIE GAR NICHT?!!

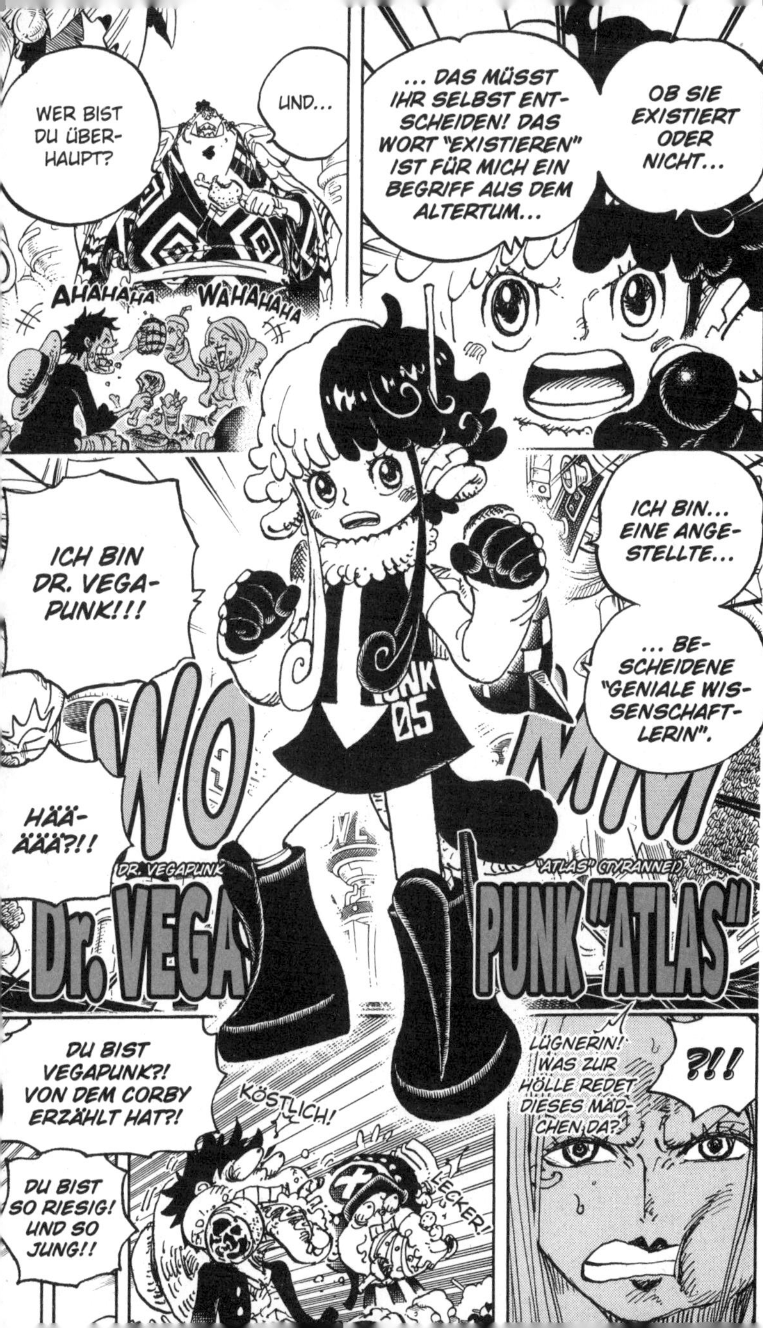
OB SIE EXISTIERT ODER NICHT...
... DAS MÜSST IHR SELBST ENTSCHEIDEN! DAS WORT "EXISTIEREN" IST FÜR MICH EIN BEGRIFF AUS DEM ALTERTUM...
UND...
WER BIST DU ÜBERHAUPT?
WAHAHAHA
AHAHAHA
ICH BIN... EINE ANGESTELLTE...
... BESCHEIDENE "GENIALE WISSENSCHAFTLERIN".
ICH BIN DR. VEGAPUNK!!!
WO
MM
HÄÄÄÄÄ?!!
"ATLAS" (TYRANNEI)
DR. VEGAPUNK
Dr. VEGAPUNK "ATLAS"
?!!
LÜGNERIN! WAS ZUR HÖLLE REDET DIESES MÄDCHEN DA?
DU BIST VEGAPUNK?! VON DEM CORBY ERZÄHLT HAT?!
KÖSTLICH!
LECKER!
DU BIST SO RIESIG! UND SO JUNG!!

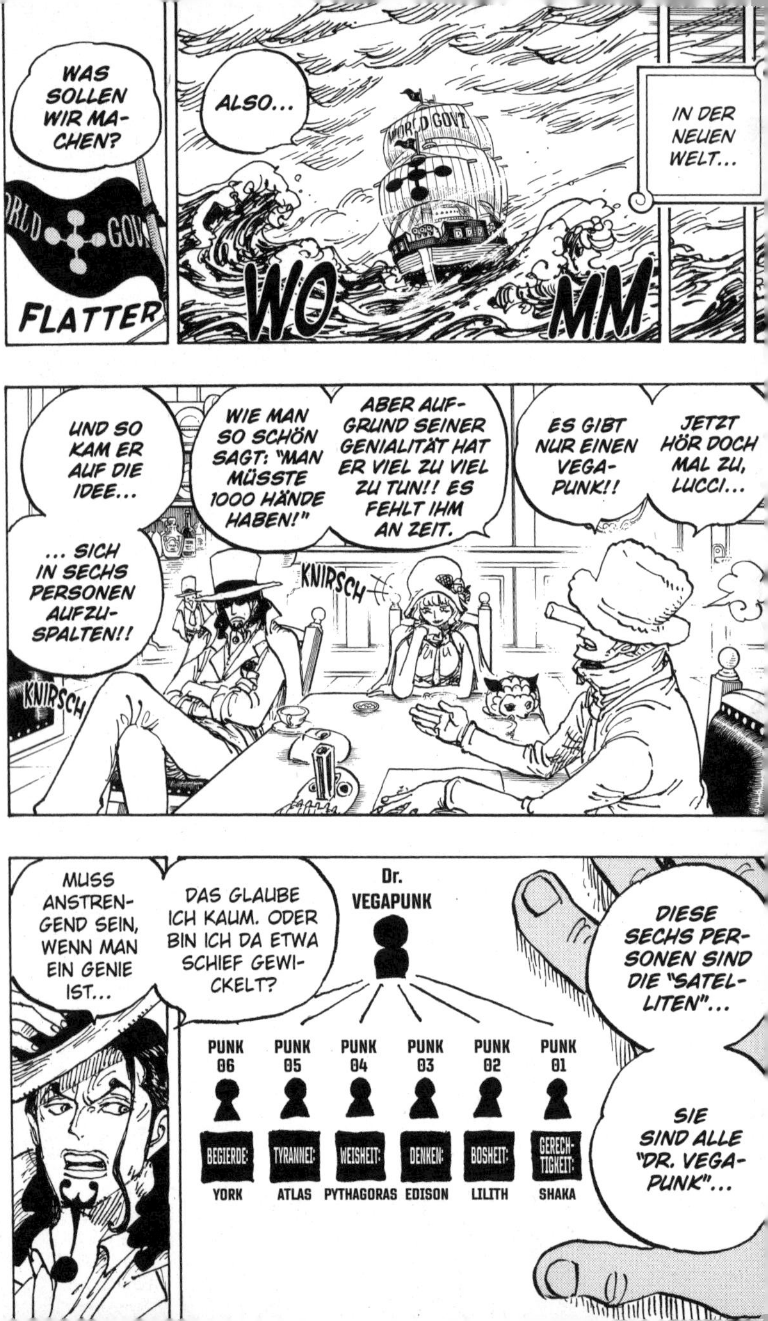
IN DER NEUEN WELT...
WO MM
ALSO...
WAS SOLLEN WIR MACHEN?
FLATTER
JETZT HÖR DOCH MAL ZU, LUCCI...
ES GIBT NUR EINEN VEGAPUNK!!
ABER AUFGRUND SEINER GENIALITÄT HAT ER VIEL ZU VIEL ZU TUN!! ES FEHLT IHM AN ZEIT.
KNIRSCH
WIE MAN SO SCHÖN SAGT: "MAN MÜSSTE 1000 HÄNDE HABEN!"
UND SO KAM ER AUF DIE IDEE...
... SICH IN SECHS PERSONEN AUFZUSPALTEN!!
KNIRSCH
DIESE SECHS PERSONEN SIND DIE "SATELLITEN"...
SIE SIND ALLE "DR. VEGAPUNK"...
Dr. VEGAPUNK
PUNK 01 GERECHTIGKEIT: SHAKA
PUNK 02 BOSHEIT: LILITH
PUNK 03 DENKEN: EDISON
PUNK 04 WEISHEIT: PYTHAGORAS
PUNK 05 TYRANNEI: ATLAS
PUNK 06 BEGIERDE: YORK
DAS GLAUBE ICH KAUM. ODER BIN ICH DA ETWA SCHIEF GEWICKELT?
MUSS ANSTRENGEND SEIN, WENN MAN EIN GENIE IST...

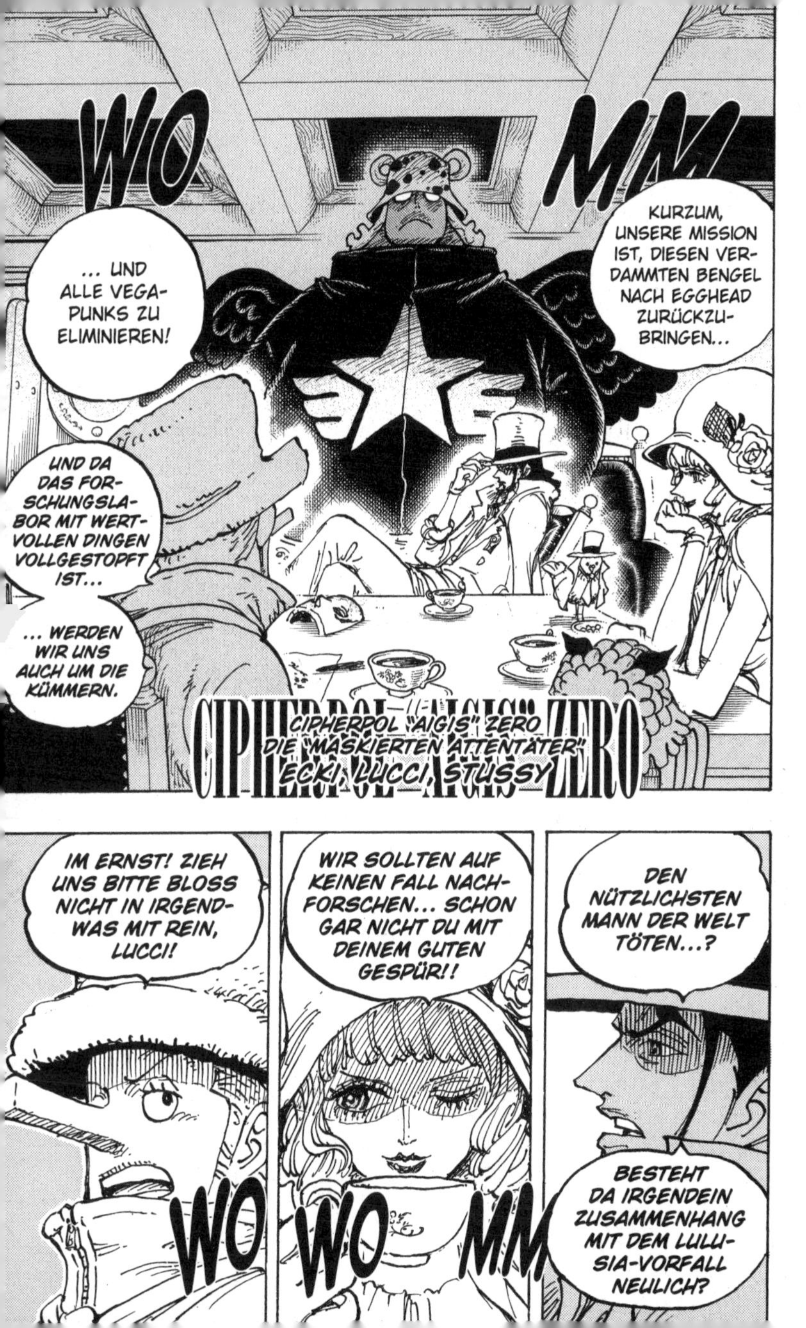
WO MM
KURZUM, UNSERE MISSION IST, DIESEN VERDAMMTEN BENGEL NACH EGGHEAD ZURÜCKZUBRINGEN...
... UND ALLE VEGAPUNKS ZU ELIMINIEREN!
UND DA DAS FORSCHUNGSLABOR MIT WERTVOLLEN DINGEN VOLLGESTOPFT IST...
... WERDEN WIR UNS AUCH UM DIE KÜMMERN.
CIPHERPOL "AIGIS" ZERO
CIPHERPOL "AIGIS" ZERO DIE "MASKIERTEN ATTENTÄTER" ECKI, LUCCI, STUSSY
DEN NÜTZLICHSTEN MANN DER WELT TÖTEN...?
BESTEHT DA IRGENDEIN ZUSAMMENHANG MIT DEM LULUSIA-VORFALL NEULICH?
WIR SOLLTEN AUF KEINEN FALL NACHFORSCHEN... SCHON GAR NICHT DU MIT DEINEM GUTEN GESPÜR!!
IM ERNST! ZIEH UNS BITTE BLOSS NICHT IN IRGENDWAS MIT REIN, LUCCI!
WO WO MM

O: ES WURDE SEHR VIEL NACH ZORROS ABSTAMMUNG GEFRAGT, UND DA ICH DAS IN DER STORY WOHL NICHT MEHR ERKLÄREN WERDE, GEBE ICH ES HIER BEKANNT.

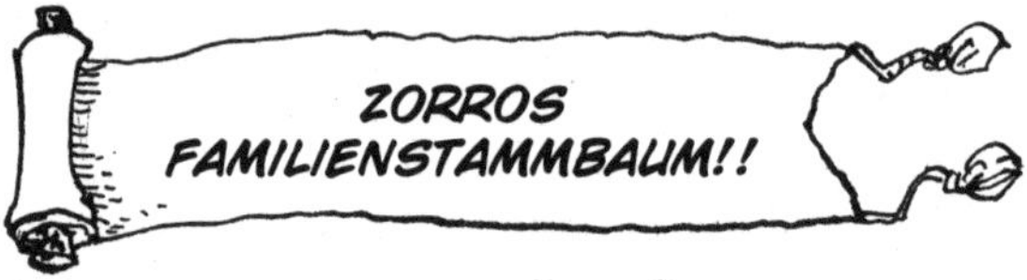

VOR 55 JAHREN SHIMOTSUKI KOZABURO SCHMIEDET

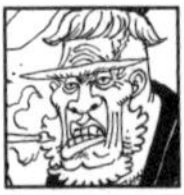

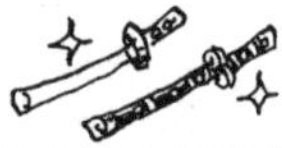

- WADO ICHMONJI
- ENMA (GESCHENK ZU ODENS 4. GEBURTSTAG)

- GEHT ZUSAMMEN MIT 25 ANDEREN AUFS MEER (EINGESCHLOSSEN USHIMARUS ÄLTERE SCHWESTER FURIKO UND ZIMMERMANN MINATOMO)

VOR 52 JAHREN

- KÄMPFEN GEGEN BERGBANDITEN, DIE EIN GEWISSES DORF IM EAST BLUE ÜBERFALLEN, UND BESIEGEN SIE
- ZEHN CREWMITGLIEDER LASSEN SICH DORT NIEDER UND GRÜNDEN DAS DORF SHIMOTSUKI.

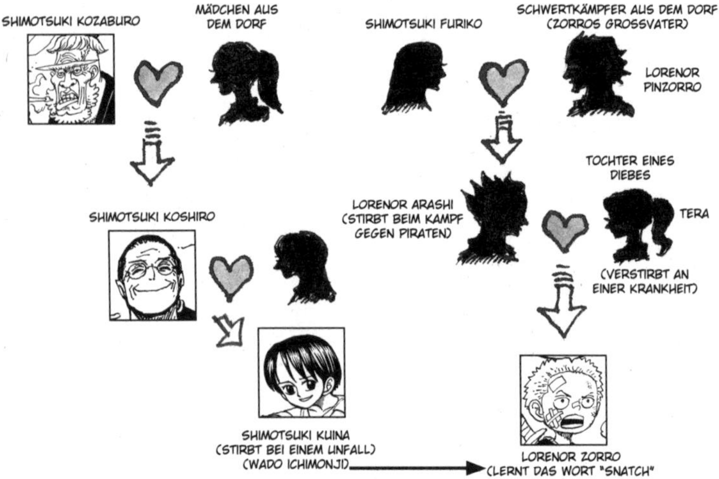

DER JÜNGERE BRUDER VON SHIMOTSUKI FURIKO, DIE AUF DEM SCHIFF MITFUHR, DAS WA NO KUNI VERLIESS, IST DER EHRENWERTE SAMURAI SHIMOTSUKI USHIMARU, DEM YAMATO IN IHRER KINDHEIT BEGEGNETE UND DER EHEMALS DAIMYO VON RINGO GEWESEN WAR. ER IST EIN

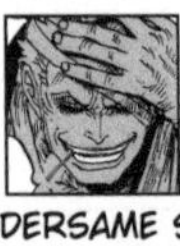

NACHFAHRE DES LEGENDÄREN SAMURAI SHIMOTSUKI RYUMA, DEN ZORRO AUF DER THRILLER BARK TRAF. WAS BEDEUTET, DASS…?!

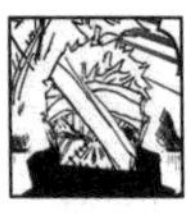

IN DIESEM SINNE! EINE SEHR, SEHR WUNDERSAME SCHICKSALSGESCHICHTE, VON DER ZORRO SELBST GAR NICHTS WEISS.

1063. Kapitel:
Mein einziger Angehöriger

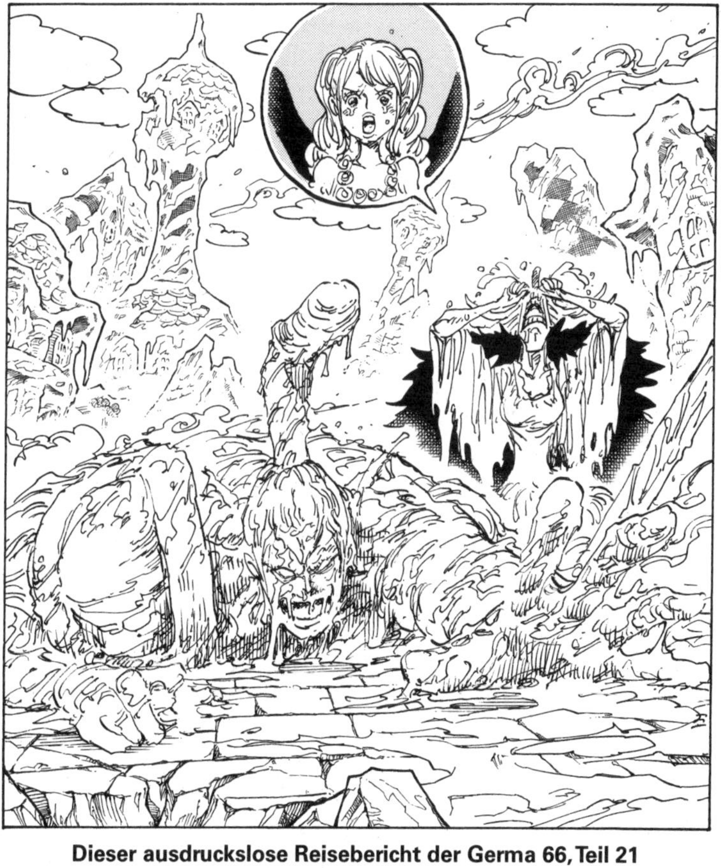

Dieser ausdruckslose Reisebericht der Germa 66, Teil 21
„Pudding wurde entführt!!“

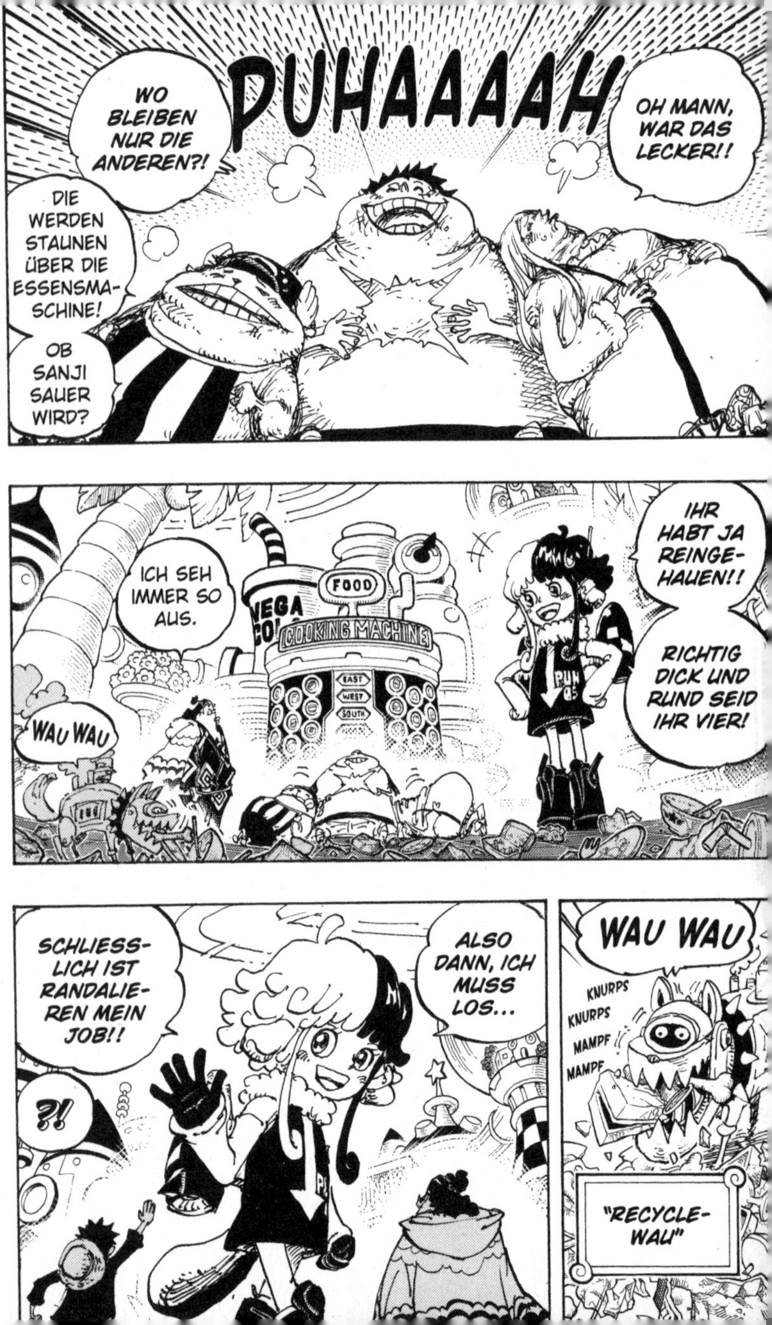
PUHAAAAAH
OH MANN, WAR DAS LECKER!!
WO BLEIBEN NUR DIE ANDEREN?!
DIE WERDEN STAUNEN ÜBER DIE ESSENSMA-SCHINE!
OB SANJI SAUER WIRD?
IHR HABT JA REINGE-HAUEN!!
RICHTIG DICK UND RUND SEID IHR VIER!
ICH SEH IMMER SO AUS.
FOOD
COOKING MACHINE
EAST
WEST
SOUTH
WAU WAU
WAU WAU
KNURPS
KNURPS
MAMPF
MAMPF
"RECYCLE-WAU"
ALSO DANN, ICH MUSS LOS...
SCHLIESS-LICH IST RANDALIE-REN MEIN JOB!!
?!

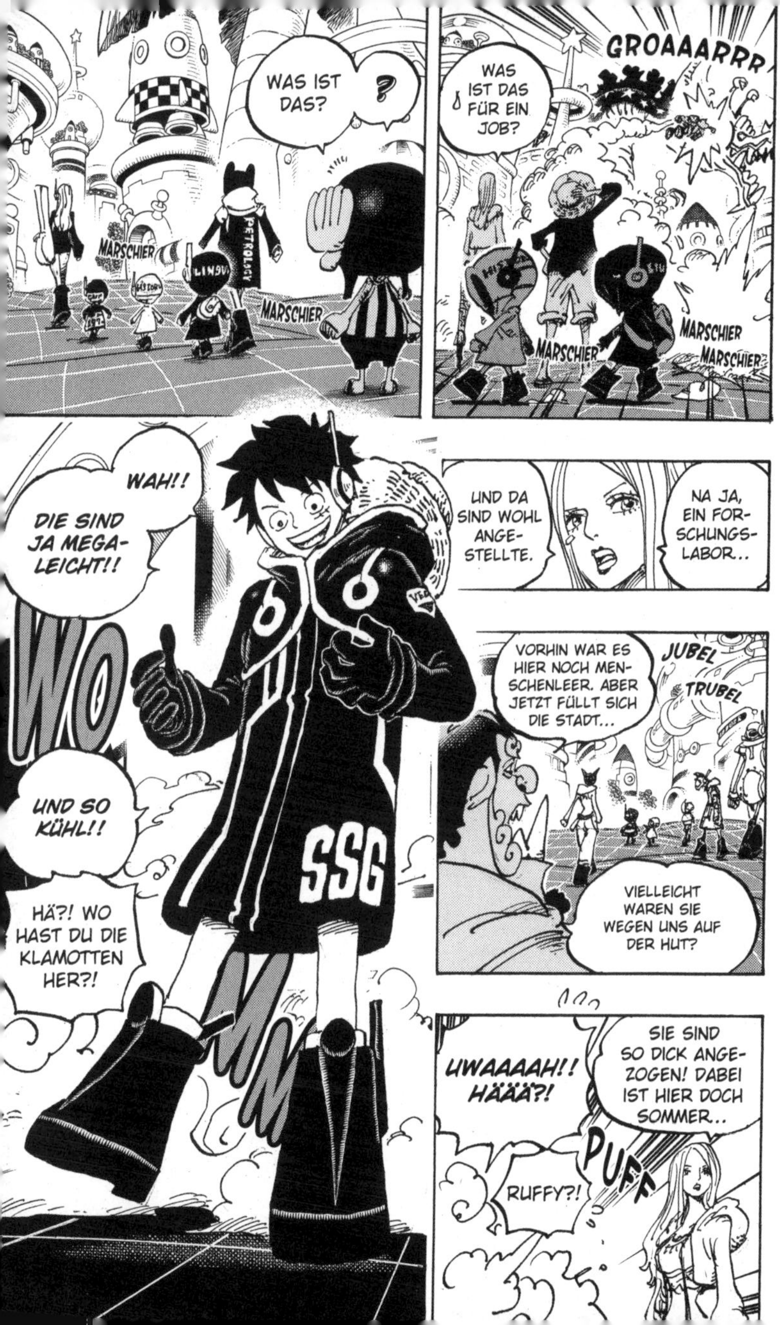
GROAAARRR
WAS IST DAS FÜR EIN JOB?
MARSCHIER
MARSCHIER
MARSCHIER
WAS IST DAS?
?
PETROLOGY
MARSCHIER
MARSCHIER
NA JA, EIN FORSCHUNGSLABOR...
UND DA SIND WOHL ANGESTELLTE.
JUBEL
TRUBEL
VORHIN WAR ES HIER NOCH MENSCHENLEER. ABER JETZT FÜLLT SICH DIE STADT...
VIELLEICHT WAREN SIE WEGEN UNS AUF DER HUT?
SIE SIND SO DICK ANGEZOGEN! DABEI IST HIER DOCH SOMMER...
UWAAAAH!! HÄÄÄ?!
PUFF
RUFFY?!
WAH!! DIE SIND JA MEGALEICHT!!
UND SO KÜHL!!
HÄ?! WO HAST DU DIE KLAMOTTEN HER?!
SSG

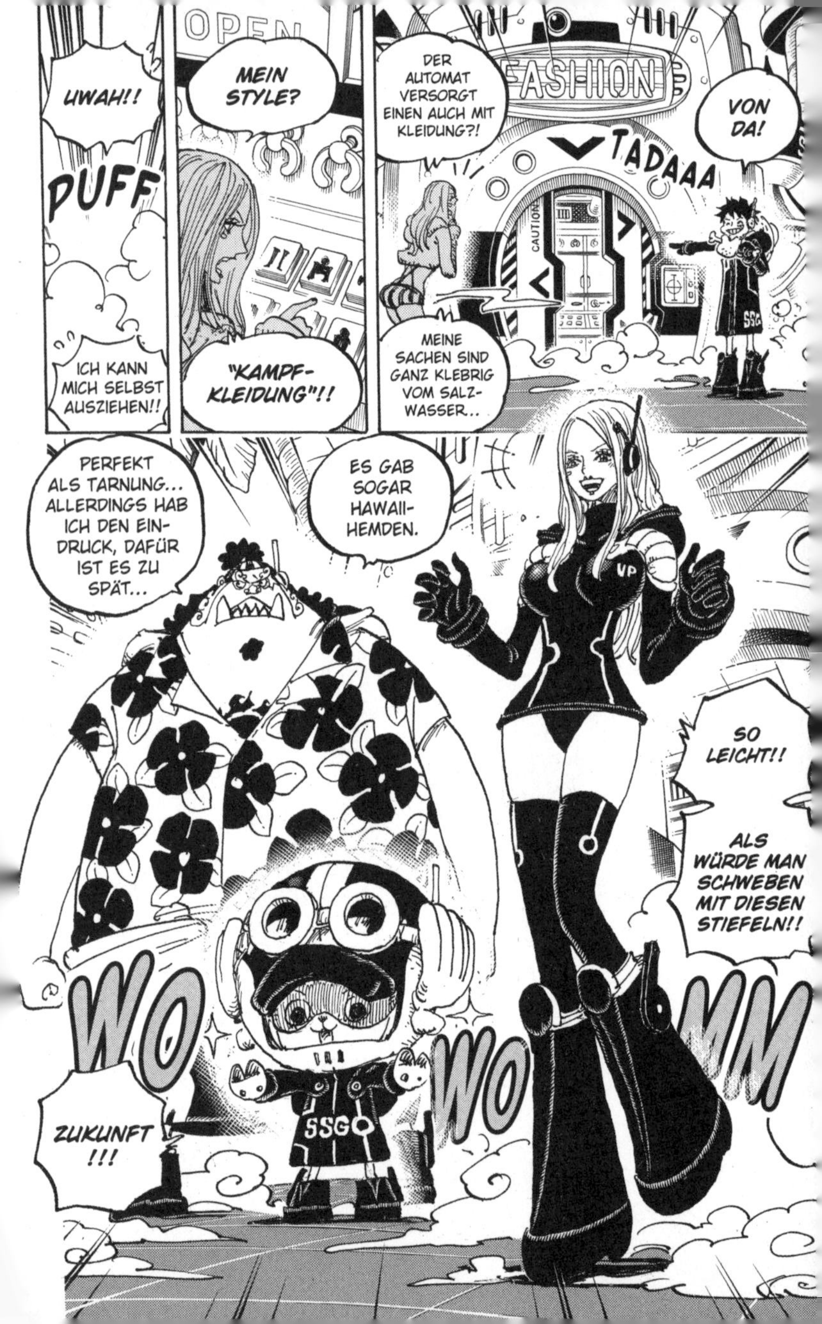

VON DA!
TADAAA
FASHION
CAUTION
DER AUTOMAT VERSORGT EINEN AUCH MIT KLEIDUNG?!
MEINE SACHEN SIND GANZ KLEBRIG VOM SALZ-WASSER...
OPEN
MEIN STYLE?
"KAMPF-KLEIDUNG"!!
UWAH!!
PUFF
ICH KANN MICH SELBST AUSZIEHEN!!
SO LEICHT!!
ALS WÜRDE MAN SCHWEBEN MIT DIESEN STIEFELN!!
ES GAB SOGAR HAWAII-HEMDEN.
PERFEKT ALS TARNUNG... ALLERDINGS HAB ICH DEN EIN-DRUCK, DAFÜR IST ES ZU SPÄT...
ZUKUNFT!!!
WOWOMM

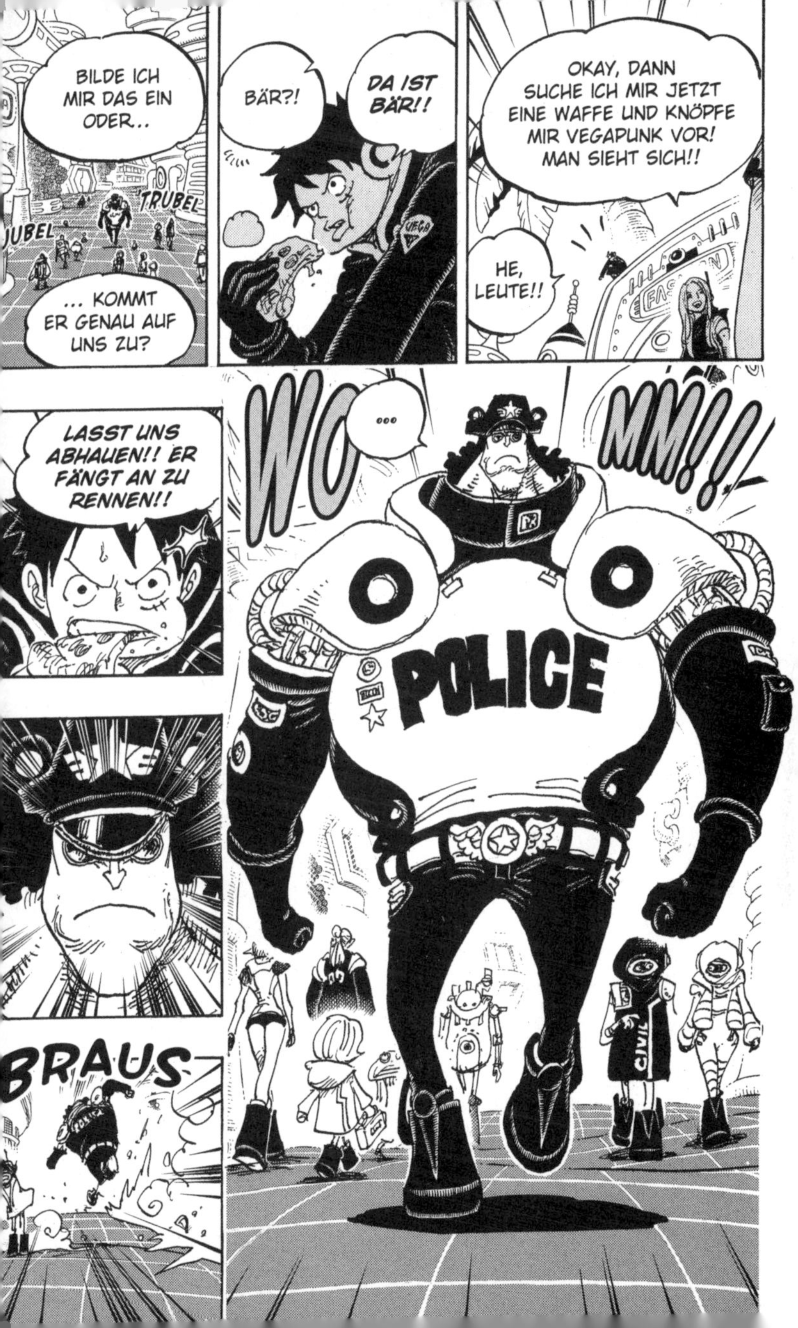
OKAY, DANN SUCHE ICH MIR JETZT EINE WAFFE UND KNÖPFE MIR VEGAPUNK VOR! MAN SIEHT SICH!!
HE, LEUTE!!
DA IST BÄR!!
BÄR?!
BILDE ICH MIR DAS EIN ODER...
TRUBEL
JUBEL
... KOMMT ER GENAU AUF UNS ZU?
WOMM!!
...
POLICE
LASST UNS ABHAUEN!! ER FÄNGT AN ZU RENNEN!!
BRAUS

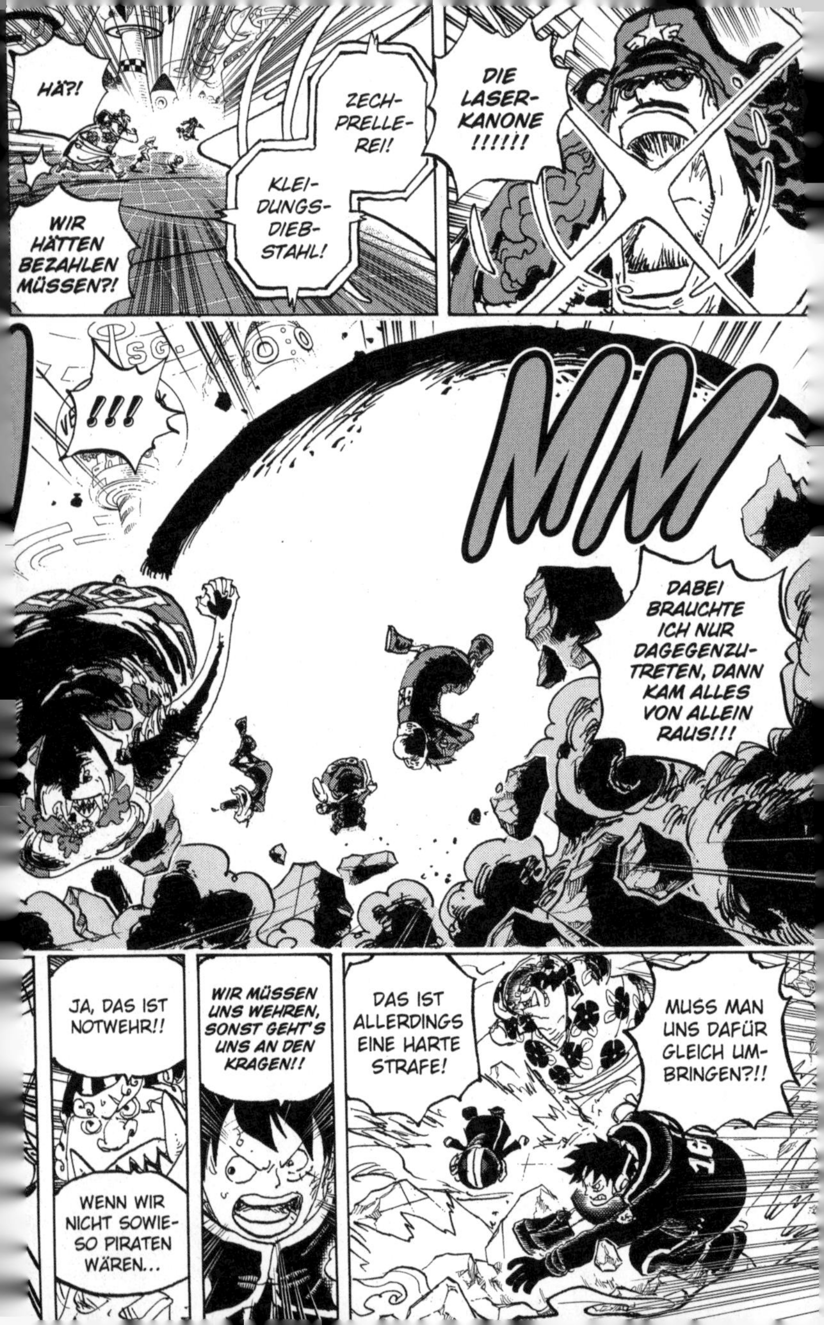
DIE LASER-KANONE!!!!!!
ZECH-PRELLE-REI!
KLEI-DUNGS-DIEB-STAHL!
HÄ?!
WIR HÄTTEN BEZAHLEN MÜSSEN?!
MM
DABEI BRAUCHTE ICH NUR DAGEGENZU-TRETEN, DANN KAM ALLES VON ALLEIN RAUS!!!
!!!
MUSS MAN UNS DAFÜR GLEICH UM-BRINGEN?!!
DAS IST ALLERDINGS EINE HARTE STRAFE!
WIR MÜSSEN UNS WEHREN, SONST GEHT'S UNS AN DEN KRAGEN!!
JA, DAS IST NOTWEHR!!
WENN WIR NICHT SOWIE-SO PIRATEN WÄREN...

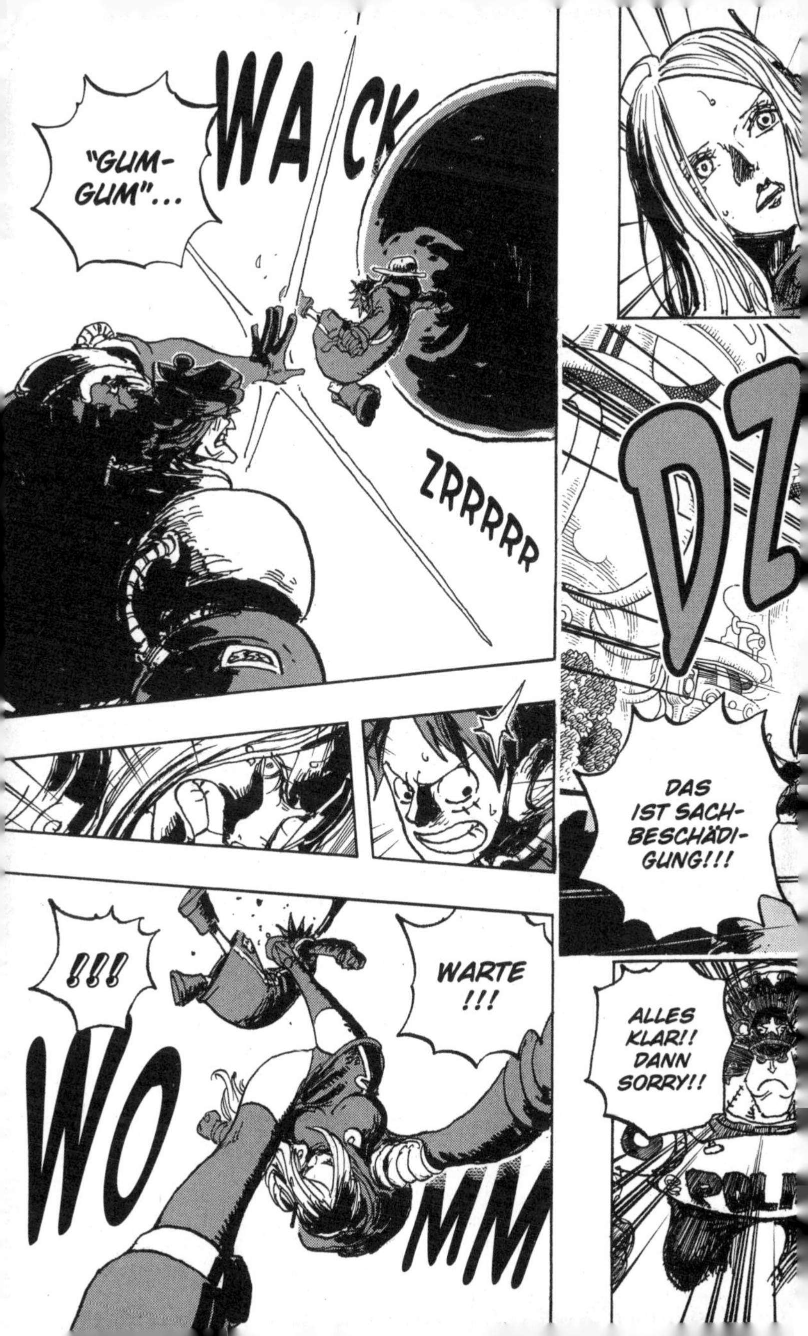
DZ
DAS IST SACHBESCHÄDIGUNG!!!
ALLES KLAR!! DANN SORRY!!
"GUM-GUM"...
WACK
ZRRRRRR
WARTE!!!
!!!
WOMM

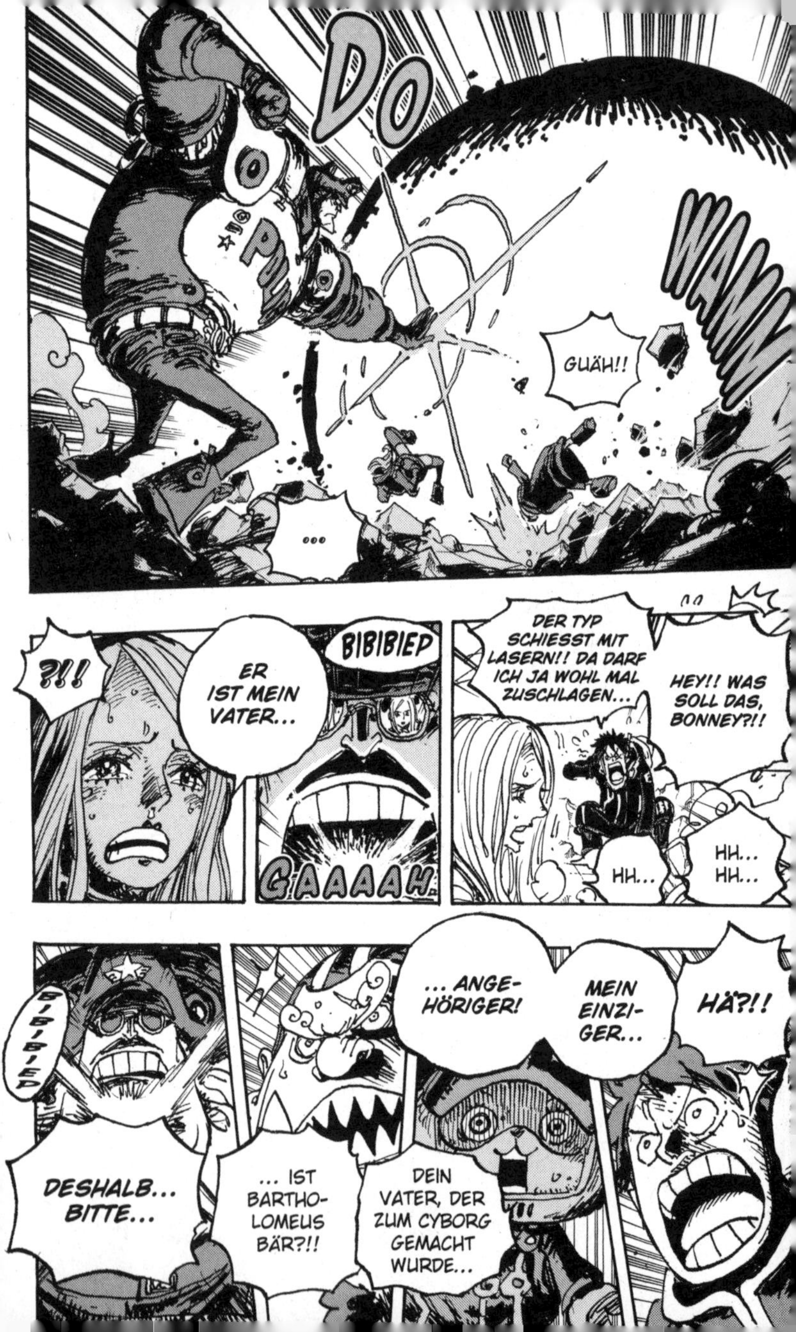
DO
WAMM
GUÄH!!
...
HEY!! WAS SOLL DAS, BONNEY?!!
DER TYP SCHIESST MIT LASERN!! DA DARF ICH JA WOHL MAL ZUSCHLAGEN...
HH... HH...
HH...
BIBIBIEP
GAAAAH
ER IST MEIN VATER...
?!!
HÄ?!!
MEIN EINZI-GER...
... ANGE-HÖRIGER!
DEIN VATER, DER ZUM CYBORG GEMACHT WURDE...
... IST BARTHO-LOMEUS BÄR?!!
BIBIBIEP
DESHALB... BITTE...

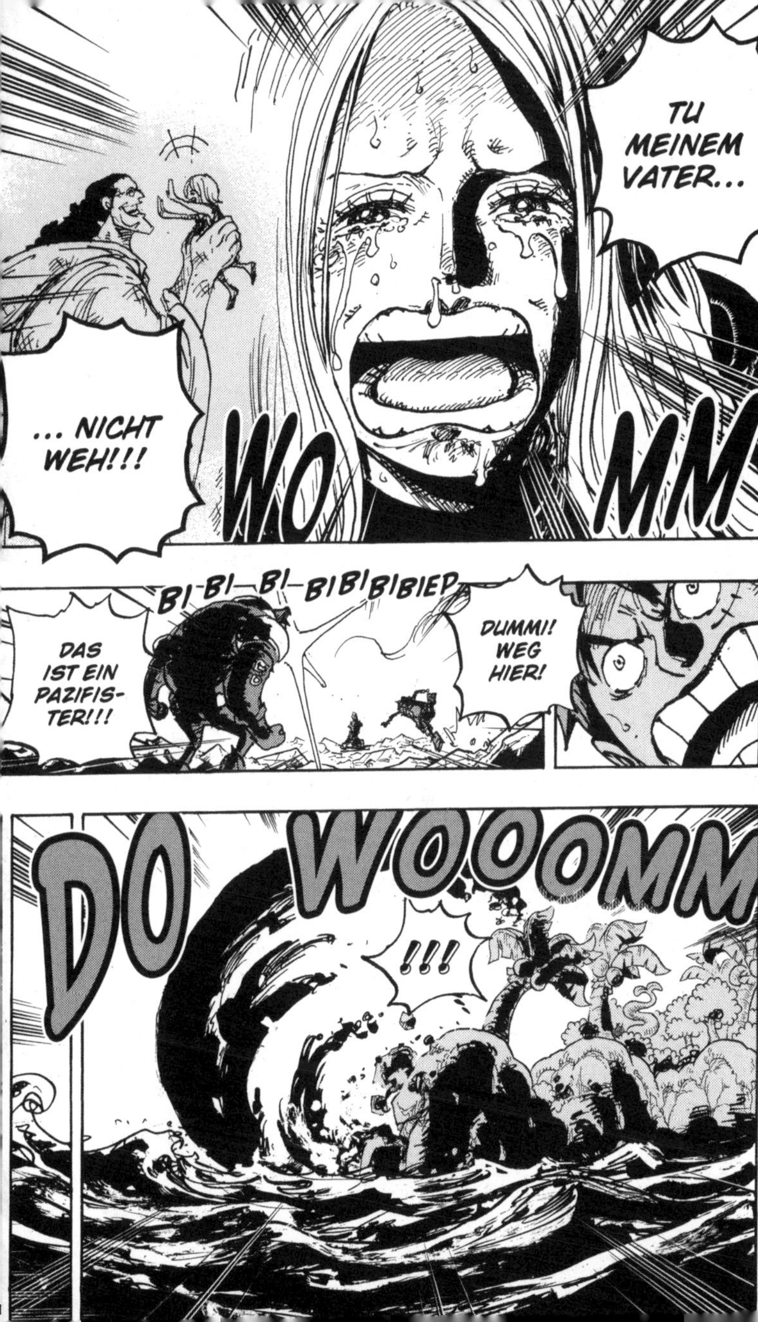

TU MEINEM VATER...
... NICHT WEH!!!
WOMM
DUMMI! WEG HIER!
BI-BI-BI-BIBIBIBIEP
DAS IST EIN PAZIFISTER!!!
DOWOOOMM
!!!

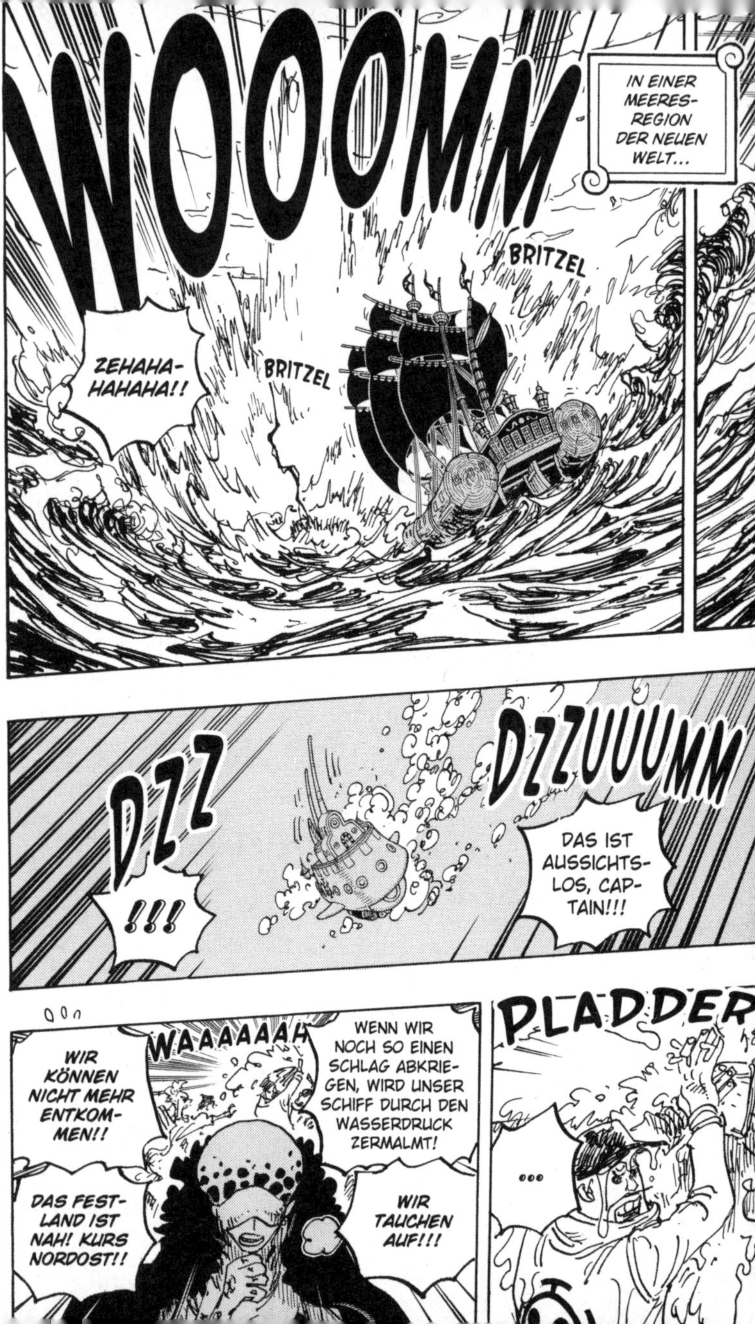
IN EINER MEERES-REGION DER NEUEN WELT...
WOOOMM
BRITZEL
BRITZEL
ZEHAHA-HAHAHA!!
DZZUUUMM
DAS IST AUSSICHTS-LOS, CAP-TAIN!!!
DZZ
!!!
PLADDER
...
WAAAAAAH
WENN WIR NOCH SO EINEN SCHLAG ABKRIE-GEN, WIRD UNSER SCHIFF DURCH DEN WASSERDRUCK ZERMALMT!
WIR KÖNNEN NICHT MEHR ENTKOM-MEN!!
WIR TAUCHEN AUF!!!
DAS FEST-LAND IST NAH! KURS NORDOST!!

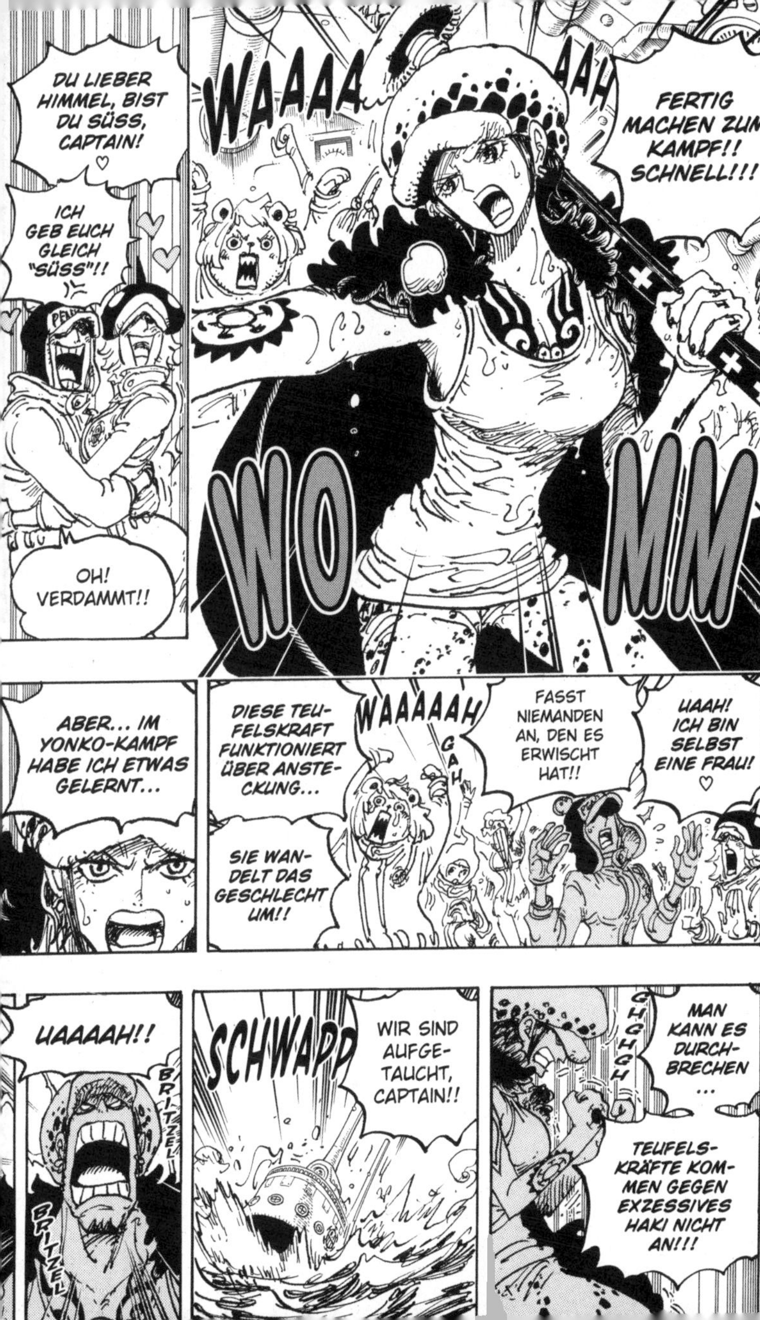
WAAAA AAH
FERTIG MACHEN ZUM KAMPF!! SCHNELL!!!
WOMM
DU LIEBER HIMMEL, BIST DU SÜSS, CAPTAIN! ♡
ICH GEB EUCH GLEICH "SÜSS"!!
OH! VERDAMMT!!
UAAH! ICH BIN SELBST EINE FRAU! ♡
FASST NIEMANDEN AN, DEN ES ERWISCHT HAT!!
WAAAAAH
GAH
DIESE TEUFELSKRAFT FUNKTIONIERT ÜBER ANSTECKUNG...
SIE WANDELT DAS GESCHLECHT UM!!
ABER... IM YONKO-KAMPF HABE ICH ETWAS GELERNT...
MAN KANN ES DURCHBRECHEN...
GHGHGH
TEUFELSKRÄFTE KOMMEN GEGEN EXZESSIVES HAKI NICHT AN!!!
WIR SIND AUFGETAUCHT, CAPTAIN!!
SCHWAPP
UAAAAH!!
BRITZEL
BRITZEL

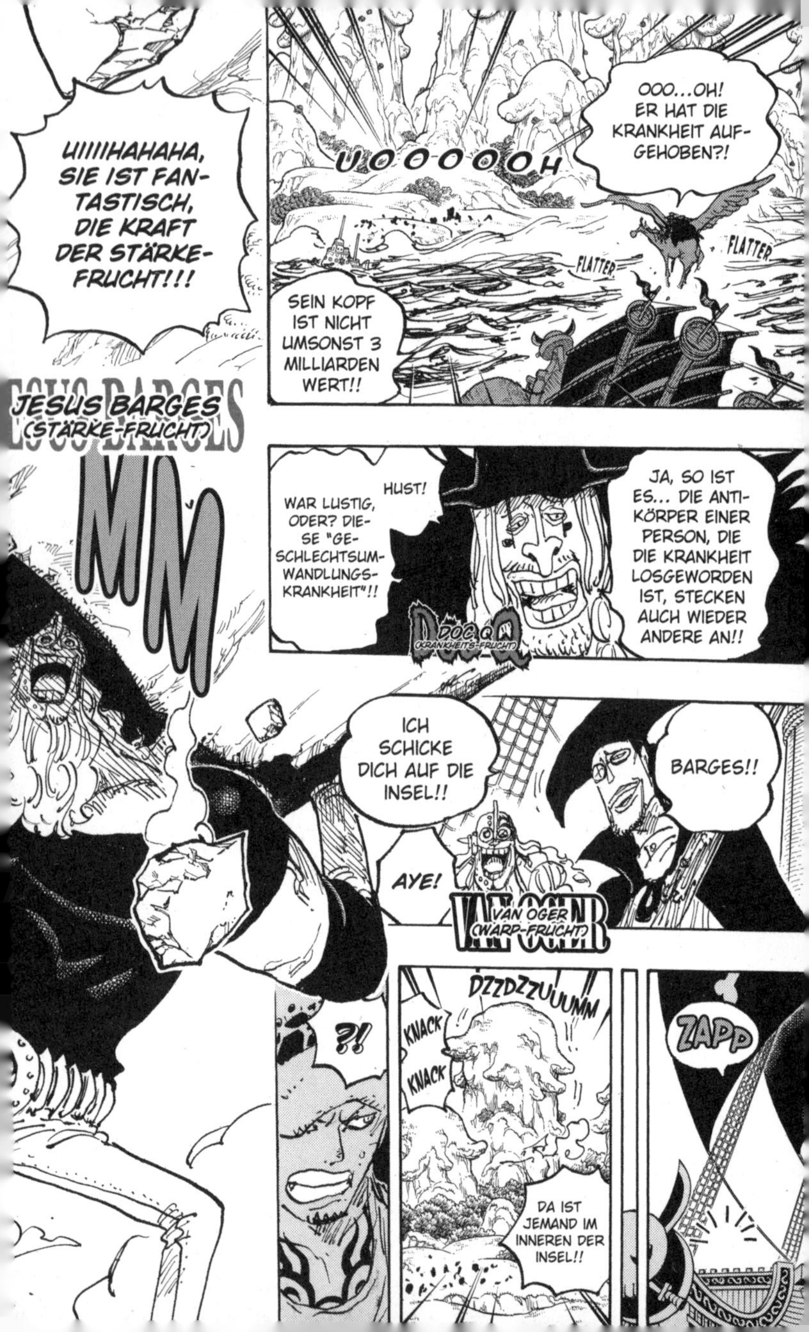
OOO...OH! ER HAT DIE KRANKHEIT AUF-GEHOBEN?!
UOOOOOOH
FLATTER
FLATTER
SEIN KOPF IST NICHT UMSONST 3 MILLIARDEN WERT!!
UIIIIHAHAHA, SIE IST FANTASTISCH, DIE KRAFT DER STÄRKE-FRUCHT!!!
JESUS BARGES (STÄRKE-FRUCHT)
MM
JA, SO IST ES... DIE ANTIKÖRPER EINER PERSON, DIE DIE KRANKHEIT LOSGEWORDEN IST, STECKEN AUCH WIEDER ANDERE AN!!
HUST!
WAR LUSTIG, ODER? DIESE "GESCHLECHTSUMWANDLUNGSKRANKHEIT"!!
DOC Q (KRANKHEITS-FRUCHT)
BARGES!!
ICH SCHICKE DICH AUF DIE INSEL!!
AYE!
VAN OGER (WARP-FRUCHT)
ZAPP
DZZDZZUUUMM
KNACK
KNACK
DA IST JEMAND IM INNEREN DER INSEL!!
?!

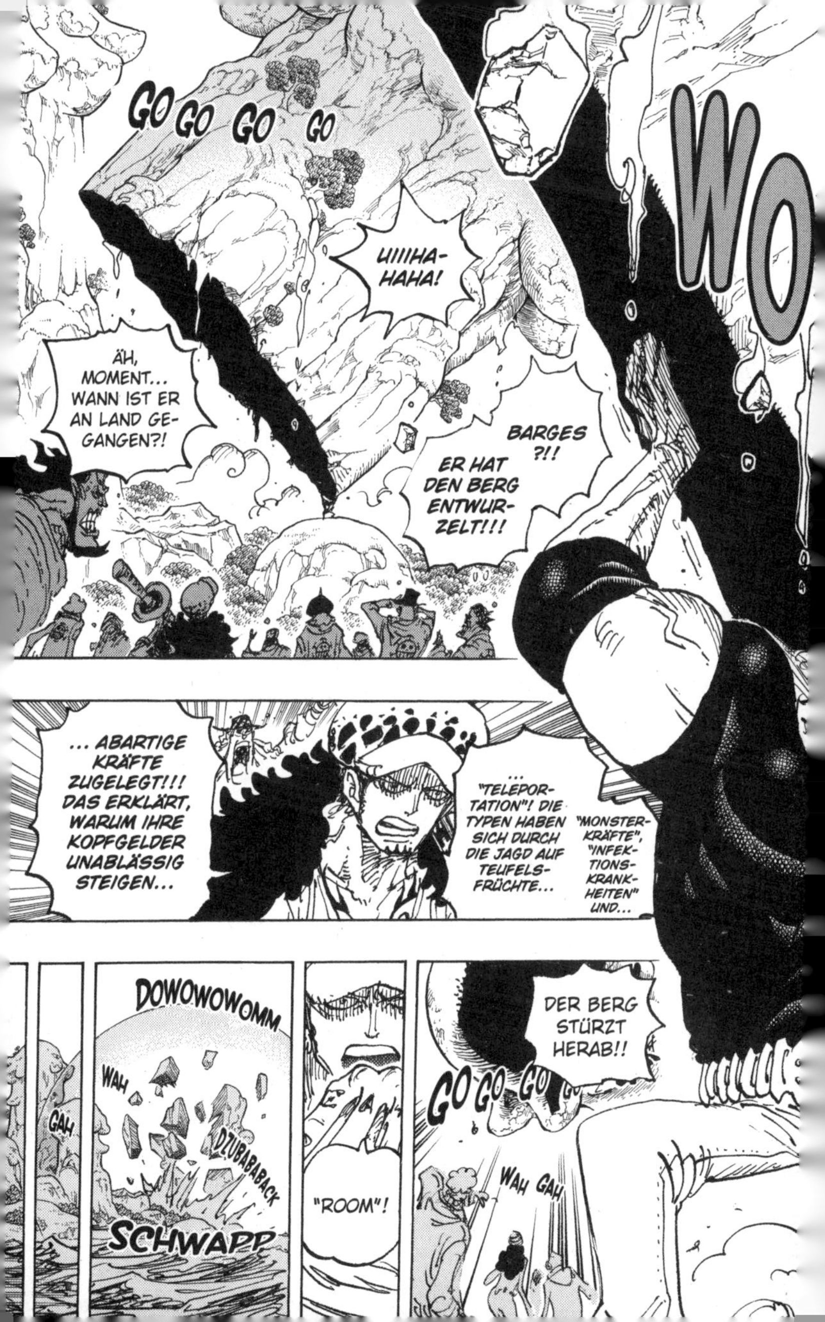

WO
GO GO GO GO
UIIIHA-HAHA!
BARGES ?!!
ER HAT DEN BERG ENTWURZELT!!!
ÄH, MOMENT... WANN IST ER AN LAND GEGANGEN?!
"MONSTERKRÄFTE", "INFEKTIONSKRANKHEITEN" UND...
... "TELEPORTATION"! DIE TYPEN HABEN SICH DURCH DIE JAGD AUF TEUFELSFRÜCHTE...
... ABARTIGE KRÄFTE ZUGELEGT!!! DAS ERKLÄRT, WARUM IHRE KOPFGELDER UNABLÄSSIG STEIGEN...
DER BERG STÜRZT HERAB!!
GO GO GO GO
WAH GAH
"ROOM"!
DOWOWOWOMM
WAH
DZUBABABACK
SCHWAPP
GAH

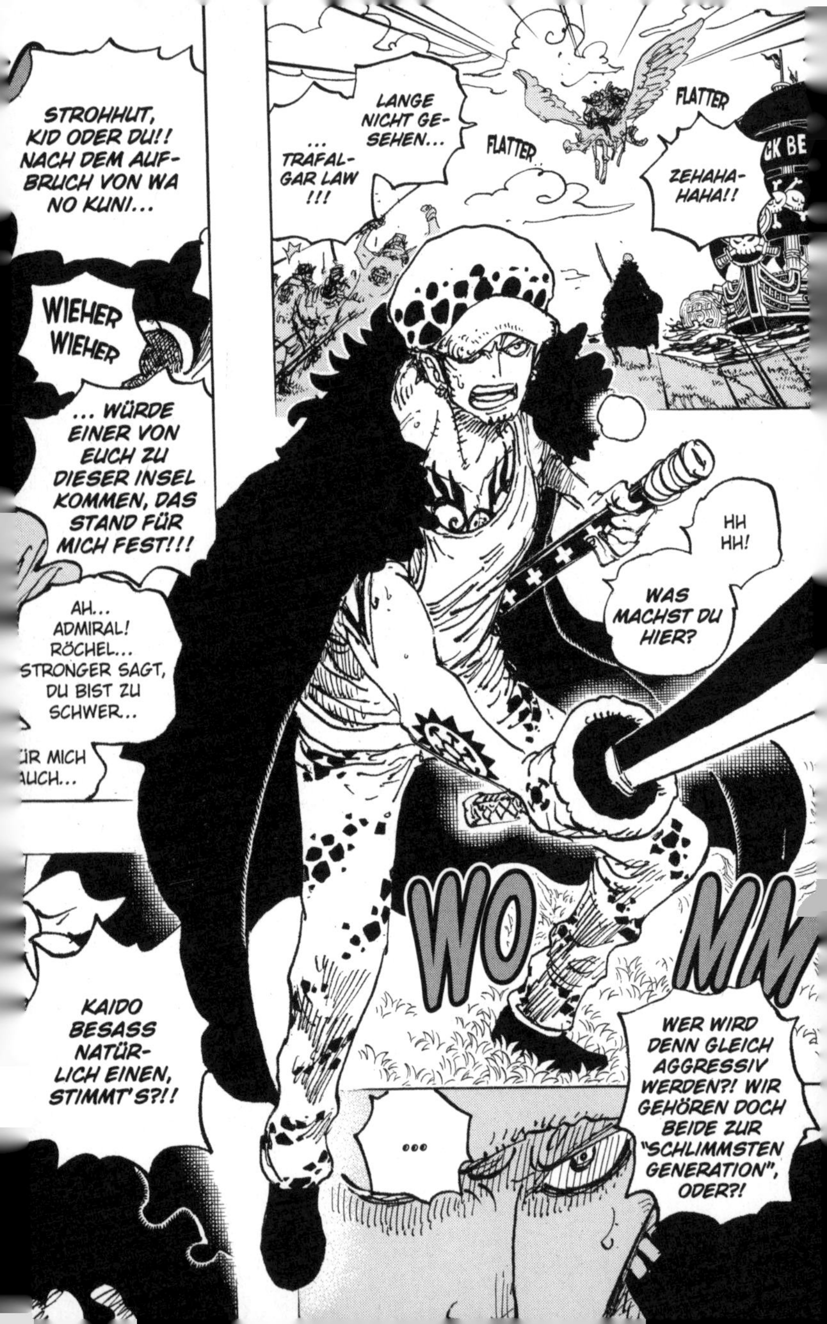
ZEHAHAHAHA!!
FLATTER
FLATTER
LANGE NICHT GESEHEN...
... TRAFALGAR LAW !!!
STROHHUT, KID ODER DU!! NACH DEM AUFBRUCH VON WA NO KUNI...
WIEHER WIEHER
... WÜRDE EINER VON EUCH ZU DIESER INSEL KOMMEN, DAS STAND FÜR MICH FEST!!!
HH HH!
WAS MACHST DU HIER?
AH... ADMIRAL! RÖCHEL... STRONGER SAGT, DU BIST ZU SCHWER...
ÜR MICH AUCH...
WO MM
WER WIRD DENN GLEICH AGGRESSIV WERDEN?! WIR GEHÖREN DOCH BEIDE ZUR "SCHLIMMSTEN GENERATION", ODER?!
...
KAIDO BESASS NATÜRLICH EINEN, STIMMT'S?!!

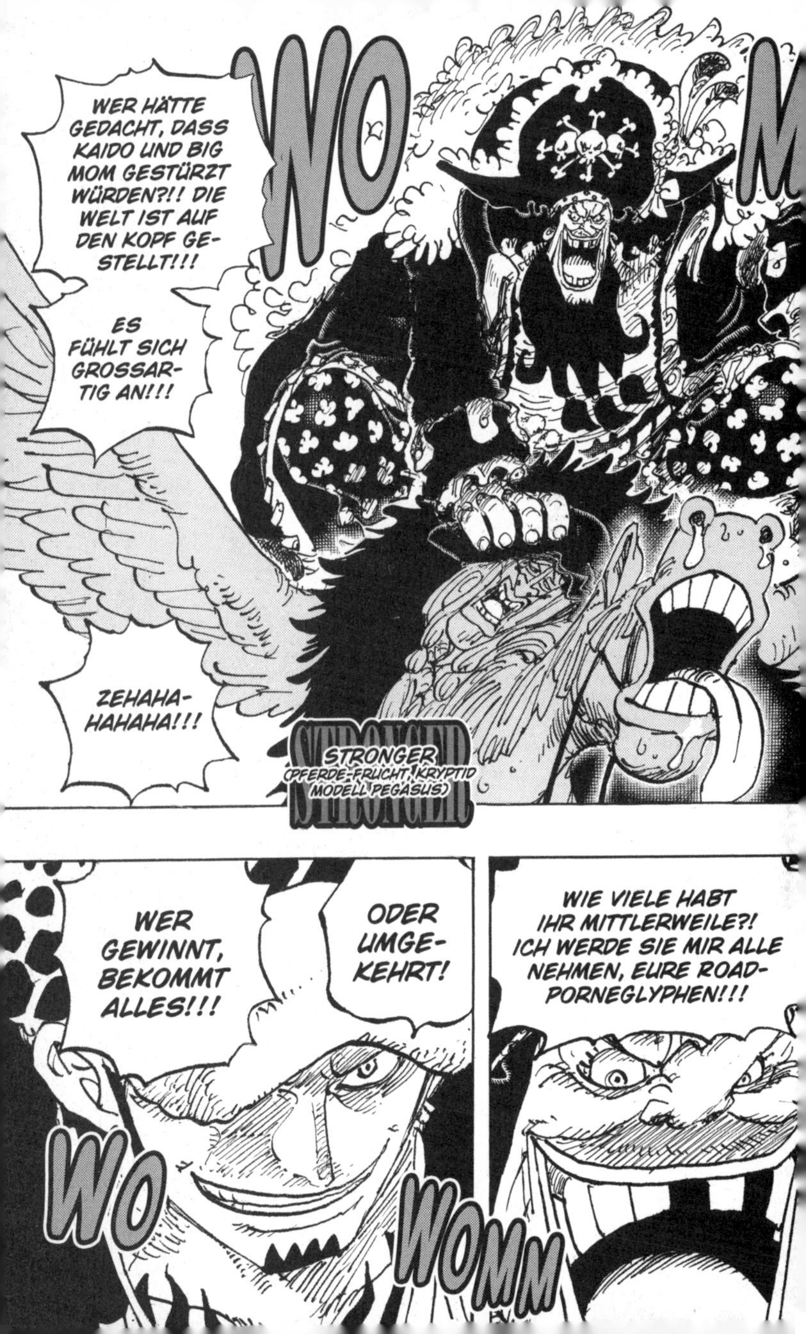
WO
M
WER HÄTTE GEDACHT, DASS KAIDO UND BIG MOM GESTÜRZT WÜRDEN?!! DIE WELT IST AUF DEN KOPF GESTELLT!!!
ES FÜHLT SICH GROSSARTIG AN!!!
ZEHAHAHAHAHA!!!
STRONGER (PFERDE-FRUCHT, KRYPTID MODELL PEGASUS)
WIE VIELE HABT IHR MITTLERWEILE?! ICH WERDE SIE MIR ALLE NEHMEN, EURE ROAD-PORNEGLYPHEN!!!
WER GEWINNT, BEKOMMT ALLES!!!
ODER UMGEKEHRT!
WO
WOMM

FANPOSTSEITE

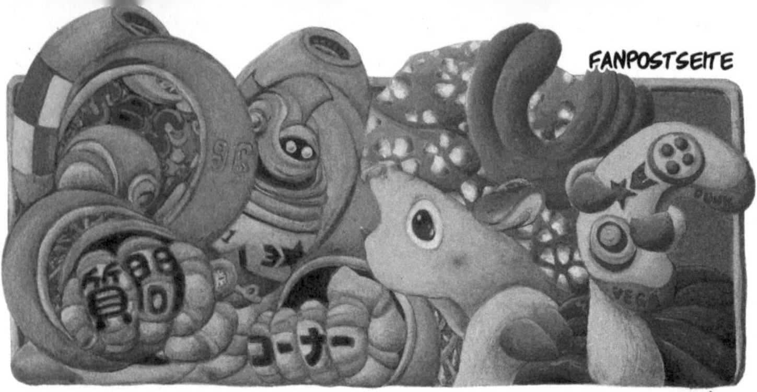

L: WAS PASSIERT, WENN KAIDO EINE UMEBOSHI ISST?
PSEUDONYM: JUNYA

O: SO ->

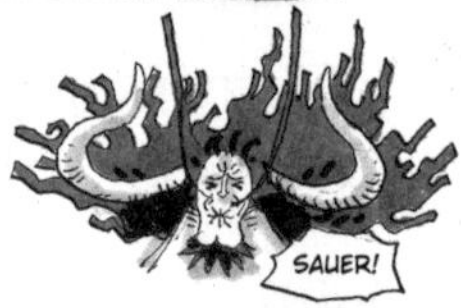

L: ICH HAB EINE ERNSTHAFTE FRAGE. ES GIBT BEI "ONE PIECE" ZWAR BUSENBLITZER, ABER KEINE HÖSCHENBLITZER. GIBT ES SO WAS WIE EINEN GRUND ODER EINE POLITIK, WARUM SIE KEINE ZEICHNEN?
PSEUDONYM: HÖSCHENBLITZERGOTT

O: NUN JA... ES INTERESSIERT MICH EINFACH NICHT. HAHA. SEIT MEINER KINDHEIT HABE ICH IN MANGA JEDE MENGE FANSERVICE-SZENEN GESEHEN, ABER ICH FINDE IRGENDWIE, DIE WEIBLICHEN CHARAKTERE WERDEN DADURCH SO PASSIV DARGESTELLT... DESHALB DACHTE ICH, DASS DER "HAPPINESS PUNCH", BEI DEM NAMI VON SICH AUS ZEIGT, WAS SIE ZEIGEN WILL, EINE REVOLUTION DER HELDINNENFIGUR SEIN KÖNNTE.

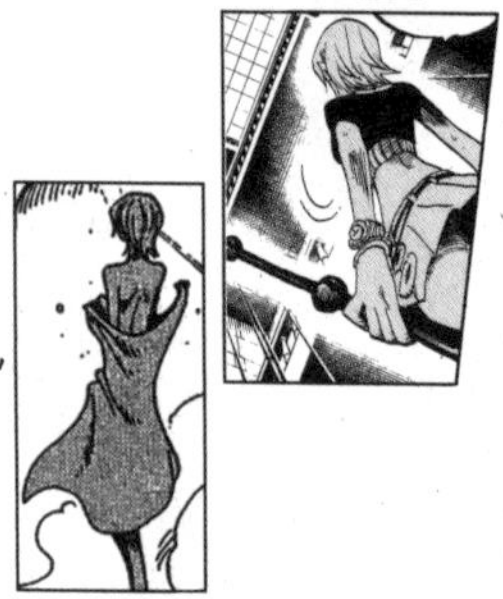

L: ODA-CHIN, STAMMT DIE IDEE FÜR DIE TECHNIK "KAEN DAIKO" IM 1048. KAPITEL VON DEM STÜCK "KAEN DAIKO", WELCHES EIN TYPISCHER VERTRETER DES RAKUGO-THEATERS DER SHOWA-ZEIT IST?
PSEUDONYM: SHINNOSUKE

O: JA! GANZ GENAU! INTERESSIERT EUCH WAHRSCHEINLICH HERZLICH WENIG! HAHA! MOMENTAN KOMMT DER RAKUGO-MANGA "AKANEBANASHI" IN DER "JUMP" SEHR GUT AN. ER IST ECHT LUSTIG!

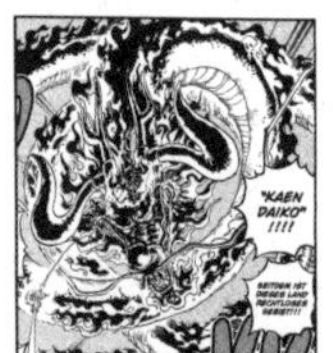

L: ODA-SAN! IST DAS MODELL FÜR DEN BEBRILLTEN MANN, DER IN KAPITEL 1052 IN DER TEMPELSCHULE UNTERRICHTET, WOMÖGLICH TORAZO HIROSAWA? ICH HABE DAS GEFÜHL, DASS SIE VOR LANGER ZEIT MAL IM RADIO GESAGT HABEN, DASS SIE IHN MÖGEN...
PSEUDONYM: NEGIZAIRU

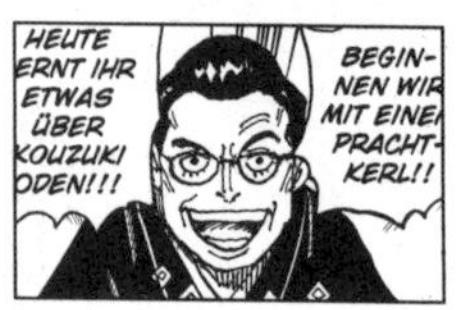

O: RICHTIG!! DAS IST JETZT NOCH NERDIGER ALS RAKUGO, ABER JA, ES STIMMT!! RAKUGO, VOLKSTÜMLICHE BALLADEN UND GESCHICHTEN, SAMURAI-DRAMEN! IN WA NO KUNI HABE ICH MEINEM PERSÖNLICHEN GESCHMACK VOLLEN LAUF GELASSEN!! PLEPLENG!! OKAY! DAS WAR'S FÜR DIESES MAL MIT DER FPS!! WIR SEHEN UNS IM NÄCHSTEN BAND!!

1064. Kapitel:
Eggheads Labophase

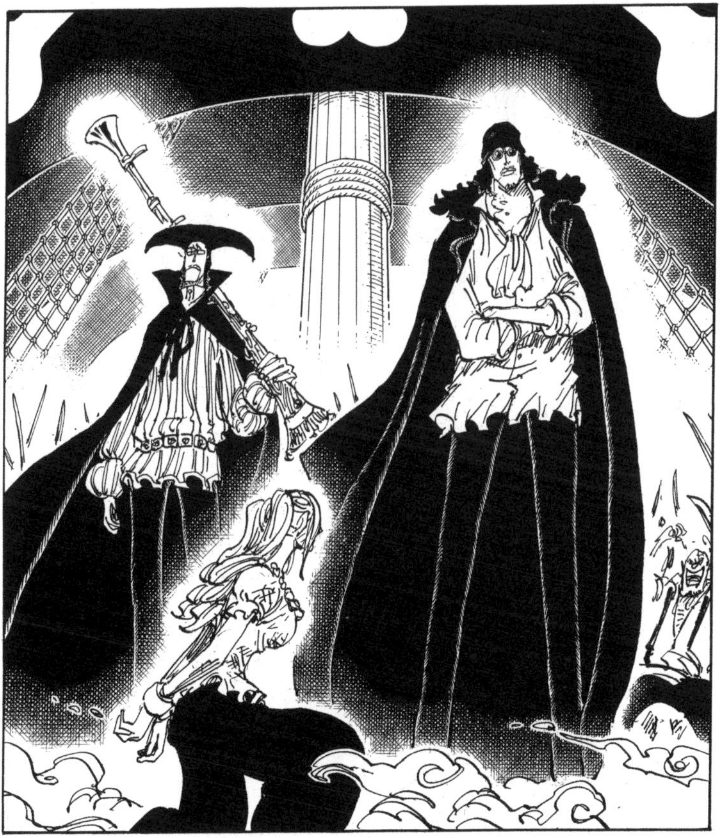

Dieser ausdruckslose Reisebericht der Germa 66, Teil 22
„Kuzan und Oger von der Blackbeard-Piratenbande!!"

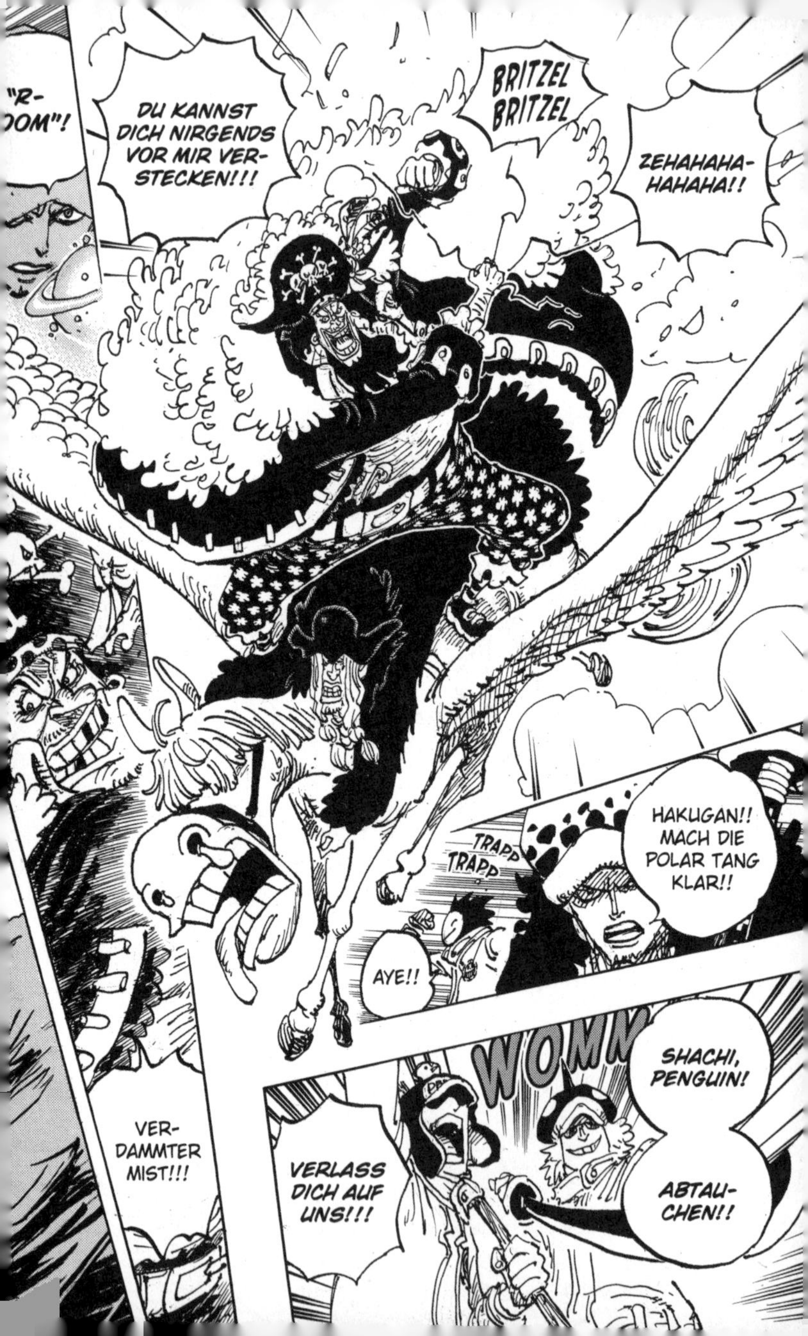

ZEHAHAHA-HAHAHA!!
BRITZEL BRITZEL
DU KANNST DICH NIRGENDS VOR MIR VER-STECKEN!!!
"R-
OOM"!
HAKUGAN!! MACH DIE POLAR TANG KLAR!!
TRAPP TRAPP
AYE!!
VER-DAMMTER MIST!!!
WOMM
SHACHI, PENGUIN!
ABTAU-CHEN!!
VERLASS DICH AUF UNS!!!

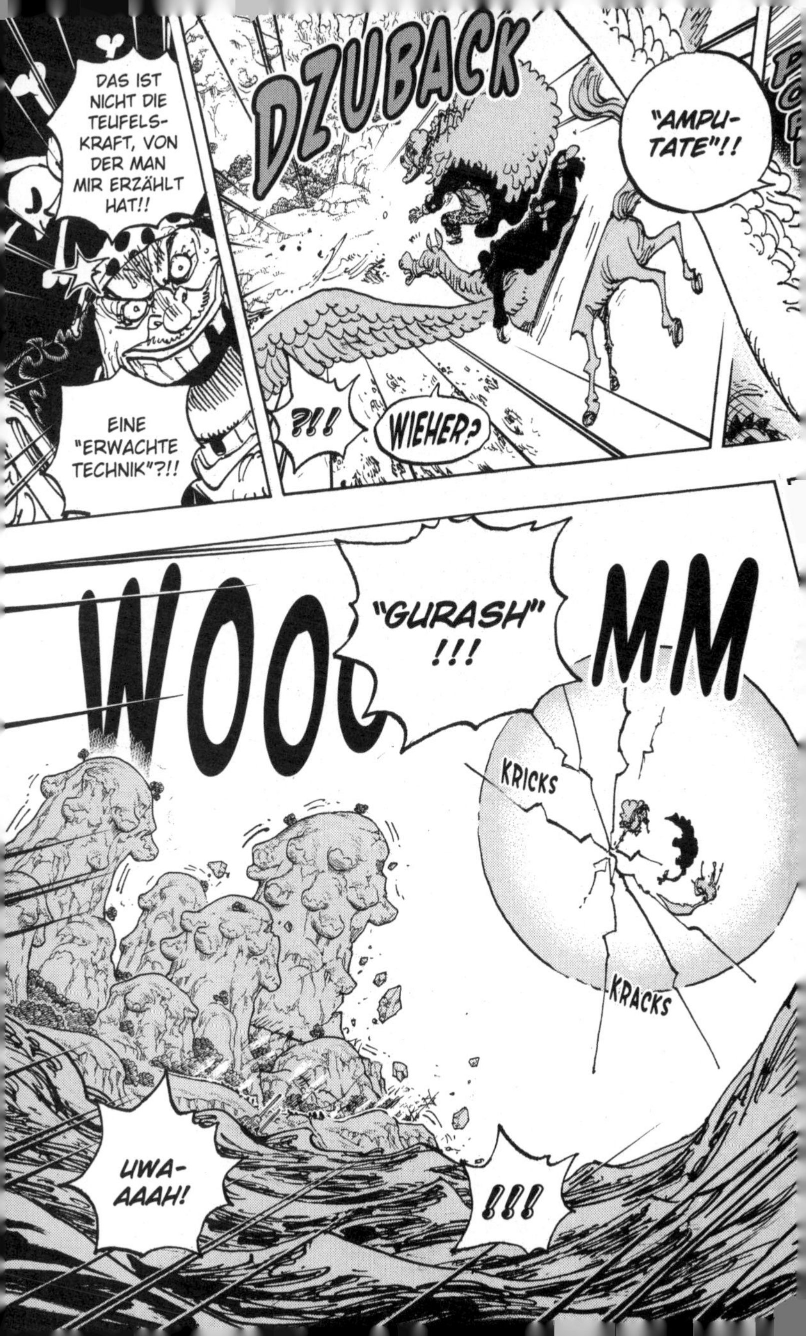
"AMPUTATE"!!
DZUBACK
DAS IST NICHT DIE TEUFELSKRAFT, VON DER MAN MIR ERZÄHLT HAT!!
EINE "ERWACHTE TECHNIK"?!!
WIEHER?
?!!
"GURASH" !!!
WOOO
MM
KRICKS
KRACKS
!!!
UWA-AAAH!

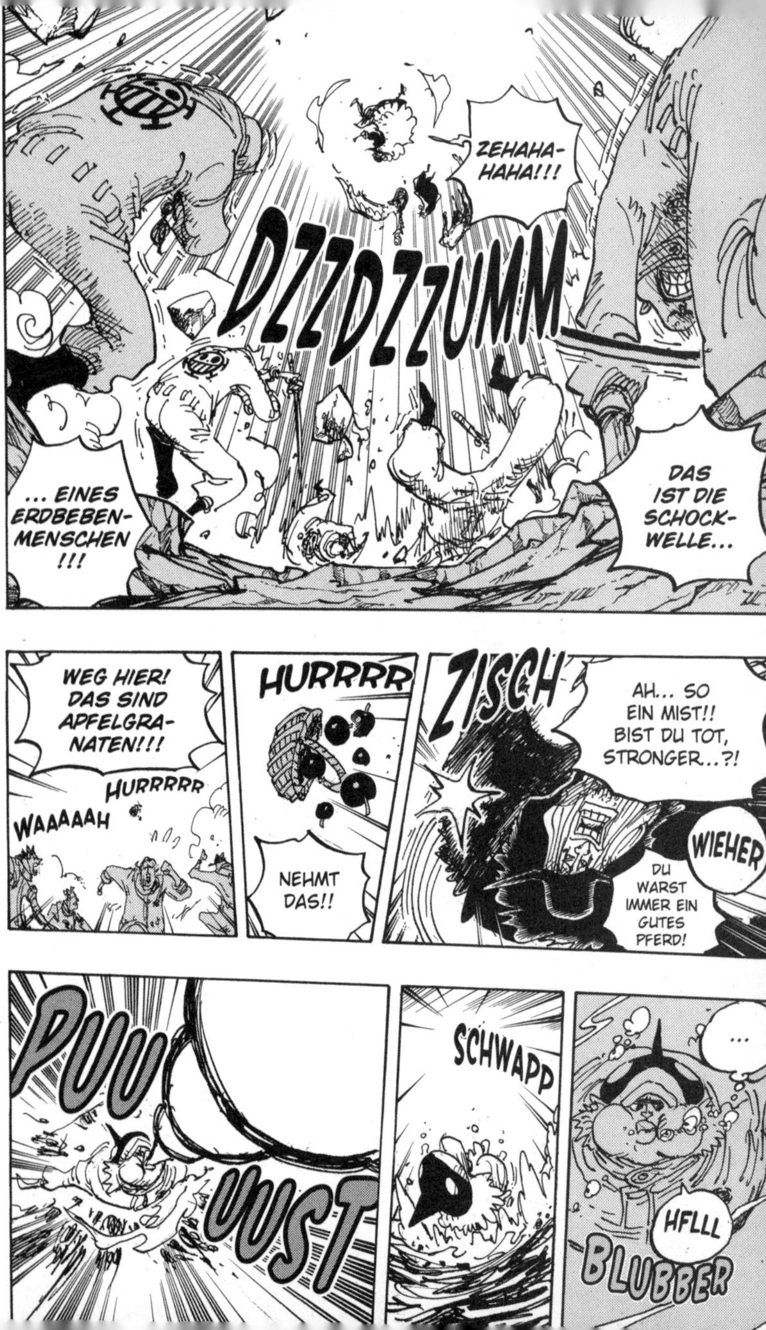
ZEHAHA-HAHA!!!
DZZDZZUMM
DAS IST DIE SCHOCK-WELLE...
... EINES ERDBEBEN-MENSCHEN !!!
ZISCH
AH... SO EIN MIST!! BIST DU TOT, STRONGER...?!
WIEHER
DU WARST IMMER EIN GUTES PFERD!
HURRRR
NEHMT DAS!!
WEG HIER! DAS SIND APFELGRA-NATEN!!!
HURRRRR
WAAAAAH
...
HFLLL
BLUBBER
SCHWAPP
PUUUUST

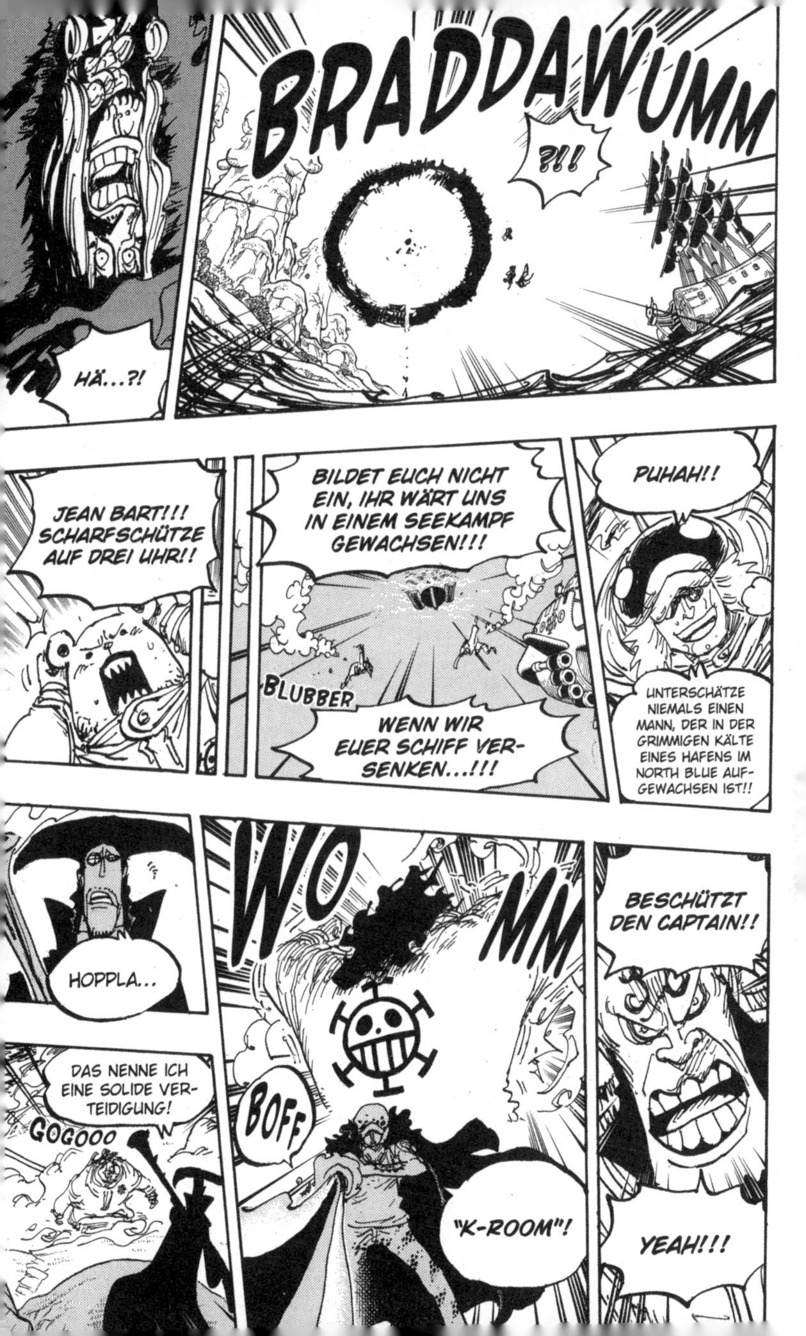
BRADDAWUMM
?!!
HÄ...?!
PUHAH!!
UNTERSCHÄTZE NIEMALS EINEN MANN, DER IN DER GRIMMIGEN KÄLTE EINES HAFENS IM NORTH BLUE AUFGEWACHSEN IST!!
BILDET EUCH NICHT EIN, IHR WÄRT UNS IN EINEM SEEKAMPF GEWACHSEN!!!
BLUBBER
WENN WIR EUER SCHIFF VERSENKEN...!!!
JEAN BART!!! SCHARFSCHÜTZE AUF DREI UHR!!
BESCHÜTZT DEN CAPTAIN!!
YEAH!!!
WOMM
BOFF
"K-ROOM"!
HOPPLA...
DAS NENNE ICH EINE SOLIDE VERTEIDIGUNG!
GOGOOO

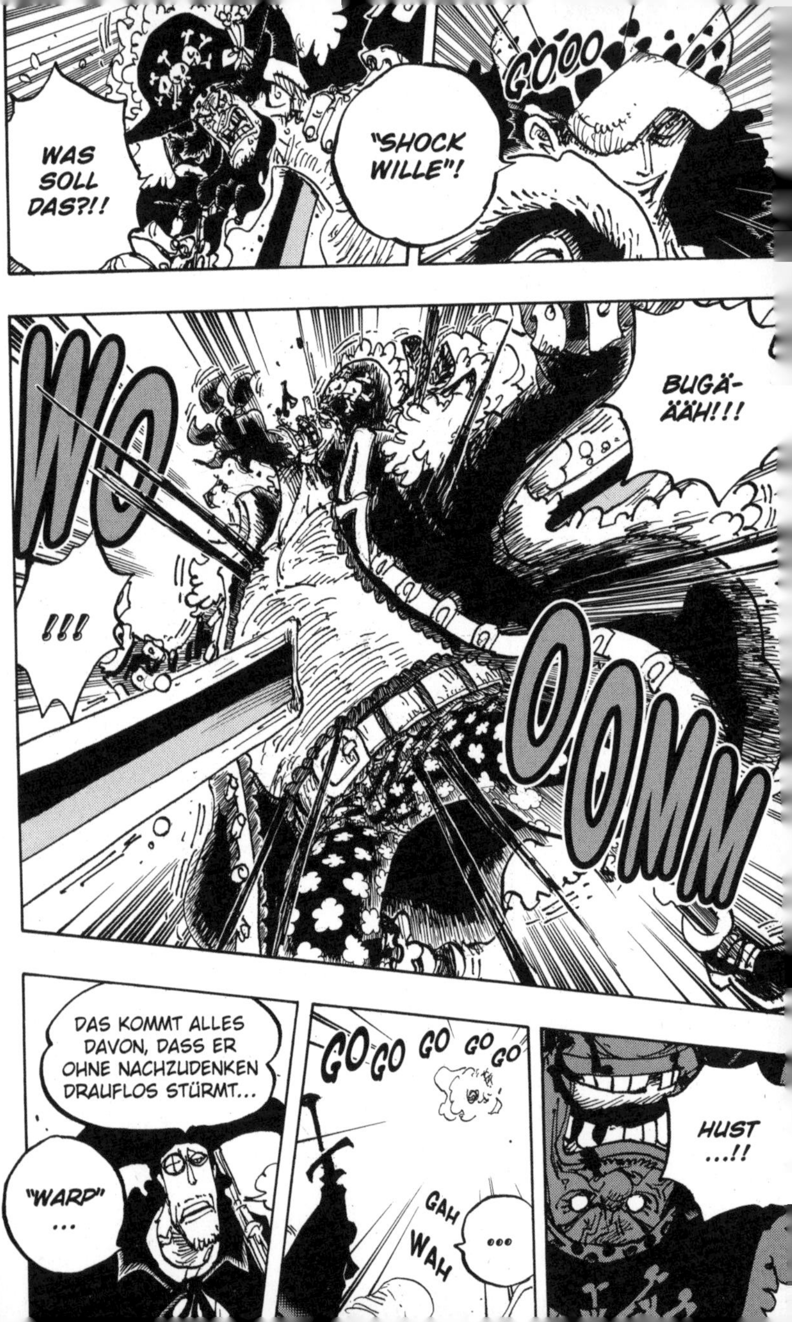

GOOO
"SHOCK WILLE"!
WAS SOLL DAS?!!
BUGÄ-ÄÄH!!!
WOOOMM
!!!
HUST ...!!
GO GO GO GO GO
GAH WAH
...
DAS KOMMT ALLES DAVON, DASS ER OHNE NACHZUDENKEN DRAUFLOS STÜRMT...
"WARP" ...

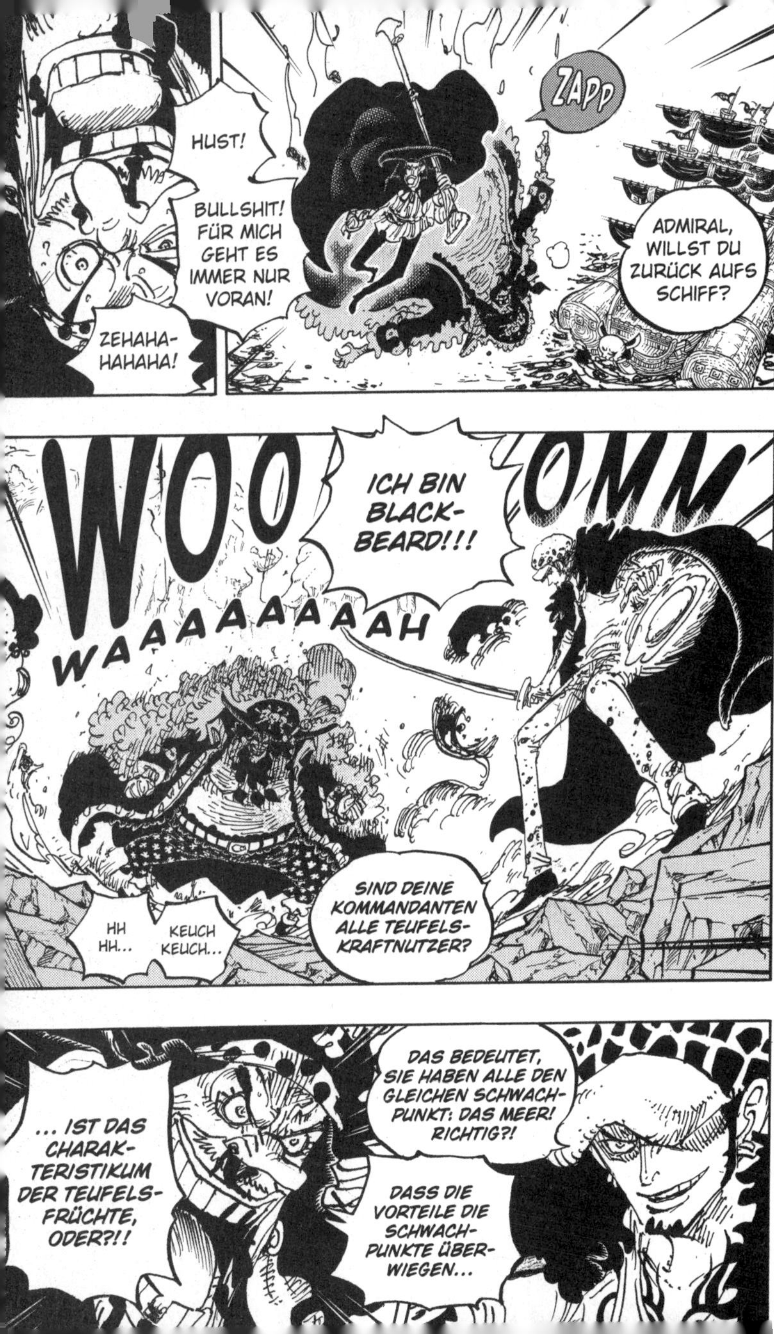

ZAPP
HUST!
BULLSHIT! FÜR MICH GEHT ES IMMER NUR VORAN!
ZEHAHA-HAHAHA!
ADMIRAL, WILLST DU ZURÜCK AUFS SCHIFF?
WOOOMM
ICH BIN BLACK-BEARD!!!
WAAAAAAAAAH
SIND DEINE KOMMANDANTEN ALLE TEUFELS-KRAFTNUTZER?
KEUCH KEUCH...
HH HH...
DAS BEDEUTET, SIE HABEN ALLE DEN GLEICHEN SCHWACH-PUNKT: DAS MEER! RICHTIG?!
DASS DIE VORTEILE DIE SCHWACH-PUNKTE ÜBER-WIEGEN...
... IST DAS CHARAK-TERISTIKUM DER TEUFELS-FRÜCHTE, ODER?!!

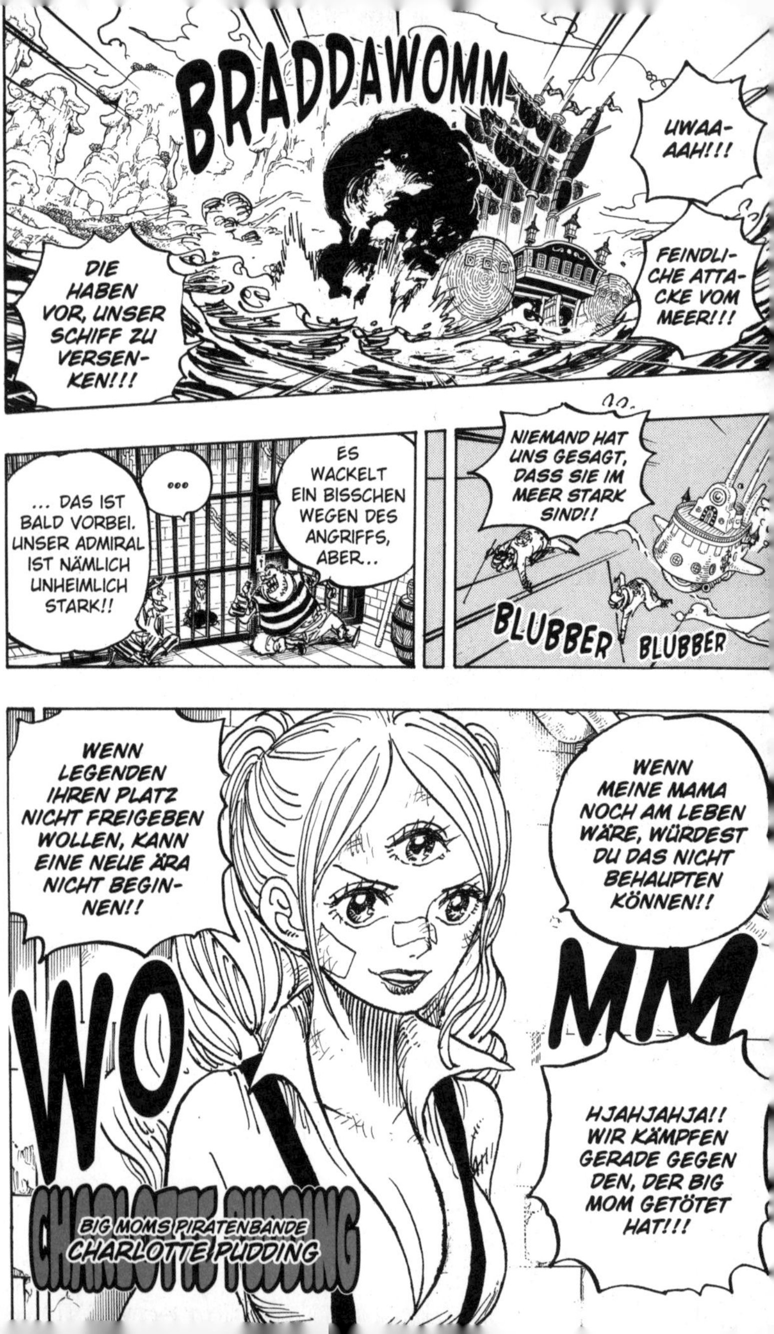
BRADDAWOMM
UWAAA-AAH!!!
FEINDLICHE ATTACKE VOM MEER!!!
DIE HABEN VOR, UNSER SCHIFF ZU VERSENKEN!!!
NIEMAND HAT UNS GESAGT, DASS SIE IM MEER STARK SIND!!
BLUBBER BLUBBER
ES WACKELT EIN BISSCHEN WEGEN DES ANGRIFFS, ABER...
...
... DAS IST BALD VORBEI. UNSER ADMIRAL IST NÄMLICH UNHEIMLICH STARK!!
WENN MEINE MAMA NOCH AM LEBEN WÄRE, WÜRDEST DU DAS NICHT BEHAUPTEN KÖNNEN!!
WENN LEGENDEN IHREN PLATZ NICHT FREIGEBEN WOLLEN, KANN EINE NEUE ÄRA NICHT BEGINNEN!!
WOMM
HJAHJAHJA!! WIR KÄMPFEN GERADE GEGEN DEN, DER BIG MOM GETÖTET HAT!!!
BIG MOMS PIRATENBANDE
CHARLOTTE PUDDING

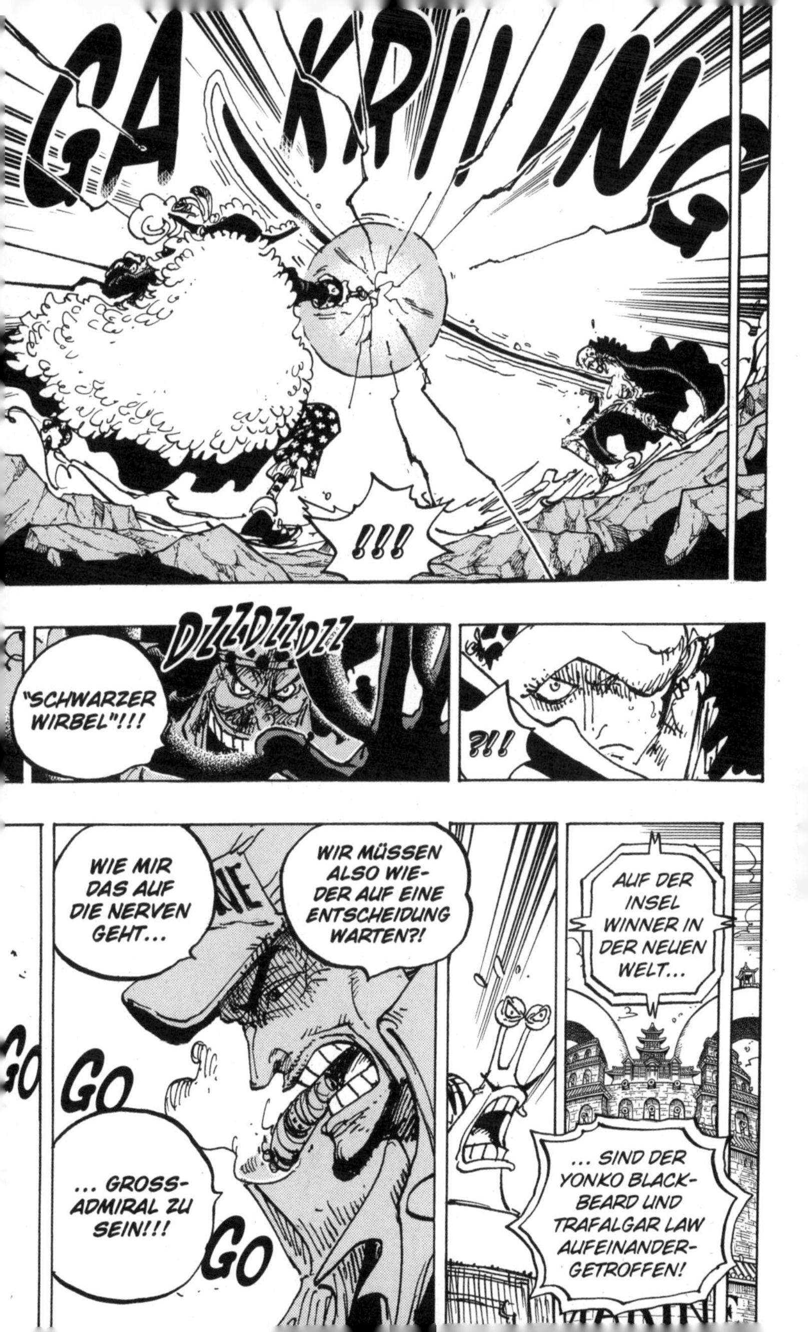
GA KRIIING
!!!
?!!
"SCHWARZER WIRBEL"!!!
DZZZDZZZDZZ
AUF DER INSEL WINNER IN DER NEUEN WELT…
… SIND DER YONKO BLACKBEARD UND TRAFALGAR LAW AUFEINANDERGETROFFEN!
WIR MÜSSEN ALSO WIEDER AUF EINE ENTSCHEIDUNG WARTEN?!
WIE MIR DAS AUF DIE NERVEN GEHT…
… GROSSADMIRAL ZU SEIN!!!
GO GO GO

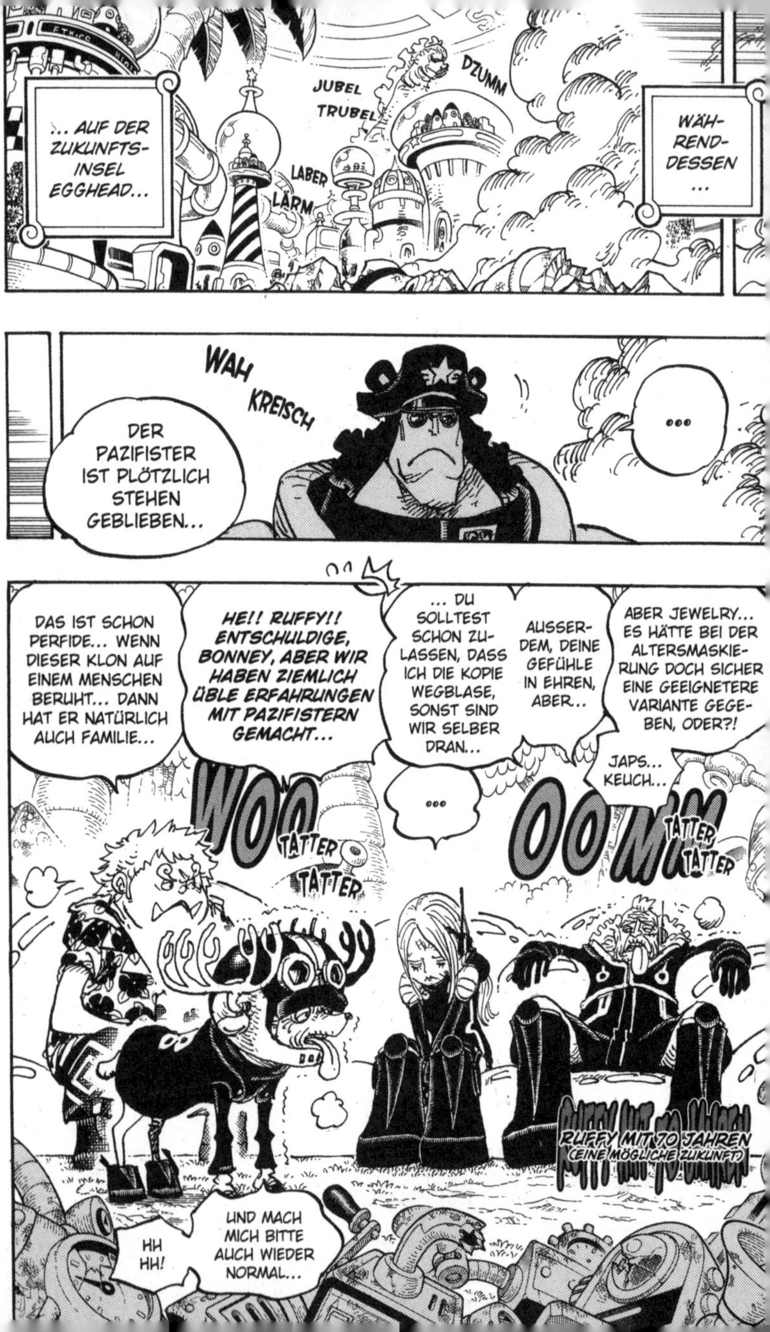
WÄH-RENDDESSEN ...
... AUF DER ZUKUNFTS-INSEL EGGHEAD...
DZUMM
JUBEL
TRUBEL
LABER
LÄRM
...
WAH
KREISCH
DER PAZIFISTER IST PLÖTZLICH STEHEN GEBLIEBEN...
ABER JEWELRY... ES HÄTTE BEI DER ALTERSMASKIERUNG DOCH SICHER EINE GEEIGNETERE VARIANTE GEGEBEN, ODER?!
AUSSERDEM, DEINE GEFÜHLE IN EHREN, ABER...
... DU SOLLTEST SCHON ZULASSEN, DASS ICH DIE KOPIE WEGBLASE, SONST SIND WIR SELBER DRAN...
HE!! RUFFY!! ENTSCHULDIGE, BONNEY, ABER WIR HABEN ZIEMLICH ÜBLE ERFAHRUNGEN MIT PAZIFISTERN GEMACHT...
DAS IST SCHON PERFIDE... WENN DIESER KLON AUF EINEM MENSCHEN BERUHT... DANN HAT ER NATÜRLICH AUCH FAMILIE...
JAPS... KEUCH...
...
WOOOOMM
TATTER TATTER
TATTER TATTER
RUFFY MIT 70 JAHREN (EINE MÖGLICHE ZUKUNFT)
UND MACH MICH BITTE AUCH WIEDER NORMAL...
HH HH!

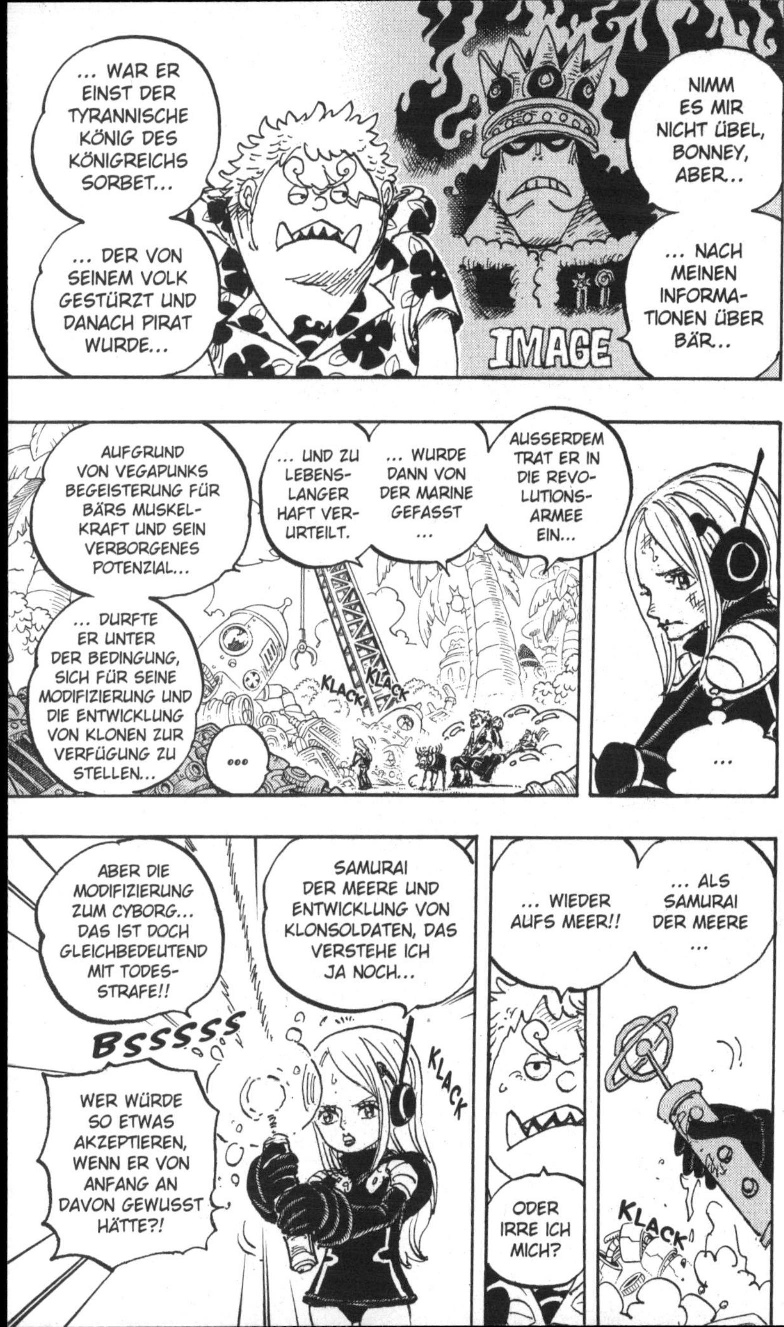
NIMM ES MIR NICHT ÜBEL, BONNEY, ABER...
... NACH MEINEN INFORMATIONEN ÜBER BÄR...
IMAGE
... WAR ER EINST DER TYRANNISCHE KÖNIG DES KÖNIGREICHS SORBET...
... DER VON SEINEM VOLK GESTÜRZT UND DANACH PIRAT WURDE...
AUSSERDEM TRAT ER IN DIE REVOLUTIONSARMEE EIN...
... WURDE DANN VON DER MARINE GEFASST ...
... UND ZU LEBENSLANGER HAFT VERURTEILT.
AUFGRUND VON VEGAPUNKS BEGEISTERUNG FÜR BÄRS MUSKELKRAFT UND SEIN VERBORGENES POTENZIAL...
... DURFTE ER UNTER DER BEDINGUNG, SICH FÜR SEINE MODIFIZIERUNG UND DIE ENTWICKLUNG VON KLONEN ZUR VERFÜGUNG ZU STELLEN...
KLACK KLACK
...
...
... ALS SAMURAI DER MEERE ...
... WIEDER AUFS MEER!!
SAMURAI DER MEERE UND ENTWICKLUNG VON KLONSOLDATEN, DAS VERSTEHE ICH JA NOCH...
ABER DIE MODIFIZIERUNG ZUM CYBORG... DAS IST DOCH GLEICHBEDEUTEND MIT TODESSTRAFE!!
BSSSSS
KLACK
WER WÜRDE SO ETWAS AKZEPTIEREN, WENN ER VON ANFANG AN DAVON GEWUSST HÄTTE?!
ODER IRRE ICH MICH?
KLACK

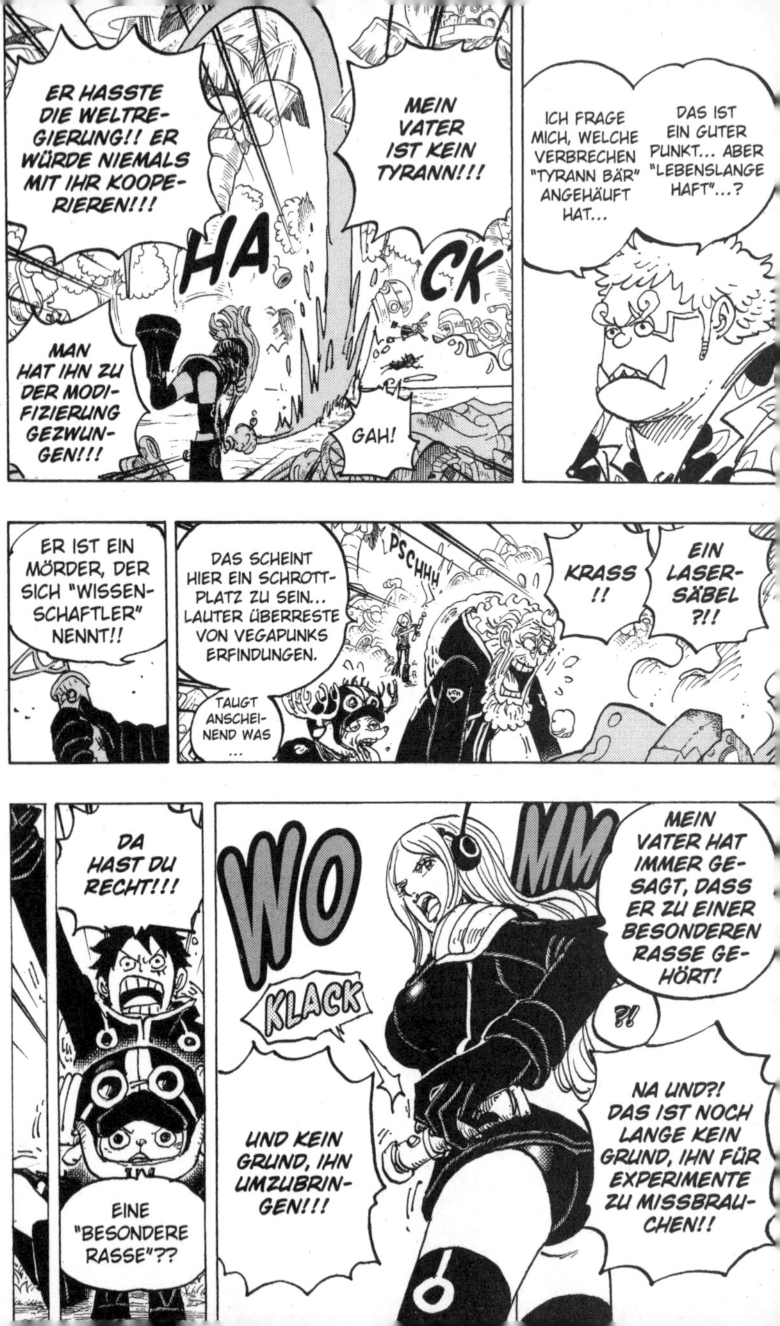
ICH FRAGE MICH, WELCHE VERBRECHEN "TYRANN BÄR" ANGEHÄUFT HAT...
DAS IST EIN GUTER PUNKT... ABER "LEBENSLANGE HAFT"...?
MEIN VATER IST KEIN TYRANN!!!
ER HASSTE DIE WELTREGIERUNG!! ER WÜRDE NIEMALS MIT IHR KOOPERIEREN!!!
HACK
MAN HAT IHN ZU DER MODIFIZIERUNG GEZWUNGEN!!!
GAH!
EIN LASERSÄBEL?!!
KRASS!!
PSCHHH
DAS SCHEINT HIER EIN SCHROTTPLATZ ZU SEIN... LAUTER ÜBERRESTE VON VEGAPUNKS ERFINDUNGEN.
TAUGT ANSCHEINEND WAS...
ER IST EIN MÖRDER, DER SICH "WISSENSCHAFTLER" NENNT!!
MEIN VATER HAT IMMER GESAGT, DASS ER ZU EINER BESONDEREN RASSE GEHÖRT!
WOMM
?!
KLACK
NA UND?! DAS IST NOCH LANGE KEIN GRUND, IHN FÜR EXPERIMENTE ZU MISSBRAUCHEN!!
UND KEIN GRUND, IHN UMZUBRINGEN!!!
DA HAST DU RECHT!!!
EINE "BESONDERE RASSE"??

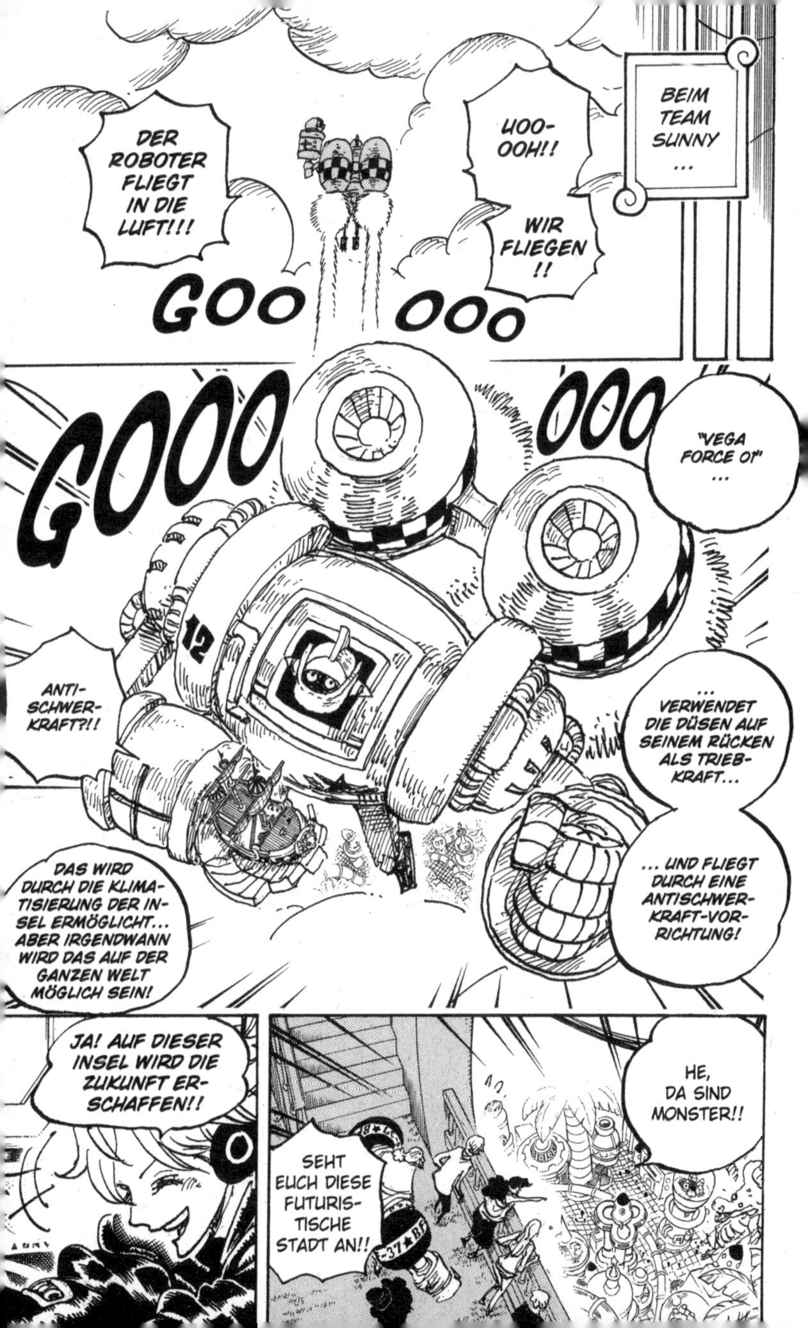
BEIM TEAM SUNNY ...
UOO-OOH!!
WIR FLIEGEN !!
DER ROBOTER FLIEGT IN DIE LUFT!!!
GOO OOO
GOOO OOO
"VEGA FORCE 01" ...
... VERWENDET DIE DÜSEN AUF SEINEM RÜCKEN ALS TRIEB-KRAFT...
... UND FLIEGT DURCH EINE ANTISCHWER-KRAFT-VOR-RICHTUNG!
ANTI-SCHWER-KRAFT?!!
DAS WIRD DURCH DIE KLIMA-TISIERUNG DER IN-SEL ERMÖGLICHT... ABER IRGENDWANN WIRD DAS AUF DER GANZEN WELT MÖGLICH SEIN!
HE, DA SIND MONSTER!!
SEHT EUCH DIESE FUTURIS-TISCHE STADT AN!!
JA! AUF DIESER INSEL WIRD DIE ZUKUNFT ER-SCHAFFEN!!

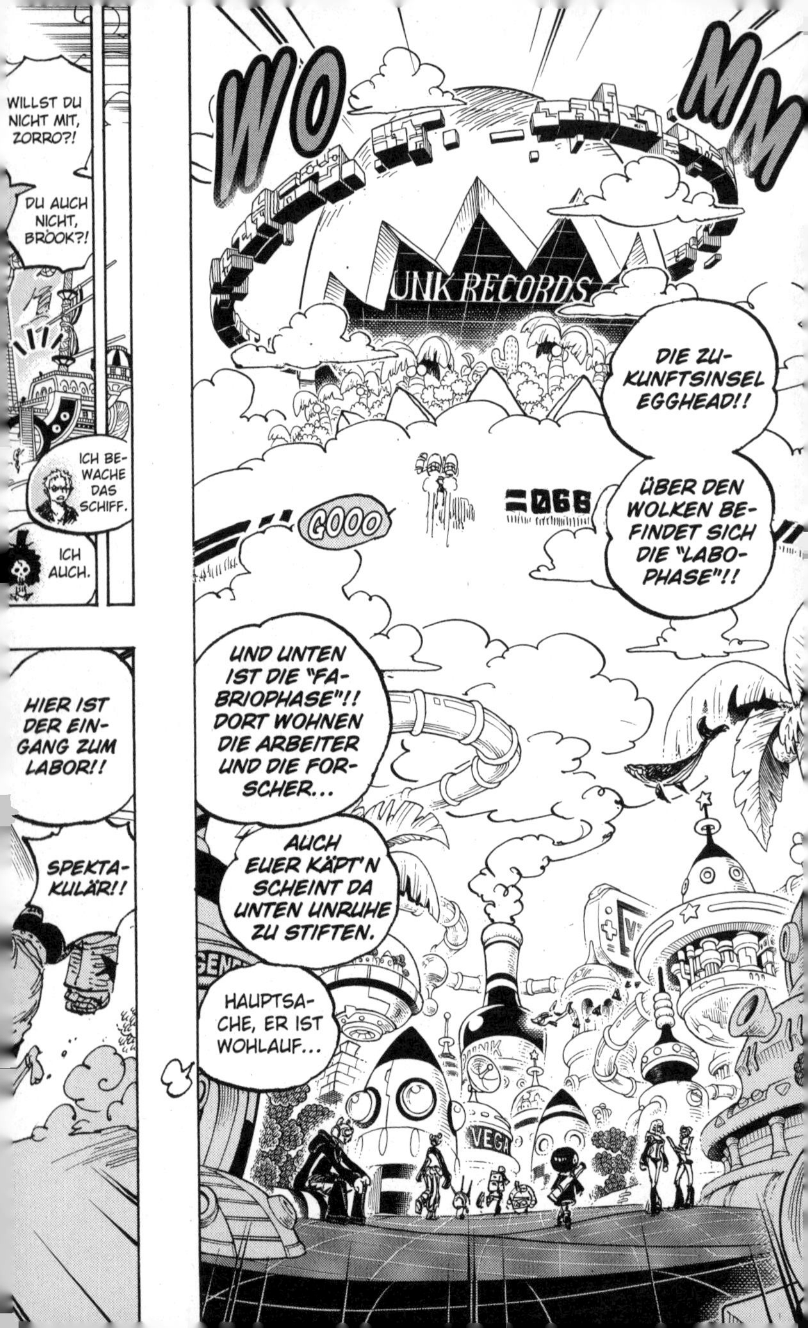

WO
MM
UNK RECORDS
DIE ZUKUNFTSINSEL EGGHEAD!!
ÜBER DEN WOLKEN BEFINDET SICH DIE "LABOPHASE"!!
GOOO
UND UNTEN IST DIE "FABRIOPHASE"!! DORT WOHNEN DIE ARBEITER UND DIE FORSCHER...
AUCH EUER KÄPT'N SCHEINT DA UNTEN UNRUHE ZU STIFTEN.
HAUPTSACHE, ER IST WOHLAUF...
VEGA
WILLST DU NICHT MIT, ZORRO?!
DU AUCH NICHT, BROOK?!
ICH BEWACHE DAS SCHIFF.
ICH AUCH.
HIER IST DER EINGANG ZUM LABOR!!
SPEKTAKULÄR!!

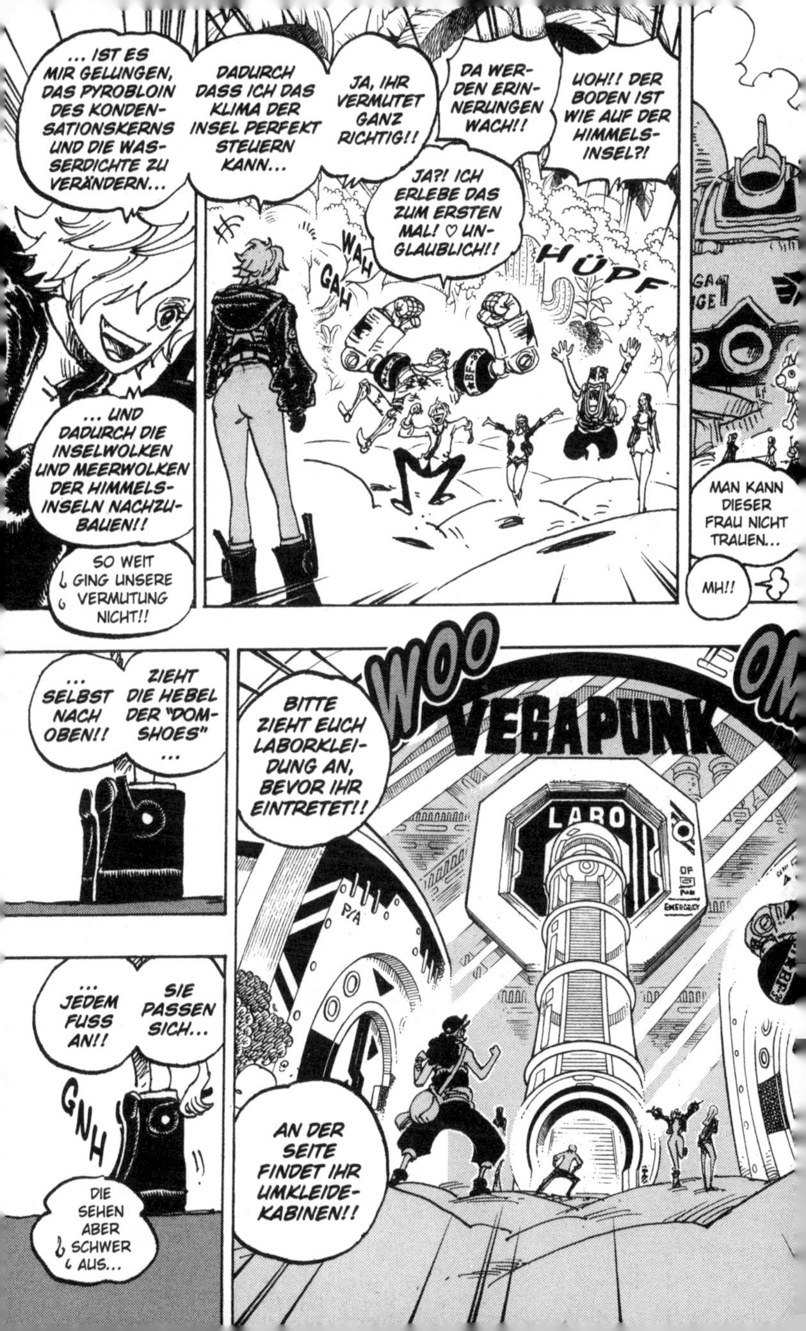
UOH!! DER BODEN IST WIE AUF DER HIMMELSINSEL?!
DA WERDEN ERINNERUNGEN WACH!!
JA?! ICH ERLEBE DAS ZUM ERSTEN MAL! ♡ UNGLAUBLICH!!
JA, IHR VERMUTET GANZ RICHTIG!!
DADURCH DASS ICH DAS KLIMA DER INSEL PERFEKT STEUERN KANN...
... IST ES MIR GELUNGEN, DAS PYROBLOIN DES KONDENSATIONSKERNS UND DIE WASSERDICHTE ZU VERÄNDERN...
... UND DADURCH DIE INSELWOLKEN UND MEERWOLKEN DER HIMMELSINSELN NACHZUBAUEN!!
SO WEIT GING UNSERE VERMUTUNG NICHT!!
WAH
GAH
HÜPF
MAN KANN DIESER FRAU NICHT TRAUEN...
MH!!
WOOOM
VEGAPUNK
LABO
BITTE ZIEHT EUCH LABORKLEIDUNG AN, BEVOR IHR EINTRETET!!
AN DER SEITE FINDET IHR UMKLEIDEKABINEN!!
ZIEHT DIE HEBEL DER "DOMSHOES" ...
... SELBST NACH OBEN!!
SIE PASSEN SICH...
... JEDEM FUSS AN!!
GNH
DIE SEHEN ABER SCHWER AUS...

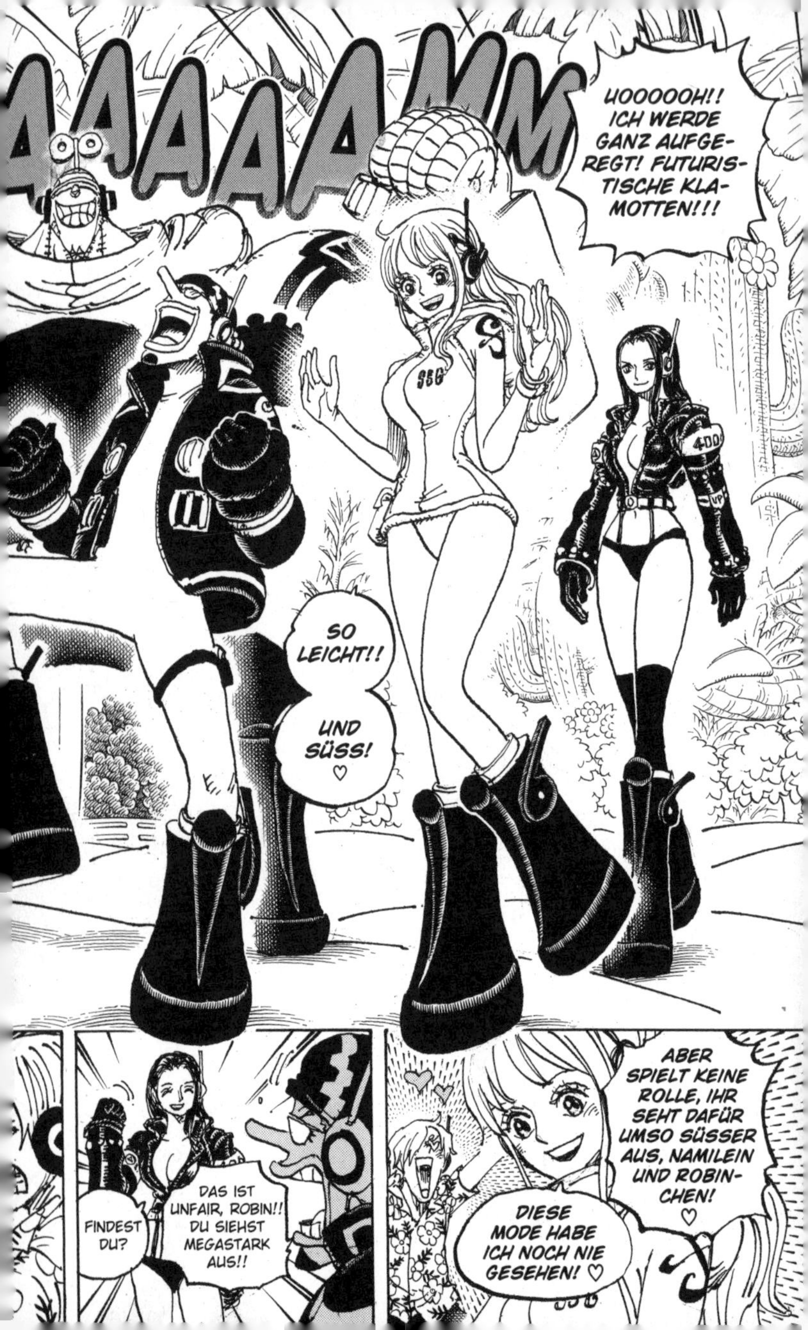
AAAAAMM
UOOOOOH!! ICH WERDE GANZ AUFGE-REGT! FUTURIS-TISCHE KLA-MOTTEN!!!
SO LEICHT!!
UND SÜSS! ♡
ABER SPIELT KEINE ROLLE, IHR SEHT DAFÜR UMSO SÜSSER AUS, NAMILEIN UND ROBIN-CHEN! ♡
DIESE MODE HABE ICH NOCH NIE GESEHEN! ♡
DAS IST UNFAIR, ROBIN!! DU SIEHST MEGASTARK AUS!!
FINDEST DU?

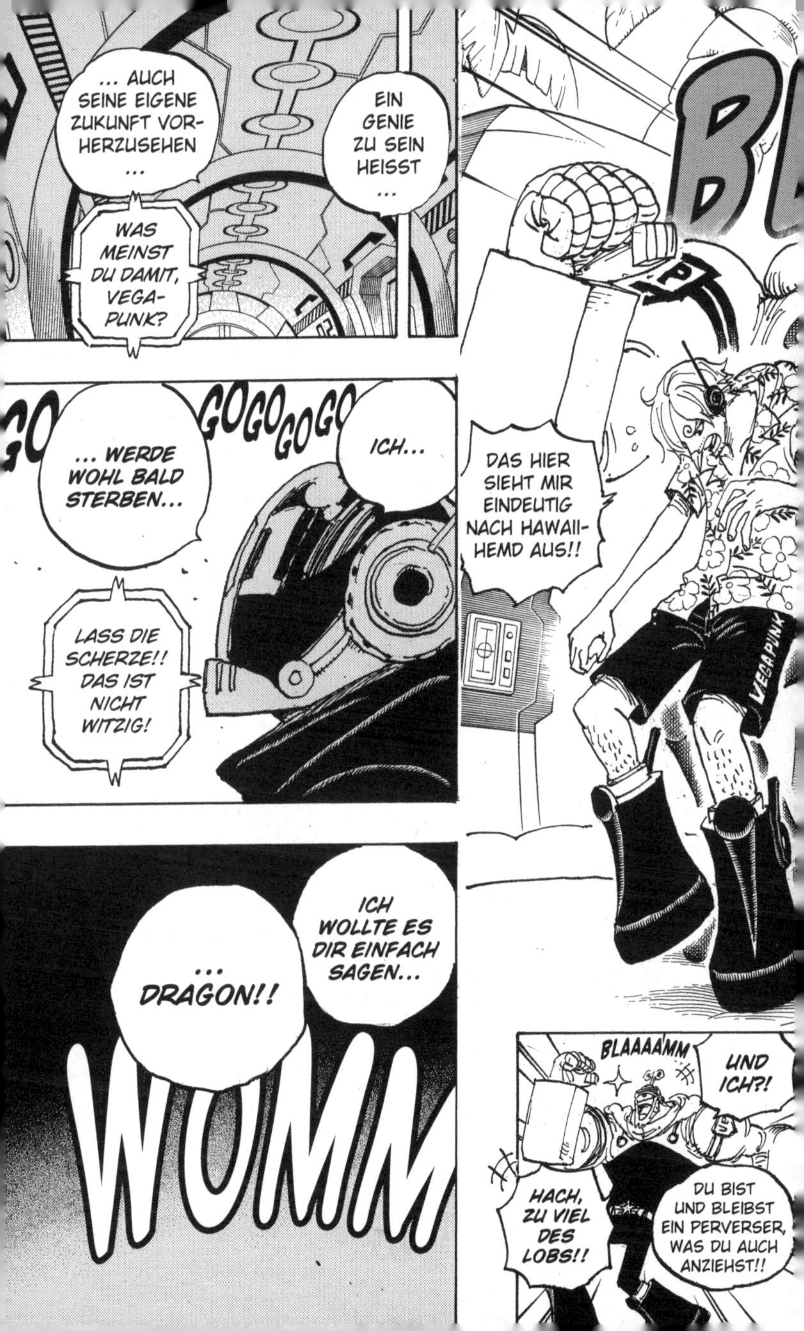
EIN GENIE ZU SEIN HEISST ...
... AUCH SEINE EIGENE ZUKUNFT VORHERZUSEHEN ...
WAS MEINST DU DAMIT, VEGAPUNK?
GOGOGOGOGO
ICH...
... WERDE WOHL BALD STERBEN...
LASS DIE SCHERZE!! DAS IST NICHT WITZIG!
ICH WOLLTE ES DIR EINFACH SAGEN...
... DRAGON!!
WUMM
BL
DAS HIER SIEHT MIR EINDEUTIG NACH HAWAII-HEMD AUS!!
VEGAPUNK
BLAAAAMM
UND ICH?!
DU BIST UND BLEIBST EIN PERVERSER, WAS DU AUCH ANZIEHST!!
HACH, ZU VIEL DES LOBS!!

Die sechs Vegapunks

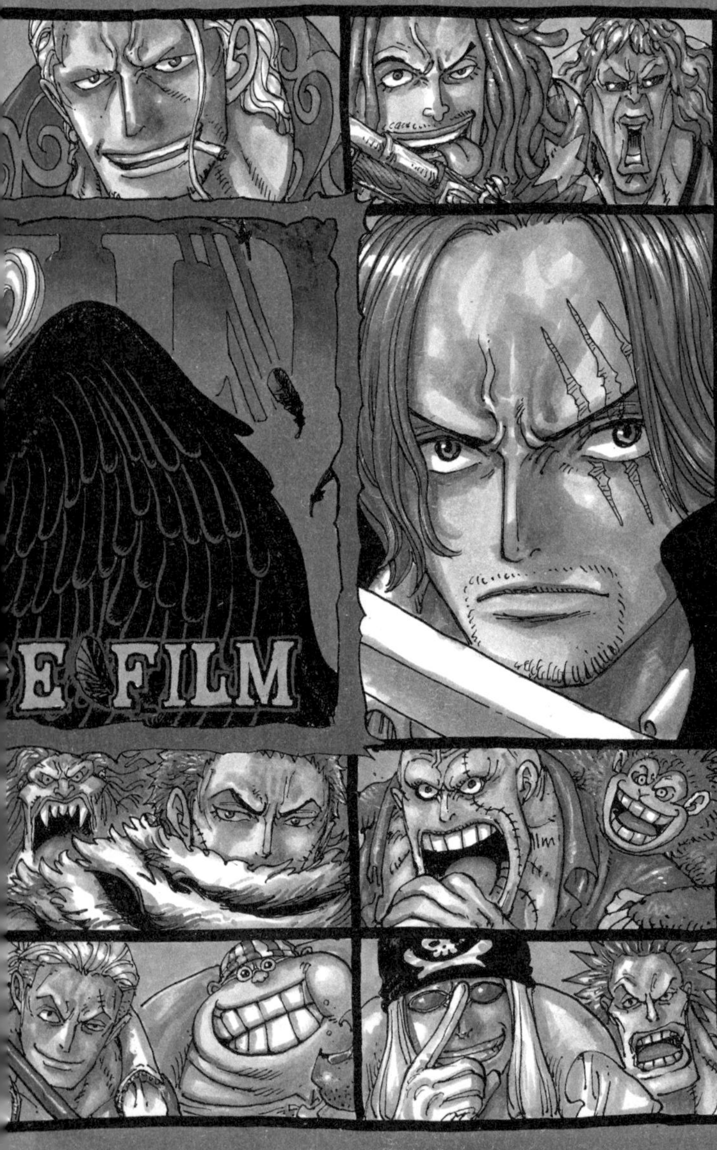

1065.

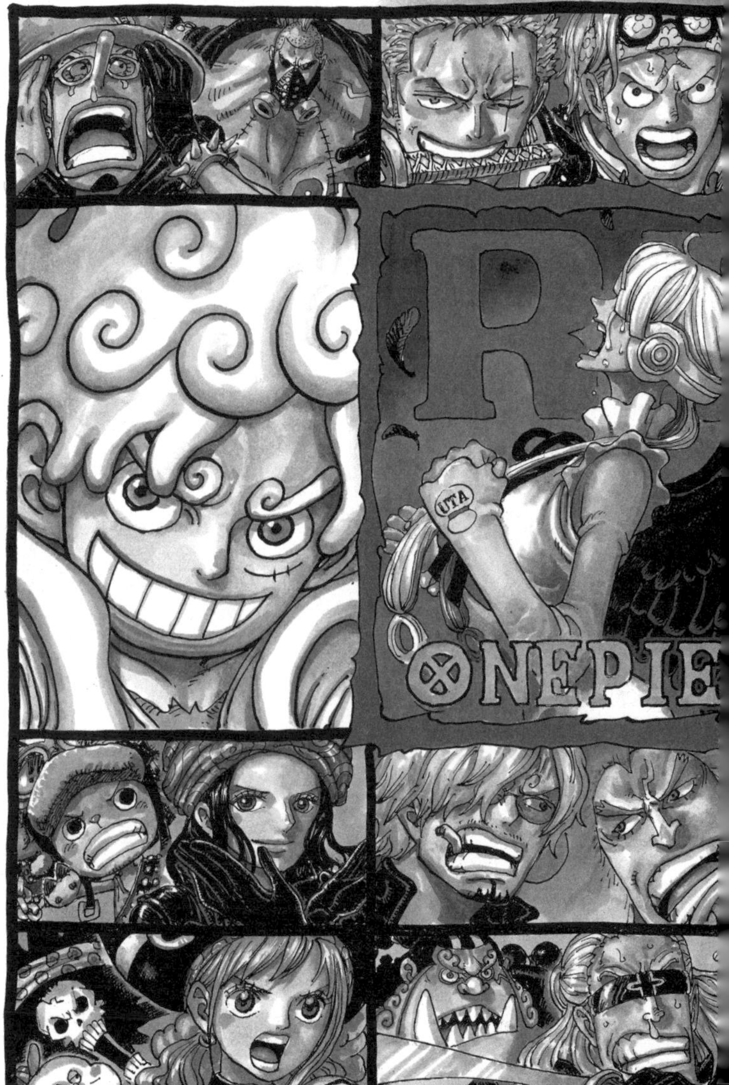

vol.105
ONE PIECE

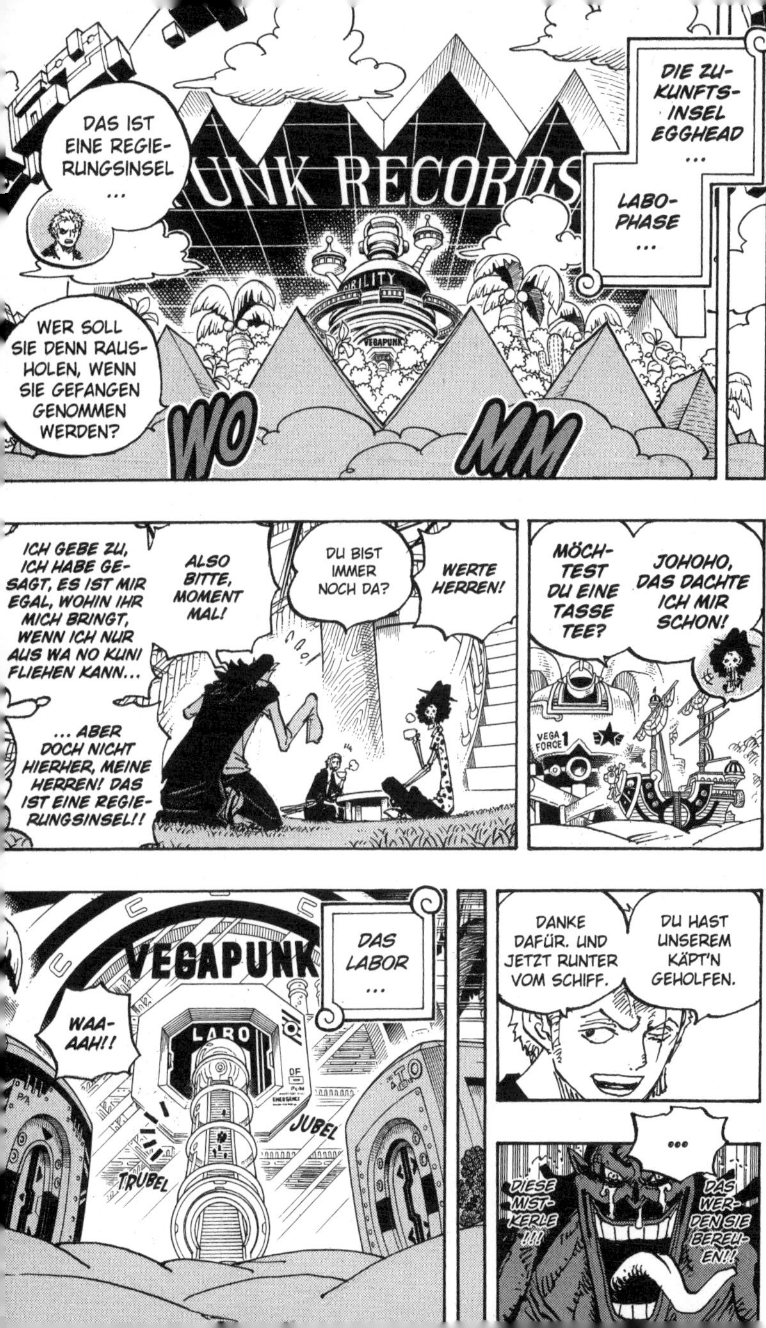
DIE ZUKUNFTS-INSEL EGGHEAD ...
LABO-PHASE ...
UNK RECORDS
DAS IST EINE REGIERUNGSINSEL ...
WER SOLL SIE DENN RAUSHOLEN, WENN SIE GEFANGEN GENOMMEN WERDEN?
VEGAPUNK
WO
MM
JOHOHO, DAS DACHTE ICH MIR SCHON!
MÖCHTEST DU EINE TASSE TEE?
VEGA FORCE 1
WERTE HERREN!
DU BIST IMMER NOCH DA?
ALSO BITTE, MOMENT MAL!
ICH GEBE ZU, ICH HABE GESAGT, ES IST MIR EGAL, WOHIN IHR MICH BRINGT, WENN ICH NUR AUS WA NO KUNI FLIEHEN KANN...
... ABER DOCH NICHT HIERHER, MEINE HERREN! DAS IST EINE REGIERUNGSINSEL!!
DU HAST UNSEREM KÄPT'N GEHOLFEN.
DANKE DAFÜR. UND JETZT RUNTER VOM SCHIFF.
...
DAS WERDEN SIE BEREUEN!!
DIESE MISTKERLE!!!
DAS LABOR ...
VEGAPUNK
LABO
WAA-AAH!!
JUBEL
TRUBEL

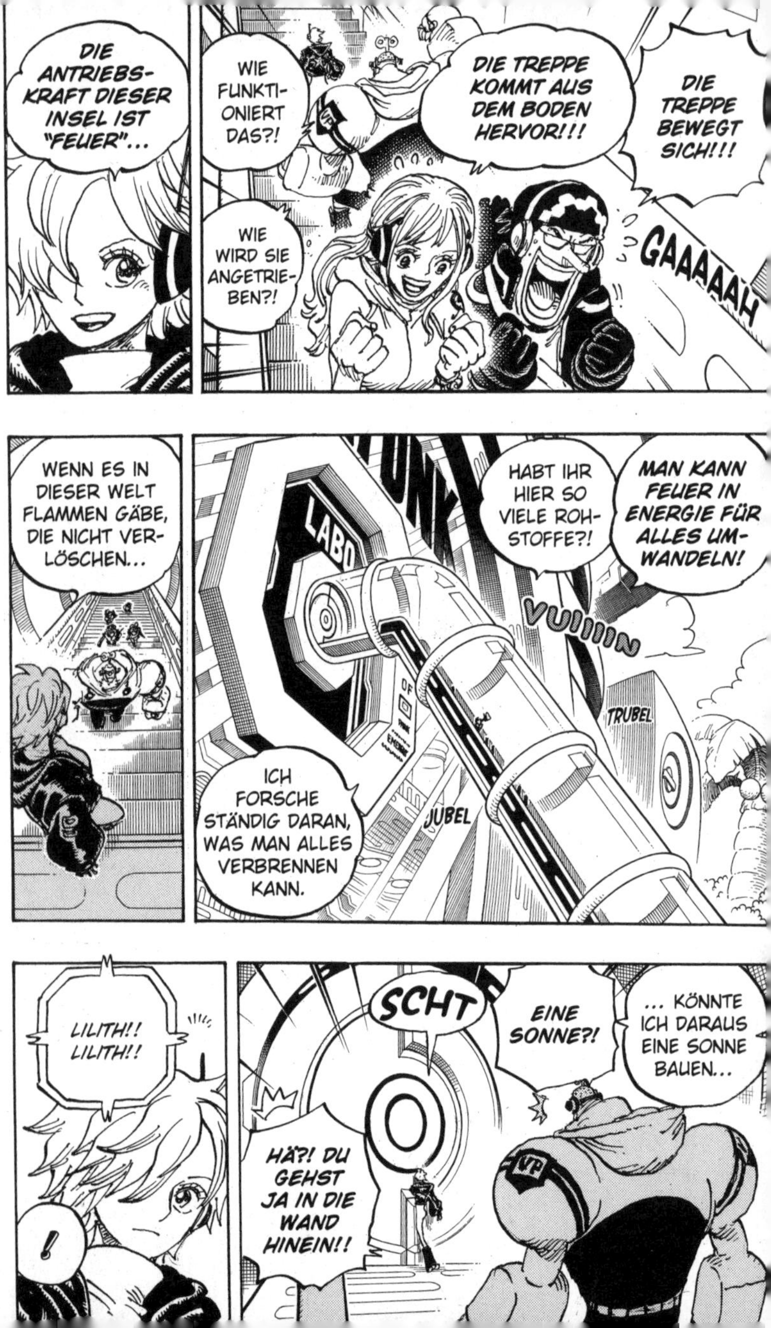
DIE TREPPE BEWEGT SICH!!!
DIE TREPPE KOMMT AUS DEM BODEN HERVOR!!!
WIE FUNKTIONIERT DAS?!
WIE WIRD SIE ANGETRIEBEN?!
GAAAAAH
DIE ANTRIEBSKRAFT DIESER INSEL IST "FEUER"...
MAN KANN FEUER IN ENERGIE FÜR ALLES UMWANDELN!
HABT IHR HIER SO VIELE ROHSTOFFE?!
LABO
VUIIIIN
TRUBEL
ICH FORSCHE STÄNDIG DARAN, WAS MAN ALLES VERBRENNEN KANN.
JUBEL
WENN ES IN DIESER WELT FLAMMEN GÄBE, DIE NICHT VERLÖSCHEN...
... KÖNNTE ICH DARAUS EINE SONNE BAUEN...
EINE SONNE?!
SCHT
HÄ?! DU GEHST JA IN DIE WAND HINEIN!!
LILITH!! LILITH!!
!

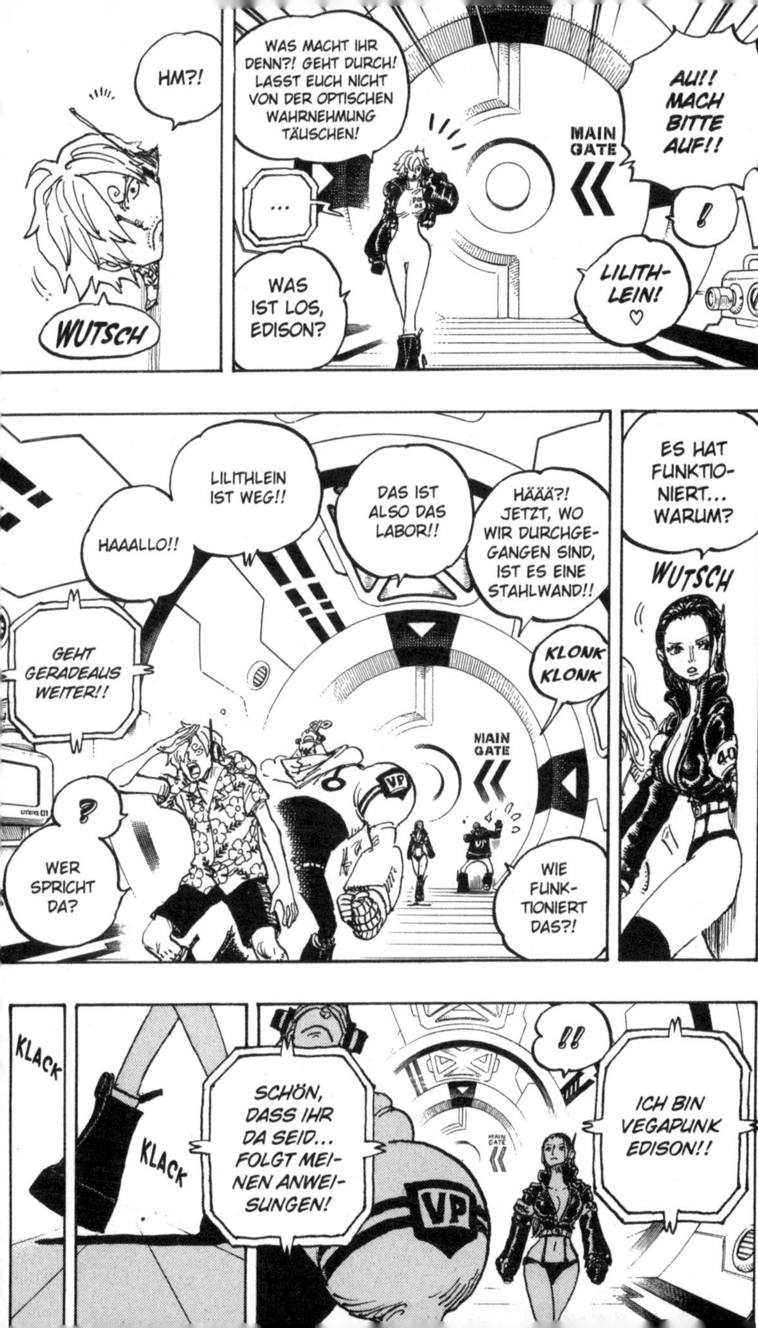
AU!! MACH BITTE AUF!!
!
LILITH-LEIN! ♡
MAIN GATE
WAS MACHT IHR DENN?! GEHT DURCH! LASST EUCH NICHT VON DER OPTISCHEN WAHRNEHMUNG TÄUSCHEN!
…
WAS IST LOS, EDISON?
HM?!
WUTSCH
ES HAT FUNKTIONIERT… WARUM?
WUTSCH
HÄÄÄ?! JETZT, WO WIR DURCHGEGANGEN SIND, IST ES EINE STAHLWAND!!
KLONK KLONK
DAS IST ALSO DAS LABOR!!
LILITHLEIN IST WEG!!
HAAALLO!!
MAIN GATE
GEHT GERADEAUS WEITER!!
WIE FUNKTIONIERT DAS?!
?
WER SPRICHT DA?
ICH BIN VEGAPUNK EDISON!!
!!
SCHÖN, DASS IHR DA SEID… FOLGT MEINEN ANWEISUNGEN!
KLACK
KLACK

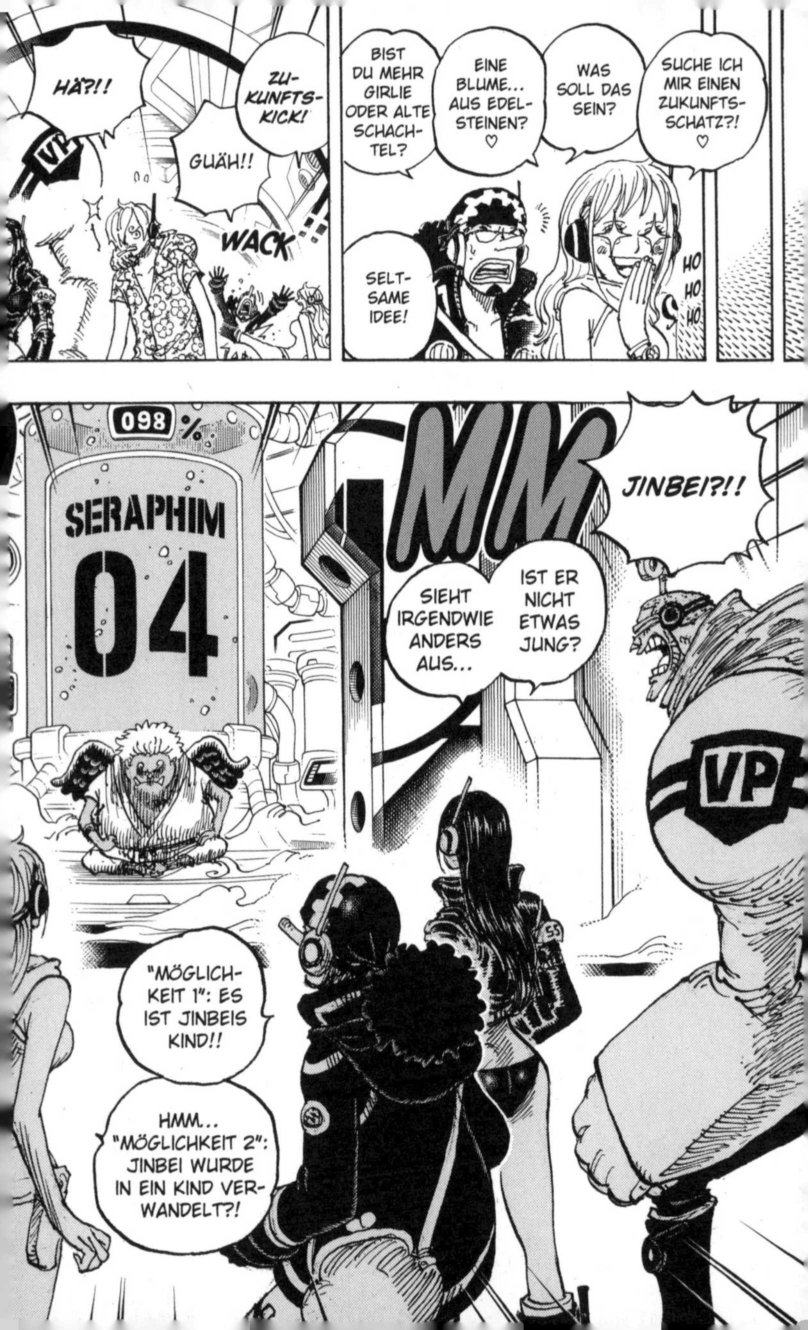
SUCHE ICH MIR EINEN ZUKUNFTS-SCHATZ?! ♡
WAS SOLL DAS SEIN?
EINE BLUME... AUS EDEL-STEINEN? ♡
BIST DU MEHR GIRLIE ODER ALTE SCHACH-TEL?
HO HO HO
SELT-SAME IDEE!
ZU-KUNFTS-KICK!
GUÄH!!
WACK
HÄ?!!
VP
JINBEI?!!
MM
IST ER NICHT ETWAS JUNG?
SIEHT IRGENDWIE ANDERS AUS...
098 %
SERAPHIM
04
VP
"MÖGLICH-KEIT 1": ES IST JINBEIS KIND!!
HMM... "MÖGLICHKEIT 2": JINBEI WURDE IN EIN KIND VER-WANDELT?!

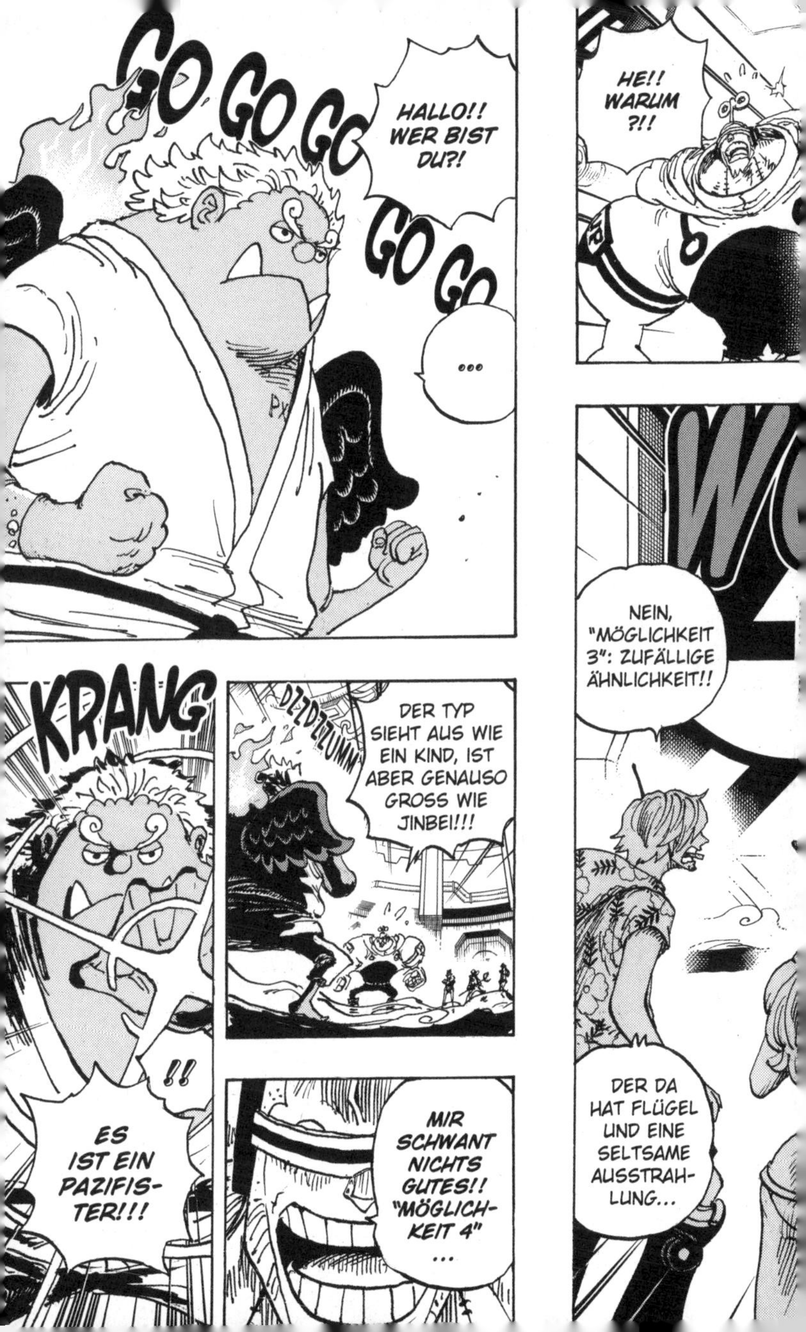
HE!! WARUM ?!!
HALLO!! WER BIST DU?!
GO GO GO GO GO
...
WO
NEIN, "MÖGLICHKEIT 3": ZUFÄLLIGE ÄHNLICHKEIT!!
DER DA HAT FLÜGEL UND EINE SELTSAME AUSSTRAHLUNG...
DZZDZZUMM
DER TYP SIEHT AUS WIE EIN KIND, IST ABER GENAUSO GROSS WIE JINBEI!!!
MIR SCHWANT NICHTS GUTES!! "MÖGLICHKEIT 4" ...
KRANG
!!
ES IST EIN PAZIFISTER!!!

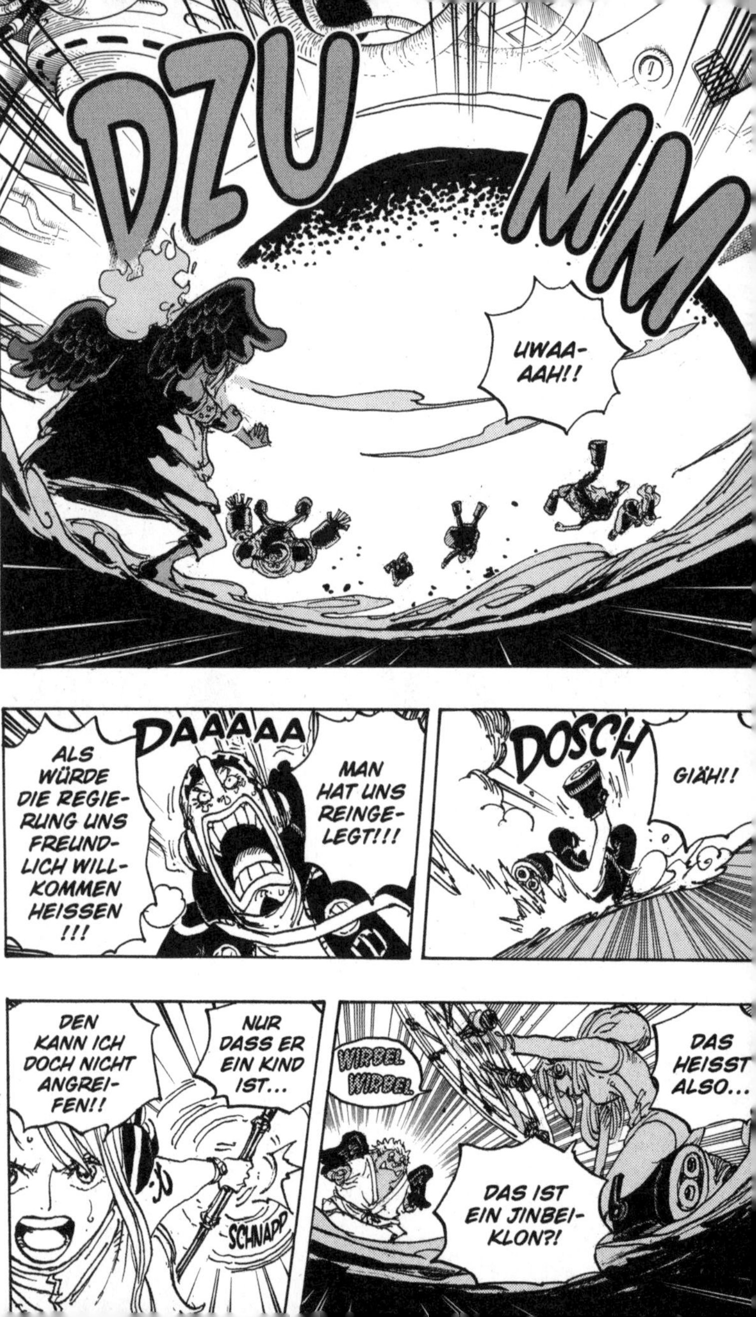
DZU
MM
UWAA-AAH!!
GIÄH!!
DOSCH
MAN HAT UNS REINGELEGT!!!
ALS WÜRDE DIE REGIERUNG UNS FREUNDLICH WILLKOMMEN HEISSEN!!!
DAAAAA
DAS HEISST ALSO...
WIRBEL WIRBEL
DAS IST EIN JINBEI-KLON?!
NUR DASS ER EIN KIND IST...
DEN KANN ICH DOCH NICHT ANGREIFEN!!
SCHNAPP

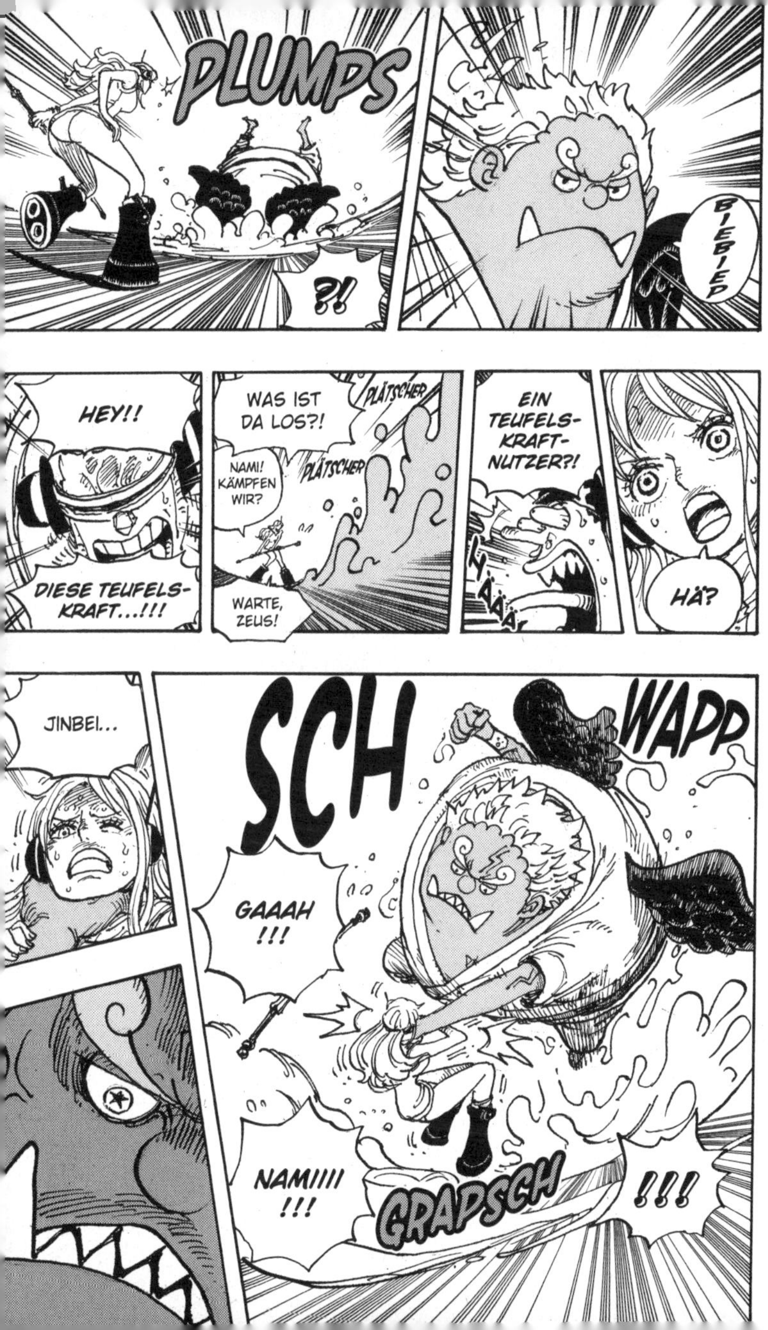
BIEBIEP
PLUMPS
?!
HÄ?
EIN TEUFELS-KRAFT-NUTZER?!
WAS IST DA LOS?!
PLÄTSCHER
PLÄTSCHER
NAMI! KÄMPFEN WIR?
WARTE, ZEUS!
HEY!!
DIESE TEUFELS-KRAFT...!!!
SCH WAPP
GAAAH !!!
!!!
GRAPSCH
NAMIIII !!!
JINBEI...

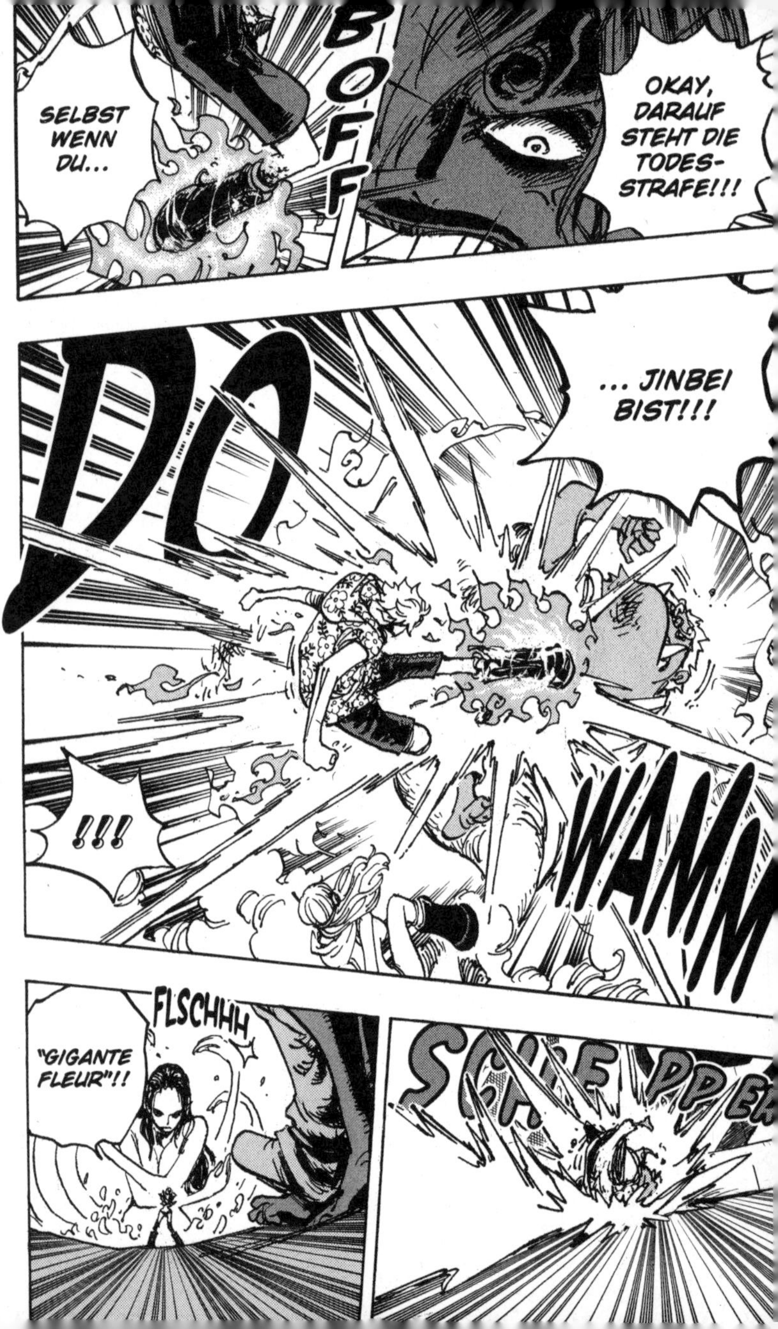
OKAY, DARAUF STEHT DIE TODES-STRAFE!!!
BOFF
SELBST WENN DU...
... JINBEI BIST!!!
DO
WAMM
!!!
FLSCHHH
"GIGANTE FLEUR"!!
SCHLE PPER

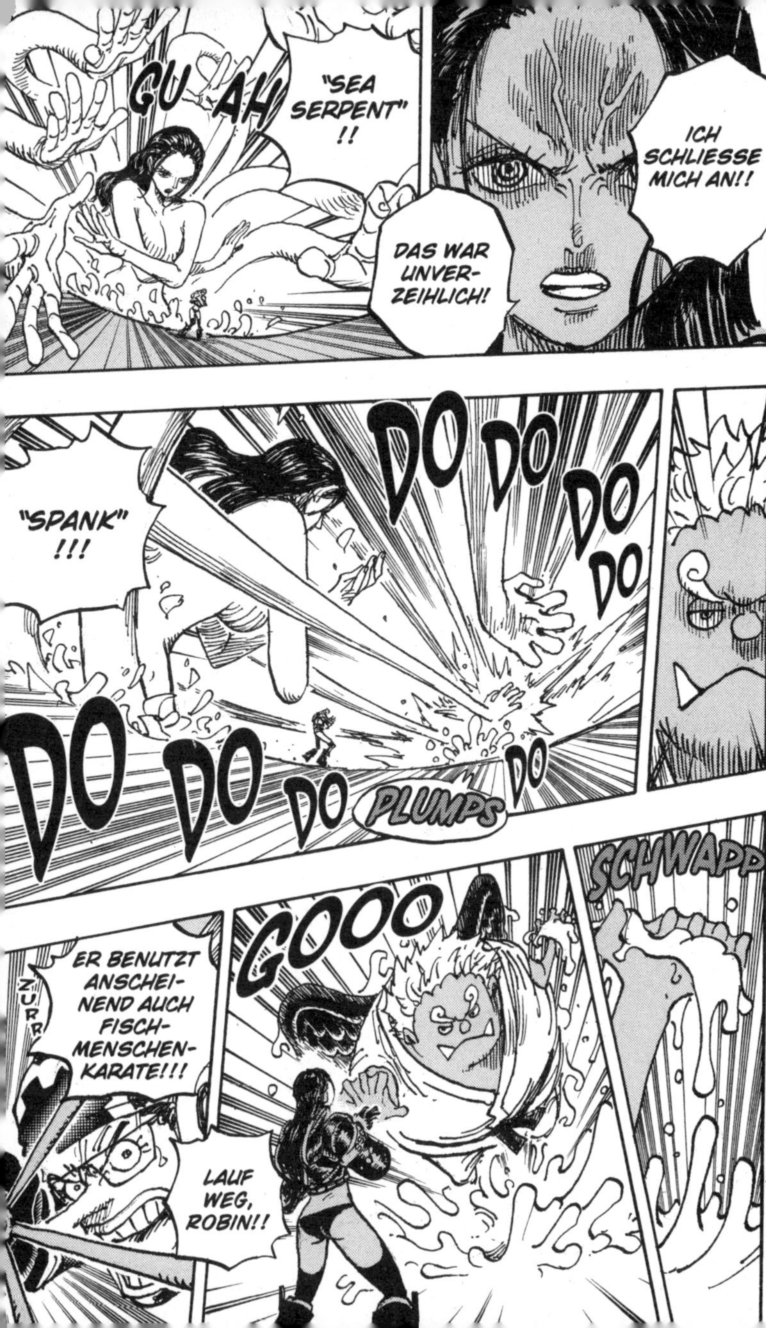
ICH SCHLIESSE MICH AN!!
DAS WAR UNVER-ZEIHLICH!
"SEA SERPENT" !!
GU AH
DO DO DO DO
"SPANK" !!!
DO DO DO DO
PLUMPS
SCHWAPP
GOOOO
ER BENUTZT ANSCHEI-NEND AUCH FISCH-MENSCHEN-KARATE!!!
ZURR
LAUF WEG, ROBIN!!

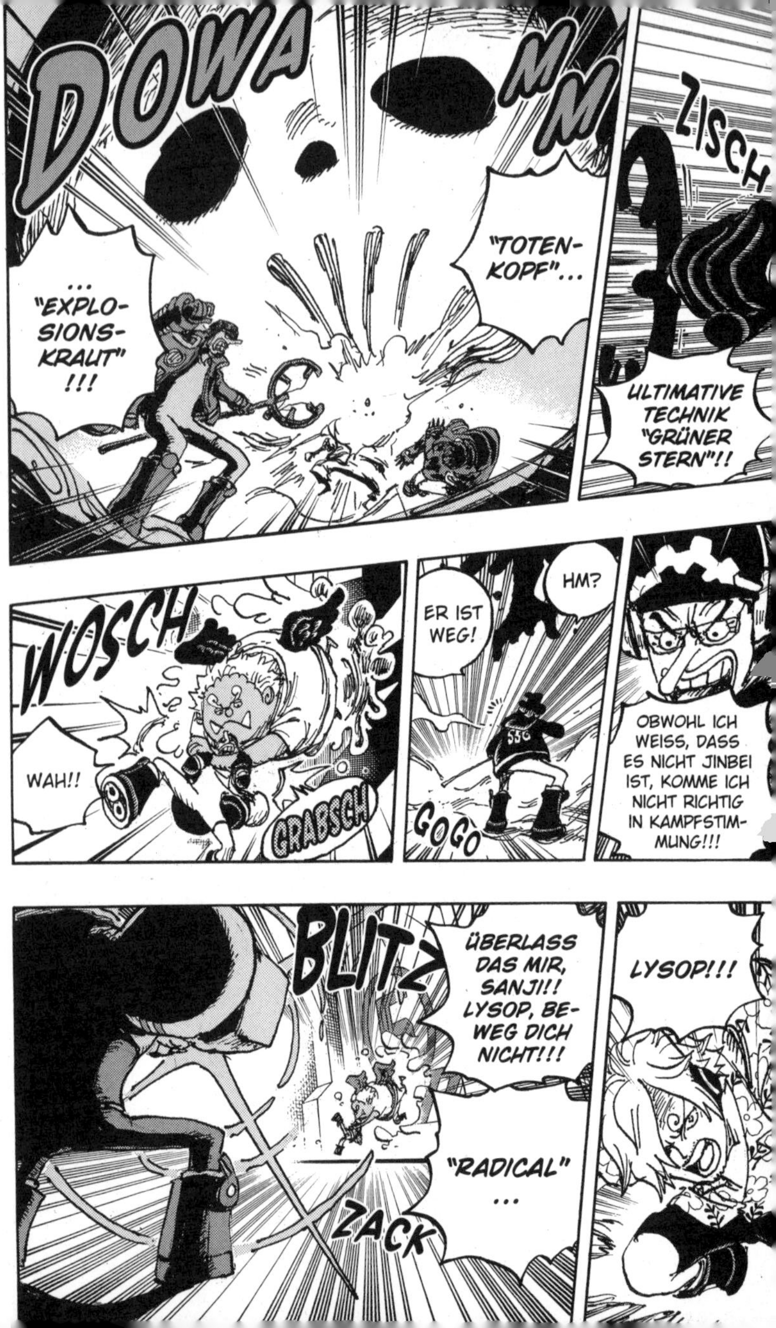
ZISCH
ULTIMATIVE TECHNIK "GRÜNER STERN"!!
DOWAMM
"TOTEN-KOPF"...
... "EXPLOSIONS-KRAUT"!!!
OBWOHL ICH WEISS, DASS ES NICHT JINBEI IST, KOMME ICH NICHT RICHTIG IN KAMPFSTIM-MUNG!!!
HM?
ER IST WEG!
GOGO
WOSCH
WAH!!
GRABSCH
LYSOP!!!
BLITZ
ÜBERLASS DAS MIR, SANJI!! LYSOP, BE-WEG DICH NICHT!!!
"RADICAL" ...
ZACK

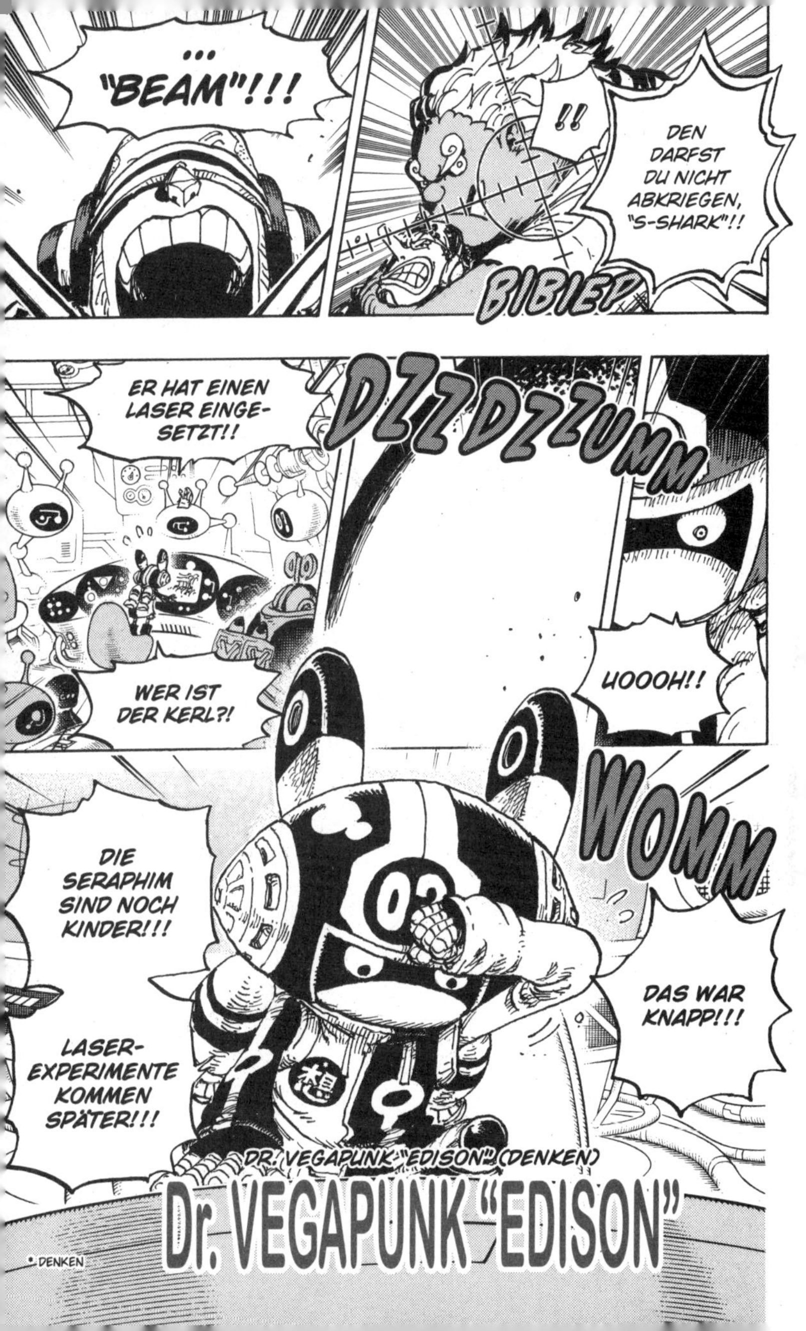
DEN DARFST DU NICHT ABKRIEGEN, "S-SHARK"!!
!!
BIBIEP
... "BEAM"!!!
DZZDZZUMM
UOOOH!!
ER HAT EINEN LASER EINGE-SETZT!!
WER IST DER KERL?!
WOMM
DAS WAR KNAPP!!!
DIE SERAPHIM SIND NOCH KINDER!!!
LASER-EXPERIMENTE KOMMEN SPÄTER!!!
DR. VEGAPUNK "EDISON"* (DENKEN)
Dr. VEGAPUNK "EDISON"
*: DENKEN

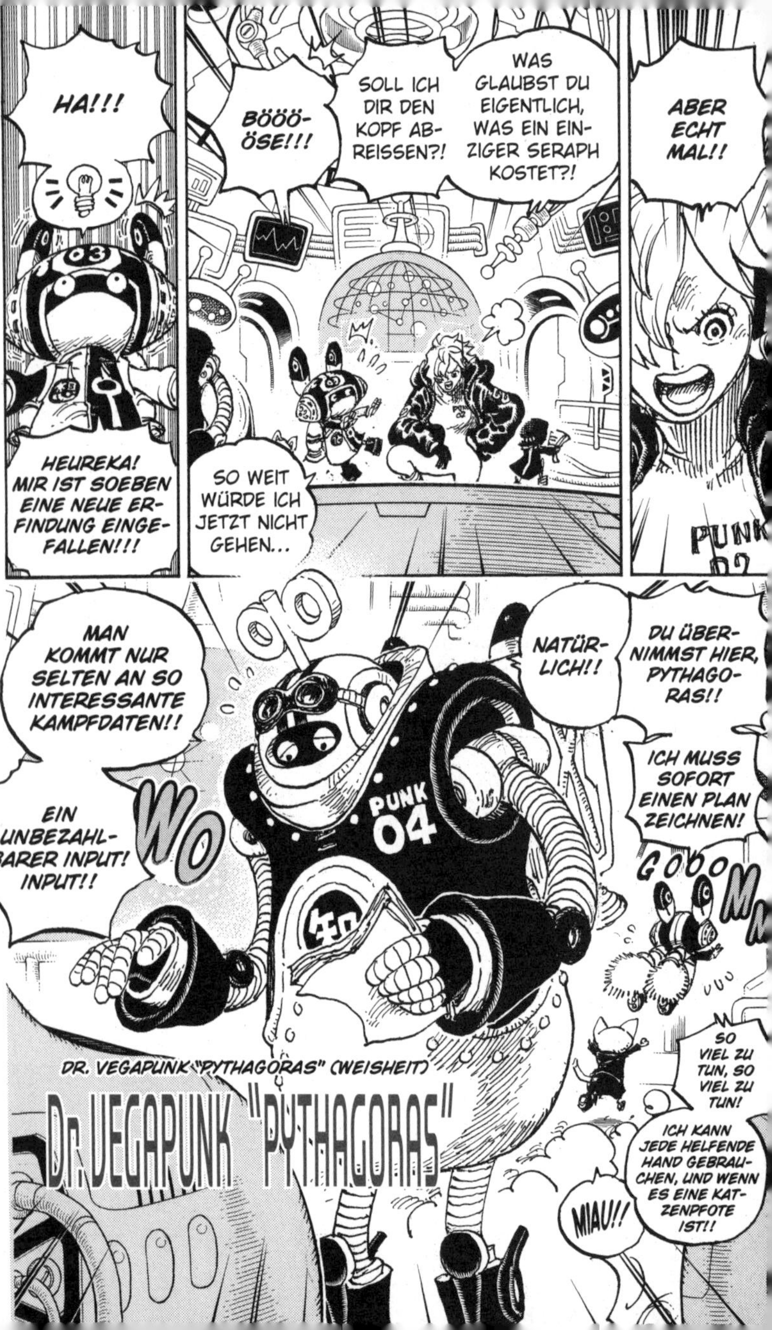

ABER ECHT MAL!!
WAS GLAUBST DU EIGENTLICH, WAS EIN EINZIGER SERAPH KOSTET?!
SOLL ICH DIR DEN KOPF ABREISSEN?!
BÖÖÖ-ÖSE!!!
SO WEIT WÜRDE ICH JETZT NICHT GEHEN...
HA!!!
HEUREKA! MIR IST SOEBEN EINE NEUE ERFINDUNG EINGEFALLEN!!!
DU ÜBERNIMMST HIER, PYTHAGORAS!!
NATÜRLICH!!
ICH MUSS SOFORT EINEN PLAN ZEICHNEN!
GOOOM
MAN KOMMT NUR SELTEN AN SO INTERESSANTE KAMPFDATEN!!
WO
EIN UNBEZAHLBARER INPUT! INPUT!!
PUNK 04
SO VIEL ZU TUN, SO VIEL ZU TUN!
ICH KANN JEDE HELFENDE HAND GEBRAUCHEN, UND WENN ES EINE KATZENPFOTE IST!!
MIAU!!
DR. VEGAPUNK "PYTHAGORAS" (WEISHEIT)
Dr. VEGAPUNK "PYTHAGORAS"

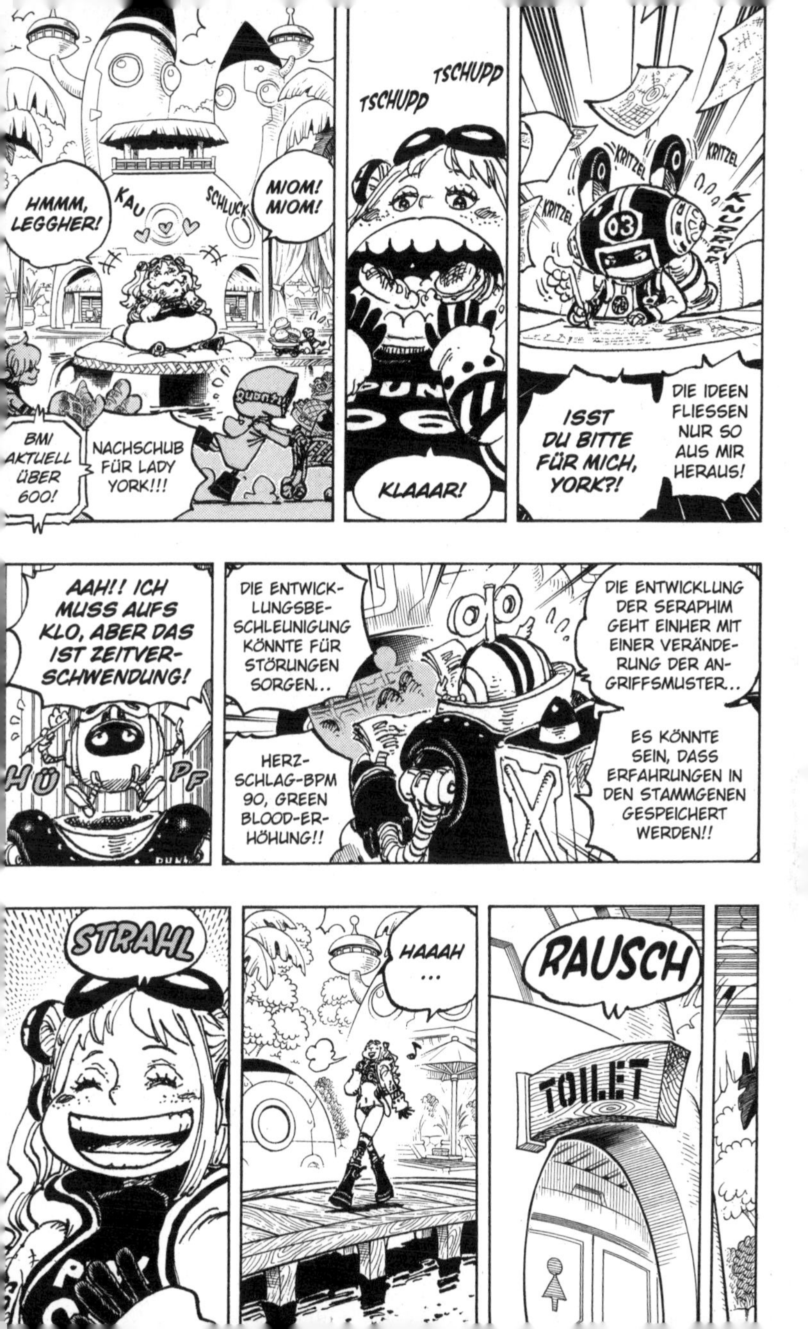
KRITZEL
KRITZEL
KRITZEL
DIE IDEEN FLIESSEN NUR SO AUS MIR HERAUS!
ISST DU BITTE FÜR MICH, YORK?!
TSCHUPP
TSCHUPP
KLAAAR!
MIOM! MIOM!
SCHLUCK
KAU
HMMM, LEGGHER!
NACHSCHUB FÜR LADY YORK!!!
BMI AKTUELL ÜBER 600!
DIE ENTWICKLUNG DER SERAPHIM GEHT EINHER MIT EINER VERÄNDERUNG DER ANGRIFFSMUSTER…
ES KÖNNTE SEIN, DASS ERFAHRUNGEN IN DEN STAMMGENEN GESPEICHERT WERDEN!!
DIE ENTWICKLUNGSBESCHLEUNIGUNG KÖNNTE FÜR STÖRUNGEN SORGEN…
HERZSCHLAG-BPM 90, GREEN BLOOD-ERHÖHUNG!!
AAH!! ICH MUSS AUFS KLO, ABER DAS IST ZEITVERSCHWENDUNG!
HÜPF
RAUSCH
TOILET
HAAAH …
STRAHL

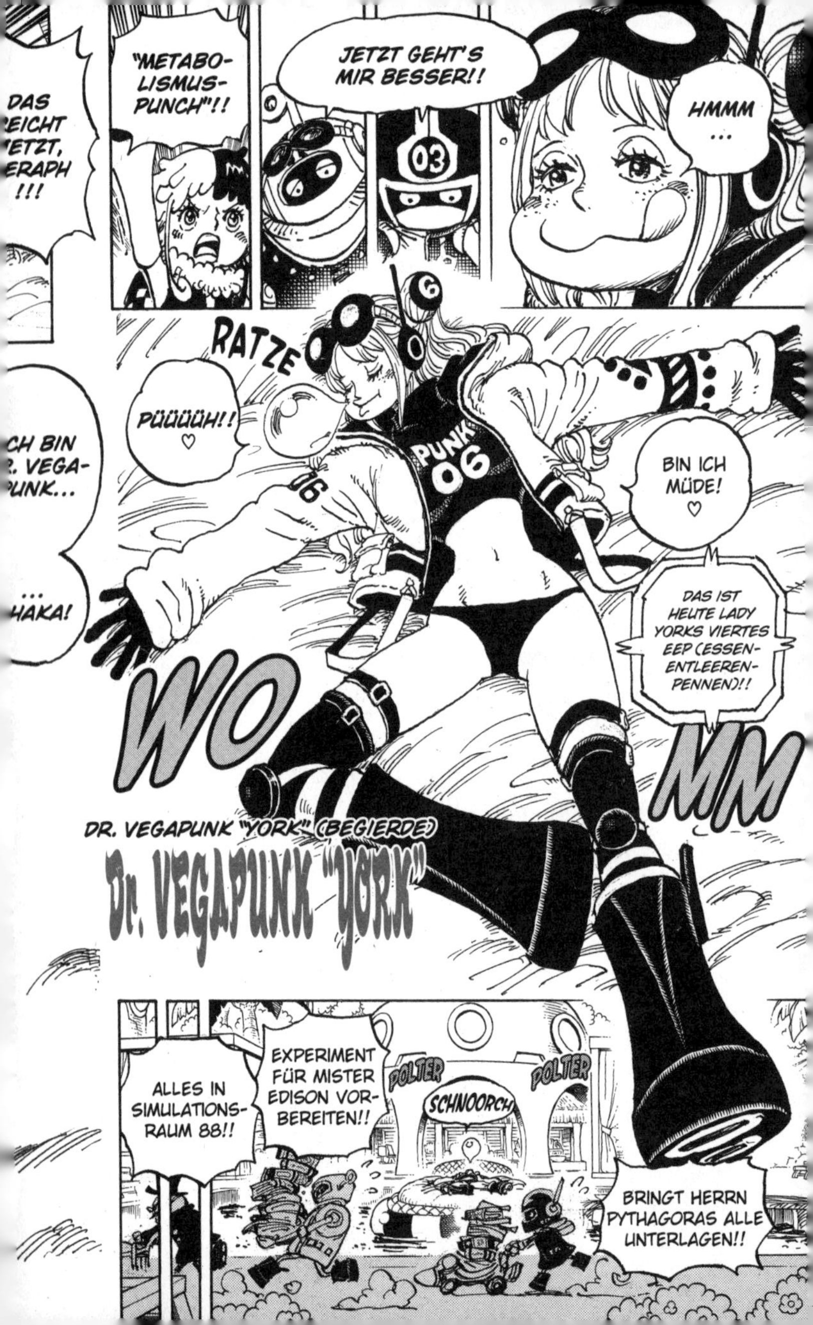
HMMM ...
JETZT GEHT'S MIR BESSER!!
"METABO-LISMUS-PUNCH"!!
DAS EICHT ETZT, ERAPH !!!
BIN ICH MÜDE! ♡
DAS IST HEUTE LADY YORKS VIERTES EEP (ESSEN-ENTLEEREN-PENNEN)!!
PÜÜÜÜH!! ♡
RATZE
PUNK 06
WO MM
CH BIN R. VEGA-UNK...
... HAKA!
DR. VEGAPUNK "YORK" (BEGIERDE)
Dr. VEGAPUNK "YORK"
BRINGT HERRN PYTHAGORAS ALLE UNTERLAGEN!!
POLTER
SCHNOORCH
POLTER
EXPERIMENT FÜR MISTER EDISON VOR-BEREITEN!!
ALLES IN SIMULATIONS-RAUM 88!!

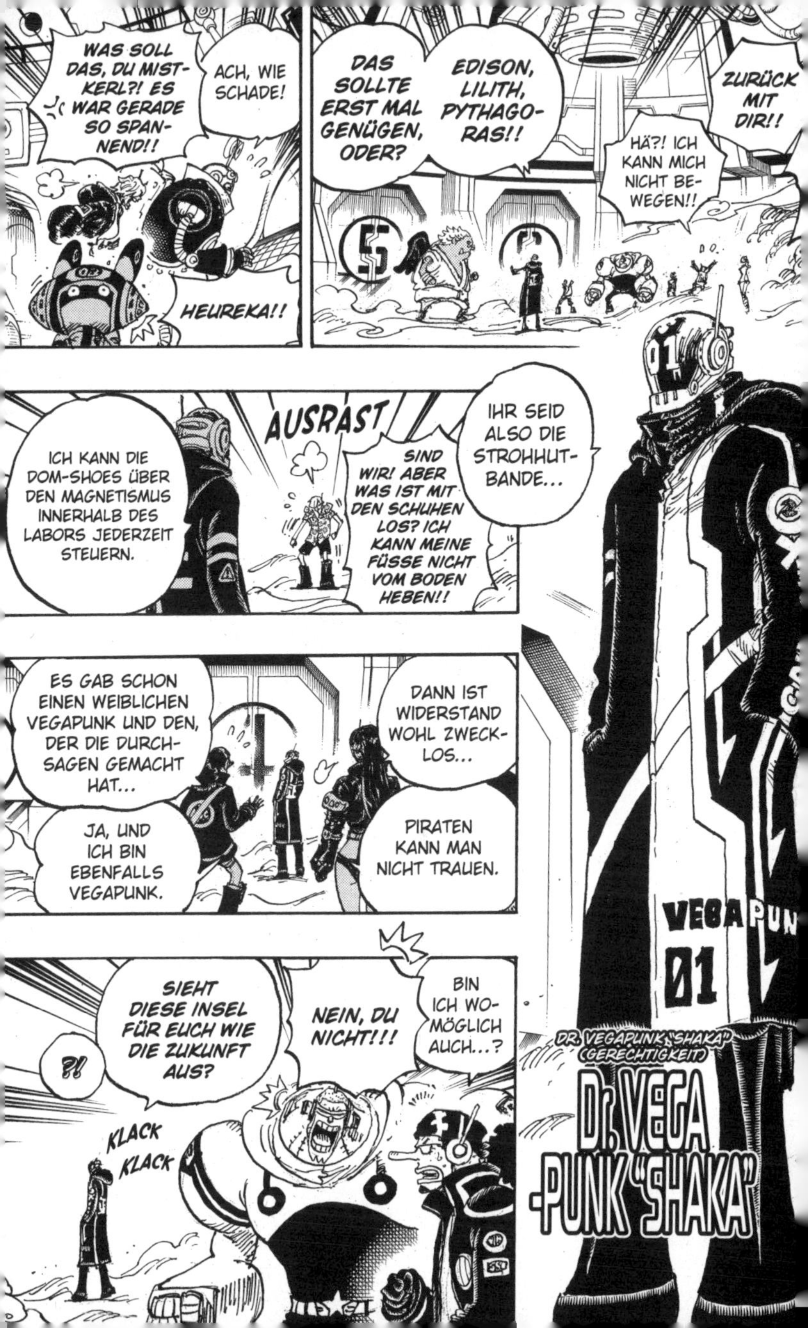
ZURÜCK MIT DIR!!
HÄ?! ICH KANN MICH NICHT BEWEGEN!!
EDISON, LILITH, PYTHAGORAS!!
DAS SOLLTE ERST MAL GENÜGEN, ODER?
ACH, WIE SCHADE!
WAS SOLL DAS, DU MISTKERL?! ES WAR GERADE SO SPANNEND!!
HEUREKA!!
IHR SEID ALSO DIE STROHHUTBANDE...
AUSRAST
SIND WIR! ABER WAS IST MIT DEN SCHUHEN LOS? ICH KANN MEINE FÜSSE NICHT VOM BODEN HEBEN!!
ICH KANN DIE DOM-SHOES ÜBER DEN MAGNETISMUS INNERHALB DES LABORS JEDERZEIT STEUERN.
DANN IST WIDERSTAND WOHL ZWECKLOS...
PIRATEN KANN MAN NICHT TRAUEN.
ES GAB SCHON EINEN WEIBLICHEN VEGAPUNK UND DEN, DER DIE DURCHSAGEN GEMACHT HAT...
JA, UND ICH BIN EBENFALLS VEGAPUNK.
BIN ICH WOMÖGLICH AUCH...?
NEIN, DU NICHT!!!
SIEHT DIESE INSEL FÜR EUCH WIE DIE ZUKUNFT AUS?
?!
KLACK
KLACK
VEGAPUNK 01
DR. VEGAPUNK "SHAKA" (GERECHTIGKEIT)
Dr. VEGA-PUNK "SHAKA"

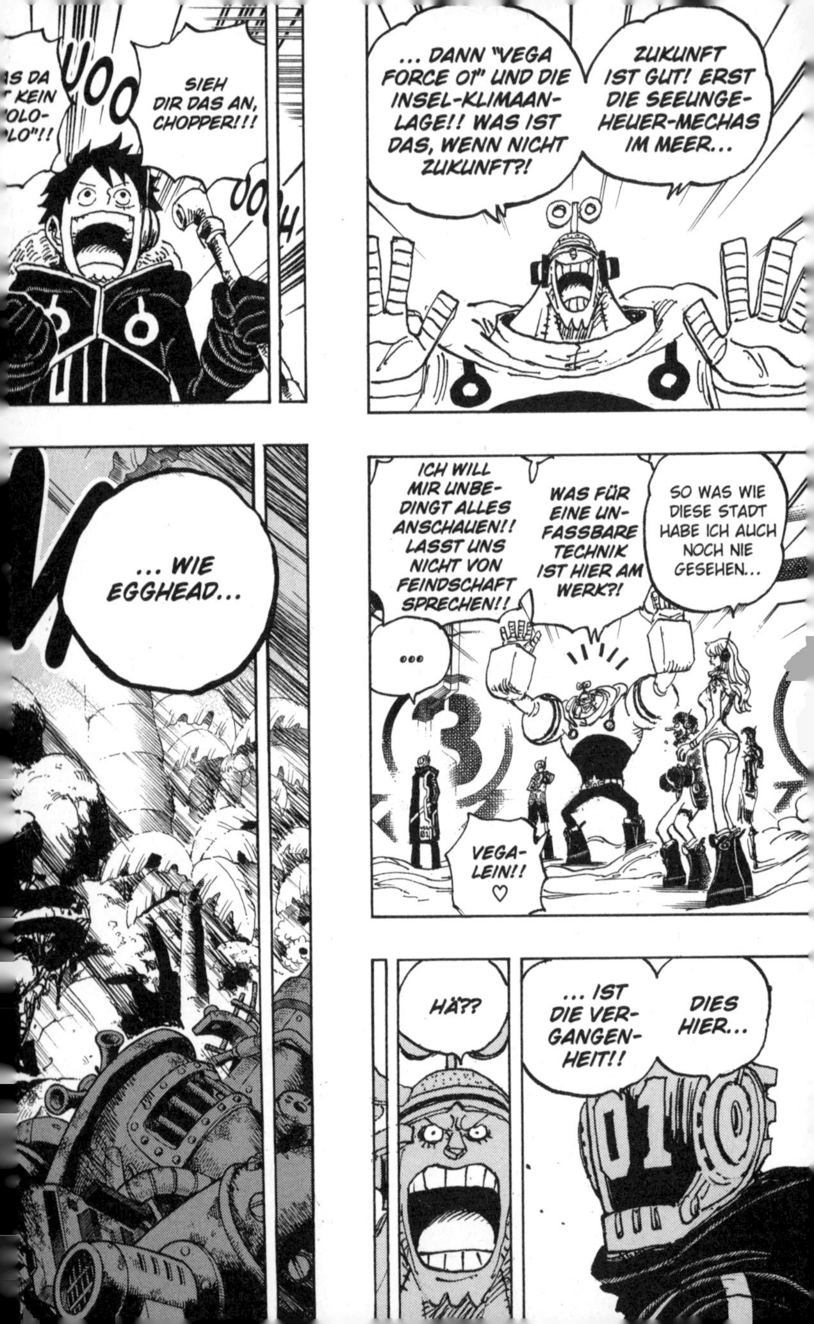
ZUKUNFT IST GUT! ERST DIE SEEUNGEHEUER-MECHAS IM MEER...
... DANN "VEGA FORCE 01" UND DIE INSEL-KLIMAANLAGE!! WAS IST DAS, WENN NICHT ZUKUNFT?!
UOOOOH
SIEH DIR DAS AN, CHOPPER!!!
SO WAS WIE DIESE STADT HABE ICH AUCH NOCH NIE GESEHEN...
WAS FÜR EINE UNFASSBARE TECHNIK IST HIER AM WERK?!
ICH WILL MIR UNBEDINGT ALLES ANSCHAUEN!! LASST UNS NICHT VON FEINDSCHAFT SPRECHEN!!
...
VEGA-LEIN!! ♡
... WIE EGGHEAD...
DIES HIER...
... IST DIE VERGANGENHEIT!!
HÄ??

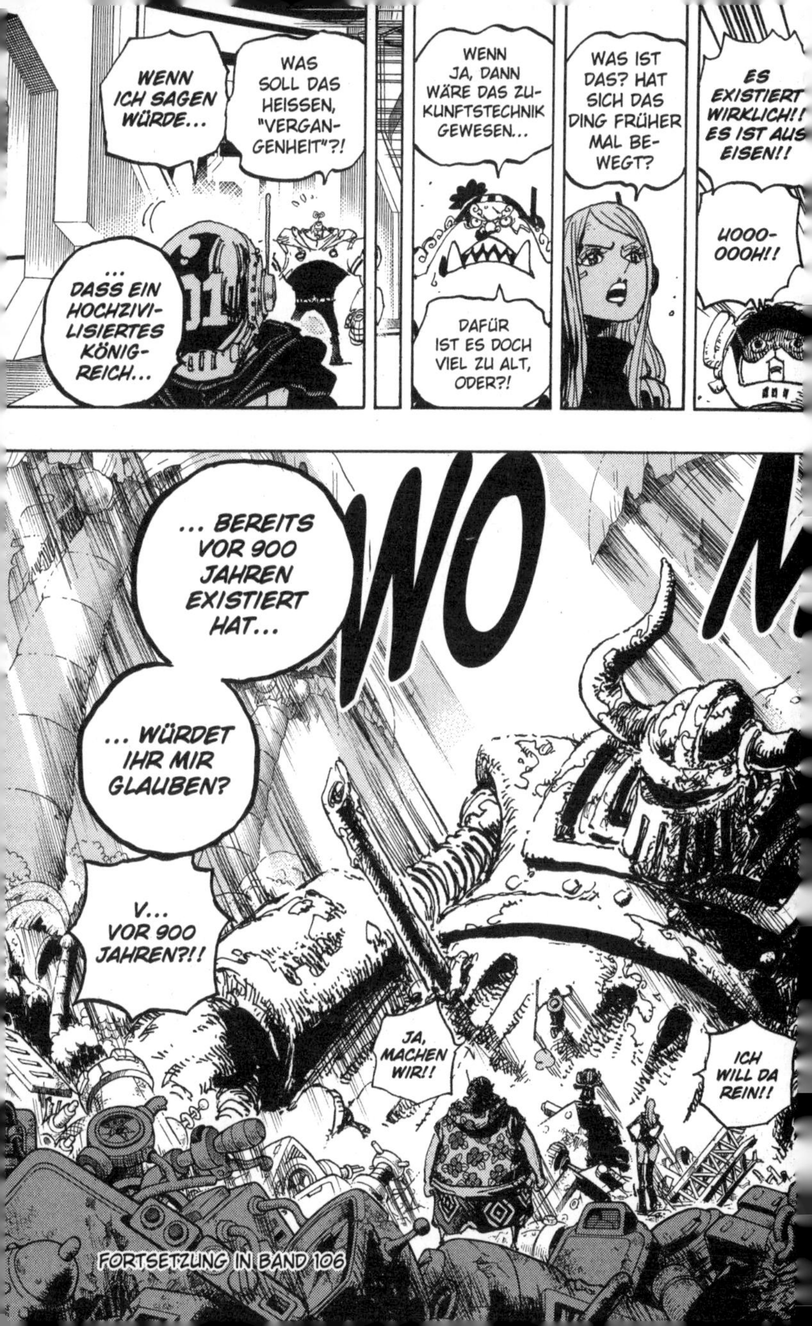
ES EXISTIERT WIRKLICH!! ES IST AUS EISEN!!
UOOO-OOOH!!
WAS IST DAS? HAT SICH DAS DING FRÜHER MAL BEWEGT?
WENN JA, DANN WÄRE DAS ZUKUNFTSTECHNIK GEWESEN…
DAFÜR IST ES DOCH VIEL ZU ALT, ODER?!
WAS SOLL DAS HEISSEN, "VERGANGENHEIT"?!
WENN ICH SAGEN WÜRDE…
… DASS EIN HOCHZIVILISIERTES KÖNIGREICH…
… BEREITS VOR 900 JAHREN EXISTIERT HAT…
… WÜRDET IHR MIR GLAUBEN?
V… VOR 900 JAHREN?!!
ICH WILL DA REIN!!
JA, MACHEN WIR!!
FORTSETZUNG IN BAND 106

MASHLE
MAGIC AND MUSCLES

Story and Art by
HAJIME KOMOTO

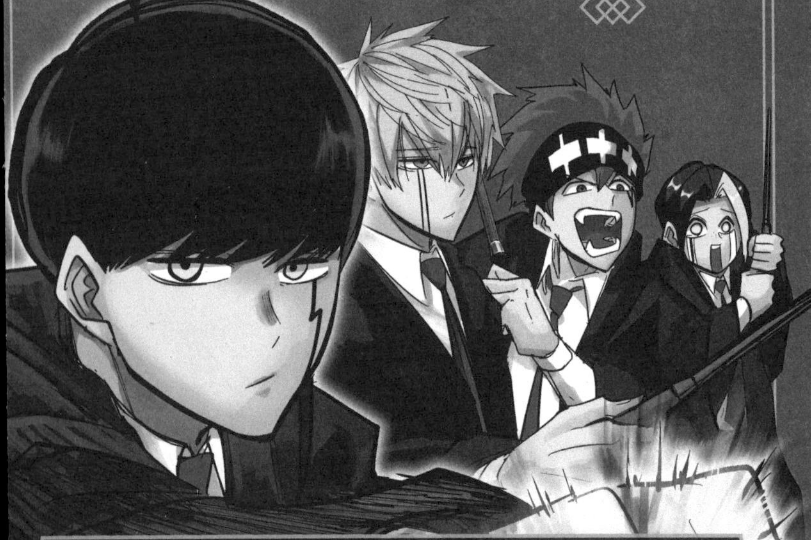

MAGIE IST GUT – MUSKELN SIND BESSER!

Im Reich der Magie wird der soziale Status durch die magischen Fähigkeiten bestimmt. Doch tief im Wald lebt Mash Burnedead, ein junger Mann, der seine gesamte Zeit damit verbringt, seinen Körper zu stählen. Er kann keine Magie benutzen, genießt jedoch ein friedliches Leben mit seinem Vater. Als das herauskommt, geraten beide in Gefahr. Die einzige Lösung: Mash wird in der Magieschule eingeschrieben, wo er die magische Konkurrenz schlagen muss! Wird sich Mash ohne einen Funken Magie und durch reine Muskelkraft einen Weg an die Spitze bahnen können?

CARLSEN MANGA! www.carlsenmanga.de carlsen_manga carlsenmanga

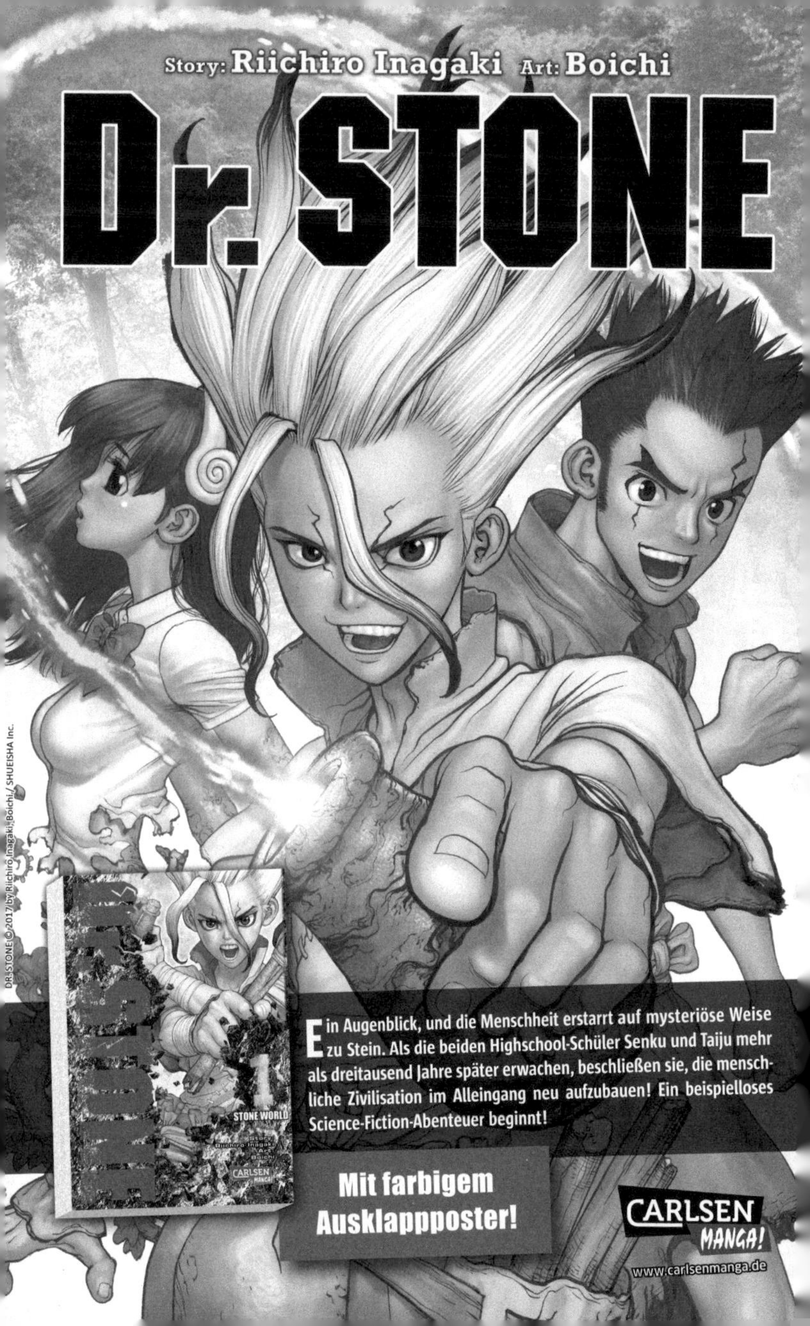
Story: Riichiro Inagaki Art: Boichi
Dr. STONE
Ein Augenblick, und die Menschheit erstarrt auf mysteriöse Weise zu Stein. Als die beiden Highschool-Schüler Senku und Taiju mehr als dreitausend Jahre später erwachen, beschließen sie, die menschliche Zivilisation im Alleingang neu aufzubauen! Ein beispielloses Science-Fiction-Abenteuer beginnt!
Mit farbigem Ausklappposter!
CARLSEN MANGA!
www.carlsenmanga.de
DR. STONE © 2017 by Riichiro Inagaki, Boichi / SHUEISHA Inc.

reiche Serien

Boruto
von Masashi Kishimoto, Ukyo Kodachi und Mikio Ikemoto

Narutos Sohn Boruto gilt als Wunderkind und ist genauso rebellisch wie einst sein Vater. Er bittet Sasuke ihn zu trainieren, um ein besserer Ninja als Naruto zu werden…

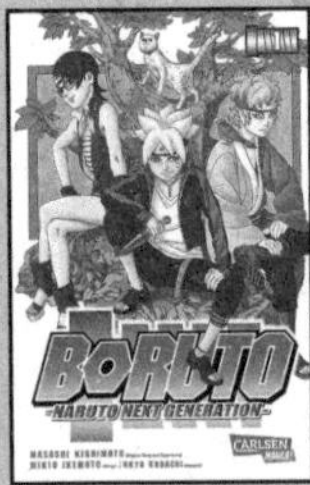

Naruto
von Masashi Kishimoto

Naruto will der beste Ninja der Welt werden. Weil in ihm ein mächtiges Geheimnis schlummert, wird er von vielen bösen und gefährlichen Ninja verfolgt…

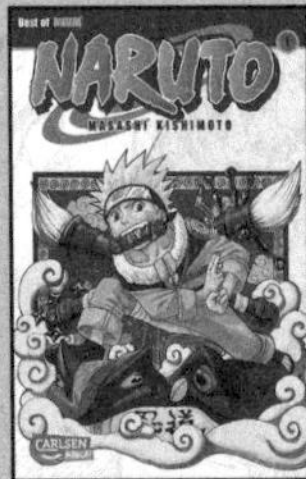

Fairy Tail
von Hiro Mashima

Verrückte Magier, geflügelte Katzen und gefährliche Monster – das ist die Welt von »Fairy Tail«. So nennt sich eine Gilde von sympathischen Outlaws, die mit ihren Zauberkünsten gegen das Böse in der Welt kämpfen, dabei aber mehr als einmal über das Ziel hinausschießen.

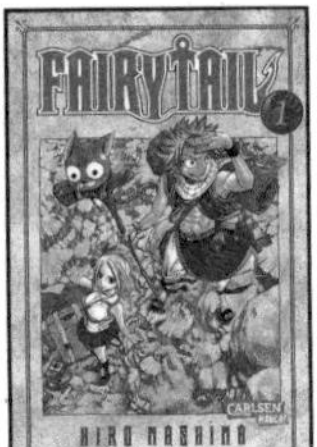

Korosensei Quest
von Yusei Matsui und Kizuku Watanabe

In einem alternativen Universum sind die Schüler der Kunugigaoka Junior Highschool keine gewöhnlichen Schüler, sondern Helden in Ausbildung beim Dämonenkönen (Korosensei)!

Assassination Classroom
von Yusei Matsui

Ein übermächtiges Tentakelmonster mit Smileygesicht droht die Erde zu zerstören. Aber erst nächstes Jahr … Bis dahin unterrichtet das Monster die Klasse 9-E der Kunugigaoka Junior Highschool.

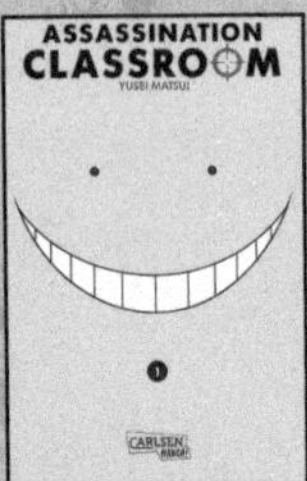

Soul Eater
von Atsushi Ohkubo

Maka ist Waffenschmiedin in einer spezieller Ausbildung. Ihre Sense namens Soul Eater hat ein Eigenleben und nimmt außerhalb des Kampfes die Gestalt eines ultracoolen Jungen an.

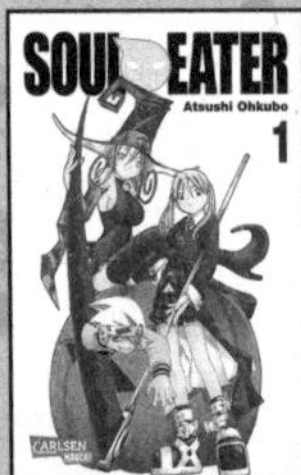

MANGA HEROES Action

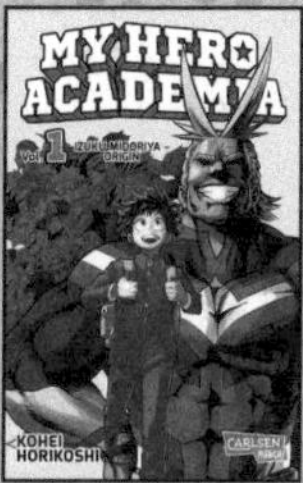

My Hero Academia

von Kohei Horikoshi

In der Welt von Izuku Midoriya besitzt 80% der Bevölkerung Superkräfte.
Doch wie und wo könnten die Helden lernen, ihre Fähigkeiten, die sogenannten »Macken« (jp. Kosei) effizienter zu nutzen? Natürlich an der MY HERO ACADEMIA!

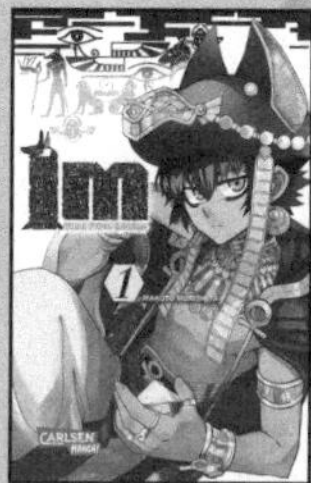

IM – Great Priest Imhotep

von Makoto Morishita

Der Hohepriester Imhotep aus dem antiken Ägypten weilt wieder unter den Lebenden. Im modernen Japan gestrandet, ist er ein Jäger, der die Menschen vor dem uralten Übel der Magai bewahren soll – gottgleichen Wesen, die nach der Vernichtung der Menschen trachten.

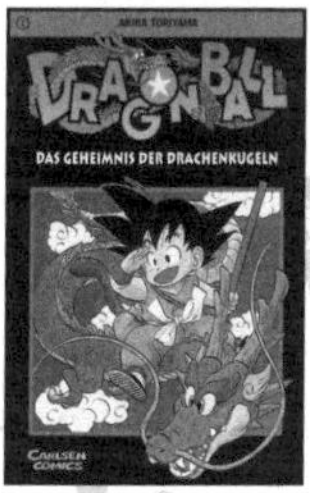

Dragon Ball

von Akira Toriyama

Der Legende nach gibt es sieben »Dragon Balls« auf der Welt. Bringt man alle zusammen, so erscheint der mächtige Drache Shenlong und erfüllt einen Wunsch. Nicht auszudenken, was passiert, sollten die »Dragon Balls« in falsche Hände geraten ...

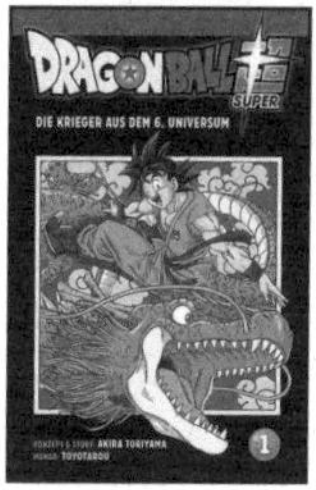

Dragon Ball Super

von Akira Toriyama und Toyotarou

Akira Toriyama und Toyotarou liefern mit DRAGON BALL SUPER die ersten neuen, schwarzweißen Manga um Son-Goku & Co. seit Band 42 – im allerfeinsten »Toriyama-Style«.

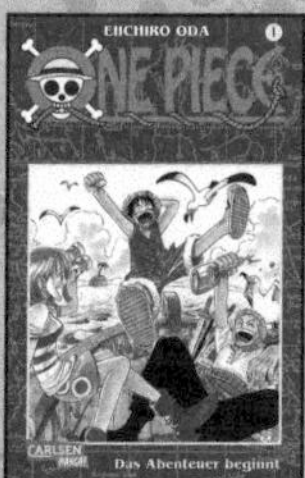

One Piece

von Eiichiro Oda

Monkey D. Ruffy und seine lustige Piraten-Crew sind auf der Suche nach dem größten Schatz der Welt: dem One Piece! Klar, dass sie da nicht die einzigen Piraten auf den Meeren sind...

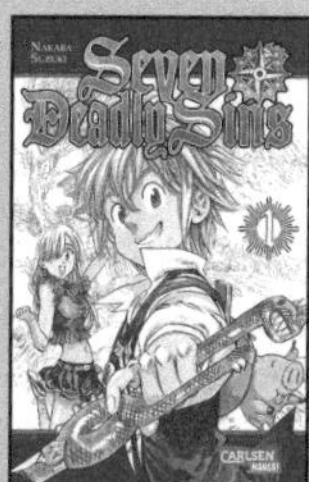

Seven Deadly Sins

von Nakaba Suzuki

Die »Seven Deadly Sins« gelten als die schlimmsten Verbrecher Britannias, Prinzessin Elisabeth macht sich dennoch auf die Suche nach ihnen, denn sie braucht dringend ihre Hilfe...

HALT!

Dieser Comic beginnt nicht auf dieser Seite. ONE PIECE ist ein japanischer Comic. Da in Japan von »hinten« nach »vorne« gelesen wird und von rechts nach links, müsst ihr auch diesen Comic auf der anderen Seite aufschlagen und von »hinten« nach »vorne« blättern.

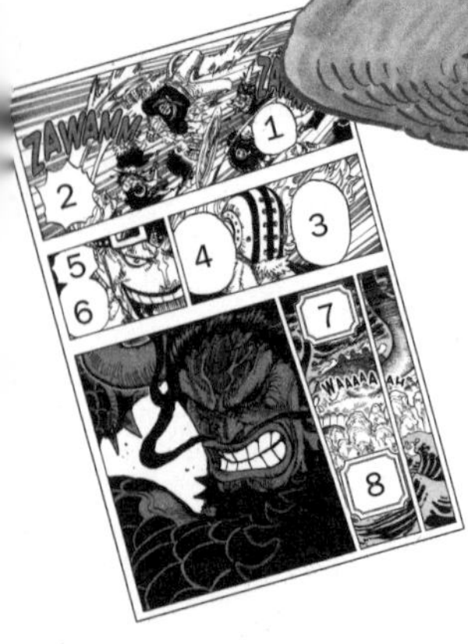

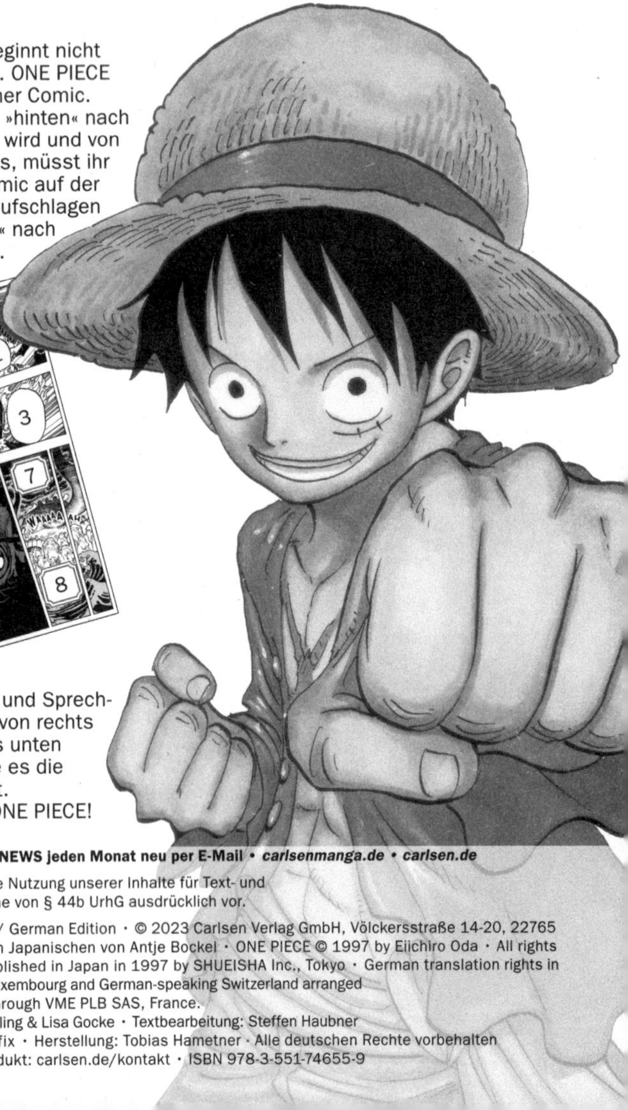

Auch die Bilder und Sprechblasen werden von rechts oben nach links unten gelesen, so wie es die Grafik hier zeigt.
Viel Spaß mit ONE PIECE!

Deutsche Ausgabe / German Edition · © 2023 Carlsen Verlag GmbH, Völckersstraße 14-20, 22765 Hamburg · Aus dem Japanischen von Antje Bockel · ONE PIECE © 1997 by Eiichiro Oda · All rights reserved · First published in Japan in 1997 by SHUEISHA Inc., Tokyo · German translation rights in Germany, Austria, Luxembourg and German-speaking Switzerland arranged by SHUEISHA Inc. through VME PLB SAS, France.
Redaktion: Anne Berling & Lisa Gocke · Textbearbeitung: Steffen Haubner
Lettering: Datagrafix · Herstellung: Tobias Hametner · Alle deutschen Rechte vorbehalten
Bei Fragen zum Produkt: carlsen.de/kontakt · ISBN 978-3-551-74655-9